高等职业院校会计专业人才培养规划教材

会计资格证书系列教材

基础会计

李立新　主　编

周建珊　张　凯　郭　平　副主编

莫　琳　容　丽　潘木开

尚　楠　曾焱鑫　佘　兰　参　编

经济科学出版社

图书在版编目（CIP）数据

基础会计／李立新主编. —北京：经济科学出版
社，2013.7
ISBN 978 - 7 - 5141 - 3356 - 1

Ⅰ.①基…　Ⅱ.①李…　Ⅲ.①会计学　Ⅳ.①F230

中国版本图书馆 CIP 数据核字（2013）第 087578 号

责任编辑：王东萍
责任校对：郑淑艳
责任印制：李　鹏

基础会计

李立新　主编

周建珊　张凯　郭平　副主编

经济科学出版社出版、发行　新华书店经销
社址：北京市海淀区阜成路甲 28 号　邮编：100142
教材编辑中心电话：88191344　发行部电话：88191540
网址：www. esp. com. cn
电子邮件：espbj3@ esp. com. cn
北京密兴印刷厂印装
787×1092　16 开　20.75 印张　510000 字
2013 年 7 月第 1 版　2013 年 7 月第 1 次印刷
ISBN 978 - 7 - 5141 - 3356 - 1　定价：39.80 元

全国高职高专人才培养规划教材
编写指导委员会

前　言

　　本书是根据会计初学者的实际情况及需要而设计，没有过多地阐述抽象的会计理论问题，而是以会计核算方法作为主要内容，即以凭证、账簿和会计报表为核心，对会计的基础理论、基本知识和基本操作技术进行了阐述，目的是使学习者对会计基本工作的全过程有个完整的理解，为进一步学习和掌握会计专业知识打好基础。本书在编写时，力求从初学者的视野出发，符合渐进的学习规律，尽量帮助学生在较短的时间内学到更多的会计基础知识。本教材突出如下特点：

　　首先，突出了对初学者的关注。针对高职院校学生对企业及其经营活动不了解这一情况，特增设了介绍企业的内容。在基本理论认识上，对涉及基本概念的均按新准则要求予以表述并作出相应的解释；在基本方法处理上，强调了以会计核算方法为主线构成的会计循环这一相对固定的工作程序。

　　其次，突出了学习目标。让学生具备会计工作岗位的基本素养，能够掌握会计学的基本理论，运用各种会计核算基本方法和基本技能（包括设置会计科目与账户、复式记账、填制与审核会计凭证、登记会计账簿、财产清查和编制会计报表等）完成企业日常会计工作；同时为后续专业岗位的继续学习奠定必要的基础。

　　再次，突出了实用性和应用性。与会计资格考试紧密结合，按照会计资格最新的大纲要求设置了相关内容，运用图、表对相关知识点进行总结归纳，"备考指南"贯穿全书，围绕会计从业资格考试要求，提供了大量的配套练习，为学生顺利通过会计资格考试提供了保证。

　　最后，形式新颖，语言简洁、版式人性化。本书在版式、内容设置上尽量考虑读者要求，设置了"学习目标、重点难点、引例、思考与讨论、自己动手、本章小结、复习思考、备考指南、相关知识"等栏目，设计了大量可视化图表，力求使学生学习、阅读取得最佳效果。

　　本书由广东水利电力职业技术学院经济管理系李立新教授任主编，广东工程职业技术学院周建珊副教授、广东农工商职业学院张凯副教授、广州松田职业学院郭平任副主编。参加本书编写的人员有：广东水利电力职业技术学院李立新、广东工程职业技术学院周建珊、广东农工商职业学院张凯、莫琳，广州松田职业学院郭平、容丽，广州涉外经济职业学院潘木开、尚楠，广东水利电力职业技术学院曾焱鑫、余兰等参加了相关内容的编写。全书由李立新拟定编写提纲并总纂定稿。

　　本书参考引用了国内许多作者的观点和有关资料，在此谨向有关作者表示感谢。由于编写时间仓促，水平有限，书中疏误之处在所难免，恳请广大读者和同行专家指正。

编　者

2013 年 4 月

目　录

第一章

企业与会计

第一节　企业的组织形式与组织结构

一、企业的概念

企业是从事生产和经营活动的一种经济组织。它是人类社会智慧发展的结晶，也是商品经济的产物。在人类社会漫长的历史中，企业的产生与发展过程才二三百年。早在14、15世纪，采矿和纺织行业等就出现了企业的萌芽。手工作坊的产生使作坊主有可能脱离劳动而直接从事生产管理，组织简单的劳动协作，从而创造出比个体劳动更有效的劳动效率和更多的劳动效果。最早出现的个体业主制企业，也即独资企业，企业的资本归个人所有，业主既是老板也是管理者，还是劳动者。由于生产的扩大，对资本的需求相应增大，于是出现了能够积聚较多资本的合伙企业，但由于维持合伙关系而限制了其他投资人的进入。这两种组织形式由于出资人要承担无限责任，制约了企业规模的扩大。因此，市场上就急需一种能够广泛利用社会闲散资金，并不受投资者个人因素影响的企业组织形式，这就是股份有限公司，简称公司。

目前，公司制企业成为世界上许多国家最重要的一种企业组织形式。它是通过发行股票及其他证券来筹集经营资金，并根据公司法组织、注册登记而成立的一种企业组织形式。这种企业组织形式的强大生命力主要表现在：第一，扩展企业的经营规模。由于企业以其全部法人财产为限，对其债务承担责任，而出资人以其出资额为限，对企业承担有限责任，加上股票可以自由转让而又不影响企业的经营活动，因此，公司可以广泛吸收社会各阶层的闲散资金，并根据需要扩展企业的经营规模。第二，提高企业的管理水平。公司的最大特点是所有权与经营权分离。企业出资人与企业之间处于平等的民事主体地位，公司的日常经营活动不受股东个人的影响。通过规范股东大会、董事会、监事会和董事会聘请的职业管理人员的权、责、利，使企业的权力机构、监督机构、决策机构和执行机构之间相互独立、相互促进、相互制约。这种法人治理结构能够较好地协调所有者、经营者和职工之间的关系，形成激励和约束相结合的经营机制，使企业的管理水平得以迅速提高。

综上所述，企业是在传统劳动组织的基础上逐步发展起来的。企业仅仅是人们为了提高经济效益而创造出来的生产经营活动的组织形式。由于公司是市场经济下一种最主要和最有效的企业组织形式，它也是我国企业组织形式的发展方向。

二、企业的性质

古典经济学认为，企业是一个追求利润最大化的理性经济人。所谓理性经济人，是指按照自身利益最大化原则，能够以自己的行为作出利己选择的经济实体，即按照利润最大化原则，利用分工、生产、协作管理等技术将土地、资本、劳动力等生产要素结合起来，以谋取更大的产出。

一般地说，作为市场主体的企业应当具备以下条件：

（1）建立在机器大生产和现代科学技术的基础上；

（2）拥有独立的产权，每个企业都是它的企业资产的所有者或实际支配者，并由此成为独立的经济实体；

（3）以资本增值为目的进行生产和经营，追求最大限度的利润；

（4）有科学、严格的劳动组织、协作、分工和严格的企业纪律；

（5）面向市场组织生产和经营，根据平等竞争、等价交换的原则参与经营活动，自担风险、自负盈亏。

1984年度的《中国企业管理百科全书》将企业定义为"从事生产、流通等经济活动，为满足社会需要并获取盈利，进行自主经营、实行独立经济核算、具有法人资格的基本经济单位"。

由此我们可以归纳出企业的基本特征：

（1）企业是以获取盈利为基本生产目的或出发点。我们知道社会主义生产的根本目的是满足社会物质文化的需要，企业只有在获取良好经济效益，不断发展壮大，生产能力不断提高的条件下，才能创造出更多的物质文化产品，满足日益增长的社会需要，所以社会主义企业盈利的目标与社会组织事实上的根本目标是本质上一致的，以盈利为目标，这也是企业与学校、行政机关、慈善机构等非盈利性机构的根本区别。

（2）企业是自主经营、自负盈亏、独立核算的经济实体。企业在符合法律规定的范围内，可以自主地作出经营决策，包括生产什么，生产多少等。企业法人以其拥有的全部财产对外承担民事责任；非法人企业如独资企业、合资企业，必须以企业的财产和业主个人的所有财产对企业的债务承担无限责任。因而，企业为了取得其财务状况经营成果等方面的信息，就必须按照一定的程序和方法进行独立的经济核算。

【思考与讨论】

（1）什么是企业？

（2）企业的根本性质是什么？

三、企业的组织形式

企业是以盈利为目的的经济组织。企业有三种基本形式：独资企业、合伙企业、公司。对于企业的组织形式，国际上通行的是按企业资产经营的法律责任分类。在实行英、美、法系的国家，把企业组织划分为两种基本的法定类型，即：非公司企业组织和公司企业组织。

（一）非公司企业组织

1. 独资企业。独资企业是指由单个出资者出资设立的企业。在这类企业中，出资者对企业的全部财产及经营收益享有所有权，同时对企业的债务单独承担无限清偿责任。企业采用独资的组织形式，其主要优点在于企业内部结构简单，在经营上制约因素较少，业主可充分发挥积极性，经营灵活，便于筹建、转向和解散。其缺点是这类企业很难取得大量的资金，从而限制企业的规模和发展，一旦经营失败，无限清偿责任将使业主不堪重负而招致个人的彻底破产。

2. 合伙企业。合伙企业是由两个或两个以上出资者出资设立，共同经营，共负盈亏责任的企业。合伙企业的出资者，称为合伙人。在成立合伙企业时，合伙人必须首先签订共同经营合同，以确定各出资者所承担的责任和损益分配方式。与独资企业一样，合伙人对企业所欠债务必须承担无限连带责任。与独资企业相比，合伙企业的优点是能够扩大企业规模，分散经营风险，发挥出资者的集体智慧和力量。合伙人作为企业的业主，其风险与报酬一致，因此，经营积极性也较高。不过，若各合伙人意见不一致，也会影响企业的经营决策，危及企业的生存。此外，这类企业财产所有者往往也是企业经营者，这不利于广泛吸收社会资金。

（二）公司制企业组织

公司是依法成立的以盈利为目的的企业法人。传统的观点认为，公司必须是由两个以上的投资者组成的法人实体，因此，不少国家的公司法规定，公司应由两人以上投资者组成，但某些国家也允许单一投资者组成公司。这就说明区分一个企业是不是公司，应视其是否依照公司法的要求设立，是否在法定机关登记注册，并以盈利为经营目的。

我国《公司法》第二条规定：“本法所称公司是指依照本法在中国境内设立的有限责任公司和股份有限公司。”从《公司法》中对有限责任公司和股份有限责任公司的设立要求看，公司的设立须由两个以上投资人组成，有限责任公司为2人以上50人以下，股份有限公司为5人以上。但我国《公司法》中又规定，国家授权投资的机构或者国家授权的部门可以单独投资设立国有独资的有限责任公司，这就从法律上肯定了单一投资人公司的存在。在我国存在大量的全民所有制企业的情况下，作出这样的规定，允许国有独资公司的存在，并明确其法律地位，是十分必要的。

公司与非公司制企业相比，它们之间的根本区别在于公司可不依赖于其股东而独立享受权利和承担义务，各股东按协议、章程提供财产，并由各股东推选管理人员管理企业财产。由于公司具体分为有限责任公司和股份有限公司等不同类型，故公司之间也有较大的差别。

1. 有限责任公司。有限责任公司，是指股东以其所认缴的出资额为限对公司承担责任，公司以其全部资产对公司债务承担责任的企业法人。有限责任公司具有以下主要特征：

（1）股东责任的有限性。有限责任公司的股东以其出资额为限对公司的债务承担责任，不承担连带的无限责任。公司以其全部资产对其债务承担责任。

（2）股东出资的非股份性。有限责任公司的资本不分为等额股份。证明股东出资额的权利证书称为出资证明书，而不是股票，这是有限责任公司与股份有限公司最主要的区别。

（3）股东人数的限制性。我国《公司法》规定，有限责任公司的股东人数必须为2人以上50人以下，而股份有限公司的股东则无最高人数的限制。

（4）公司资本的相对封闭性。有限责任公司不公开发行股票募集资本。有限责任公司的股东可以转让其出资额，但是股东向股东以外的人转让其出资额会受到较严格的限制；而股份有限公司经过批准可以向社会发行股票募集资本，认购股份的股东出让其出资额时也没有严格的限制。

2. 股份有限公司。股份有限公司是全部资本由等额股份构成并通过发行股票筹集资本，股东以其所认购股份对公司承担有限责任，公司以全部财产对公司债务承担有限责任的企业法人。股份有限公司的特点是：

（1）独立的法人实体。公司一经成立即可以公司的名义拥有资产，承担债务和税务，对外签约，进行法律诉讼等民事活动。这与非公司企业不同，独资企业或合伙企业均须以业主或合伙人的名义进行上述活动。

（2）资本划分为等额股份。在股份有限公司中，全体股东出资的总和，以一定金额的资本表示。设立公司必须有资本，任何类型的公司都不能例外。只是股份有限公司是将资本总额划分为若干等额的股份，每股金额与股份数的乘积即是资本总额。而在其他类型的公司中则不是这样，如在有限责任公司中，公司资本并不划分成相等的份额。

（3）通过发行股票筹集资本。设立公司必须筹集资本，但只有股份有限公司可以采取公开发行股票的方式向社会公众筹集资金，这就为股份公司筹集资本开辟了广阔的渠道。

（4）公司的股东仅负有限责任。即每个股东对公司所负债务的责任，只限于其对该公司的投资额，投资风险较小。但公司须以全部的公司财产为限承担清偿的责任。而独资企业、合伙企业的业主或合伙人往往对企业的债务要负无限责任，在企业财产不足以清偿债务时，须以个人的其他财产偿还企业的债务。

（5）财产所有权和经营权相分离。即公司的所有权属于全体股东，但股东不一定直接参与公司的日常经营管理，往往选出可以信赖的经理人员对公司进行日常管理。经理人员可以是股东，也可以不是股东，重要的是经理人员必须具有丰富的经营管理知识和经验。

（6）股票可以自由转让。即投资者可根据自己的意愿，随时通过市场转让其所拥有的公司股份。这种转让是投资者之间的转让，不影响公司的存在，这一特点使股份有限公司在人们心目中具有极大的吸引力。对其他公司类型来说，一般在转让股份方面都有限制。

（7）财务报告公开。公司的财务状况是其经营活动的综合反映。在激烈的市场竞争中，企业对于自己的财务状况，一般不愿公开。而在股份有限公司中，由于它公开向社会发行股票筹集资本，股东人数众多，因此各国法律都要求股份有限公司应将其财务报告公开。我国的有关法律也规定，股份有限公司编制的年度财务报告应在每个会计年度结束后的120日之内完成。除向有关部门提交以外，还应将报告摘要刊登在至少一种由证监会指定的全国性报刊上，并将年度报告备置于公司所在地、挂牌交易的证券交易所、有关证券经营机构及其网点，供股东和投资公众查阅。这有利于保证股东和债权人的利益。此外，公司还有义务以招股说明书、上市报告（中期报告、临时报告）等形式公开披露财务信息和其他信息。

独资企业、合伙企业、公司相关情况比较如表1-1所示。

表 1 - 1　　　　　　　　　　　独资企业、合伙企业、公司比较

	独资企业	合伙企业	公司
1. 出资人	1 人	两人或两人以上	数量众多
2. 经营管理	出资人为经理	合伙人之一为经理	股东大会选举董事会，董事会聘任经理
3. 责任	无限责任	无限责任且合伙人互为代理	有限责任且股东非互为代理
4. 所得税	个人所得税	个人所得税	公司所得税
5. 设立难易程度 及成本	易 低	易 低	难 高
6. 所有权转让	难	难	易
7. 筹资规模及吸引力	小	小	大
8. 寿命	有限	有限	永久

四、企业的组织结构

现代企业制度是与公司制企业紧密相连的，随着现代工商业的发展，公司规模不断扩大，经营环境日益复杂。由大股东亲自担任高层经理人员，直接参与公司生产运营管理的做法已越来越不适合经济发展的需要。第二次世界大战后，西方国家企业由于经营规模的扩张，以及向多元化方向发展，使得管理过程日益复杂，企业的大股东已无足够的能力和精力去控制企业的生产经营，因而经理人市场兴起，并促使了"所有权与经营权相分离"，为适应两权分离而建立的公司治理结构是现代企业制度的主要标志之一。同时，管理的专门化又促进了管理科学的兴起和发展。"管理科学"也是现代企业制度的主要特征。所以，公司制的形成与发展为现代企业制度的建立创造了有利条件。

现代企业制度要求"权责明确"，其权利与责任的主体主要为所有者与经营者，这就涉及公司治理结构的问题。由于受各国法律制度、市场发展状况、文化背景的影响，各国的公司治理结构存在较大的差异。例如，美国主要实行的是董事会领导下的总经理负责制，而不存在监事会这一职能机构。这是由于其市场发育较健全、市场监督的效力比较大。目前，我国主要采取的是日本模式，即公司内部设有董事会、监事会和由经理人员组成的执行机构。这样，我国公司治理结构具有四个组成部分：股东大会、董事会、监事会和执行机构。

1. 股东大会。作为公司的出资者，股东既可以为自然人也可以为法人，他们按投入公司的资本额享有资产受益权、重大决策权和选举管理者的权利，并按照其出资额对公司债务承担有限责任。

股东大会由全体股东组成，是公司的最高权力机构，行使如下职权：

（1）制订公司的经营方针和投资计划；

（2）选举和更换董事、监事并决定其报酬；

（3）审批董事会和监事会的报告；

（4）审批公司预决算方案和利润分配方案；

（5）对公司资本变动和发行债券作出决议；

（6）对公司合并、分立、解散、清算等事宜作出决议；

（7）修改公司章程。

股东可通过股东大会行使自己的权利，维护自己的利益。股东大会由股东按出资比例行使表决权，并由代表一定比例以上的表决权的股东通过方有效。

2. 董事会。股东大会一般定期召开，如果出现特别情况，可以召开临时会议，但不论会议是否容易达到召开要求，仍不可能对公司出现的所有重大问题及时作出决策。因此，股东仍需要推选出最能代表其自身利益并有能力治理好公司的个人组成一个执行机构，对股东大会负责，这就是董事会。董事会代表全体股东的利益，制订公司的重大决策方案，并交股东大会审批。

董事会的主要职权有：

（1）执行股东大会决议，并向其报告工作；

（2）决定公司经营计划与投资方案；

（3）制订公司财务预决算及利润分配方案；

（4）制订公司资本增减变动方案；

（5）制订公司合并、分立、解散、清算等事宜的方案；

（6）决定公司内部管理机构的设置，制定公司基本管理制度；

（7）聘任或解聘经理人员。

董事会的召开符合《公司法》的规定要求，董事会应当对董事会的决议承担责任。董事会决议违反法律、行政法规或公司章程，致使公司遭受严重损失时，参与决议的董事对公司应负赔偿责任。

3. 监事会。监事会是公司内部的监督机构，我国《公司法》规定，规模较大的有限责任公司和股份有限公司，设立监事会；股东人数较少或经营规模较小的有限责任公司可以只设 1~2 名监事，监事会由股东代表和适当比例的职工代表组成。

监事会的职权为：

（1）检查公司财务；

（2）对董事会、经理违反法律、法规或其行为损害公司利益时，要求其予以纠正；

（3）公司章程规定的其他职责。

值得注意的是：为了有效发挥监事会的监督作用，《公司法》规定监事不能由董事、经理和财务负责人兼任。

4. 执行机构。公司的执行机构由高层经理人员组成，经理由董事会聘任，负责处理公司日常的经营管理事务。经理人员作为董事会的代理人，拥有管理权和代理权。

其主要职权为：

（1）处理公司生产经营管理工作，实施董事会决议；

（2）组织实施公司年度经营计划和投资方案；

（3）拟订内部管理机构设置方案和基本管理制度；

（4）制定公司基本管理制度；

（5）聘任其他管理人员；

（6）公司章程和合同授予的其他职权。

5. 股东大会、董事会、监事会和执行机构之间的制衡关系。股东作为企业的所有者，拥有最终控制权。股东大会作为公司最高的权力机构，不仅有权决定公司的重大决策，并通过董事会制定相关方案以交给经理人员执行，而且有权决定董事会和监事会人选，但一旦授权其管理事务，就不能任意加以干涉，但可以以玩忽职守、未尽到受托责任对他们予以起诉或不再选举其继任。此外，股东还可以"用脚投票"，转让其股权。

董事会作为公司最高决策机构、股东大会的执行机构，在公司章程和股东大会的授权范围内，独立制定公司重大决策，拥有支配公司法人财产和聘任或解聘经理人员的权利，但其作为股东的受托人，必须对股东负责，而且其行为不得有损股东利益。

经理人员受聘于董事会，在董事会授权范围内行使对企业内部事务的管理权。经理人员有义务依法经营公司事务，董事会有权对经理人员的工作绩效进行评估，并制定相应的激励约束机制，使其努力实现公司的经营目标，以减少代理风险。

监事会受托于股东大会，对公司财务、董事、经理的行为进行监督，以最大限度地减少董事、经理人员以权谋私等侵害公司利益的行为，同时监事会成员本身也必须遵守公司章程规定，不能有违反法律、法规的行为。《公司法》对公司董事、监事、经理应遵循的规则作了具体规定，若有发生违反规定行为的，应承担相应的民事、行政和刑事责任。

值得说明的是，公司治理结构并不是固定不变的，而且也不存在一个对所有国家、所有企业都行之有效的治理结构。公司治理结构首先是个历史产物，与各国所处的发展阶段和市场环境紧密相关。就我国目前国有企业发展状况而言，上述公司治理结构并不是十分有效的，在国有股权占绝对控股地位的条件下，国有企业董事会、监事会和经理人员实质上大部分由政府这一大股东任命，这样他们之间的制衡关系就很难发挥作用。因而，有些人指出，国有股减持、明确所有者主体、加强银行对企业的监督作用等方法不失为较好的考虑方向。总之，我们必须充分考虑到我国企业所处的特殊的经济环境和市场环境，在实践中不断调整和完善我国的企业治理结构，使其发挥应有的作用。

【参考资料】

企业的类型

企业可以根据其性质，分为三种：制造企业、商品流通企业和服务业企业，每一种类别的企业都有其独有的特征。

1. 制造企业。制造企业是将原始的材料转变为可以销售给消费者的产品的组织。下面是一些制造企业及其生产的产品的例子。

制造企业	生产的产品
通用汽车公司	汽车
波音公司	飞机
可口可乐公司	饮料
耐克公司	运动鞋、运动服
诺基亚公司	通信产品（手机）

2. 商品流通企业。商品流通企业向顾客销售商品，但不生产产品，而是通过向其他企业购买产品再销售给顾客，它们将产品和顾客紧密联系起来，下面是一些商品流通企业及其经营产品的例子。

商品流通企业	· 经营的产品
沃尔玛公司	日用百货
亚马逊公司	图书、影碟的网上销售
国美公司	家用电器

3. 服务业企业。服务业企业向顾客提供服务而不提供产品。下面是一些服务业企业的例子。

服务业企业	提供的服务
迪士尼公司	娱乐
中国国际航空公司	航空运输
毕马威公司	审计与咨询

其实在日常生活中，也有许多与这些大型企业性质一样的小型企业。比如，生产雪糕的小加工厂是制造企业，马路边或居民小区里的小卖店是商品流通企业，街边的修鞋铺、洗衣店是服务业企业。我们的生活与这些企业息息相关。

第二节　企业注册和税务登记

一、企业注册

（一）企业注册的基本要求

不同的企业类型对注册资本有着不同的最低限额，在目前的经济环境中，与创办企业者距离较近的企业形式有：非公司企业、有限责任公司、股份有限责任公司、个体工商户、私营独资企业、私营合伙企业；其注册资本的最低限额及注册的基本要求如下：

1. 非公司企业。最低注册资金3万元人民币。基本要求：（1）有符合规定的名称和章程；（2）有国家授予的企业经营管理的财产或者企业所有的财产，并能够以其财产承担民事责任；（3）有与生产经营规模相适应的经营管理机构、财务核算机构、劳动组织以及法律或者章程规定必须建立的其他机构；（4）有必要的并与经营范围相适应的经营场所和设施；（5）有与生产经营规模和业务相适应的从业人员，其中专职人员不得少于8人；（6）有健全的财会制度，能够实行独立核算，自负盈亏，独立编制资产负债表；（7）有符合规定数额并与经营范围相适应的注册资金，企业法人的注册资金不得少于3万元，国家对企业注册资金数额有专项规定的按专项规定执行；（8）有符合国家法律、法规和政策规定的经营范围。

2. 有限责任公司。最低注册资本10万元人民币。基本要求：（1）股东符合法定人数即由2个以上50个以下股东共同出资设立；（2）股东出资达到法定资本最低限额：以生产经营为主的公司需50万元人民币以上；以商品批发为主的公司需50万元人民币以上；以商品零售为主的公司需30万元人民币以上；科技开发、咨询、服务公司需10万元人民币以上；（3）股东共同制定公司章程；（4）有公司名称，建立符合有限责任公司要求的组织机构；（5）有固定的生产经营场所和必要的生产经营条件。

3. 股份有限公司。最低注册资本 1 000 万元。基本要求：（1）设立股份有限公司，应当有 5 人以上为发起人，其中须有过半数的发起人在中国境内有住所。国有企业改建为股份有限公司的，发起人可以少于 5 人，但应当采取募集设立方式；（2）股份有限公司发起人，必须按照法律规定认购其应认购的股份，并承担公司筹办事务；（3）股份有限公司的设立，必须经过国务院授权的部门或者省级人民政府批准；（4）股份有限公司的注册资本为在公司登记机关登记的实收股本总额；（5）股份有限公司注册资本的最低限额为人民币 1 000 万元。股份有限公司注册资本最低限额需高于上述所定限额的，由法律、行政法规另行规定。

4. 个体工商户。对注册资金实行申报制，没有最低限额。基本要求：（1）有经营能力的城镇待业人员、农村村民以及国家政策允许的其他人员，可以申请从事个体工商业经营；（2）申请人必须具备与经营项目相应的资金、经营场地、经营能力及业务技术。

5. 私营独资企业。对注册资金实行申报制，没有最低限额。基本要求：（1）投资人为一个自然人；（2）有合法的企业名称；（3）有投资人申报的出资；（4）有固定的生产经营场所和必要的生产经营条件；（5）有必要的从业人员。

6. 私营合伙企业。对注册资金实行申报制，没有最低限额。基本要求：（1）有两个以上合伙人，并且都是依法承担无限责任者；（2）有书面合伙协议；（3）有各合伙人实际缴付的出资；（4）有合伙企业的名称；（5）有经营场所和从事合伙经营的必要条件；（6）合伙人应当为具有完全民事行为能力的人；（7）法律、行政法规禁止从事营利性活动的人，不得成为合伙企业的合伙人。

备注：合伙人可以用货币、实物、土地使用权、知识产权或者其他财产权利出资；上述出资应当是合伙人的合法财产及财产权利。

对货币以外的出资需要评估作价的，可以由全体合伙人协商确定，也可以由全体合伙人委托法定评估机构进行评估。经全体合伙人协商一致，合伙人也可以用劳务出资，其评估办法由全体合伙人协商确定。

（二）企业工商注册的步骤

1. 到市工商局（或当地区、县工商局）企业登记窗口咨询，领取注册登记相关表格、资料。

2. 办理名称预先核准、取得《名称预先核准通知书》。

3. 以核准的名称到银行开设临时账户，股东将入股资金划入临时账户。

4. 到有资格的会计师事务所办理验资证明。

5. 将备齐的注册登记资料交工商局登记窗口受理、初审。

6. 按约定时间到工商局领取营业执照，缴纳注册登记费。

7. 到报纸上发布公告。

【例 1－1】内资公司创办流程（不含专业性前置审批）：

1. 企业名称预先登记。办理机关：市、区工商局；办理时限：5 个工作日；提交名称预先登记申请书、申请人身份证明或委托书、股东身份证明等材料。

2. 指定银行入资。

3. 会计师事务所验资。

4. 企业登记。办理机关：市、区工商局；办理时限：10个工作日；提供登记申请书、公司章程、法定代表人任职文件和身份证明、名称预先核准通知书、公司住所证明等材料。

5. 刻制印章。审批机关：公安局特行科；审批时限：5个工作日；提供营业执照、法定代表人身份证明等材料到公安局特行科审批后，刻制印章。

6. 办理组织机构代码证书。办理机关：市质量技术监督局；办理时限：3个工作日；提供营业执照、法定代表人身份证明、公章等材料。

7. 统计登记。办理机关：市、区统计局；办理时限：即时办理；领取工商营业执照起15日内，持营业执照、公章、建设项目批准文件等材料办理。

8. 开立银行账户。到选择的商业银行办理。

9. 转账资金。将资金划入企业已开立的银行账户。

【参考资料】

1. 如何给企业取名？

答：名称由四部分组成：行政区划＋字号＋行业＋组织形式，缺一不可。比如广州市林和企业管理咨询有限公司，广州市为行政区划，"林和"为字号，企业管理咨询为组织形式，其中起主要识别作用的是字号，即"林和"。行政区划的不同级别也对应着相应的注册资本，由于企业经营所需，需要冠以中国或大行政区名，如"华南"，则需要向国家工商局提出申请。

2. 独资企业，可以冠名为公司或中心吗？

答：不行。因为个人独资企业不是法人，而公司是法人，中心是非公司法人，所以非法人不得使用属于法人的字样，如"中心"、"有限"、"有限责任"、"公司"等，可以在"厂"、"经营部"、"店"、"工作室"等字样中自由选择。

3. 税率与注册资本有关系吗？

答：税率与注册资本没有关系。注册资本的大小不影响税率的高低，税率只与一个企业的营业额和纳税身份有关，以增值税为例，一般纳税人的基本税率是17%，销售或进口规定范围货物的是13%，小规模纳税人的税率是6%和4%（商业）。

4. 我是某企业职工，在不影响工作的情况下可以开办自己的公司吗？

答：可以。这事实上是一种个人投资行为，只要满足各种条件就行，没有限制。只是要注意一点，要遵照"竞业禁止"的规定，即不能从事与所在单位相同或相近的经营活动。

5. 注册企业只需到工商局提出申请就行了吗？

答：有特殊要求的行业必须获得相应主管部门的批准，即"前置审批"。比如法律咨询服务机构要通过司法部门的资格审查，工程承包要获得市建委的资格审查。目前我国需要前置审批的行业有240多项，注册时一定要注意查询。

6. 注册资本与注册资金一样吗？

答：不一样。注册资本包括货币、实物、工地使用权、知识产权或者其他财产权利等，注册资金只能是货币。

特别提醒：

注册企业时要考虑到经营风险。相比之下有限责任公司比承担无限责任的私营企业风险低，有限责任公司对外承担有限责任，不会让个人出资抵债；而承担无限责任的私营企业，比如个人独资企业、私营合伙企业，一旦经营亏损，不但个人资产要用于抵债，而且合伙人也要承担无限连带责任，所以要充分考虑经营风险。注册合伙企业时，选择合伙人相当重要。合伙企业的经营风险相对而言比个人独资企业小，但是出现经济纠纷的几率较大。

很多人把注册看做一种形式，无论是注册公司、非公司企业法人，还是私营企业，各种文件的准备都显得草率，好像是为了应付工商局的审查而做的；有的注册人干脆让工商服务中心代为起草章程或者取一个样本依样画葫芦写一份，对自己的权利和义务不甚了然，根本就没有推敲其中的细节问题，而这些文件细节往往是以后出现经济纠纷的法律依据。许多人在出现经济纠纷之后才发现公司章程条款或合伙人协议条款对自己极为不利。这种情况较普遍，希望注册人在注册时对各项文件的准备一定要慎重。

二、办理企业税务登记

1. 税务登记。税务登记，也叫纳税登记。它是税务机关对纳税人的开业、变动、歇业以及生产经营范围变化实行法定登记的一项管理制度。

凡经国家工商行政管理部门批准，从事生产、经营的公司等纳税人，都必须自领营业执照之日起 30 日内，向税务机关申报办理税务登记。

从事生产经营的公司等纳税人应在规定时间内，向税务机关提出申请办理税务登记的书面报告，如实填写税务登记表。

2. 税务登记表的主要内容。

（1）企业或单位名称，法定代表人或业主姓名及其居民身份证、护照或其他合法入境证件号码；

（2）纳税人住所和经营地点；

（3）经济性质或经济类型、核算方式、机构情况隶属关系。其中核算方式一般有独立核算，联营和分支机构三种；

（4）生产经营范围与方式；

（5）注册资金、投资总额、开户银行及账号；

（6）生产经营期限、从业人数、营业执照号及执照有效期限和发照日期；

（7）财务负责人，办税人员；

（8）记账本位币、结算方式、会计年度及境外机构的名称、地址、业务范围及其他有关事项；

（9）总机构名称、地址、法定代表人、主要业务范围、财务负责人；

（10）其他有关事项。

3. 企业经营者作为纳税人在填报税务登记表时，应携带下列有关证件或资料。

（1）营业执照；

（2）有关合同、章程、协议书、项目建议书；

（3）银行账号证明；

（4）居民身份证、护照或其他合法入境证件；

（5）税务机关要求提供的其他有关证件和资料。

4. 企业经营者办理税务登记的程序。先由企业经营者主动向所在地税务机关提出申请登记报告，并出示工商行政管理部门核发的工商营业执照和有关证件，领取统一印刷的税务登记表，如实填写有关内容。税务登记表一式三份，一份由公司等法人留存，两份报所在地税务机关。税务机关对公司等纳税人的申请登记报告、税务登记表、工商营业执照及有关证件审核后予以登记，并发给税务登记证。

税务登记证是企业经营者向国家履行纳税义务的法律证明，企业经营者应妥善保管，并挂在经营场所明显易见处，亮证经营。税务登记只限企业经营者自用，不得涂改、转借或转让，如果发生意外毁损或丢失时，应及时向原核发税务机关报告，申请补发新证，经税务机关核实情况后，给予补发。

【例1-2】税务登记。

1. 国税登记。办理机关：区国税局；办理时限：6个工作日；填写税务登记表、提供营业执照、有关合同、章程、协议书、银行账号证明、居民身份证明、居民身份证明等材料办理国税登记、一般纳税人认定、发票种类核定。

2. 地税登记。办理机关：区地税局、税务所；办理时限：即时办理（不含初始纳税申报）；填写税务登记表、提供营业执照、有关合同、章程、协议书、银行账号证明、居民身份证明、房产完税证明或租房协议等材料办理地税登记和发票核定。初始纳税申报在企业开始纳税前核定。

第三节　企业的主要经济业务

一、认识经济业务

1. 什么是经济业务。企业在整个生产经营过程中，必然要不断从事各种各样的经济活动。在会计上，我们把那些凡能客观地利用货币量度进行计价，并足以影响企业资金变动，因而需用会计方法来加以整理、归类和记录的经济活动称为经济业务，亦称会计事项或会计业务。经济业务包括交易和事项两种。所谓交易，是指企业与外部主体之间发生的价值交换行为，如收到投资者的投资，购进材料物资，销售产品或商品等；所谓事项，是指企业主体内部发生的价值转移行为和一些外部因素对企业产生的直接影响，如生产产品领用原材料、产品完工入库、火灾水灾等不可抗因素给企业造成的损失等。

2. 企业主要经济业务。

（1）产品制造企业的生产经营活动。制造企业从采购材料开始，到材料投入生产经过加工制造出产品，将完工产品销售出去的整个过程，称为生产经营过程。工业企业的生产经营活动过程是以产品生产为主要经济活动的生产准备、产品生产和产品销售过程的统一。为了独立地进行生产经营活动，每个企业都必须通过一定的渠道取得一定数量的经营资金，作为从事经营活动的物质基础。这些资金在经营活动中被具体运用，并表现为不同的占用形态。随着企业生产经营活动的不断进行，资金的占有形态不断转化，周而复始，形成资金的循环和周转。

资金筹集是企业经营资金运动全过程的起点。企业从各种渠道获得的资金，首先表现为货币资金形态。企业以货币资金建造厂房、购买机器设备和各种材料物资，为进行产品生产准备必要的生产资料，这时资金就由货币资金形态转化为固定资金形态和储备资金形态。在产品生产过程中，劳动者利用劳动资料对劳动对象进行加工，制造出各种为社会所需要的产品。生产过程既是物化劳动和活劳动的耗费过程也是产品的形成过程。在产品生产过程中消耗的各种材料、支付的工资和机器设备等固定资产的磨损价值逐步转移到产品的价值中去。这时，资金的形态也相应由固定资金、储备资金和货币资金形态转化为生产资金形态。随着产品制成和验收入库，资金又从生产资金形态转化为成品资金形态。在产品销售过程中，企业一方面将产品销售给购买单位，同时要办理结算，收取货款，通过这一过程，成品资金又转化为货币资金形态，完成一次资金循环。产品销售过程结束后，企业将一定期间所取得的全部收入（包括营业收入和营业外收入）和全部费用支出进行对比，计算企业的经营成果（利润或亏损）。如为利润要进行分配；如为亏损还要进行弥补。通过分配，一部分资金退出企业，另一部分要重新投入生产周转。在上述企业生产经营活动过程中，资金筹集和资金回收或退出企业与生产准备、产品生产和产品销售三个过程的首尾相接，构成了工业企业的主要经济业务。

（2）商品流通企业的生产经营活动。商品流通，是指把工农业产品，通过货币结算等买卖行为，从生产领域转移到消费领域的经济活动。相应地，商品流通企业，主要是从事商品买卖业务的，其经营活动可概括为两大过程，即商品购进和商品销售。这就是商品流通企业经营活动的主要特点。商品购进是指企业为卖而买的商品交易行为，不包括企业自用商品的购进。为了反映商品购进业务，企业要设置账户用来核算企业购入商品的采购成本。商品销售是指企业把购进的商品出售给顾客，不包括非商品物资的转让出售。商品的销售应于商品已经发出、商品的所有权已经转移给买方，并收到货、税款的证据时，作为收入的实现。商品流通企业的费用，按其性质和用途，分为销售费用、管理费用和财务费用。流通企业在销售环节发生的各项费用，称为销售费用。流通企业管理部门为组织和管理企业经营活动所发生的费用，称为管理费用。流通企业为筹集业务经营所需资金而发生的费用称为财务费用。

（3）其他经济业务。其他经济业务是指企业在进行主要生产经营活动过程中，除基本经济业务以外的其他业务，如工业企业销售材料的业务、提供修理、运输服务业务以及转让无形资产使用权业务等。

（4）营业外经济业务。营业外经济业务是指企业从事主要生产经营活动以外的经济活动业务，如企业出售厂房、缴纳罚款、接受捐赠等业务。

企业不同的组织形式影响着企业的经营目标，而不同的经营目标又影响着企业经营活动的内容和形式，但是，企业会计所要"跟踪"和"描述"的内容是一致的，企业的主要经济业务一般包括筹资业务、投资业务和经营业务。

二、认识筹资业务

筹资是企业根据生产经营、对外投资、调整资本结构的需要，通过资本市场，运用不同筹资方式，筹集资金的财务活动。筹资是企业生产经营活动正常进行和获取利润的前提条件，是企业重要的经济活动之一，也是会计所要反映的主要内容之一。比如，一个企业准备开发一种很有市场前景的新产品，它必须有足够的资金进行研制和生产，还必须有足够的资金开拓市场，为此，它必须筹集到足够的资金。企业会计必须对这一系列活动进行反映，加以分析，为企业的决策提供可靠的依据。

【思考与讨论】

如果要创办一个企业首先要有什么？

企业筹集资金有不同的方式，一般包括自有资金的筹集和借入资金的筹集。不同方式筹集的资金对企业的影响是不同的。企业应当选择适合于自身条件的方式筹集资金，以降低筹资风险和资金成本，求得企业利润的最大化。

1. 自有资金的筹集。自有资金，也就是企业的资本金，因此又称注册资金。根据投资主体的不同，企业的资本金可分为国家资本金、法人资本金、个人资本金和外商资本金等。自有资金的筹集可通过以下几种方式实现：

（1）吸收直接投资。吸收直接投资是指企业以合同、协议等形式吸收国家、其他企业、个人和外商等主体直接投入资金形成企业自有资金的一种筹资方式。随着经济的不断发展，我国企业的资本金中法人资本金、个人资本金、外商资本金的比重逐年提高。国家对国有企业已经基本不再投入资金。随着国有股的减持，国家投资逐渐减少。

吸收的直接投资是注册资金的重要组成部分，非股份有限公司往往采取这种方式筹集主要的资金。我国目前实行的是实收资本制，即实收资本与注册资本要保持一致。而注册资本在企业经营期间只可转让，不可撤出，这就对生产经营活动的正常进行起到保证和约束的作用，同时具备了一定的风险承受能力，保证了企业生产经营活动能连续、稳定地进行。

吸收直接投资既可以吸收货币资产，也可以吸收实物、无形资产等非货币资产。按照国家的有关规定，吸收的货币资产必须达到一定的比例，以保证现金支出的正常需要；会计在反映这些经济活动时，要符合国家的有关规定并做与之相关的检查，如资产评估、产权转移、财产验收等工作。对于接受的无形资产投资，要注意不能超出规定的有关无形资产出资的限额等。

【参考资料】

会计在对企业接受直接投资进行反映时，要反映引起资源变化的业务事项，让我们来看下边的例子：

（1）投资者投入机器一套，价值 100 万元。

（2）投资者投入运输工具一批，合计金额 500 万元。

（3）投资者投入企业所需原材料，合计金额 20 万元。

（4）投资者用其产品向企业投资，合计金额 50 万元。

（5）投资者以商标权向企业投资，双方协议作价 50 万元。

（6）投资者向企业投入货币资金 100 万美元，汇率 US $1 = RMB ￥6.5769。

很显然，由于投资人的投入，使企业在增加资本的同时也增加了固定资产 600 万元（第 1.2 项业务）、存货 70 万元（第 3、4 项业务）、无形资产 50 万元（第 5 项业务）、货币资金 657.69 万元（第 6 项业务）。资产增加的合计金额为 1 377.69 万元。这部分资金作为注册资金反映在企业的会计信息之中。

（2）发行股票。股票是股份有限公司为筹措自有资金而发行的有价证券，是持股人拥有公司股份的书面凭证。股票的发行人是股份有限公司，而不包括其他的任何公司。股票的发行必须经过有关部门的批准，因而只有股份有限公司经批准发行股票后，其会计才能反映这部分业务。

按照我国《公司法》的规定，股份公司向发起人、国家、法人发行的股票，必须采用记名股票，而对社会公众发行的股票，可以是记名股票，也可以是无记名股票。在股票转让时，记名股票需背书转让，并需办理所有者变更登记，而无记名股票转让时要简单些，不需上述手续。

目前我国股票按发行对象和上市地区的不同分为 A 股、B 股、H 股三种。A 股是指向国内投资者发行的普通股的股票，以人民币认购，又称为人民币股票，是目前上海证券交易所和深圳证券交易所交易的主要交易对象；B 股则是向国外及我国的港、澳、台地区投资者发行的股票，票面价值以人民币金额表示，投资人按折合后的外币金额以外币认购，又称人民币特种股票。为了适应经济的发展和我国资本市场的对外开放，B 股市场于2001 年 2 月 19 日向国内市场开放。国内投资人可以用存在国内金融机构的美元、港元购买 B 股。H 股是向国外和我国港、澳、台地区投资者发行并在香港上市的人民币特种股票。

股份有限公司发行股票筹集的资金是一种永久性的自由资金。除公司转入清算之外，它无须还本，公司对这部分资金可长期占用，并拥有充分自主的使用权；这不仅能保证公司经营期间有稳定的资金来源，还能作为债权人权利保证的基础提高公司的偿债能力，还有降低财务负担和避免破产清偿的风险。当然发行股票需要向持有者支付股息，股息是随着企业的经营情况变化而变化的，在经营业绩好的情况下，通过发行股票筹集资金的成本当然要高一些。会计对此过程反映的是筹集资金、股息的计算与发放。

2. 借入资金的筹集。借入资金是指企业为了弥补自有资金的不足而向金融机构、债权人借入的资金。它是企业生产经营过程中必要的资金补充，也是会计反映的主要经济业务之一。

作为企业的经营者，在决定某一项投资时必须考虑这项投资需要多少资金、如何筹集所需要的资金等问题。在企业自有资金无法满足生产经营需要的情况下，就必须举债经营。即使企业有足够的自有资金，不需要借入资金，但是在企业经营的过程中，一般要发生债权、债务关系，形成一定程度的负债。如果企业需要借款，就必须考虑要借款的成本效益问题，即企业取得资金的成本要小于这部分资金带来的收益，这样企业才能进一步扩大经营；反之，如果企业取得资金的成本大于这部分资金带来的收益，企业就会缩小经营直至倒闭。如一家咨询公司拥有 100 万元的资本金，可是企业的经营活动需要 150 万元的资金，所以它就需要借入 50 万元的资金，假如利息是年利率 6%，那么利用借款所给企业带来的收益至少要大于 3 万元，这样它才能偿还 3 万元的利息。

企业借入资金有以下几种途径：

（1）银行借款。企业向银行或非银行的金融机构取得的借款根据期限的长短分为长期借款和短期借款。长期借款一般是为某一特定项目筹集资金，数额较大，偿还期在 1 年以上；短期借款主要是为满足企业正常生产经营活动的需要，偿还期在 1 年以下。会计要反映企业借款的取得、借款的偿还和利息的计算与支付。

（2）商业信用。商业信用是指在商品交易中，以延期付款或预收货款进行的购销活动而形成的借贷关系。商业信用是商品交易中由于钱与物在时间和空间上发生分离而产生的。它形式多样、范围广泛，已经成为企业短期筹集资金的重要方式。商业信用的具体形式有：应付账款、应付票据、预收账款等。会计要对这些业务的发生、偿还等业务进行反映。

（3）发行债券。公司债券是指企业经有关部门批准，为筹集资金而发行的向债权人承诺按期支付利息和偿还本金的书面证明。公司发行债券筹集资金除了满足特定的需要外，还有资金成本较低和发挥财务杠杆的作用，用来提高自有资金的投资利润率。如企业有自有资金200万元，在正常的经营环境中，企业的利润是20万元，投资回报率为10%；若产品的市场前景很好，为了扩大规模，企业发行债券100万元（年息6%），在同样的盈利水平下，企业由于发行债券扩大经营规模而带来的利润是4万元。这样，在发行债券的情况下，企业利润总额达24万元。会计要对此过程的筹集资金、计算与支付利息、偿还本金进行反映。

三、认识投资业务

企业筹集资金的目的是进行投资活动，即管理者可以利用筹集到的资金购买企业生产经营过程中所需要的各种经济资源，通过恰当的资源组合给企业带来经济效益。当然，市场经济是一种竞争经济、风险经济。恰当的资源组合会给企业带来经济效益，不恰当的资源组合会给企业带来损失，甚至是灾难性的后果。企业必须承担这种投资风险，因此投资决策对企业来说至关重要。

在进行投资决策的过程中，管理者需要了解有关的商品和服务的信息，包括了解市场需要哪些商品，需要多少，消费者乐于支付的价格是多少等诸多方面的问题。这些信息能帮助管理者作出生产什么产品、取得什么经济资源的决定，同时管理者还应决定什么时候生产、生产多少、在什么地方生产、生产成本如何控制等问题。对于这个受多种因素影响的决策问题，管理者必须比较不同的方案，才能作出准确的抉择。

投资决策需要解决的问题通常包括以下几个方面：

1. 企业应该取得什么样的资源？

2. 每一种资源应取得的资源数量是多少？

3. 资源应在什么时候取得？什么时候更新？

4. 应将资源置于何处？

当然上述问题是企业所面临的一般问题，不同的企业还会有不同的具体情况，企业要根据具体情况进行具体分析，进行有关的决策。

企业的投资可分为内部投资和外部投资两种。企业内部投资主要考虑在厂房、设备、仓库和配套流动资金等方面的投资。除了内部投资外，企业有时为了战略发展的需要，还对其他企业进行投资。根据不同的投资目的，企业可选择不同的对外投资方式。

1. 直接对外投资。直接对外投资是指投资者以各种资产直接投放于本企业以外的其他经济实体，并参与其经营活动的投资行为，它属于一种参与性投资，将直接或间接地参与被投资企业的经营活动，这也是它与其他对外投资的主要区别。对外直接投资通常包括对外合资投资、对外合作投资、对外合并投资。投资的目的除了获取利润以外，可能更倾向于影响或控制其他企业、扩大经营规模、分散经营风险等特殊目的。投资者要考虑企业本身的资金宽裕程度和筹资能力两个方面的问题，因为投资者对外投资的资金来源只能是经营过程中的闲置资金，因此投资者应该在充分认识目前经营状况和资金流转状况的基础上确定对外投资策略。直接对外投资可以用实物、货币资金、无形资产进行投资。

2. 对外证券投资。对外证券投资是指以暂时或长期不准备用于内部投资的货币资金，为获取收益或其他特定的目的，在证券市场上买卖有价证券的一种投资行为。证券投资是一种不直接参与被投资企业的经营活动，需要中介机构才能完成的投资，因而又称间接投资。按照证券发行主体的不同，企业的证券投资主要包括政府债券投资、金融债券投资、企业债券投资和企业股票投资。

政府债券投资是指企业投资于政府债券的行为。政府债券是指国家根据信用的原则，为举借债务而发行的债券，包括公债、国库券等。政府债券与其他债券相比，风险小，信誉高。

金融债券投资是指投资者投资于金融债券的行为。金融债券则是指银行或其他金融机构作为债务人，向投资者发行的借债凭证。发行金融债券的目的在于筹措中长期贷款的资金来源，利率略高于同期定期储蓄存款的利率，一般由金融债券的发行机构经中央银行批准后，在金融机构的营业点以公开出售的方式发行。

企业债券投资是指企业投资于其他企业债券的行为。企业债券是指企业为了筹集资金而向投资者出具的、承诺在一定时期还本付息的债务凭证。企业债券投资属于债权性投资，投资者有权要求发行债券的企业还本付息，否则可通过法律程序要求补偿。

以上三种投资方式均称为债券投资，其特点是收益固定、期限固定、风险较小等。

股票投资是指企业通过购买股票或股份的方式对外投资。股票投资属于权益性投资，投资者作为权益的所有者，有权参与被投资企业的经营管理和按所占股份分享利润，但当被投资企业发生经营亏损或损失时，投资者仅以出资额为限承担其损失。因此，股票投资具有收益高、风险高的特点。另外，股票投资的期限不确定，可以随时在市场上转让，比较灵活。近年来，这种投资方式也成为控制其他企业的一种投资方式。

在进行对外证券投资时，会计一般要考虑诸如有多少资金可用于投资，哪种投资方式更为有利，有无充分的准备以应付突发的事件以防止资金的周转不灵等问题。在作出正确的选择之后，会计还必须"跟踪"整个投资过程；当投资活动结束后，还要进行分析对比，为企业的管理提供有用的经济信息。需要说明的是，企业的筹资、投资以及经营活动不是各自孤立地发生的，而是有联系的，有时甚至是相互交替发生的，这就对财务人员的决策能力提出更高的要求。

自己动手

通过互联网查询证券有哪些？如何进行证券投资？

四、认识经营业务

企业筹集到了资金，各个部门要按照决策所确定的计划，根据市场变化的具体情况实施，这个具体的实施过程就是资源的转换过程，也就是企业的具体生产经营过程。通过下面的例子，可以看出企业经营活动的具体情况。

一个企业准备投资 800 万元在市区繁华地段开一家"肯德基"连锁店，一方面，它通过各种渠道筹集到资金 800 万元，其中：所有者投入资金 560 万元，银行借款 160 万元，其他债权人借入 80 万元；另一方面，企业支付房屋的装修费 240 万元，预付房租 80 万元，采购设备、运输工具 320 万元，采购生产所需的商品 100 万元，为企业开业支付的有关费用 40 万元。这样，用于企业日常流动的资金就只有 20 万元了，在这 20 万元中，企业要支付职工的工资、办公费用和管理上所需的一切费用，如果资金周转不灵，就影响到企业经营活动的正常进行，乃至终止经营活动。如果企业开业后能够顺利地进行经营活动，第一天就有了营业收入，那么，这些营业收入连续不断地进入企业之后会补充企业在经营过程中消耗的资金，使企业有能力支付各种费用和税金。如果还有多余的资金，企业还可以把"多余不用"的钱拿来再投资，总之，企业不要让钱"静止"与"沉淀"，要让它连续不停地运转，这样才有效益。

企业的经营活动尽管各有其特点，但是它遵从一般的规律，主要包括研究和开发、采购、人力资源管理、生产、市场营销和售后服务。

1. 研究和开发业务。研究和开发活动是制造新产品、更新老产品或者更新生产过程的关键活动之一。竞争环境迫使每个企业不断追求创新和寻求改进产品的办法，生产满足客户需要的产品，同时寻找降低产品成本的途径，在制造业中如家电、制药、计算机等都是如此。服务性企业也会在其认定一种新的服务业更有前途的时候，致力于对该服务产品的研究和开发。在研究和开发阶段，管理者一般要注意的问题包括：

(1) 企业为谁研究开发产品（指哪一消费群体）？

(2) 所开发的产品有无代用的产品？如果有，本产品的优势是什么？

(3) 企业的产品投放市场后会有多大的市场份额？

(4) 企业产品的成本与市场价格定位的差别是多少？

(5) 按目前员工实际水平是否能够生产出市场可以接受的产品？

2. 采购（储存）业务。采购活动包括对生产或销售所需的原材料和物料的取得，从管理的角度来看，生产所需的原材料应当在恰当的时候购入，购入的数量也应当适当，这是因为取得和储存原材料的成本很高。适时、适量购入原材料不仅节约了人力、物力资源，尤其是减少了资金的流通量和沉淀，有利于提高企业的经济效益。当然，目前发展迅速的"电子商务"和与之配套的先进的物流系统为这种管理方式提供了可能。

3. 人力资源管理业务。劳动力资源是生产和销售商品、劳务的基本要素，企业之间的竞争在很大程度上取决于劳动力资源的竞争，因此，人力资源管理是企业管理中的重要组成部分。人力资源管理的主要内容包括招聘、解雇、职工培训、工资调整以及职工福利等方面。会计需要对企业在人力资源方面的投资进行反映。

4. 生产（加工）业务。生产过程是将储备资金转化为生产资金的过程，是制造业的主要经营过程。在制造业的生产过程中，企业组织工人使用生产设备对原材料等进行加工，生产出产品。经过此过程，原材料经过加工改变了性质和形态，变成了新的产品，工人的劳动使产品增加了价值。而对于服务企业来说，工作人员要使用一定的技术，如信息、修理或维护等。因此，工作人员的劳动追加了服务产品的价值。

生产过程可能是复杂的，比如石油化工产品、家电、汽车等系列产品；生产过程也可能是简单的，如某些饮料、食品、服装等。无论生产工艺的简单或复杂，其生产过程在会计中的体现大体上是相近的，一般要包括材料的投入、工资的支出、生产部门的一些管理费用、房屋及设备的折旧、一些辅助生产部门的有关费用、产品的产出、产品成本的计算等。

5. 市场营销与售后服务。市场营销是企业通过开展一系列的销售活动将产品和服务提供给消费者的过程。销售是企业生产经营活动中的重要环节，它关系企业的生产经营过程所创造的价值是否能够得到市场的承认、企业的利润能否形成等问题。在市场营销过程中，企业的管理者要决定如何有效地接触购买者，如何推销自己的产品，包括广告媒体的选择、形象代言人的寻找、广告的数量和类型、销售手段的运用、提供的信息类型和数量、给不同的消费者以不同的折扣等。销售不仅要涉及商品或劳务的实际提供，还包括对消费者需求嗜好的密切监视。相应地，这些信息对于指导企业研究如何生产客户所需要的产品类型是非常有用的。

对于许多企业而言，商品和劳务的销售并不是生产经营过程的最后一个环节，售后服务同样十分重要，因为许多商品价值中的很大一部分是在售后服务中体现的。因此，现代企业的竞争在很大程度上就是售后服务的竞争，如汽车、计算机、火灾报警系统等产品。由于不同的产品有不同的特性，其售后服务的内容也有所不同，有的产品需要的是售后提供培训服务，如计算机；有的产品需要的是售后提供零部件配套的服务，如汽车；有的产品需要的是售后提供产品性能的维护和故障的排除等。不论提供何种服务，都需要企业投入一定的经济资源，而会计要反映的就是这个过程所消耗掉的经济资源。

6. 结算业务。企业的结算业务包括现金结算和银行结算。银行结算是商品交换的媒介，是连接资金和经济活动的纽带。它对减少现金使用，提高资金效益，促进商品流通，保证经济活动的正常进行和健康发展具有重要的作用。

企业之间商品交换的结算方式主要以转账或票据为主，由银行运用信用职能，通过转账结算方式办理结算。按照（银行结算办法）的规定，银行结算种类主要有商业汇票、银行汇票、银行本票、汇兑、支票、委托收款和托收承付七种。企业可以根据需要，采用上述结算方法与交易单位进行结算。

7. 利润的形成与分配业务。企业通过销售过程将产品资金转化成货币资金，完成一次资金循环。但是在这个资金循环的过程中，企业原来投入的资金价值得到增加，增加的部分就是企业的税金和利润。如企业在某产品的生产经营过程中发生了原材料费用 10 元、人工费用 20 元、设备折旧等费用 20 元，那么该产品的成本就是 50 元，销售过程的费用和管理上的费用 20 元，产品的价格是 100 元，则 30 元就是税金和利润。在这个过程中，会计要对利润的形成与分配、税金的计算与缴纳等问题进行反映，同时还要分析企业的经营过程，总结经验、教训，为提高经济效益服务。

8. 涉税业务。企业的涉税业务是企业作为纳税人因纳税而引起税款的形成、计算、申报、补退、罚款、减免等方面的经济业务。这些经济业务带来以货币表现的税收资金运动，寓于企业的全部经营资金运动之中。税务会计核算和监督企业单位有关税款的形成、计算、申报、缴纳及其有关的财务活动。

企业涉税业务要以国家税法为准绳，认真履行纳税义务，又要在不违反法律的前提下，追求企业纳税方面的最大经济效益，合理选择纳税方案，科学进行税务筹划。

越秀集团有限公司 2013 年 4 月 1 日的活动记录：

1. 总经理与供货商会面，并指令有关部门签订购货合同。
2. 第一业务部主任报销出差费用。
3. 供应部门签订一项购货合同，财务部门同时付给供货商定金。
4. 支付广告费。
5. 仓库将购买的材料验收入库。
6. 收到销货款存入银行。
7. 董事会研究决定向 A 企业投资。
8. 销售部门收到订单三份，合计金额 12 万元。

很显然，上述业务中，1、7、8 三项尚未直接涉及经济资源的变化，会计不必作出记录，其余的五项业务涉及经济资源的变化，换言之，这些业务要用货币计量来表现经济活动的全貌。其中，第 2 项报销差旅费业务在使费用增加的同时，也使现金减少；第 3 项签订合同的同时又付了定金，在现金减少的同时，也使预付货款增加，即如果对方不能履约，则要退回定金并还要有相应的处罚措施；第 4 项支付广告费在使企业的销售费用增加的同时，也使企业的现金减少；第 5 项仓库验收材料入库使得企业的存货增加了，同时也减少了现金或者增加了负债；第 6 项销货款存入银行使得企业的资金得以回笼，增加了银行存款，这是销售收入增加的结果。需要说明的是第 1 项业务虽然公司有关部门已与供货商签订了购货合同，但供货商尚未提供货物，公司也无义务支付货款。第 8 项义务与第 1 项义务类似，公司虽然收到订单，但由于尚未向客户发货，因此也尚未获得向客户收取货款的权利。可以看出，会计强调的是它所"跟踪"和"描述"的经济活动必须能引起经济资源发生变化。

【思考与讨论】

企业的经济业务指的是什么？

第四节 企业的利益相关者与会计

一、企业利益相关者

企业利益相关者是其利益与企业的财务状况和经营业绩相关的个人或组织。这些利益相关者通常包括：所有者、经营管理者、员工、债权人和政府相关部门。

1. 所有者。所有者将资本投入到企业中，其目的就是为了保证自己的资本能够保值、增值，因此，其利益很明显与企业经营的好坏直接相关。大多数的所有者希望能从投资中收回尽可能多的收益，因而只要企业是盈利的，所有者就可能分享企业的利润；同时，所有者还可能在一定时间决定出售投资，而出售投资的总体经济价值也与所有者的利益息息相关，其中的经济价值既反映企业过去的经营业绩，也反映出对未来经营业绩的预期。

2. 经营管理者。现代企业是所有权和经营权相分离的。经营管理者是所有者授权其经营管理企业的个人或组织。经营管理者能够根据企业的经营业绩得到相应的报酬。而企业经营业绩也是所有者对经营管理者进行评价和考核的依据，经营管理者业绩的好坏也影响到其是否会继续被所有者聘用。

3. 员工。员工向企业提供劳务并获得工资回报。企业经营业绩好就可能给员工更多的工资和福利待遇，而企业也可能通常以业绩较差为借口降低工资或拒绝员工提高工资的要求。如果企业濒临倒闭，就会解雇员工。

4. 债权人。债权人与所有者一样，通过借贷等方式将资本投入到企业，他们也关心企业的经营状况。但他们的目的与所有者的区别在于，他们只希望能保证收回本金，并按时收到相应的利息。

5. 政府相关部门。政府是经济的宏观管理部门，而税收是政府收入的重要来源。任何级别的政府税收部门都可以根据法律赋予的权限从企业获得税收。企业经营业绩越好，政府收到的税金就越多。

除上述利益相关者外，还可能有的利益相关者包括顾客、财务分析师、供应商等。

二、企业中的会计

企业需要会计，因为企业有许多的利益相关者，而这些利益相关者需要了解和评价企业的财务状况和经营业绩，以便进行决策。会计就是为利益相关者提供企业财务状况和经营业绩的信息系统。会计对外提供的信息称为会计信息。

会计信息是一种"商业语言"，任何利益相关者都可以利用这些信息进行决策。例如，可口可乐公司的会计人员提供了一份有关新产品盈利能力的会计报告，这份报告的提供可能会为以下利益相关者使用：可口可乐公司的经营管理者可据此做出是否生产该种产品的决策，潜在的投资者也可以运用这份会计报告决定是否购买可口可乐公司的股票，银行则使用会计报告决定是否向可口可乐公司贷款或贷款的金额，供应商根据会计报告决定是否认可可口可乐公司的信用以供给原材料，政府税收部门根据会计报告确定可口可乐公司应缴纳的税额。

会计作为一个提供决策所用信息的系统，其向利益相关者提供信息的过程如图 1-1 所示。

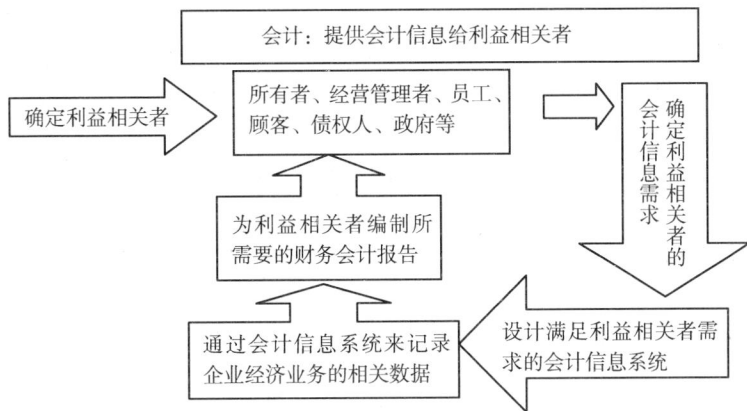

图 1-1　会计信息系统与企业利益相关者

从图 1-1 可以看出，首先，企业必须确定它有哪些利益相关者；其次，评价不同利益相关者对信息的不同需求；再次，设计满足利益相关者需求的会计信息系统；最后，对企业发生的经济事项进行记录并向利益相关者编制会计报告。

自己动手

广大企业有限公司 7 月份发生了下列经济业务：

（1）7 月 5 日，销售产品收货款 10 000 元，存入银行。

（2）7 月 11 日，销售产品 170 000 元，货款收到存入银行。

（3）7 月 24 日，预付下半年办公楼租金 18 000 元。

（4）7 月 31 日，本月销售产品的成本为 110 000 元。

（5）7 月 31 日，收到 6 月应收的销货款 40 000 元。

问题：

根据以上经济业务，计算企业本月（7 月）的净收益。

【本章小结】

1. 企业就是按照市场需求自主组织生产经营，以提高经济效益，劳动生产率和实现资产保值增值为目的的社会经济组织。其根本性质是具有独立法人资格的单位。

2. 创办一个企业首先要有钱（或本钱）。这里所说的钱就是企业资本金。资本金是指各种投资者以实现盈利和社会效益为目的，为进行企业生产经营而投入的资金，也就是企业在工商行政管理部门登记的注册资金。

3. 独资企业是指由单个出资者出资设立的企业。

4. 合伙企业是由两个或两个以上出资者出资设立，共同经营，共负盈亏责任的企业。

5. 公司是依法成立的以盈利为目的的企业法人。

6. 有限责任公司，是指股东以其所认缴的出资额为限对公司承担责任，公司以其全部资产对公司债务承担责任的企业法人。

7. 股份有限公司是全部资本由等额股份构成并通过发行股票筹集资本，股东以其所认购股份对公司承担有限责任，公司以全部财产对公司债务承担有限责任的企业法人。

8. 企业在成立过程中应该办理如下手续。

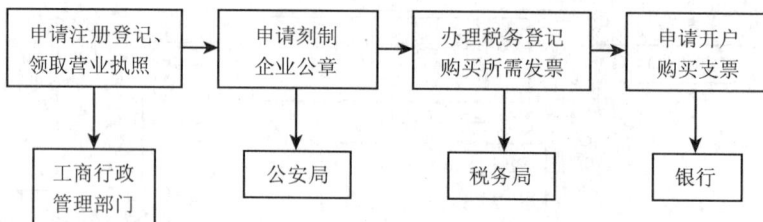

```
┌──────────────┐   ┌──────────────┐   ┌──────────────┐   ┌──────────────┐
│申请注册登记、│──▶│申请刻制      │──▶│办理税务登记  │──▶│申请开户      │
│领取营业执照  │   │企业公章      │   │购买所需发票  │   │购买支票      │
└──────────────┘   └──────────────┘   └──────────────┘   └──────────────┘
        │                  │                  │                  │
        ▼                  ▼                  ▼                  ▼
┌──────────────┐   ┌──────────────┐   ┌──────────────┐   ┌──────────────┐
│工商行政      │   │公安局        │   │税务局        │   │银行          │
│管理部门      │   │              │   │              │   │              │
└──────────────┘   └──────────────┘   └──────────────┘   └──────────────┘
```

9. 企业在日常经营中通常经历供应、生产、销售三个环节。

供应环节：用现金或银行存款购买原材料进行生产储备。

生产环节：用原材料生产出产品。

销售环节：将产品对外销售，重新收回现金或银行存款。

整个经营过程从货币资金开始，又回到货币资金，所以我们说经营过程实质上是一个资金循环过程。

10. 资金占用形态。

企业日常经营 { 供应　货币资金——→储备资金
生产　储备资金——→生产资金——→成品资金
销售　成品资金——→货币资金

企业存放在银行的存款和存放在保险柜里的现金属于资金占用形态，我们称为货币资金形态。

企业为生产经营用现金或银行存款购买了原材料并存放在仓库里，货币资金就转化到原材料等物资上，我们把原材料等物资占用的资金称为储备资金形态。

企业将原材料从仓库发到生产车间进行产品生产，我们把正在加工中的产品所占用的资金称为生产资金形态。

产品在车间生产完工，要转入产成品仓库，我们把完工产品所占用的资金称为成品资金形态。

最后，将产成品卖出，收回现金或银行存款，成品资金又转化为货币资金形态。

11. 企业资金周转过程。

资金从货币形态开始，沿着供应、生产、销售这三个过程周而复始的不断循环，就是资金的周转。

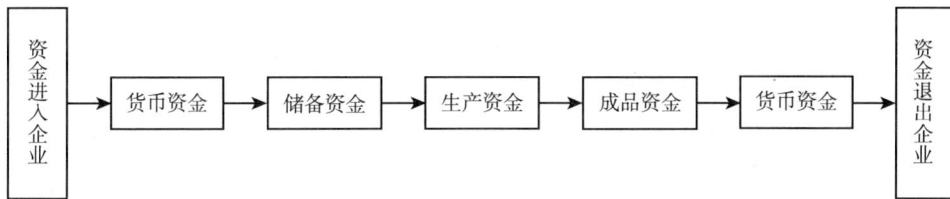

资金进入企业 → 货币资金 → 储备资金 → 生产资金 → 成品资金 → 货币资金 → 资金退出企业

思考与练习

一、复习思考题

1. 什么是企业？企业的性质是什么？

2. 企业的组织形式有哪几种？

3. 企业的环境有哪些？

4. 现代公司治理结构是指什么？

5. 企业有哪些主要经济业务？

6. 企业如何筹集资金？

7. 企业资金是如何周转的？

8. 企业投资业务有哪些？

9. 企业经营业务有哪些？

二、单项选择题

1. 公司企业法人有独立的法人财产，享有法人财产权。公司以其（　　）对公司的债务承担责任。

A. 全部财产　　　　　　　　　　　B. 公司全部财产

C. 公司注册资本（金）　　　　　　D. 股东资产

2. 一人有限公司的注册资本最低限额为人民币（　　）万元。股东应当一次足额缴纳公司章程规定的出资额。

A. 10 万元　　　B. 3 万元　　　C. 不少于 10 万元　　　D. 最少 3 万元

3. 个体工商户，可以个人经营也可以家庭经营。个人经营的，以（　　）承担民事责任。

A. 个人财产　　　B. 个人全部财产　　　C. 家庭财产　　　D. 家庭全部财产

4. 个人独资企业投资人在申请企业设立登记时明确以其家庭共有财产作为个人出资的，应当依法以（　　）对企业债务承担无限责任。

A. 家庭共有财产　　　B. 家庭全部财产　　　C. 个人全部财产　　　D. 家庭实有财产

5. 普通合伙企业由普通合伙人组成。合伙人对合伙企业债务承担（　　）责任。《合伙企业法》对普通合伙人承担责任的形式有特别规定的，从其规定。

A. 无限连带　　　B. 有限责任　　　C. 有限责任　　　D. 有限连带

6. 有限合伙企业由普通合伙人和有限合伙人组成。普通合伙人对合伙企业债务承担无限连带责任。有限合伙人以其（　　）为限对合伙企业债务承担责任。

A. 认缴的出资额　　　B. 合伙人的财产　　　C. 全体合伙财产　　　D. 家庭财产

7. 企业存放在银行的存款和存放在保险柜里的现金属于资金占用形态，我们称为（　　）。

A. 货币资金　　　B. 储备资金　　　C. 生产资金　　　D. 销售资金

8. 企业为生产经营用现金或银行存款购买了原材料并存放在仓库里，货币资金就转化到原材料等物资上，我们把原材料等物资占用的资金称为（　　）。

A. 货币资金　　　B. 储备资金　　　C. 生产资金　　　D. 销售资金

9. 企业将原材料从仓库发到生产车间进行产品生产，我们把正在加工中的产品所占用的资金称为（　　）。

A. 货币资金　　　B. 储备资金　　　C. 生产资金　　　D. 销售资金

10. 产品在车间生产完工，要转入产成品仓库，我们把完工产品所占用的资金称为（　　）。

A. 货币资金　　　B. 储备资金　　　C. 生产资金　　　D. 成品资金

三、多项选择题

1. 经济组织若要成为法人企业，必须同时具备以下法律特征（　　）。

A. 依法成立

B. 按经济规律经营

C. 拥有独立支配的财产

D. 以自己的名义进行生产经营活动并承担法律责任

E. 企业员工必须有明确的岗位责任

2. 有限合伙人可以用（　　）作为出资。

A. 货币　　　B. 劳务　　　C. 知识产权　　　D. 机械设备

3. 公司营业执照应当载明公司的（　　）。

    A. 名称　　　　　　　B. 住所　　　　　　　C. 注册资本　　　　　D. 实收资本
    E. 经营范围　　　　　F. 法定代表人姓名　　G. 经营期限　　　　　H. 经营方式

4. 个人独资企业设立申请书应当载明（　　　　）。

    A. 企业的名称和住所　　　　　　　　　　B. 投资人的姓名和居所

    C. 投资人的出资额和出资方式　　　　　　D. 经营期限

    E. 经营方式

5. 个人独资企业（　　　　）时，应当解散。

    A. 投资人决定解散

    B. 投资人死亡或者被宣告死亡，无继承人或继承人放弃继承

    C. 被依法吊销营业执照

    D. 法律、行政法规规定的其他情形

6. 除合伙协议另有约定外，合伙企业的下列事项（　　　　）应当经全体合伙人一致同意。

    A. 改变合伙企业的名称

    B. 改变合伙企业的经营范围、主要经营场所的地点

    C. 转让或者处分合伙企业的知识产权和其他财产权利

    D. 以合伙企业名义为他人提供担保

    E. 聘任合伙人以外的人担任合伙企业的经营管理人员

7. 企业在日常经营中通常经历（　　　　）三个环节。

    A. 供应　　　　　　　B. 生产　　　　　　　C. 销售　　　　　　　D. 财务

8. 企业利益相关者是其利益与企业的财务状况和经营业绩相关的个人或组织。这些利益相关者通常包括（　　　　）。

    A. 所有者　　　　　　B. 经营管理者　　　　C. 员工　　　　　　　D. 债权人

    E. 政府相关部门

9. 企业有许多的利益相关者，而这些利益相关者需要了解和评价企业的（　　　　），以便进行决策。

    A. 财务状况　　　　　　　　　　B. 经营业绩　　　　　　　　　　C. 产品

    D. 服务　　　　　　　　　　　　E. 人员

四、判断题

1. 企业制度是以产权制度为基础和核心的企业组织制度和管理制度。　　　　（　　　）

2. 最初占主导地位的企业组织形式是合伙制企业。　　　　　　　　　　　　（　　　）

3. 业主制、合伙制和公司制三种企业制度之间的关系是替代关系。　　　　　（　　　）

4. 公司就是企业，企业就是公司。　　　　　　　　　　　　　　　　　　　（　　　）

5. 在合伙制企业中，产权主体是唯一的。　　　　　　　　　　　　　　　　（　　　）

6. 会计的本质是向有关方面提供会计信息的一种管理手段。　　　　　　　　（　　　）

7. 支出既是预算单位的会计要素之一，又包括企业会计要素的内容。　　　　（　　　）

8. 财物的收发，增减都必须进行会计核算，但财物的使用不需进行会计核算。（　　　）

【实训项目】

1. 联合几个同学，拟定公司章程，合资注册一家虚拟公司。

2. 参观至少一家企业，描述其主要经济业务。

【相关知识】

注册内资公司注意事项

1. 最低注册资本要求：两个股东以上投资，注册资本三万元以上；一人有限公司，注册资本十万元以上。

2. 租赁办公室（签订租赁协议，并要求房地产产权证（一定是商业用途））：很多代理公司可以免费提供注册地址，租赁协议可以由他们来做。

3. 您想了解的尽在上海招商投资网 www.9zhuce.com 和大学生创业网。

第二章

对会计的一般认识

第一节　会计的产生与发展

一、会计的产生

人类社会的生产活动决定着人类其他一切活动，也是人类会计行为产生的根本前提条件。因此会计的产生是伴随着人类生产活动的产生而产生的。会计是社会生产发展到一定阶段的产物。

人类会计行为起源于数的概念，与数学发端于同一源流，产生出自人类的同一动机。离开了数学表现方式，人类最初的会计行为——计量、记录行为便无法成立。因此，从这个意义上来说数学是现代会计学的一大支柱。

"会计"一词始于我国西周（约公元前1 100年到公元前770年之间），此时已有史料记载，不是考古推测。据《孟子》记载："孔子尝为委吏矣，曰：'会计当而已矣'。"清朝焦循在《孟子正义》中对会计的解释是："另星算之为计，总合算之为会"。"会"和"计"本来都是计算和汇总计算的意思。

【思考与讨论】

西周之前的古代人有数的概念吗？文字呢？

二、会计的发展

1. 会计在我国古代的发展情况。

（1）原始社会。私人占有财产出现以后，人们为保护私有权和不断扩大私有财产，生产过程便逐步过渡到以货币形式进行计量和记录，但由于文字没有出现，所以只好以"绘图记事"，后来发展到"结绳记事"、"刻石记事"以及在树木、石头或龟甲上刻记符号记事等原始方法，这些原始的计量、记录行为，就是会计的萌芽阶段。

（2）奴隶社会。在西周时期里，就设立了专司朝廷钱粮收支的官吏——"司会"，进行"月计岁会"，当时"月计岁会"的含义就是既有零星核算，又有岁终的总合算，通过日积月累的核算达到正确考核西周朝财政经济收支的目的，如当时建立的"日成"、"月要"和

"岁会"等报告文书，初步具备了旬报、月报、年报等会计报告的作用。

（3）封建社会。会计核算也有了很大的发展，对账簿的设置，从单一流水账发展成为"草流"（也叫底账）、"细流"和"总清"三账，一直使用到晚清时期，对会计结算方法，也从原始社会末期开始的"盘点结算法"发展成为"三柱结算法"，用来反映本期财产物资增减的变化及结果；到了唐宋时期，我国更进一步创建了"四柱结算法"（也称"四柱清册"），通过"旧管"（期初余额）+"新收"（本期收入）-"开除"（本期支出）="实在"（期末余额）的基本公式进行结账，为我国收付记账法奠定了基础，一直到清代，"四柱结算法"已成为系统地反映王朝经济活动过程的科学方法，成为中式会计方法的精髓。明末清初又出现了"龙门账"，即把全部账目划分为"进"（各项收入）、"缴"（各项支出）、"存"（各项资产）、"该"（资本及各项负债）四大类，运用"进-缴=存-该"的平衡等式试算平衡，这是中国的复式记账。

与此同时，在西欧，如意大利（当时为地中海沿岸威尼斯、佛罗伦萨等城邦国家）出现了复式记账法，1494年意大利数学家卢卡·帕乔利（Loca Pacialo，或译为卢卡·巴其阿勒）所著《算术、几何与比例概要》一书，其中有一章叫"簿记论"，系统地总结了复式借贷记账法，这标志着近代会计的开始。

2. 国外会计的发展。1494年意大利数学家、会计学家卢卡·帕乔利的《算术、几何、比与比例》一书在威尼斯出版发行，对借贷记账法做了系统的介绍，并介绍了以日记账、分录账和总账三种账簿为基础的会计制度。复式簿记在理论上的总结被认为是会计发展史上的第一个里程碑，到了19世纪，英国进行了工业革命，成为当时最发达、生产力水平最高的国家，股份公司的出现，对会计提出了新的要求，引起了会计内容的较大变化，而且会计作为一种独立职业中介正式出现，在1854年，世界上第一个会计师协会——英国的爱丁堡会计师公会的成立。第一次世界大战后，美国的经济实力已超过英国，无论是在生产上还是科学技术等方面的发展都已处于领先地位，会计的发展中心也随之转移到美国，西方国家在20世纪50年代以后，由于信息论、控制论、系统论、现代数学、行为科学等的引入，丰富了会计学的内容，充实了管理会计。对外投资和跨国公司的兴起，出现了国际会计。电子计算机的应用，使得获取会计信息摆脱了手工操作，并对会计产生了巨大的影响。特别是美国对标准成本会计的研究有了突飞猛进的发展，并在此基础上发展成为管理会计，使会计方法更加日趋完善。

3. 新中国成立以后我国会计的发展。新中国成立以后，我国会计的工作内容也在不断地发生变化。20世纪50年代初期，我国会计工作基本上是搞记账、算账和报账工作。在50年代末期和60年代初期，除了进行会计核算和开展会计监督外，还开展了厂内经济核算制，实行了资金、成本分级归口管理等行之有效的方法，对促进生产和经济效益的提高起了一定的作用。实行改革开放政策以后，我们又吸收了西方管理会计的一些具体方法，进一步发挥了会计的管理职能。新中国成立后，会计发展了四十多年，前期主要是学苏联。我国从70年代开始研究管理会计，80年代开始研究国际会计与会计电算化。

1993年7月1日进行的会计改革，其主要目的是为了适应改革开放和发展外向型经济的需要，使我国会计业务的处理逐渐朝国际化、通用化的方向发展。1999年1月1日用现金流量表代替财务状况表，这标志着我国会计工作进一步与国际接轨。在2006年2月，会计进一步作了一次性的大调整，修订和颁布了39项会计准则，进一步与国际接轨。

因此，会计就是适应社会生产的发展和经济管理的需要而产生和发展的。

三、会计的含义

物质资料的生产是人类社会赖以存在和发展的基础，在生产活动中，为了获得一定的劳动成果，必然要耗费一定的人力、物力、财力。人们一方面关心劳动成果的多少，另一方面也注重活动耗费的高低。在人类社会早期，人们只是凭借头脑来记忆经济活动过程中的所得与所费，随着生产力的发展，生产活动变得日益纷繁、复杂，大脑记忆已无法满足上述的需要，于是，便产生了专门记录和计算经济流动过程中所得与所费的会计。如在远古的印度社会中，已经有一个农业记账员，在簿记已经独立为一个社会官员的专职，这个官员的职责就是登记农业账目，登记和记录与此有关的一切事项。这样的职责实质上就是一种管理活动。

随着生产与经营活动的进一步发展，会计已由简单的记录和计算，逐渐发展成为以货币单位来综合地核算和监督经济活动过程的一种价值管理活动。

综上所述，我们将会计定义为：在我国社会主义市场经济条件下，会计是对各单位（各个会计主体）的经济业务，主要运用货币形式，借助于专门的方法和程序，进行核算，实行监督，产生一系列财务信息和其他经济信息，旨在提高经济效益的一项具有核算（反映）和监督（控制）职能的管理活动。

会计按其信息报送的对象不同，又有财务会计与管理会计之分，财务会计主要向企业外部关系人提供有关企业财务状况、经营成果的资金运动情况等有关信息。管理会计主要侧重于向企业经营者和内部管理者提供进行经营规划、经营管理、预测决策所需相关的信息。财务会计侧重于过去的信息，为有关方面提供所需数据，管理会计侧重未来信息，为内部管理提供数据。

四、会计的目的与性质

1. 会计的目的。目的，是指从事某项活动的预期要达到的结果。会计是一种经济管理活动，是经济管理的重要组成部分，是人们管理生产过程的客观需要。人类要生存，社会要发展，就必须进行物质资料的生产，任何生产活动的同时必然要有一定的生产耗费。人们进行生产活动时，总是力求在尽量少的劳动时间内创造出尽量丰富的物质财富。为了达到节约劳动耗费，讲求并提高经济效益的目的，人们必须对生产活动加强管理。这就需要对劳动耗费和劳动成果进行记录和计算，并将耗费与成果加以比较和分析，借以掌握生产活动的过程和结果。会计有广义和狭义之分，广义的会计还包括财务。一般来说，会计的目的就是向会计信息的使用者提供可靠的会计信息。

2. 会计的特点。

（1）以货币作为主要计量尺度。会计的计量单位有三种：一是实物量：个、只、辆、吨等，只能表示个别的数据；二是劳动量：工作年、月、日、时等，只能表示个别数据；三是货币量（价值量）；货币量作为主要计量单位是因为有其特殊性：

① 衡量其他一切有价物价值的共同尺度；

② 交换的媒介物；

③ 价值的储藏物（金属货币）；

④ 清算债权和债务的支付手段。

因此，以货币作为主要的、统一的计量单位来进行核算，就成为会计的特点之一。当然实物量和劳动量两种计量单位在会计核算中也被应用着，但货币量计量单位是最主要的。

（2）以凭证为依据，记录经济活动过程，并明确经济活动的责任。企业等单位在经济活动过程中，每发生一项经济业务，都必须取得或填制合法的书面凭证。这些凭证不仅记录着经济业务的过程，而且明确经济活动的责任。

（3）会计对经济活动所作的反映是连续的、系统的、全面的、综合的。连续是指按经济业务发生（确认）的顺序来反映，自始至终不可间断；系统是指会计运用一套专门的方法对各种经济活动进行科学的、有规律的、不是杂乱无章的归类、整理和记录，最后提供系统化的信息；全面是指对决策有用的信息均应作出详尽的反映，以便决策者选用，反映不带有某种偏向性，不能任意取舍，更不得遗漏；综合是指会计的反映运用货币计量来综合反映经济活动的情况，以便对不同种类、不同名称、不同度量的物质消耗，以及各种错综复杂的经济活动进行反映，借以提供总括的价值指标。

（4）运用一系列专门方法。会计运用着一系列科学的专门的核算方法，且这些专门方法是相互联系，相互配合，各有所用，构成一套完整的核算经济活动过程和经营成果的方法体系，有效地发挥会计应有的作用。

3. 会计的性质。

（1）会计的自然属性即技术性。随着科学的发展，技术的进步，会计中大量采用数学方法，广泛应用电子计算机，会计的技术性也不断增强。

（2）会计的社会属性，即阶级性。不同社会制度下会计所反映和控制的内容以及所达到的目的不尽相同。会计理论也要按照统治阶级的需要来建立。

（3）会计是一门双重性的科学。对于国际通行的会计方法，我们要学习并有分析地吸收、批判地借鉴，也不要一味地闭上眼睛全盘接受。

第二节　会计的对象与职能

一、会计的对象

会计的对象是指会计所反映和监督和分析、预测、控制的内容。研究会计的对象，目的是要明确会计在经济管理中的活动范围，从而确定会计的任务，建立和发展会计的方法体系。会计作为经济管理的组成部分，它所反映和监督的内容，不是也不可能是毫无选择地包罗万象的，而是根据经济管理的特定要求，从特定的角度来反映和监督经济活动的。这种特定的角度和特定的要求，决定了会计的特定内容，也就是会计的对象。

1. 会计的一般对象。

会计的一般对象是指会计作为一项管理活动所要核算（反映）和监督（控制）的内容，即会计的客体。具体地说就是社会再生产过程中客观存在的资金的运动。

2. 会计核算的具体内容。

（1）款项和有价证券的收付；

（2）财物的收发、增减和使用；

（3）债权、债务的发生和结算；

（4）资本的增减；

（5）收入、支出、费用、成本的计算；

（6）财务成果的计算和处理；

（7）需要办理会计手续、进行会计核算的其他事项。

二、会计的职能

会计的职能是伴随着经济发展和会计内容、作用的不断扩大而发展着，也就是说，凡是有会计的地方，它必然存在这种客观的功能。在历史上，会计的重大发展总是引起会计职能的扩大和发展。因此，会计主要有两个基本职能：即核算（反映）职能和监督职能。当然，参与经济决算、预测则是会计进一步发展的派生职能。

1. 反映职能。反映职能又称核算职能，它是贯穿于经济活动的全过程，是会计最基本的职能。反映职能是指会计以货币为主要计量单位，通过确认、计量、记录、计算、报告等环节，对特定的对象（或称特定主体）的经济活动进行记录、算账和报账，为有关方面提供会计信息的功能。反映职能有三层含义：

（1）会计主要是利用货币计价，综合反映各单位的经济活动情况，为经济管理提供可靠的经济信息，从数量方面反映经济，它可以采用三种量度即是实物量度、货币量度、劳动量度。主要利用货币计价从数量方面综合反映各单位的经济活动情况，是现代会计的一个重要特点。

（2）会计反映不仅是记录和陈述过去，真实地反映已发生的经济业务，还应包括预测未来，为企业和经营决策提供依据。传统会计反映职能主要是对已发生的经济业务进行事后的反映，随着商品经济活动的日趋复杂，企业为实现利润最大化，不仅是随时了解其经营状况，检查企业的经营活动是否符合既定的目标，还要周密地规划企业的未来的行动。因此，不仅要求会计如实地提供发生的经济业务的情况，还要对企业的经济未来和计划的技术组织措施和经济效益进行预测，为企业经营决策提供更多的依据。

（3）会计反映具有完整性、连续性和系统性的特征。会计的完整性是指属于会计反映的内容都必须加以记录，不能遗漏一笔经济业务；连续性是指各种经济业务应当按照其发生的顺序依次进行登记，而不能有所中断；系统性是指会计提供的数据资料必须相互联系，并要进行科学的分类，而不能杂乱无章。

2. 会计的监督职能。会计的监督职能又称控制职能，是指会计人员在进行会计核算的同时，对特定对象经济业务的合法性、合理性进行审查。合法性审查是反映保证各项经济业务的符合国家的有关法律法规，遵守财经纪律，执行国家的各项方针政策，杜绝违法乱纪行为；合理性审查是指检查各项财务收支是否符合特定对象的财务收支计划，是否有利于预算目标的实现，是否有奢侈浪费行为，是否有违背内部控制制度要求等现象，为增收节支，提高经济效益严格把关。

上述两项基本会计职能是相辅相成、辩证统一的关系。会计核算是会计监督的基础，没有核算所提供的各种信息，监督就失去了依据；而会计监督又是会计核算质量的保障，只有核算，没有监督，就难以保证核算所提供信息的真实性、可靠性。

三、会计的目标

将完成的交易、事项记录下来，登记在账簿中是会计目标吗？下面的阐述将对这个问题做出回答。

会计目标是人们通过会计工作所要达到的预期目的和要求。企业通过记账和算账的目的是为了报账，即为经济决策提供财务会计信息。

1. 会计为什么将提供财务会计信息作为目标？

（1）会计早在萌芽时期就孕育了提供信息的使命。它是适应早期的交换、管理、提高效益的需要而萌发的使命。

（2）将会计目标定位于为经济决策提供财务会计信息，是反映了会计发展的历史实际，是经济发展的客观要求。

（3）会计目标受客观环境的制约，会计目标的内容不是一成不变，而是随经济环境的变化而变化，随着经济环境的发展而不断的充实和完善。

2. 将会计的目标具体化即会计的任务有以下三个方面：

（1）反映情况：对经济活动进行连续、系统、全面、综合地确认、计量、记录、计算、分析和比较，正确、及时、完整地记录和反映财务收支情况。

（2）监督纪律：以促进国家方针、政策、法令、制度的贯彻实施，保证经济活动的合法性和合规性。

（3）为决策管理服务：充分利用会计资料及其他有关资料，作出预测，提出建议和方案，参与决策。

四、会计的方法

会计的方法是指用来核算和监督会计对象，实现会计职能，执行和完成会计任务的手段。

1. 会计的方法依存于会计数据处理技术。会计数据处理技术有手工会计数据处理和电子计算机会计数据处理（也称会计电算化）两种。我们以介绍手工会计数据处理为主，至于电子计算机会计数据处理将在以后章中作专门论述。

2. 会计的方法。会计的方法分会计核算的方法，会计分析的方法和会计检查的方法。会计是由会计核算、会计分析和会计检查3个主要部分组成的。会计核算是会计的基本环节，会计分析是会计核算的继续和发展，而会计检查是对会计核算必要的补充。它们是相互配合、密切联系的。

核算是指对各种经济现象及其过程进行确认、计量、记录和计算等工作的总称，包括会计核算、统计核算和业务核算。会计核算是用货币作为主要度量，对企业、行政事业等单位的经济业务进行连续、系统、全面、综合的记录和计算并编制会计报表。统计核算是指运用统计的方法进行的一种调查研究，它既可以运用货币计量，还可以用实物量和劳动量计量。业务核算是指除会计核算、统计核算外对其业务活动所进行的核算，例如，车间或班组对原材料、工时等定额执行情况的核算。三者构成国民经济范围内的统一核算体系称为国民经济核算体系。

3. 会计核算的方法。会计核算的方法是指对会计对象进行连续、系统、全面、综合记录、计算、反映和经常监督（如果不是经常监督则为审计的内容）所应用的方法。主要包括：

（1）设置账户。设置账户是对会计对象的具体内容进行归类、核算和监督的一种专门方法。其目的是为了分类反映。

（2）复式记账。复式记账是一种记账方法，是单式记账法的对称，是指通过两个或两个以上账户来记录每一项经济活动或财务收支的一种专门方法。复式记账的目的是为了能看清楚各账户之间的相互联系。

（3）填制和审核凭证。填制和审核凭证是为了保证会计记录完整、可靠、审查经济业务（或称会计事项）是否合理合法，而采用的一种专门方法。会计凭证是记录经济业务，明确经济责任的书面证明，是登记账簿的依据。会计凭证必须经过会计部门和有关部门的审核。只有经过审核并确认是正确无误的会计凭证，才能作为记账的依据。填制和审核会计凭证，不仅可以为经济管理提供真实可靠的会计信息，也是实行会计监督的一个重要方面。所以它既是会计核算的一种方法，也是会计检查（内部控制）的一种方法。其目的是为了进行对"过程"的记录和控制。

（4）登记账簿。登记账簿是指在账簿上连续地、完整地、科学地记录和反映经济活动与财务收支的一种专门方法。账簿是指用来连续、系统、全面、综合地记录各项经济业务的簿记，是保存会计数据资料的重要工具。登记账簿必须以会计凭证为依据，利用所设置的账户和复式记账的方法，把所有的经济业务分门别类而又相互联系地加以反映，以便提供完整而又系统的核算资料。其目的是主要通过账簿所提供的数据资料来编制会计报表。

但有人认为账簿是账户的载体，设置账户与登记账簿这两种方法是一回事，可合为一种，还有人更认为，设置账户、复式记账和登记账簿可以归纳成一种方法。

（5）成本计算。成本计算是指在生产经营过程中，按照一定的成本计算对象归集和分配各种费用支出，以确定各成本计算对象的总成本和单位成本的一种专门方法。生产过程同时也是消耗过程，成本计算的目的是通过成本计算可以确定材料采购成本、产品生产成本（或产品成本、制造成本）、产品销售成本以及在建工程成本等，可以核算和监督发生的各项费用是否合理、合法，是否符合经济核算的原则，以便不断降低成本，增加企业的盈利。

（6）财产清查。财产清查是指通过盘点实物，核对往来款项来查明财产物资实有数额，保证账实相符的一种专门方法。通过财产清查，可以查明各项实物和现金的保管和使用情况，以及银行存款和往来款项的结算情况，监督各项财产物资的安全与合理使用。在清查中如发现账实不符，应及时查明原因，通过一定的审批手续进行处理，并调整账簿记录。财产清查的目的是为保护社会主义财产，挖掘物资潜力，加速资金周转，提高会计核算信息的质量。

（7）编制财务会计报告。编制财务会计报告是指对日常核算资料定期加以总结，总括地反映经济活动和财务收支情况、考核计划、预算执行结果的一种专门方法。财务会计报告是主要根据账簿记录定期编制的、总括反映企业、行政事业等单位一定时期财务状况、经营成果和现金流量的书面文件。编制财务会计报告的目的不仅是分析考核财务计划和预算执行情况及编制下期财务计划和预算的重要依据，也是进行经营决策和国民经济综合平衡工作必要的参考资料。

会计核算的方法是相互联系、密切配合的，构成了一个完整的方法体系。以上各种方法之间的关系如图2-1所示。

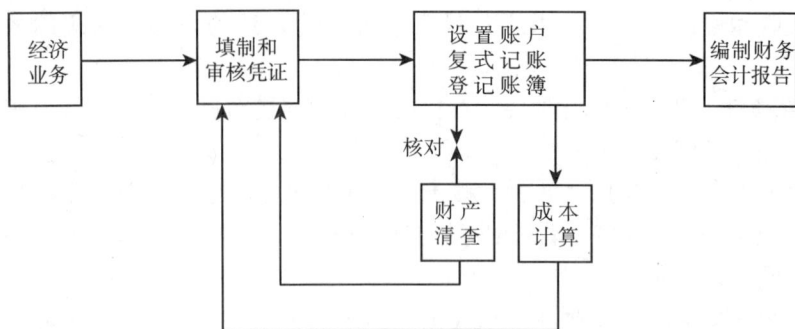

图 2 – 1　会计核算方法关系

4. 会计分析和会计检查的方法。会计分析的方法是指运用已经取得的会计核算资料，结合调查的情况，根据国家的方针、政策，比较、研究和评价经济活动状况，查明原因，挖掘潜力，改善管理，谋求满意经济效益所采用的方法。一般包括比较法、比率分析法、因素分析法（主要是用连环替代法）、ABC 分析法、因果分析法、趋势分析法、量本利分析法、决策树分析法、差量分析法等。

会计检查的方法是利用会计核算资料，主要是会计凭证，检查经济活动的合理性和合法性，以及会计记录的完整性和正确性的方法。其目的是为了保证会计核算信息的客观性和公正性。它是属于会计监督的非日常监督，或者说是属于审计的范畴。一般包括核对法、审阅法、分析法、控制计算法等。

自己动手

南方装饰公司销售墙纸——粘贴在墙土的装饰材料。公司不持有墙纸存货，而是在顾客看中品种型号后临时买入。整个 4 月，公司从批发商那里买进 500 卷墙纸并全部安装了，每卷向顾客要价 1 000 元。月底，除了一位顾客（老板叔叔）欠公司 25 卷的钱以外，公司收到了所有的货款。公司在批发商那里的赊销款为每卷 400 元。公司已经付了 350 卷墙纸的钱，还欠批发商 150 卷的批发货款。4 月份，公司还进行了以下业务：

公司支付 4 月份的办公室租金 300 元。

公司收到电话缴费单 120 元，但直到 5 月 5 日才缴纳。

天气渐渐热了，公司订购了饮用水服务。公司开出支票 175 元，其中 55 元用来买了 5 桶水，120 元是饮水机的押金（当饮水机归还饮用水公司时，押金将退回公司）。

老板请了个帮手叫杰克。杰克 3 月下旬来公司，3 月份挣了 800 元，4 月份挣了 1 800 元。公司在每个月的 5 日支付上个月的工资。在本例中，不考虑税收，杰克一分不少地拿到他的全部工资。

请你根据以上所列为南方装饰公司做一份 4 月份的现金收支报告。

第三节　会计基本假设与会计信息质量特征

一、会计基本假设

会计基本假设是企业会计确认、计量和报告的前提，是对会计核算所处时间、空间环境等所作的合理设定。会计基本假设包括会计主体、持续经营、会计分期和货币计量。明确会计核算的基本前提主要是为了让会计实务中出现一些不确定因素时能进行正常的会计业务处理，而对会计领域里存在的某些尚未确知并无法正面论证和证实的事项所作的符合客观情理的推断和假设。

1. 会计基本假设的原因。会计工作所处的经济环境十分复杂，受很多不确定因素的影响，而会计基本假设是企业会计确认、计量和报告的前提，是对会计核算所处时间空间环境等所作的合理假定。会计假设虽然有人为假定的一面，但是并不因此影响其客观性。事实上，作为进行会计活动的必要前提条件，会计假设是会计人员在长期的会计实践中逐步认识、总结而形成的，绝不是毫无根据的猜想或简单武断的规定。离开了会计假设，会计活动就失去了确认、计量、记录、报告的基础，会计工作就会陷入混乱甚至难以进行。

2. 会计主体。会计主体，是指会计所核算和监督的特定单位或者组织，是会计确认、计量和报告的空间范围。为了向财务报告使用者反映企业财务状况、经营成果和现金流量，提供与其决策有用的信息。会计核算和财务报告的编制应当集中于反映特定对象的活动，并将其与其他经济实体区别开来，才能实现财务报告的目标。会计基本假设中界定了会计确认、计量和报告的空间范围的是会计主体。

在会计主体假设下，企业应当对其本身发生的交易或者事项进行会计确认、计量和报告，反映企业本身所从事的各项生产经营活动。明确界定会计主体是开展会计确认、计量和报告工作的重要前提。

首先，明确会计主体，才能划定会计所要处理的各项交易或事项的范围。在会计工作中，只有那些影响企业本身经济利益的各项交易或事项才能加以确认、计量和报告，那些不影响企业本身经济利益的各项交易或事项则不能加以确认、计量和报告。会计工作中通常所讲的资产、负债的确认。收入的实现、费用的发生等，都是针对特定会计主体而言的。

其次，明确会计主体，才能将会计主体的交易或者事项与会计主体所有者的交易或者事项以及其他会计主体的交易或者事项区分开来。例如，企业所有者的经济交易或者事项是基于企业所有者主体所发生的。不应纳入企业会计核算的范围。但是企业所有者投入企业的资本或者企业向所有者分配的利润，则属于企业主体所发生的交易或者事项，应当纳入企业会计核算的范围。

会计主体不同于法律主体。一般来说，法律主体必然是一个会计主体。例如一个企业作为一个法律主体，应当建立财务会计系统，独立反映其财务状况、经营成果和现金流量。但是，会计主体不一定是法律主体。例如，在企业集团的情况下，一个母公司拥有若干子公司，母子公司虽然是不同的法律主体但是母公司对于子公司拥有控制权，为了全面反映企业集团的财务状况、经营成果和现金流量，就有必要将企业集团作为一个会计主体。编制合并财务报表。再如，由企业管理的证券投资基金、企业年金基金等，尽管不属于法律主体。但属于会计主体，应当对每项基金进行会计确认、计量和报告。

【例2-1】某母公司拥有10家子公司，母子公司均属于不同的法律主体，但母公司对子公司拥有控制权，为了全面反映由母子公司组成的企业集团整体的财务状况、经营成果和现金流量，就需要将企业集团作为一个会计主体，编制合并财务报表。

【例2-2】某基金管理公司管理了10只证券投资基金。对于该公司来讲，一方面公司本身既是法律主体，又是会计主体，需要以公司为主体核算公司的各项经济活动，以反映整个公司的财务状况、经营成果和现金流量；另一方面每只基金尽管不属于法律主体，但需要单独核算，并向基金持有人定期披露基金财务状况和经营成果等，因此，每只基金也属于会计主体。

【例2-3】关于会计主体的概念，下列各项说法中不正确的是（　　）。

A. 可以是独立法人，也可以是非法人

B. 可以是一个企业，也可以是企业内部的某一个单位

C. 可以是一个单一的企业，也可以是由几个企业组成的企业集团

D. 会计主体所核算的生产经营活动也包括其他企业或投资者个人的其他生产经营活动

【答案】D

3. 持续经营。持续经营，是指在可以预见的将来，企业将会按当前的规模和状态继续经营下去不会停业，也不会大规模削减业务。在持续经营前提下，会计确认、计量和报告应当以企业持续、正常的生产经营活动为前提。

企业是否持续经营，在会计原则、会计方法的选择上有很大差别。一般情况下，应当假定企业将会按照当前的规模和状态继续经营下去。明确这个基本假设，就意味着会计主体将按照既定用途使用资产，按照既定的合约条件清偿债务，会计人员就可以在此基础上选择会计原则和会计方法。如果判断企业会持续经营，就可以假定企业的固定资产会在持续经营的生产经营过程中长期发挥作用，并服务于生产经营过程，固定资产就可以根据历史成本进行记录，并采用折旧的方法，将历史成本分摊到各个会计期间或相关产品的成本中。如果判断企业不会持续经营，固定资产就不应采用历史成本进行记录并按期计提折旧。

【例2-4】某企业购入一条生产线，预计使用寿命为10年，考虑到企业将会持续经营下去，因此可以假定企业的固定资产会在持续经营的生产经营过程中长期发挥作用，并服务于生产经营过程，即不断地为企业生产产品，直至生产线使用寿命结束。为此固定资产就应当根据历史成本进行记录，并采用折旧的方法，将历史成本分摊到预计使用寿命期间所生产的相关产品成本中。

如果一个企业在不能持续经营时还假定企业能够持续经营，并仍按持续经营基本假设选择会计确认、计量和报告原则与方法，就不能客观地反映企业的财务状况、经营成果和现金流量，会误导会计信息使用者的经济决策。

4. 会计分期。会计分期，是指将一个企业持续经营的生产经营活动划分为一个个连续的、长短相同的期间。会计分期的目的，在于通过会计期间的划分，将持续经营的生产经营活动划分成连续、相等的期间，据以结算盈亏，按期申报财务报告，从而及时向财务报告使用者提供有关企业财务状况、经营成果和现金流量的信息。

在会计分期假设下，企业应当划分会计期间，分期结算账目和编制财务报告。会计期间通常分为年度和中期。中期，是指短于一个完整的会计年度的报告期间。

根据持续经营假设，一个企业将按当前的规模和状态持续经营下去。但是，无论是企业的生产经营决策还是投资者、债权人等的决策都需要及时的信息，都需要将企业持续的生产经营活动划分为一个个连续的、长短相同的期间。分期确认、计量和报告企业的财务状况、经营成果和现金流量，明确会计分期假设意义重大。由于会计分期，才产生了当期与以前期间、以后期间的差别，才使不同类型的会计主体有了记账的基准，进而出现了折旧、摊销等会计处理方法。

5. 货币计量。货币计量，是指企业在会计核算中要以货币为统一的主要的计量单位，记录和反映企业生产经营过程和经营成果。会计主体的经济活动是多种多样、错综复杂的。为了实现会计目的，必须综合反映会计主体的各项经济活动，这就要求有一个统一的计量尺度。在会计的确认、计量和报告过程中之所以选择货币为基础进行计量，是由货币的本身属性决定的。货币是商品的一般等价物，是衡量一般商品价值的共同尺度，具有价值尺度、流通手段、储藏手段和支付手段等特点。其他计量单位，如重量、长度、容积、台、件等，只能从一个侧面反映企业的生产经营情况。无法在总量上进行汇总和比较，不便于会计计量和经营管理。只有选择货币尺度进行计量才能充分反映企业的生产经营情况，所以，基本准则规定，会计确认、计量和报告选择货币作为计量单位。会计在选择货币作为统一的计量尺度的同时，要以实物量度和时间量度等作为辅助的计量尺度。

要实际进行会计核算，除了应明确以货币作为主要计量尺度之外，还需要具体确定记账本位币，即按某种统一的货币来反映会计主体的财务状况与经营成果。货币计量隐含币值稳定假设。

二、会计信息质量特征

会计信息质量特征是为会计目标服务的，它是联系会计目标与实现目标之间的桥梁，对财务报表所提供的信息起约束的作用，是提供信息符合会计目标的要求。在会计目标被定义为决策有用性的前提下，会计信息质量特征就是使会计信息对决策有用的特征。投资者把资源投资于企业，目的在于未来获得更多的收益，包括股利和资本利得等，出于这一目的，投资者需要做出持有还是出售的决策，债权人需要做出是否贷款的决策，等等，这些人作为会计信息使用者都需要有用的会计信息，即有利于他们做出决策的信息，对其预测未来时会导致决策差别的信息。

1. 相关性。相关性是保证会计信息对决策有用的最重要的质量特征；由于所有权与经营权的分离，经营者拥有更充分的信息，投资者和债权人等外部信息使用者可以获得的信息是不充分的，他们为了做出正确的决策需要可靠的信息，任何虚假和误导的信息都比没有信息更有害，会损害他们的利益。

2. 可靠性。可靠性是保证会计信息对决策有用的另一重要质量特征。

3. 可理解性。可理解性要求企业提供的会计信息应当清晰明了，便于投资者等财务报告使用者理解和使用。

4. 可比性。可比性要求企业提供的会计信息应当相互可比。这主要包括两层含义：同一企业不同时期可比；不同企业相同会计期间可比。

5. 重要性。重要性要求企业提供的会计信息应当反映与企业财务状况、经营成果和现金流量有关的所有重要交易或者事项。

6. 谨慎性。谨慎性要求企业对交易或者事项进行会计确认、计量和报告应当保持应有的谨慎，不应高估资产或者收益、低估负债或者费用。

7. 及时性。及时性要求企业对于已经发生的交易或者事项，应当及时进行确认、计量和报告，不得提前或者延后。

8. 实质重于形式。企业应按照交易或事项的经济实质进行会计确认、计量和报告，不应仅以交易或者事项的法律形式为依据。

第四节 会计基础

一、会计基础的概念和种类

会计基础（basic accountancy）是指会计事项的记账基础，是会计确认的某种标准方式，是单位收入和支出、费用的确认的标准。对会计基础的不同选择，决定单位取得收入和发生支出在会计期间的配比，并直接影响到单位工作业绩和财务成果。

会计基础是在编制财务报表时，特别是为了确定收入和费用所归属的会计期间、确定资产负债表项目的金额，为运用适合于有关交易和项目的重大概念而提供的方法。

会计基础主要有两种，即权责发生制和收付实现制。会计基础是一种计量标准，它不可能脱离会计体系整体而发挥作用，权责发生制的应用只有在有效的政府会计和财务报告制度框架下才有实际意义。

二、权责发生制

权责发生制，又称应收应付制、应计制，是指以权责发生为基础来确定本期收入和费用，而不是以款项的实际收付作为记账基础。凡是应属本期的收入和费用，不管其款项是否收付，均作为本期的收入和费用入账；反之，凡不属于本期的收入和费用，即使已收到款项或付出款项，都不应作为本期的收入和费用入账。在权责发生制下，每届会计期末，应对各项跨期收支作出调整，核算手续虽然较为麻烦，但能使各个期间的收入和费用实现合理的配比，所计量的财务成果也比较正确。因此，我国《企业会计准则》规定，企业单位会计核算应采用权责发生制。

《企业会计准则——基本准则》第九条规定，"企业应当以权责发生制为基础进行会计确认、计量和报告"。权责发生制主要是从时间上规定会计确认的基础，其核心是根据权责关系实际发生的期间来确认收入和费用。

【例2-5】在权责发生制下，2009年10月份，某企业销售了一批商品，款项没有收到，而在12月份收到款项，也应当作为10月份的收入。

【例2-6】在权责发生制下，2009年10月份，某企业预收了一笔货款，这时，尽管货款已经收到，但货物还没有发出，就不能作为2009年10月份的收入，而应作为货物发出月份的收入。

权责发生制要求凡是当期已经实现的收入、已经发生和应当负担的费用，不论款项是否收付，都应当作为当期的收入、费用；凡是不属于当期的收入、费用，即使款项已经在当期收付了，也不应当作为当期的收入、费用。

三、收付实现制

收付实现制，又称现金制，是指企业单位对各项收入和费用的认定是以款项（包括现金和银行存款）的实际收付作为标准。凡属本期实际收到款项的收入和支付款项的费用，不管其是否应归属于本期，都应作为本期的收入和费用入账；反之，凡本期未实际收到的款项收入和未付出款项的支出，即使应归属于本期，也不应作为本期的收入和费用入账。采用这种会计处理制度，本期的收入和费用缺乏合理的配比，所计算的财务成果也不够正确，因此企业单位不宜采用收付实现制，主要适用于行政事业单位。与权责发生制相对应的一种会计基础是收付实现制，它是以收到或支付的现金作为确认收入和费用等的依据。

序号	举例	权责发生制		收付实现制	
		收入	费用	收入	费用
1	本月预收销货款 5 000 元			5 000	
2	本月预付企业全年的水电费 2 400 元		200		2 400
3	本月销售货物 8 000 元，实际收到货款 5 000 元，余款下月支付	8 000		5 000	
4	本月购入办公用品 1 000 元，款项尚未支付		1 000		

目前，我国的政府与非营利组织会计一般采用收付实现制，事业单位除经营业务采用权责发生制外，其他业务也采用收付实现制。

【例 2－7】某企业 12 月与 A 公司签订了一份明年的供货合同，会计部门应依据该份合同核算当年收益。（　　　）

【答案】×

自己动手

中兴公司 10 月发生的部分经济业务如下：

（1）销售商品一批，价款 117 000 元未收。该批商品成本为 68 000 元。

（2）以银行存款预付第四季度设备租金 9 000 元。

（3）收到上月销货欠款 234 000 元，该批商品成本为 150 000 元。

（4）预收某公司订货款 50 000 元存入银行。

（5）销售商品一批，价款 351 000 元存入银行，该批商品成本为 220 000 元。

（6）以银行存款支付本月水电费 16 000 元。

（7）本月短期借款利息 3 000 元，银行按季度进行结算支付。

（8）销售商品一批，价款 175 500 元已于 9 月份预收，该批商品成本为 128 000 元。

［要求］根据以上资料分别按权责发生制、收付实现制计算收入、费用和利润。

第五节　会计核算的具体内容与一般要求

一、会计核算的具体内容

会计核算的内容是指特定主体的资金运动，包括资金的投入、资金的循环周转、资金的退出三个阶段。经济业务事项具体包括以下内容：（基本同会计要素顺序）

1. 款项和有价证券的收付。

（1）款项是作为支付手段的货币资金，主要包括库存现金、银行存款以及其他视同现金和银行存款的外埠存款、银行汇票存款、银行本票存款、信用卡存款、信用证存款（其他货币资金）等。

（2）有价证券是指表示一定财产拥有权或支配权的证券，如国库券、股票、企业债券等。款项和有价证券是流动性最强的资产。

2. 财物的收发、增减和使用（存货、固定资产等）。财物是财产物资的简称，是企业进行生产经营活动且具有实物形态的经济资源，一般包括原材料、燃料、包装物、低值易耗品、在产品、库存商品等流动资产，以及房屋、建筑物、机器、设备、设施、运输工具等固定资产。

3. 债权债务的发生和结算。债权是企业收取款项的权利，一般包括各种应收和预付款项等。

债务是指由于过去的交易、事项形成的，企业需要以资产或劳务偿付的现时义务，一般包括各项借款、应付和预收款项以及应交款项等。

4. 资本的增减（所有者权益）。资本是投资者为开展生产经营活动而投入的资金。会计上的资本专指所有者权益中的投入资本。

5. 收入、支出、费用、成本的计算（收入、费用）。收入是指企业在日常活动中形成的、会导致所有者权益增加的、与所有者投入资本无关的经济利益的总流入。

支出指的是企业所实际发生的各项开支以及在正常生产经营活动以外的支出和损失。

费用是指企业在日常活动中发生的、会导致所有者权益减少的、与向所有者分配利润无关的经济利益的总流出。

成本是指企业为生产产品、提供劳务而发生的各种耗费，是按一定的产品或劳务对象所归集的费用，是对象化的费用。

6. 财务成果的计算和处理（利润）。财务成果主要是指企业在一定时期内通过从事生产经营活动而在财务上所取得的成果，具体表现为盈利或亏损。财务成果的计算和处理一般包括利润的计算、所得税的计算、利润分配或亏损弥补等。

7. 需要办理会计手续、进行会计核算的其他事项

【例2-8】以下哪些是会计核算的具体内容（　　　）。

  A. 款项和有价证券的收付　　　　　　B. 财物的收发、增减和使用

  C. 资本、基金的增减　　　　　　　　D. 财务成果的分配和处理

【答案】ABCD

【例2-9】下列各项中不属于会计核算内容的是（　　　）。

  A. 用盈余公积转增实收资本　　　　　B. 制订下年度财务费用开支计划

  C. 将现金存入银行　　　　　　　　　D. 赊销货物

【答案】B

二、会计核算的一般要求

具体包括六个方面的内容：

1. 各单位必须按照国家统一的会计制度的要求，设置会计科目和账户、复式记账、填制会计凭证、登记会计账簿、进行成本计算、财产清查和编制财务会计报告。

2. 各单位必须根据实际发生的经济业务事项进行会计核算，编制财务会计报告。计划的或者将要发生的经济业务或交易不得作为会计核算的依据。虚假的经济业务更不能作为会计核算的依据。

3. 各单位发生的各项经济业务事项应当在依法设置的会计账簿上统一登记、核算，不得违反会计法和国家统一的会计制度的规定私设会计账簿登记、核算。

4. 各单位对会计凭证、会计账簿、财务会计报告和其他会计资料应当建立档案，妥善保管。

5. 使用电子计算机进行会计核算的，其软件及其生成的会计凭证、会计账簿、财务会计报告和其他会计资料，也必须符合国家统一的会计制度的规定。

6. 会计记录的文字应当使用中文（我国境内企事业单位）。在民族自治地区，会计记录可以同时使用当地通用的一种民族文字。在中华人民共和国境内的外商投资企业、外国企业和其他外国组织的会计记录，可以同时使用一种外国文字。（使用中文是前提）

【例2－10】（单项选择题）关于会计核算的一般要求，下列说法中，不正确的是（   ）。

A. 各单位必须根据实际发生的经济业务事项进行会计核算，编制财务会计报告

B. 各单位必须按照国家统一的会计制度的要求设置会计科目和账户，进行复式记账

C. 使用电子计算机进行会计核算的，其软件及其生成的会计凭证、会计账簿、财务会计报告及其他会计资料，也必须符合国家统一的会计制度的规定

D. 在民族自治地区，会计记录使用当地通用的一种民族文字即可

【答案】D

【例2－11】（判断题）在中华人民共和国境内的外商投资企业、外国企业和其他外国组织的会计记录，可以同时使用一种外国文字。（   ）

【答案】√

第六节   会计在企业中的作用

在对企业、企业治理结构、企业资金运动等会计研究对象有了初步了解的基础上，我们已经知道会计是一个经济信息系统，一个以提供财务信息（货币信息或价值运动的信息）为主的经济信息系统。

一、会计信息系统

1. 会计的目的。会计的目的也称为会计的目标，它并不是一成不变的，而是随着社会经济环境的变化而变化的。随着证券市场的日益发展，投资者，特别是潜在投资者，所关注的内容不再停留在反映管理当局经营业绩的历史信息。他们的视线逐渐转到有关企业未来发展前景的信息上来，因此他们迫切需要管理当局提供能预测企业经济前景的信息。向企业利益相关集团提供有助于他们作出投资、信贷等决策的信息就成为会计的目的。当然，企业信息的不同使用者所需的信息不可能是完全一致的。世界上许多国家把会计信息的用途集中于投资和信贷决策两个方面，因为这两个决策很大程度上影响整个经济中的资源配置，而且满足这些目的的信息也能够满足其他目的。企业现金流动的信息，财务状况和经营成果的信息，对所有使用者都是有用的。

2. 会计信息的控制。由于会计信息提供者——企业管理当局比会计信息使用者——投资者等利益相关集团明显具有信息优势，而且两者的信息要求不一致，信息使用者所希望的是既相关又可靠的信息，即能够用来评估公司未来经济发展状况，同时又不会被

管理当局操纵的准确信息。管理当局则可能为了自身利益，粉饰财务报表，作出有损投资者利益的事情。所以，必须对会计信息系统加以控制。这就直接导致了会计准则制定机构的产生，以制定公认会计原则实现对会计的管制。同时，政府也直接或间接地参与其他方面的控制，例如，《公司法》中提出了年度报告的最低披露要求，因而，公司并不能完全自主地控制其自身信息生产的数量和时点。因此，会计在经济活动中是受高度控制的领域。

3. 会计信息的产生流程。会计信息系统是通过运用特定的方法和程序，对企业在运营过程中发生的交易或事项作出确认、计量、记录、分类、汇总，并以报表或其他财务报告形式对使用者提供有关企业经营成果、财务状况和现金流动方面的信息。与其他信息系统一样，会计信息系统亦包括输入—处理—输出过程。

（1）输入。它一般是根据会计信息系统的要求，通过审核经济数据所代表的活动，确认企业在营运过程中，能够进入会计信息系统处理的有关交易或事项（如以发票形式出现的原始凭证），主要是能以货币计量的资料，并根据规定的会计原则予以定量化反映。

（2）处理。进入会计信息系统的资料必须经过一系列会计方法程序进行加工，如计量、记录、分类、汇总、过账、调整和结账等。例如，一笔销售业务发生后，将按照复式记账的要求，记录于产品销售收入、产品销售成本、存货、应收账款或银行存款、应交税金等相关账户，之后汇总至总分类账，并通过适当的整理和分析，才能将其转化为满足特定管理和其他用途的相关信息。

（3）输出，也即报告阶段。指按照规定的格式或特定的要求，把已经处理完所形成的财务信息传送给特定的使用者。目前，会计信息主要通过财务报告方式，包括财务报表和其他财务报告传递给使用者。按传递对象分，包括向企业外部使用者提供的反映企业经营成果、财务状况和现金流量情况的财务报告信息和向企业内部经营管理人员提供的关于产品生产和销售、成本核算、现金预算等各种管理会计信息。

4. 会计信息系统的组成部分。如前所述，企业内部和外部信息使用者所需的信息存在一定的差别，前者主要需求的是有助于加强企业内部经营管理及管理者作出合理营运决策的信息，后者主要需求的是有助于他们合理地进行投资和信贷决策的信息。所以，企业会计信息系统又可分为财务会计系统和管理会计系统两个子系统。

（1）财务会计系统。财务会计，我国习惯上称为会计核算，其会计处理必须遵循规定的会计准则，而且按规定的格式和要求向企业外部提供有关企业财务状况、经营成果和现金流量的信息。财务会计信息主要以货币信息为主，并以历史成本为主要计量属性，它更加关注财务信息的可靠性，并在此基础上努力提高其对信息使用者的有用性。在我国，企业外部包含宏观和微观两个方面。企业提供的财务会计信息（有时称财务报告信息或财务信息）一方面要满足国家加强宏观调控、优化社会资源配置的需要；另一方面要满足投资者、债权人等利益关系主体合理进行投资、信贷决策的需要。当然，财务会计所提供的信息亦可以为企业管理当局所用。

（2）管理会计系统。管理会计主要是服务于企业内部的经营管理，为企业管理当局的营运决策提供相关的信息。广义的管理会计还包括成本会计。由于管理会计系统提供的信息主要为管理当局内部使用，因而其所提供的会计信息，并不需要遵循规定的会计准则。而且，管理会计信息亦不局限于反映企业经济活动的财务信息，还包括非货币信息。它所提供的不只是历史信息，更多的是有关企业现有的和未来的分析和预测性的信息。这里，信息的相关性得到足够的重视。

二、财务会计提供的信息内容及其作用

财务会计报告是企业正式对外揭示或表述财务信息的书面文件。在市场经济中，由于所有权与经营权分离，企业（尤其是股份有限公司）"外部"和"内部"之间存在资源委托经营和受托经营的关系。同时，现代企业必须面向市场，进行筹资、投资和经营活动。这在客观上要求企业向市场（在我国还必须向国家）披露信息以便帮助现在和潜在的投资者、债权人和其他信息使用者对投资、信贷等作出正确的决策，并提供国家进行必要的宏观调控时所需要的基本数据。在企业对外披露的会计信息中，有些是通过财务报表提供，另一些则是通过其他财务报告。一般来说，财务报表是财务会计信息的核心。公司对外提供的主要财务信息都应纳入财务报表（包括表内和表外附注）。

1. 财务会计提供的信息。编制财务会计报告主要应面对企业外部集团，向它们提供有助于作出各种经济决策的信息。但财务会计应当提供哪些信息，则经常受到使用者的需要、各国的政治经济技术环境和财务会计人员的素质以及财务会计本身存在的局限性等因素的制约。一般来说，以下信息是财务会计应当提供的：

（1）关于企业的经济资源，这些资源上的权利（包括企业向其他主体交付资源的债务和所有者权益）以及引起资源和资源上权利变动的各种交易、事项和情况的信息。

（2）关于企业在报告期内的经营绩效，即在企业经营活动（包括投资活动和理财活动）中引起的资产、负债和所有者权益的变动及其结果的信息。

（3）关于企业现金流动的信息（怎样取得和使用现金）。因为一个企业过去、现在和未来的现金流动（尤其是净现金流动）是现代企业在经济上有无活力、在财务上有无弹性、在未来发展上有无后劲的重要标志。就财务会计的外部使用者来说，他们特别关注企业的到期利息与本金能否用现金偿还，应付股利能否用现金分派以及表明影响企业变现能力或偿债能力的其他信息。或者说，财务会计应当提供有助于现在和潜在的投资者、债权人以及其他使用者评估来自企业的股利或利息、销售、偿付证券或贷款等的实得收入的预期现金收入的金额以及时间分布和不确定性。

（4）反映企业管理当局（厂长、经理等）向资源提供者报告如何利用受托使用的资源，进行资源的保值、增值活动并履行法律与合同规定的其他义务等有关受托责任的信息。

（5）根据社会经济的发展，逐渐扩大财务会计信息的内容，包括非财务信息和未来信息，如企业未来经营预测和社会责任的履行情况。

2. 财务会计信息的作用。前已述及，财务会计的目的，是提供有助于使用者决策的财务信息。这里所说的财务会计报告，是通用的财务会计报告，它面向外部不同的使用者，所提供的应是外部集团共同关心、都能有用的信息。具体地说，通用财务会计信息（以下仍简称财务会计）的主要作用为：

（1）反映企业管理当局的受托经管责任。股东把资金投入公司，委托管理人员进行经营管理。他们为了确保自己的切身利益，保证其投入资本的保值与增值，需要经常了解管理当局对受托经济资源的经营管理情况。通过公认会计原则或企业会计准则和其他一些法律规

章的制约，财务会计能够较全面、系统、连续和综合地跟踪反映企业投入资源的渠道、性质、分布状态以及资源的运用效果，从而有助于评估企业的财务状况与经营绩效以及管理当局对受托资源的经营管理责任的履行情况。

（2）有助于投资者和债权人等进行合理的决策。对于投资人和债权人来说，利用企业会计中有关经济资源和经济义务等方面的财务信息，判断企业在剧烈竞争的市场环境中生存、适应、成长与扩展的能力是非常有益的。财务会计通过对企业已发生的资金运动及其结果的反映，有助于投资者和债权人等预测企业未来时期的资金流入净额、流入时间及其不确定性。这些因素是外部使用者进行投资、信贷等决策时必须考虑的。

（3）财务会计信息是签订与执行诸多经济合同（契约）的依据。从某种意义上来说，现代企业是在市场经济条件下，以法律章程为规范而由"若干合同（契约）结合的经济实体"。企业与股东、债权人、职工、政府、业务关联企业等都存在多种多样的契约关系，其中众多契约的条款中涉及会计数据。例如，在公司与管理当局签订的报酬合同中，其报酬和红利可能部分依赖于会计收益的高低；借款合同可能订有以财务指标为基础的贷款限制条款；政府征收的大部分税收也是以会计所实现的收入与利润为基础。财务会计数据已成为签订与执行这些契约的重要依据。也就是说，财务会计信息直接影响到相关集团的利益问题。

（4）财务会计信息能够帮助企业管理当局改善经营管理，协调企业与相关利益集团的关系，促进企业快速、稳定地发展。在现代企业中，相关利益集团是企业各种资源的提供者，任何企业的生存与发展都必须依赖他们的贡献、配合与协作。企业管理当局不但要管理并有效地利用受托的各种资源，并且需要定期向有关利益集团全面、系统、连续和客观地报告对受托资源的管理与利用情况，以及利用这些资源所创造的效益及其分配情况。财务会计提供的信息，在这一领域发挥了不可替代的重要作用。

（5）财务会计信息能够帮助国家有关部门实现其经济与社会目标，并进行必要的宏观调控，促进社会资源的有效配置。由于企业是国民经济的细胞，通过对企业提供的财务会计资料进行汇总分析，国家有关部门可以考核国民经济各部门的运行情况、各种财经法律制度的执行情况，一旦发现问题即可及时采取相应措施，通过各种经济杠杆和政策倾斜，发挥政府在市场经济优化资源配置中的补充作用。

【本章小结】

1. 会计的定义：

> 在我国社会主义市场经济条件下，会计是对各单位（各个会计主体）的经济业务，主要运用货币形式，借助于专门的方法和程序，进行核算，实行监督，产生一系列财务信息和其他经济信息，旨在提高经济效益的一项具有核算（反映）和监督（控制）职能的管理活动。

2. 会计的对象:

以制造业为例:

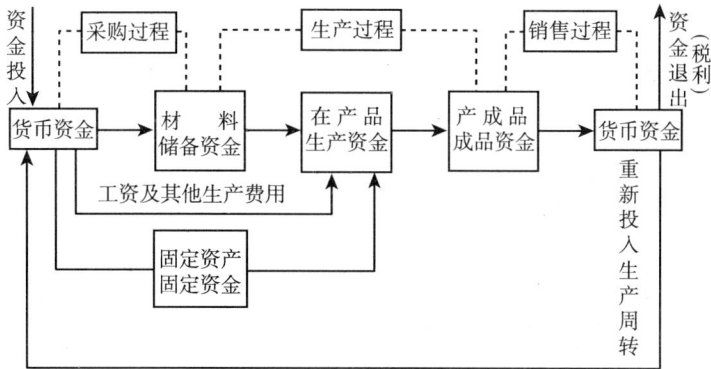

3. 会计的职能:

> （一）会计的反映职能
> （二）会计的监督职能

4. 会计的方法:

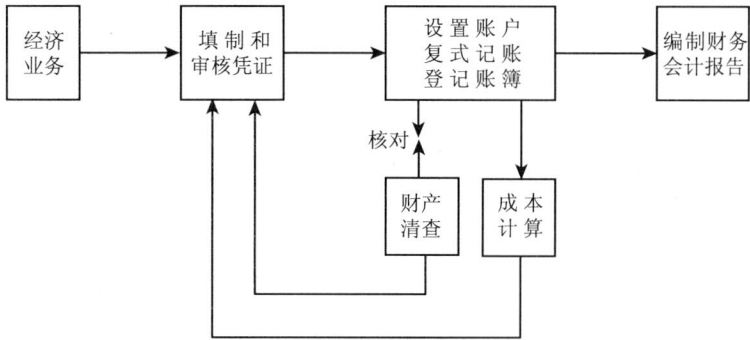

5. 企业在当年10月份发生以下经济业务, 在两种确认基础下, 收入和费用的归属期的差别:

经济业务	权责发生制	收付实现制
1. 10月10日销售同时收款	10月, 即销即收	10月
2. 10月10日收款, 合同约定12月10日交付商品	12月, 预收账款	10月
3. 10月10日销售, 12月10日收款	10月, 应收账款	12月
4. 10月10日购入办公用品一批且付款	10月, 即付即费	10月
5. 10月10日预付明年全年房租	明年各月, 等待分摊的费用	10月
6. 10月10日预提当月房租（协议约定全年房租于年底一次付清）	10月, 属于当月费用	12月

思考与练习

一、复习思考题

1. 会计是如何产生和发展的?

2. 会计的产生和发展受哪些因素影响?

3. 会计有哪些基本职能? 如何理解会计的基本职能? 会计的基本职能之间存在什么关系?

4. 什么是会计对象? 为什么要研究会计对象?

5. 会计的特点是什么?

6. 如何理解会计的定义?

7. 什么是会计要素? 各个会计要素的内容是怎样的?

8. 会计核算方法体系包括哪些具体内容? 试简要说明各种方法的意义及其相互关系。

二、单项选择题

1. 会计是以 (   ) 为主要计量单位。

    A. 实物   B. 货币   C. 劳动量   D. 价格

2. 会计的基本职能一般包括 (   )。

    A. 会计计划与会计决策   B. 会计预测与会计控制

    C. 会计控制与会计决策   D. 会计核算与会计监督

3. 会计以货币为主要计量单位,通过确认、记录、计算、报告等环节,对特定主体的经济活动进行记账、算账、报账,为各有关方面提供会计信息的功能称为 (   )。

    A. 会计核算职能   B. 会计监督职能   C. 会计控制职能   D. 会计预测职能

4. 会计人员在进行会计核算的同时,对特定主体经济活动的合法性、合理性进行审查称为 (   )。

    A. 会计控制职能   B. 会计核算职能   C. 会计监督职能   D. 会计分析职能

5. (   ) 界定了从事会计工作和提供会计信息的空间范围。

    A. 会计职能   B. 会计对象   C. 会计内容   D. 会计主体

6. 在可预见的未来,会计主体不会破产清算,所持有的资产将正常营运,所负有的债务将正常偿还。这属于 (   )。

    A. 会计主体假设   B. 持续经营假设   C. 会计分期假设   D. 货币计量假设

7. 在我国会计期间分为年度、半年度、季度和月度,它们均按 (   ) 确定。

    A. 公历起讫日期   B. 农历起讫日期

    C. 7 月制起讫日期   D. 4 月制起讫日期

8. 会计核算和监督的内容是特定主体的 (   )。

    A. 经济活动   B. 实物运动   C. 资金运动   D. 经济资源

9. 会计主体从 (   ) 上对会计核算范围进行了有效的界定。

    A. 空间   B. 时间   C. 空间和时间   D. 内容

10. (   ) 作为会计核算的基本前提,就是将一个会计主体持续经营的生产经营活动划分为若干个相等的会计期间。

    A. 会计分期   B. 会计主体   C. 会计年度   D. 持续经营

11. 以下各项中，不属于企业财物的是（　　　）。

    A. 燃料　　　　　　B. 在产品　　　　　　C. 设备　　　　　　　D. 专利技术

12. 债务是指由于过去的交易、事项形成的企业需要以（　　）等偿付的现时义务。

    A. 资产或劳务　　B. 资本或劳务　　C. 资产或债权　　　D. 收入或劳务

13. 成本是企业为生产产品、提供劳务而发生的各种耗费，是（　　）了的费用。

    A. 加总计算　　B. 计算分析　　C. 对象化　　　　　D. 日常核算

14. 企业在一定时期内通过从事生产经营活动而在财务上取得的结果称为（　　　）。

    A. 经营业绩　　B. 财务成果　　C. 财务状况　　　D. 盈利能力

15. 下列说法中正确的是（　　　）。

    A. 收入是在日常活动中形成的、会导致所有者权益增加的、与所有者投入资本无关的经济利益的总流入

    B. 经济利益的流入必然是由收入形成的

    C. 只有日常经营活动才会产生支出

    D. 费用就是成本

16. 以下说法中不正确的是（　　　）。

    A. 财物包括原材料和固定资产等

    B. 财物是企业进行正常生产经营活动的经济资源

    C. 财物必须具有实物形态

    D. 包装物应作为固定资产

17. 下列项目中，不属于会计核算的具体内容的是（　　　）。

    A. 有价证券的收付　　　　　　B. 财物的使用

    C. 制订下年度管理费用开支计划　　D. 资本的增减

18. 费用中能予以对象化的部分构成（　　　）。

    A. 期间费用　　B. 资产　　　　C. 成本　　　　　D. 所有者权益

三、多项选择题

1. 下列项目中，可以作为一个会计主体进行核算的有（　　　）。

    A. 母公司　　　　　　　　　　B. 分公司

    C. 母公司和子公司组成的企业集团　　D. 销售部门

2. 下列项目中，属于会计核算的基本前提的有（　　　）。

    A. 会计主体　　B. 持续经营　　C. 会计分期　　　D. 货币计量

3. 下列说法正确的是（　　　）。

    A. 会计核算过程中采用货币为统一的计量单位

    B. 我国企业的会计核算只能以人民币为记账本位币

    C. 业务收支以外币为主的单位可以选择某种外币为记账本位币

    D. 在境外设立的中国企业向国内报送的财务报告，应当折算为人民币

4. 会计核算职能是指会计以货币为主要计量单位，通过（　　　）等环节，对特定主体的经济活动进行记账、算账、报账。

    A. 确认　　　　B. 记录　　　　C. 计量　　　　　D. 报告

5. 会计期间可以分为（   ）。
   A. 月度　　　　　　B. 季度　　　　　　C. 年度　　　　　　D. 半年度
6. 会计监督职能是指会计人员在进行会计核算的同时，对经济活动进行的审查。
   A. 合法性　　　　　B. 合理性　　　　　C. 时效性　　　　　D. 盈利性
7. 企业应根据《企业会计制度》的要求设置会计科目和账户、复式记账和（   ）。
   A. 填制会计凭证　　B. 登记会计账簿　　C. 进行成本计算　　D. 财产清查
8. 财物是财产、物资的简称，下列项目属于财物的有（   ）。
   A. 库存商品　　　　B. 固定资产　　　　C. 无形资产　　　　D. 应收及预付款
9. 下列属于会计核算的具体内容的有（   ）。
   A. 款项和有价证券的收付　　　　　　　B. 财物的收发、增减和使用
   C. 债权债务的发生和结算　　　　　　　D. 收入、支出、费用、成本的计算
10. 下列（   ）属于会计核算的方法。
   A. 成本计算　　　　B. 会计分析　　　　C. 复式记账　　　　D. 会计账簿

四、判断题
1. 会计主体是指企业法人。 （   ）
2. 会计主体一般都是法律主体，但法律主体不一定是会计主体。 （   ）
3. 会计是指以货币为主要计量单位，反映和监督一个单位经济活动的经济管理工作。
 （   ）
4. 会计核算和监督的内容就是指企业发生的所有的经济活动。 （   ）
5. 会计的监督职能是会计人员在进行会计核算的同时，对特定会计主体经济活动的合法性合理性进行审查。 （   ）
6. 会计的职能只有两个，即会计核算与会计监督。 （   ）
7. 我国企业会计采用的计量单位只有一种，即货币计量。 （   ）
8. 在我国境内设立的企业，会计核算都必须以人民币作为记账本位币。 （   ）
9. 凡是特定主体能够以货币表现的经济活动都是会计对象。 （   ）
10. 会计主体是进行会计核算的基本前提之一，一个企业可以根据具体情况确定一个或若干个会计主体。 （   ）

【实训项目】

林园是中华大学的职工，2006 年，他对自己的收支、拥有财产的情况进行了详细的记录。

1 月 1 日，林园拥有的财产及承担的债务情况如下（单位：元）：

有关财产及债务	价值
一幢与他人相连的房屋	80 000
家具、家庭用品	8 000
一辆已用了 3 年的小汽车	24 000
银行往来账户（存款）	500
欠银行的借款	30 000

12 月 31 日，林园总结他一年来所发生的财务交易情况（单位：元）：

有关事项	价值
收入：	
12 个月工资（扣除个人所得税）总计	20 000
支出：	
支付银行欠款（其中 1 000 元为利息）	5 000
电费、电话费、暖气费等	2 800
日常生活开支	8 400
汽车日常费用	1 000
衣服、度假等	1 600
收支相抵后盈余	1 200

同时，林园又将年末的财产及债务情况重新列了一张表格（单位：元）：

有关财产及债务	价值
一幢与他人相连的房屋	92 000
家具、家庭用品	7 200
一辆已用了 4 年的小汽车	18 000
银行往来账户（存款）	1 700
欠银行的借款	26 000

问题：

1. 林园的各项财产及债务是增加了还是减少了？
2. 林园的总财富在增加还是减少？
3. 增加或减少的原因是什么？

备考指南

一、复习要点

考点 1：会计是以货币为主要计量单位，反映和监督一个单位经济活动的一种经济管理工作。

考点 2：会计的基本职能包括进行会计核算和实施会计监督两个方面。

考点 3：会计的监督职能是指会计人员在进行会计核算的同时，对特定主体经济活动的合法性、合理性进行审查。会计监督不仅体现在过去的业务，还体现在业务发生过程中和尚未发生之前，包括事前、事中和事后监督。

考点 4：企业会计的对象是指会计所核算和监督的内容。以货币表现的经济活动通常又称为价值运动或资金运动。企业的资金运动表现为资金投入、资金运用和资金退出的过程。资金的循环与周转包括：供、产、销三个阶段。资金退出：偿还各项债务、依法缴纳各项税费，以及向所有者分配利润等。

考点 5：会计核算的具体内容。经济业务又称经济交易，如商品销售；经济事项是企业内部发生的具有经济影响的各类事件。

考点 6：款项和有价证券是流动性最强的资产。

考点 7：办理资本增减的政策性强，一般都以具有法律效力的合同、协议、董事会决议等为依据，各单位必须按照国家统一的会计制度的规定和具有法律效力的文书为依据进行资本的核算。

考点 8：收入、支出、费用、成本都是计算和判断企业经营成果及其盈亏状况的主要依据。

考点 9：财务成果的计算和处理一般包括利润的计算、所得税的计算和缴纳、利润分配或亏损弥补等。

考点 10：会计基本假设是会计确认、计量和报告的前提。是对会计核算所处时间、空间环境等所作出的合理假设。会计核算基本前提包括会计主体、持续经营、会计分期和货币计量四项。

考点 11：会计主体与法律主体（法人）并非是对等的概念，法人可作为会计主体。但会计主体不一定是法人。如独资企业、合伙企业和企业集团等。

考点 12：会计确认、计量和报告应当以企业持续经营为前提，明确了会计核算的时间范围。在持续经营假设下，才有流动资产与非流动资产以及流动负债与非流动负债之分。会计核算上所使用的一系列的会计处理方法都是建立在持续经营假设基础上的。

考点 13：由于会计分期，才产生了本期与其他期间的差别，从而出现了权责发生制和收付实现制的区别，出现了应收、应付、递延、待摊等会计处理方法。会计期间分为年度、半年度、季度和月度。年度、半年度、季度和月度均按公历起讫日期确定。半年度、季度和月度均称为会计中期。

考点 14：单位的会计核算应以人民币作为记账本位币。业务收支以外币为主的单位也可以选择某种外币作为记账本位币，但编制的财务会计报告应当折算为人民币反映。在境外设立的中国企业向国内报送的财务会计报告，应当折算为人民币。

考点 15：权责发生制下会判断哪些属于本期收入。目前，我国的行政单位会计主要采用收付实现制，事业单位会计除经营业务可以采用权责发生制以外，其他大部分业务采用收付实现制。

二、主要考试题型（给出答案的为重点，以下同）

（一）单项选择题

1. 会计的监督职能在实际工作中主要通过（C）来实现。
   A. 不相容职责分离　　B. 审核原始凭证　　　C. 审核记账凭证　　　D. 核准经济业务
2. （A）是企业会计确认、计量和报告的基础。
   A. 会计假设　　　　　B. 会计要素　　　　　C. 权责发生制　　　　D. 会计等式
3. 会计提供的会计信息应当反映与企业财务状况、经营成绩和现金流量有关的所用重要交易或者事项，是企业会计信息质量的（B）要求。
   A. 可靠性　　　　　　B. 相关性　　　　　　C. 重要性　　　　　　D. 可理解性
4. 会计监督分为（B）。
   A. 国家监督和社会监督　　　　　　　　　B. 内部监督和外部监督
   C. 内部监督和社会监督　　　　　　　　　D. 国家监督和外部监督
5. 下面关于会计对象说法不正确的是（C）。

A. 会计对象是指会计所要核算与监督的内容

B. 特定主体能够以货币表现的经济活动，都是会计核算和监督的内容

C. 企业日常进行的所有活动都是会计对象

D. 会计对象就是社会再生产过程中的资金运动

6. 下列各项会计处理中，符合会计信息质量特征中实质重于形式要求的是（   ）。

A. 对于变成亏损合同的待执行合同，按照或有事项进行核算

B. 将融资租入的固定资产比照自有资产进行核算

C. 将预期不能为企业带来经济利益的无形资产按其账面价值转为营业外支出

D. 附有退货条款但不能确定退货可能性的商品销售在退货期满时确认收入

【答案】B

【解析】实质重于形式要求企业应当按照交易或者事项的经济实质进行会计确认、计量和报告，不应仅仅以交易或者事项的法律形式为依据。融资租赁是指实质上转移与一项资产所有权有关的全部风险和报酬的一种租赁。所以融资租入固定资产视同自有固定资产核算体现了实质重于形式要求。选项 B 正确。

（二）多项选择题（多选、少选或错选均不得分）

1. 以下可以作为一个会计主体的是（   ）。

A. 甲有限责任公司　　　　　　B. 某市教育局

C. 乙公司及其各子公司　　　　D. 丙公司市场部

2. 对一项固定资产采用某种折旧方法对其价值在寿命期内各期进行分配，这是以哪几条会计假设为前提的（   ）。

A. 会计主体假设　　B. 持续经营假设　　C. 会计分期假设　　D. 货币计量假设

3. 以下哪些会计主体可采用权责发生制记账（   ）。

A. 某财政部门室　　　　　　　B. 某上市公司

C. 某学校　　　　　　　　　　D. 某有限责任公司

4. 企业可以通过以下方式中的（   ）来了结一项现有负债。

A. 交付资产　　　　　　　　　B. 接受劳务

C. 承诺新的负债　　　　　　　D. 转化为所有者权益

5. 下列各项中，属于会计基本假设的包括（   ）。

A. 会计主体　　B. 持续经营　　　C. 会计分期　　　D. 货币计量

6. 下列关于权责发生制的说法中，正确的有（   ）。

A. 以本期是否有收款的权利或付款的义务为标准来确认本期的收入和费用

B. 当期已经发生的收入，如果款项没有收到，就不应当作为当期收入

C. 不属于当期的收入，即使款项在当期收到，也不应当作为当期收入

D. 不能将预收或预付的款项作为本期的收入或费用处理

7. 下列业务中，违反可比性原则的是（   ）。

A. 企业为了压低年度利润，将固定资产折旧方法由直线法改为年数总和法

B. 对于无法合理分割土地使用权与地上建筑物的自用房产，企业应统一在固定资产中核算

C. 在同一控制下的控股合并中，纳入合并报表的子公司数据应以公允口径为计量标准

D. 为了与税务口径保持一致，企业对闲置设备不提取折旧

E. 由于设备的价值有所恢复，企业将该设备已经提过的减值准备进行反冲

【答案】ACDE

【解析】选项A，为了调整利润而修正折旧方法属于会计造假，违反了会计信息的纵向可比；选项C，在同一控制下的控股合并中，纳入合并报表的子公司数据应以账面口径为计量标准；选项D，准则规定，闲置设备需提取折旧；选项E，准则规定，固定资产减值准备不得在持有期间恢复。

8. 下列业务中，体现谨慎性原则的是（　　　　）。

A. 企业对交易性金融资产采用公允价值口径的后续计量标准

B. 对亏损合同产生的义务，企业将其中满足预计负债确认条件的部分确认为预计负债

C. 为了减少技术更新带来的无形损耗，企业对高新技术设备采取加速折旧法

D. 企业对存货的期末计价采用成本与可变现净值孰低法

【答案】BCD

【解析】选项A：交易性金融资产不提取减值准备，其期末计价采用公允价值口径，既认定可能的损失，也认定可能的收益。所以，此计价标准的选择与谨慎性原则无关。

(三) 判断题

1. 如果企业发生破产清算，所有以持续经营为前提的会计程序和方法就不再适用。

（　　　）

2. 会计主体可以是一个企业，也可以是企业内部的某一单位或企业中的一个特定部分。

（　　　）

3. 会计的本质是一种管理活动。（　　　）

4. 会计是以货币为唯一计量单位，反映和监督一个单位经济活动的一种经济管理工作。

（　　　）

5. 凡是能够以数量表现的经济活动都是会计核算和监督的内容，也就是会计的对象。

（　　　）

【相关知识】

会计的今与昔

2001年12月，安然公司（Enron Corporation）的债权人根据美国联邦破产法对该公司提出破产保护——这是世界上首个金额超过500亿美元的破产事件！仅在18个月之前，按普通股市价计算，安然还是世界上价值最高的上市公司之一，而在提出破产保护后不久，该公司的股票就变得几乎一文不值，使成千上万的投资者蒙受巨额损失。当然，安然的垮台有很多因素，但不可否认，投资者对该公司向其股东及包括证券交易委员会在内的监管机构提交的财务报告和其他披露信息丧失信心，是其中一个重要原因。

安然在会计和报告中的做法，以及审计师警告的明显缺乏，使投资者同时对多家其他的大型上市公司的会计和报告行为提出了质疑。在很多情况下，仅仅是某家公司涉嫌可疑会计处理，或这种会计处理有可能受到调查的迹象，就会促使投资者抛售手中持有的股票，从而导致该公司股价的大幅下跌。

安然的突然垮台及投资者随后产生的担忧，使美国国会及其他管理机构对会计界进行了更加严格的审查，同时也形成了要求财务报表更加通俗易懂的呼声。这一点是否会实现目前尚无定论。受到普遍批评的会计实务往往涉及非常复杂的交易。形成这个问题的另一个原因，就在于虽然很多受到质疑的会计处理并未被现行会计法规所明令禁止，一些高级经理人却极力避免采用清楚明了的会计处理。

会计有时被称为"商业语言"，在我们的社会中从事经济活动的人（其实是每个人）都应懂得这门语言，使自己能够对所从事的经济活动进行决策，并做出有根据的判断。

四大会计师事务所的英文全称及网址。

普华永道（Price waterhouse Coopers）；www. price waterhouse. com

德勤（Deloitte Touche Tohmatsu）；www. Deloitte. com

安永（Erant & Young）；www. ey. com

毕马威（KPMG International）；www. kpmg. com

第三章

会计要素

第一节　由经济业务导致的资金运动

一、资金

1. 资金的定义。

（1）资金就是"钱"。这把资金和货币混淆起来了，资金不一定就是钱，甚至钱都不一定是资金。

（2）资金是财产物资（价值）的货币表现。这将价格与资金的概念混淆起来了，不是所有能用货币表现的财产物资都是资金。如地下的各种矿藏。从企业的角度来说，如船舶制造企业使用的水面（河面、江面或湖面）等自然资源是造船企业船舶下水必不可少的财产物资，但这些自然资源属于国家所有，不属于企业所有，不是它的资金。但是，对外商投资企业来说，其处理就不一样了，就不能无偿使用了。而个体户作为一个独资企业，其业主自己身上的衣服不是资金，是他的财产物资。

（3）资金是社会再生产过程中垫支的价值，周转的价值，它会不停地运动，并在运动中保存和增加自己的价值。这一关于资金的定义，恰如其分地表述了资金的特征，也是确定资金与否的判断标准。

2. 资金的特征。

（1）资金的垫支性，这是基础，是资金运动的起点。

（2）资金的周转性，这是其本质特征，据此把资金划分为固定资金和流动资金。

（3）资金的补偿性，这是维持简单再生产的要求。

（4）资金的增值性，这是人类社会进步的要求。

第一、第二种关于资金的定义均属对资金进行描述性的定义，第三种关于资金的定义则是对资金进行抽象性的定义，将资金的定义推上了一个新水平。三种定义，其经济思想的先进性也不一样，前二者所代表的是资金"占用"的经济思想，只要是企业的财产物资，不管能否使用，使用与否，都是企业的资金，比如积压的产品、应收而无法收回的陈年老账，也都是企业的资金，造成企业账上有资金，但实际资金周转不灵，虚盈实亏。第三种则代表的是资金"运用"的经济思想。资金首先要垫支出去，然后不断地周转，并在周转的过程中保存和增加自己的价值。而这种经济思想的先进与否将直接影响我们实际的经济工作，进而影响到我们的会计核算。

二、资金运动

资金循环：是指资金—垫支—回收（资金从货币资金形态开始，依次经过储备资金、生产资金、成品资金形态，又回到货币资金形态的过程，即 G ⟶ G'）的过程。

资金周转：是指资金的不断循环。

资金运动是指资金的投入（进入企业）、资金周转、资金退出企业的过程。

资产是资金的实物形态，资金是资产的价值形态。资金是资产价值的运用形态（即从运用角度去看），基金是资产价值的来源形态（即从运用角度去看）。

资本：是指能带来剩余价值的价值

资本金：是企业的投资者投入的作为企业资本的资金。如企业的注册资本金等。

综上所述，资金运动，说得通俗一点，就是在企业、行政事业等单位中能够用货币表现的经济活动。国民经济各单位的工作性质及其经济活动的内容不同，各行各业的经济业务及其资金运动也就不同。下面我们就分别介绍。

1. 制造业企业的资金运动。制造业企业的生产经营过程一般包括供应阶段、生产阶段和销售阶段三个过程，伴随着生产经营过程的经营资金也从顺次经过供应、生产和销售三个过程并不断地改变形态，周而复始地循环周转。

在供应过程中，企业以现金或银行存款购进材料，为生产进行必要的物资储备，货币资金就转化为储备资金。

在生产过程中，企业将材料投入生产并加工、制造成新的产品。在这个过程中同时发生了各种生产费用，如材料的耗用、房屋机器等的折旧、支付工人工资、水电费等，储备资金和一部分货币资金转化为生产资金。产品生产完毕，验收入库后，生产资金转化为产成品资金。

在销售过程中，企业将产品销售出去，并通过结算取得销售收入，成品资金又转化为货币资金，企业的纯收入扣除一部分以税金的形式上缴国家外，其余部分又重新投入供应阶段，继续进行周转。

综上所述，制造业企业的资金运动过程，可分为三个部分：一是资金的投入；二是资金的循环与周转；三是资金退出。制造业企业的资金运动如图 3-1 所示。

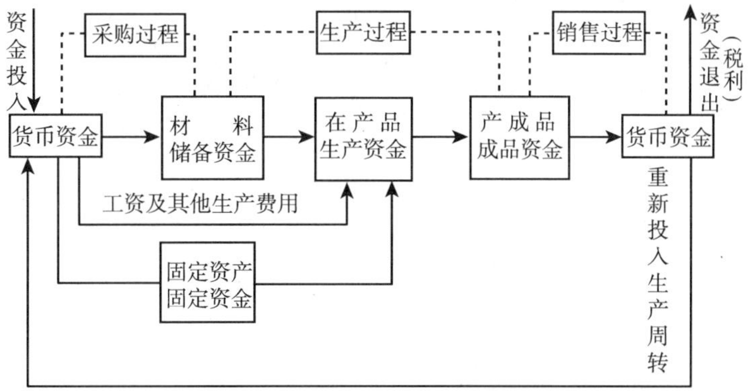

图 3-1 制造业企业的资金运动

2. 商品流通服务类企业的资金运动。

（1）商品流通服务企业资金的投入和资金的退出与工业企业基本类似，所不同的是资金的周转，商品流通企业的经营过程一般只分为采购过程和销售过程。

（2）商品流通企业资金运动过程。如图 3－2 所示。

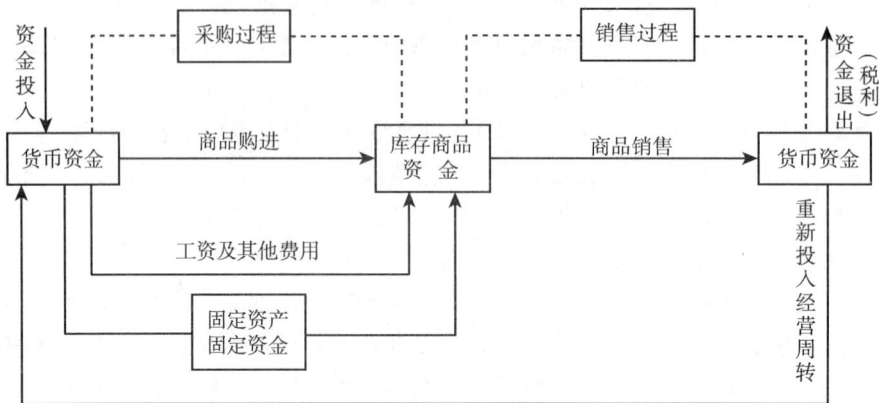

图 3－2　商品流通企业的资金运动

3. 行政、事业单位的资金运动。行政、事业单位的资金运动就是预算资金运动。预算资金只能一收一支，资金不能实现周转。

第二节　会计要素

会计要记录和报告经济业务，而经济业务种类繁多，如果不对其按一定标准进行分类，就会使记录显得杂乱无章，报告也无法系统而有序。因此，有必要对经济业务的内容进行分类。

一、会计要素的概念

会计要素就是对经济业务进行的基本分类，是会计记录和报告对象的具体化。前已述及，资金的运动具有显著运动状态和相对静止状态，由资金投入、资金循环与周转、资金退出三部分构成。资金投入包括企业所有者投入和债权人投入两类，从而形成企业的资产总额。债权人对投入资产的求偿权称为债权人权益，表现为企业的负债；企业所有者对净资产（资产与负债的差额）的所有权称为所有者权益。从一定日期这一相对静止状态来看，资产总额与负债及所有者权益是静止状态的会计要素。另一方面，企业的各项资产经过一定时期的营运，将发生一定的耗费，生产出特定种类和数量的产品，产品销售后获得货币收入，收支相抵后确认当期损益，由此分离出收入、费用及利润；这三项是显著变动状态的会计要素。资产、负债及所有者权益构成资产负债表的基本框架，收入、费用及利润构成利润表的基本框架，因而这六项会计要素又称为会计报表要素。总之，会计要素是会计对象也就是经济业务组成部分的具体化，是会计信息体系的基本分类，是会计报表内容的基本框架。

二、反映财务状况的会计要素

财务状况是指企业在一定日期的资产及权益情况，是资金运动相对静止状态时的表现。

反映财务状况的会计要素包括资产、负债、所有者权益三项。

1. 资产。资产是指过去的交易、事项形成并由企业拥有或者控制的经济资源，该资源预期会给企业带来经济利益流入。企业的资产应按流动性分为流动资产和非流动资产。流动资产是指可以在1年或者超过1年的一个营业周期内变现或耗用的资产，主要包括库存现金、银行存款、交易性金融资产、应收及预付款项、存货等。非流动资产是指不能在1年或者超过1年的一个营业周期内变现或者耗用的资产，主要包括长期股权投资、固定资产、无形资产等。长期股权投资是指持有时间超过1年（不含1年）、不能变现或不准备随时变现的各种股权性质的投资。固定资产是指企业使用期限超过1年的房屋、建筑物、机器、机械、运输工具以及其他与生产、经营有关的设备、器具、工具等。不属于生产经营主要设备的物品，单位价值在2 000元以上，并且使用年限超过2年的，也应当作为固定资产。无形资产，是指企业为生产商品或者提供劳务、出租给他人、或为管理目的而持有的、没有实物形态的非货币供长期资产。无形资产分为可辨认无形资产和不可辨认无形资产。可辨认无形资产包括专利权、非专利技术、商标权、著作权、土地使用权等；不可辨认无形资产是指商誉。企业自创的商誉，以及未满足无形资产确认条件的其他项目，不能作为无形资产。其他资产是指除了上述以外的资产。

资产的特征：资产是由企业过去的交易或事项所引起；是企业拥有或可支配的、具有一定价值的经济资源，可为企业带来经济利益。企业的资产构成如图3-3所示。

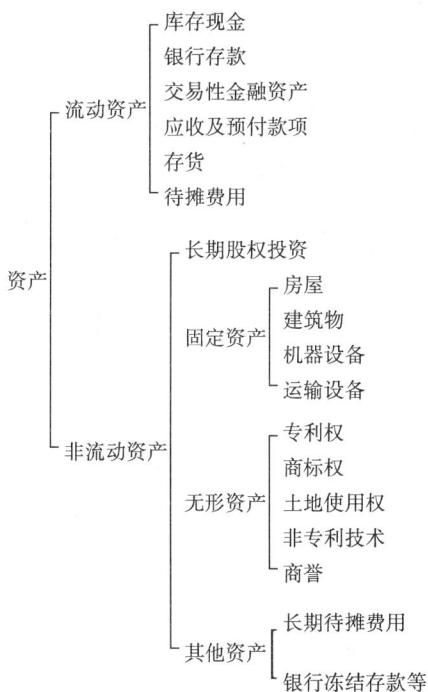

图3-3 企业的资产构成

2. 负债。负债是指过去的交易、事项形成的现时义务，履行该义务预期会导致经济利益流出企业。企业的负债应按其流动性，分为流动负债和非流动负债。流动负债是指将在1年（含1年）或者超过1年的一个营业周期内偿还的债务，包括短期借款、应付票据、应付账款、预收账款、应交税费等。非流动负债是指偿还期在1年或者超过1年的一个营业周期以上的负债，包括长期借款、应付债券、长期应付款等。

负债的特征：负债将减少企业未来的经济资源，偿付的债务必须是过去交易或事项所引起的偿付义务，偿债的资源必须是企业拥有或可自主支配的经济资源。负债的构成如图 3 - 4 所示。

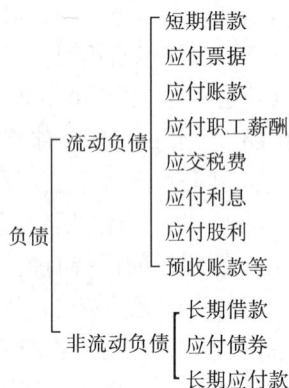

```
                          ┌ 短期借款
                          │ 应付票据
                          │ 应付账款
                 流动负债 ┤ 应付职工薪酬
                          │ 应交税费
                          │ 应付利息
    负债 ┤                │ 应付股利
                          └ 预收账款等
                          ┌ 长期借款
                 非流动负债┤ 应付债券
                          └ 长期应付款
```

图 3 - 4　企业的负债构成

3. 所有者权益。所有者权益，是指所有者在企业资产中享有的经济利益，其金额为资产减去负债后的余额。所有者权益包括实收资本（或者股本）、资本公积、盈余公积和未分配利润等。

所有者权益的特征：所有者权益由资产减负债的多少确定；其增减变动受所有者增资以及留存收益多少等影响。企业的所有者权益构成如图 3 - 5 所示。

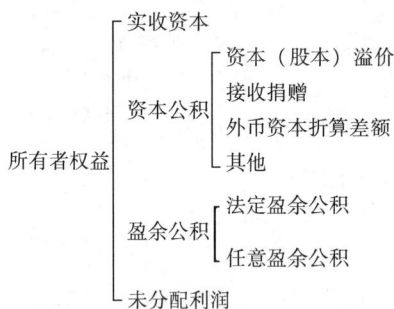

```
               ┌ 实收资本
               │               ┌ 资本（股本）溢价
               │      资本公积 ┤ 接收捐赠
               │               │ 外币资本折算差额
   所有者权益 ┤               └ 其他
               │      盈余公积 ┌ 法定盈余公积
               │               └ 任意盈余公积
               └ 未分配利润
```

图 3 - 5　企业的所有者权益构成

三、反映经营成果的会计要素

经营成果是企业在一定时期内从事生产经营活动所取得的最终成果，是资金运动显著变动状态的主要体现。反映经营成果的会计要素包括收入、费用、利润三项。

1. 收入。收入是指企业在销售商品、提供劳务及让渡资产使用权等日常活动中所形成的经济利益的总流入，包括主营业务收入、其他业务收入和投资收益。收入不包括为第三方或者客户代收的款项。

收入的特征：收入主要由销售商品、提供劳务或他人使用本企业资产所产生，具体表现为资产的增加或负债的减少。

收入是第四个会计要素。可用图3-6表示如下。

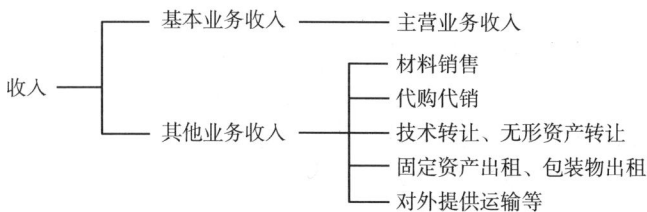

图3-6　收入的组成

2. 费用。费用是指企业为销售商品、提供劳务等日常活动所发生的经济利益的流出。工业企业一定时期的费用由产品生产成本、期间费用、营业税金和资产减值损失几部分构成，企业的期间费用包括销售费用、管理费用和财务费用。产品生产成本由直接材料、直接人工和制造费用项目构成。

费用的特征：费用产生于过去的交易或事项，它可表现为资产的减少或负债的增加。与销售商品、提供劳务或他人使用本企业资产等日常经营活动无关的支出，如营业外支出等，则不属本要素的内容。

3. 利润。利润是指企业在一定会计期间的经营成果，包括收入减费用后的净额、直接计入当期利润的利得和损失等。利润具体指营业利润、利润总额和净利润。

营业利润，是指营业收入减去营业成本和营业税金及附加，减去销售费用、管理费用、财务费用、资产减值损失，再加上投资净收益后的金额。营业收入包括主营业务收入和其他业务收入；营业成本包括主营业务成本和其他业务成本；投资净收益，是指企业对外投资所取得的收益，减去发生的投资损失和计提的投资减值准备后的净额。

利润总额，是指营业利润加上营业外收入，减去营业外支出后的金额。

营业外收入和营业外支出，是指企业发生的与其生产经营活动无直接关系的各项收入和各项支出。

净利润是指利润总额减去所得税费用后的金额。

【思考与讨论】

南方公司要精简机构，对于职员王涛来说，有三条路可供他选择：

（1）继续在原单位供职，月收入1 000元。

（2）下岗，南方公司每月补贴500元。另外麦活快餐厅愿以每月600元的工资待遇聘请他。

（3）辞职，搞个体经营。

经过思考，王涛决定自己投资20 000元，开办一家酒吧。下面是该酒吧开业一个月的经营情况：

（1）预付半年房租3 000元。

（2）购入各种饮料6 000元，本月份耗用其中的2/3。

（3）支付雇员工资1 500元。

（4）支付水电费500元。

（5）获取营业收入 8 000 元。

问题：评价王涛的选择是否正确（不考虑税收），为什么？

第三节　会计等式

会计等式也称会计方程式或平衡公式，是表明企业会计要素之间相互关系的代数方程表达式。同时也表达了六大类经济业务之间的内在联系。

一、会计等式的基本形式

任何单位进行生产经营活动，都需要拥有一定数量和适当结构的经济资源，这些经济资源在会计上称为"资产"。企业资产来源最初只有两个渠道：一是由企业债权人提供；二是由企业所有者（投资者）提供。既然企业的债权人和所有者为企业提供了资产，就应该对企业的资产享有一定的要求权，这种对资产的要求权，在会计上称为"权益"。资产表明企业拥有什么经济资源和拥有多少经济资源，权益表明经济资源的来源渠道，资产和权益是同一事物的两个不同侧面。因此，资产和权益两者在量上始终是相等的。用公式可表示如下：

$$资产 = 权益$$

该等式是反映企业财务状况的等式，也称第一会计方程式。企业所有者和债权人把资产投入企业，供企业在生产经营过程中使用，因而对企业的资产就享有一定的权利，包括在一定时间收回本金及获取投资报酬的权利等。这种权利在会计上统称为权益，其中属于债权人的权利称为债权人权益；属于所有者的权利称为所有者权益。两者虽都是权益，但却有着明显的区别。债权人的目的是到期收回本金和利息，所以，会计上将债权人权益称为负债。所有者的目的是希望分享企业的利润，获取较高的报酬。所有者权益在金额上等于所有者投入企业的资本和企业累积的利润，也就是企业的全部资产扣除全部负债的余额，在会计上称为净资产，即所有者权益。这样上述等式就可以表述为：

$$资产 = 负债 + 所有者权益$$

会计等式反映了会计要素之间的数量关系，是设置账户、复式记账和编制资产负债表等会计核算方法建立的理论依据。该等式反映的是企业期末时点数，也称为静态会计等式。因为权益包括债权人权益和所有者权益，所以静态会计等式有两种。

① 资产 = 负债 + 所有者权益（旨在说明企业总资产的规模）

② 资产 - 负债 = 所有者权益（旨在说明企业净资产的规模）

①式和②式从数学角度来说是一样的，但从会计的角度来说则不一样，虽然一些人认为二者相同，但①式强调的是总资产，②式强调的是净资产，两者的资产规模不一样，两者的经济意义也不一样。

【例3-1】小王与同学小张一起投资 100 000 元注册成立一家公司，分别投入银行存款 60 000 元和 40 000 元，分别占注册资本的 60% 和 40%。则：

资产 = 100 000，所有者权益 = 100 000，资产 = 所有者权益 = 100 000

在经营一年后，赚了 20 000 元，此时，资产 = 120 000，所有者权益 = 120 000

第二年，为扩大经营规模，向银行借入 50 000 元，此时，资产 = 170 000，负债 = 50 000，所有者权益 = 120 000。

二、会计等式的扩展形式

在企业生产经营过程中，收入的发生必然带来资产的流入，费用的发生必然带来资产的流出；利润是企业资产流入与流出的结果，必然带来所有者权益的增加。因此，企业资产、负债、所有者权益、收入、费用、利润之间的数量关系存在着一种内在的有机联系。上述两个会计的基本等式可以综合在一起表示为：

$$资产 = 负债 + 所有者权益 + （收入 - 费用）$$

或：

$$资产 + 费用 = 负债 + 所有者权益 + 收入$$

上面这个关系式是动态会计等式，表示企业在营运过程中增值的情况。在会计期末结算时，将收入与费用配比，计算出利润，并进行利润分配，转入所有者权益中，上面这个会计等式又恢复为：

$$资产 = 负债 + 所有者权益$$

动态会计等式经利润分配后，又转化为新的静态会计等式，从动平衡转化为静平衡。这时"资产 = 负债 + 所有者权益 + 收入 - 费用（成本）或：资产 = 负债 + 所有者权益 + 利润"等式则转化成了"资产 = 负债 + 所有者权益"，"资产 - 负债 = 所有者权益 + 收入 - 费用（成本）或：资产 - 负债 = 所有者权益 + 利润"等式则转化成了"资产 - 负债 = 所有者权益"。

三、经济业务的发生对会计等式的影响

资产是表明企业拥有多少经济资源和拥有什么经济资源，权益是表明是谁提供了这些经济资源，谁对这些经济资源拥有要求权。因此，资产与权益之间形成了相互依存的关系。

从静态来看，资产不能脱离权益而独立存在，没有无资产的权益，也没有无权益的资产；资产和权益是资金这同一事物从两个不同侧面观察分析的结果，从其存在、分布与使用的形态来看是资产，而从其形成与取得的来源来看是权益；从数量上来看，有一定数额的资产，必定有一定数额的权益，反之，有一定数额的权益，也必定有一定数额的资产；也就是说，资产与权益之间在数量上存在着必然相等的关系。

从动态来看，不管企业发生的经济业务如何复杂多变，都不会破坏资产与权益之间的平衡关系，即不会破坏会计等式。

企业在生产经营过程中，每天发生着大量的经济业务，任何一项经济业务的发生，都必然引起资产负债表会计等式发生增减变化。尽管企业经济业务多种多样，但经济业务发生后，引起各项资产和权益（负债及所有者权益）的增减变动，不外乎以下四种类型：

1. 经济业务发生，引起资产项目之间此增彼减，增减金额相等。

例如，白云电器公司从银行存款中提取现金 60 000 元。

2. 经济业务发生，引起权益（负债及所有者权益）项目之间此增彼减，增减金额相等。

例如，白云电器公司向银行借入短期借款，直接偿还应付账款 50 000 元。

3. 经济业务的发生，引起资产项目和权益项目同时增加，双方增加的金额相等。

例如，白云电器公司接受投资者投资 80 000 元，款直接存入银行。

4. 经济业务的发生，引起资产项目和权益项目同时减少，双方减少的金额相等。

例如，白云电器公司以银行存款 10 000 元，偿还银行短期借款。

据此，我们可以得出以下结论：

（1）任何一项经济业务的发生都会使资产或权益或资产权益双方的两个项目发生变动，变动的结果，使资产与权益总额始终保持平衡相等关系。

（2）经济业务的发生，涉及资产与权益两个方面的项目变动的，会使双方总额发生增加或减少，但变动后的双方总额依然相等。

（3）经济业务的发生，只涉及资产或权益一个方面项目变动的，不但原来双方的总额相等，而且原来双方总额还不变。

以上四种资金变化情况，可用图 3 - 7 表示如下。

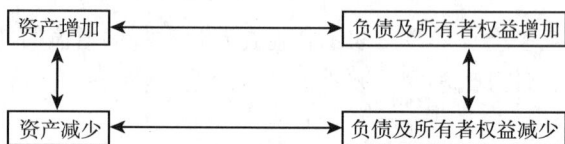

图 3 - 7

现对上述变化情况举例说明如下：

假设某企业某日资产、负债及所有者权益的简要情况如表 3 - 1 所示。

表 3 - 1
单位：元

资　产	金　额	负债及所有者权益	金　额
库存现金	5 000	短期借款	875 000
银行存款	400 000	应付票据	30 000
应收账款	100 000	应付账款	50 000
原材料	200 000	实收资本	500 000
库存商品	250 000		
固定资产	500 000		
总　　计	1 455 000	总　　计	1 455 000

上表资产和负债及所有者权益各为 1 455 000 元，双方相等。随着经济业务的发生，有关项目会相应发生变化，但无论如何变化，双方的总额总是平衡的。例如：

（1）资产和负债及所有者权益双方同时等额增加。

【例 3 - 2】向供货单位购入原材料 8 500 元，货款暂欠。

这笔经济业务，使资产方增加原材料 8 500 元，同时使负债及所有者权益方增加应付账款 8 500 元，结果双方总额仍保持平衡。

（2）资产和负债及所有者权益双方同时等额减少。

【例 3 - 3】以银行存款归还短期借款 18 500 元。

这笔经济业务使资产方减少银行存款 18 500 元，同时使负债及所有者权益减少短期借款 18 500 元，结果双方总额仍保持平衡。

（3）资产方内部有增有减，增减的金额相等。

【例3-4】按原价出售固定资产75 000元，账款暂欠。

这笔经济业务，使资产方减少固定资产75 000元，同时使资产方增加应收账款75 000元，结果资产方总额相等，双方总额仍保持平衡。

（4）负债及所有者权益方内部有增有减，增减的金额相等。

【例3-5】向A单位借入应付账款30 000元，偿付应付B单位的应付票据30 000元。

这笔经济业务，使负债及所有者权益方增加应付账款30 000元，同时减少应付票据30 000元。结果负债及所有者权益总额不变，双方总额仍保持平衡。

上述四笔经济业务所引起的资产方和负债及所有者权益方的变动情况见表3-2。

表3-2　　　　　　　　　　　　　　　　　　　　　　　　　　　　　　　　　　　　单位：元

资　产	期初金额	增减金额	期末余额	负债及所有者权益	期初金额	增减金额	期末余额
库存现金	5 000		5 000	短期借款	875 000	②-18 500	856 500
银行存款	400 000	②-18 500	381 500	应付票据	30 000	④-30 000	0
应收账款	100 000	③+75 000	175 000			①+8 500	
原材料	200 000	①+8 500	208 500	应付账款	50 000	④+30 000	88 500
库存商品	250 000		250 000				
固定资产	500 000	③-75 000	425 000	实收资本	500 000		500 000
合计	1 455 000	-10 000	1 445 000	合计	1 455 000	-10 000	1 445 000

在会计实务中，上述经济业务对会计等式的影响的四种类型，可以进一步分解为九种形式，如表3-3所示。

表3-3　　　　　　　　　　　　　　经济业务发生对会计等式的影响

	资产	=	权益		资产	=	负债	+	所有者权益
（1）	增加		增加	①	增加		增加		
				②	增加				增加
（2）	减少		减少	③	减少		减少		
				④	减少				减少
（3）	增加、减少			⑤	增加、减少				
（4）			增加、减少	⑥			增加、减少		
				⑦					增加、减少
				⑧			增加		减少
				⑨			减少		增加

依据上述分析，我们可以得出以下结论：

（1）任何一项经济业务的发生都会使资产或权益或资产权益双方的两个项目发生变动，变动的结果，使资产与权益总额始终保持平衡相等关系。

（2）经济业务的发生，涉及资产与权益两个方面的项目变动的，会使双方总额发生增加或减少，但变动后的双方总额依然相等。

（3）经济业务的发生，只涉及资产或权益一个方面项目变动的，不但原来双方的总额相等，而且原来双方总额还不变。

自己动手

张三和李四拥有一个面包房，他们做的巧克力面包非常有名。他们都没有接受过会计教育。于是自己设计了一个用来记录交易的系统，自认为很有效。下面列示的是本月所发生的一些交易：

(1) 收到商品的订单，当货物发出后将收到 1 000 元。

(2) 发出一份商品订单，订购价值 600 元的商品。

(3) 将货物运给顾客并收到 1 000 元。

(4) 收到所定的货物并支付 600 元现金。

(5) 用现金支付银行 400 元利息。

(6) 赊购 6 000 元的设备。

张三和李四对以上业务进行了记录，如下表所示：

资产 =		负债 + 所有者权益		+ （收入 – 费用）	
收到商品订单	1 000			销售	1 000
发出定购商品的订单	600			存货支出	–600
现金	1 000				
将货物发运给顾客	–1 000				
收到所订的商品	600	应付账款	600		
支付现金	400			利息支出	–400
赊购设备		应付账款	6 000	设备支出	–6 000

要求：

1. 向他们解释他们对记录交易的错误理解。

2. 改正他们在记录中的错误。

四、会计等式的作用

会计等式揭示了会计要素之间的内在联系，是会计核算中设置会计科目和账户、复式记账和编制资产负债表的理论依据，是会计核算方法的基础。

【思考与讨论】

亏损是如何发生的呢

星海公司于去年年初创立时收到万达公司投资 300 000 元，同时向光明公司赊购机器一台，价值 12 000 元。经营一年后，该公司发生亏损 8 000 元。请你设想五种可能的情况，说明资产、负债和所有者权益的增减变化。

第四节　会计要素的计量

会计要素的计量是指根据一定的计量标准和计量方法，记录并在资产负债表和利润表中确认和列示会计要素而确定其金额的过程。

一、会计要素计量属性

1. 历史成本。在历史成本计量下，资产按照购置时支付的现金或者现金等价物的金额，或者按照购置资产时所付出的对价的公允价值计量。负债按照因承担现时义务而实际收到的款项或者资产的金额，或者承担现时义务的合同金额，或者按照日常活动中为偿还负债预期需要支付的现金或者现金等价物的金额计量。

2. 重置成本。在重置成本计量下，资产按照现在购买相同或者相似资产所需支付的现金或者现金等价物的金额计量。负债按照现在偿付该项债务所需支付的现金或者现金等价物的金额计量。

3. 可变现净值。在可变现净值计量下，资产按照其正常对外销售所能收到现金或者现金等价物的金额扣减该资产至完工时估计将要发生的成本、估计的销售费用以及相关税费后的金额计量。

计算公式：

存货可变现净值＝存货估计售价－至完工估计将发生的成本－估计销售费用－相关税金

【例3－6】甲公司期末原材料的账面余额为100万元，数量为10吨。该原材料专门用于生产与乙公司所签合同约定的20台Y产品。该合同约定：甲公司为乙公司提供Y产品20台，每台售价10万元（不含增值税，本题下同）。将该原材料加工成20台Y产品尚需加工成本总额为95万元。估计销售每台Y产品尚需发生相关税费1万元（不含增值税，本题下同）。本期期末市场上该原材料每吨售价为9万元，估计销售每吨原材料尚需发生相关税费0.1万元。期末该原材料的可变现净值为85万元。

解析：产成品的成本＝100＋95＝195万元，产成品的可变现净值＝20×10－20×1＝180万元。期末该原材料的可变现净值＝20×10－95－20×1＝85万元

4. 现值。在现值计量下，资产按照预计从其持续使用和最终处置中所产生的未来净现金流入量的折现金额计量。负债按照预计期限内需要偿还的未来净现金流出量的折现金额计量。

【例3－7】加利福尼亚州政府通过广告宣称它有一项彩票的奖金为100万美元。但那并不是奖金的真正价值。事实上，加利福尼亚州政府承诺在20年内每年付款5万美元。如果贴现率是10%且第一笔账及时到户，则该奖金的现值只有468 246美元。又如，2008年11月1日存入银行10万元，1年期利率为3.87%。1年后，即2009年10月31日账户本利和为103 870元。简单说，10万元即为103 870元的一年期现值。

5. 公允价值。亦称公允市价、公允价格。在公允价值计量下，资产和负债按照在公平交易中，熟悉情况的交易双方自愿进行资产交换或者债务清偿的金额计量。或无关联的双方在公平交易的条件下一项资产可以被买卖或者一项负债可以被清偿的成交价格。

二、各种计量属性之间的关系

历史成本通常反映的是资产或者负债过去的价值，而重置成本、可变现净值、现值以及公允价值通常反映的是资产或者负债的现时成本或者现时价值，是与历史成本相对应的计量属性。

【本章小结】

1. 会计等式揭示了会计要素之间的内在联系，是会计核算中设置会计科目和账户、复式记账和编制资产负债表的理论依据，是会计核算方法的基础。

2. 企业资产来源最初只有两个渠道：一是由企业债权人提供；二是由企业所有者（投资者）提供。

3. 资产表明企业拥有什么经济资源和拥有多少经济资源，权益表明经济资源的来源渠道，资产和权益是同一事物的两个不同侧面。

思考与练习

一、复习思考题

1. 何为会计要素？

2. 会计要素包括哪些内容？

3. 何为会计等式？其实质是反映什么？

4. 试证明会计等式的恒等关系。

5. 简述会计等式的作用。

6. 会计要素的计量属性是指什么？包括哪些内容？

二、单项选择题

1. 企业在日常活动中形成的、会导致所有者权益增加的、与所有者投入资本无关的经济利益的总流入称为（　　）。

    A. 资产　　　　　　B. 利得　　　　　　C. 收入　　　　　　D. 利润

2. 由企业非日常活动所发生的、会导致所有者权益减少的、与向所有者分配利润无关的经济利益的流出称为（　　）。

    A. 费用　　　　　　B. 损失　　　　　　C. 负债　　　　　　D. 所有者权益

3. 广义的权益一般包括（　　）。

    A. 资产和所有者权益　　　　　　　　B. 债权人权益和所有者权益

    C. 所有者权益　　　　　　　　　　　D. 资产和债权人权益

4. 下列属于资产项目的是（　　）。

    A. 原材料　　　　B. 预收账款　　　　C. 预提费用　　　　D. 资本公积

5. 下列引起资产和负债同时减少的经济业务是（　　）。

    A. 从银行提取现金　　　　　　　　　B. 赊购材料一批

    C. 用银行存款偿还银行借款　　　　　D. 通过银行收到应收账款

6. （　　）是对会计对象的基本分类。

    A. 会计科目　　　　B. 会计原则　　　　C. 会计要素　　　　D. 会计方法

7. 会计主体从（　　）上对会计核算范围进行了有效的界定。

    A. 空间　　　　　　B. 时间　　　　　　C. 空间和时间　　　　D. 内容

8. 下列属于企业的流动资产的有（　　）。

    A. 存货　　　　　　B. 厂房　　　　　　C. 机器设备　　　　D. 专利权

9. 流动资产是指变现或耗用期限在（　　）的资产。

    A. 一年以内　　　　　　　　　　　　B. 一个营业周期以内

C. 一年或超过一年的一个营业周期以内　　　D. 超过一年的一个营业周期

10. 所有者权益在数量上等于（　　　）。

  A. 全部资产减去全部负债后的净额　　　B. 所有者的投资

  C. 实收资本与资本公积之和　　　D. 实收资本与未分配利润之和

11. 一个企业的资产总额与权益总额（　　　）。

  A. 必然相等　　　B. 有时相等

  C. 不会相等　　　D. 只有在期末时相等

12. 一项资产增加、一项负债增加的经济业务发生后，都会使资产与权益原来的总额（　　　）。

  A. 发生同增的变动　　　B. 发生同减的变动

  C. 不会变动　　　D. 发生不等额变动

13. 某企业月初权益总额为 80 万元，假定本月仅发生一笔以银行存款 10 万元偿还银行借款的经济业务，则该企业月末资产总额为（　　　）万元。

  A. 80　　　B. 90　　　C. 100　　　D. 70

14. 经济业务发生仅涉及资产这一要素时，则必然引起该要素中某些项目发生（　　　）。

  A. 同增变动　　　B. 同减变动　　　C. 一增一减变动　　　D. 不变动

15. 在下列经济业务中，只能引起同一个会计要素内部增减变动的业务是（　　　）。

  A. 取得借款存入银行　　　B. 用银行存款归还前欠货款

  C. 用银行存款购买材料　　　D. 赊购原材料

16. 下列各项中，不属于收入要素内容的有（　　　）。

  A. 销售商品取得的收入　　　B. 提供劳务取得的收入

  C. 出租固定资产取得的收入　　　D. 营业外收入

17. 下列各项中，不属于费用要素内容的有（　　　）。

  A. 营业费用　　　B. 管理费用　　　C. 财务费用　　　D. 待摊费用

18. 企业销售产品一批，货款未收，这项业务引起会计等式中（　　　）。

  A. 资产与负债同时增加　　　B. 资产与所有者权益同时增加

  C. 资产与收入同时增加　　　D. 收入与负债一增一减

三、多项选择题

1. 下列项目中，属于资产要素特点的有（　　　）。

  A. 必须是经济资源　　　B. 必须是有形的

  C. 必须能给企业带来未来经济利益　　　D. 必须是企业拥有或控制的

2. 下列属于长期负债项目的有（　　　）。

  A. 长期应付款　　　B. 长期借款　　　C. 其他应付款　　　D. 应付债券

3. 下列各项中，属于流动资产的有（　　　）。

  A. 专利权　　　B. 低值易耗品　　　C. 待摊费用　　　D. 包装物

4. 下列项目中，属于所有者权益的是（　　　）。

  A. 实收资本　　　B. 盈余公积　　　C. 资本公积　　　D. 未分配利润

5. 下列各项经济业务中，能引起资产和所有者权益同时增加的有（　　　）。

  A. 收到国家投资存入银行　　　B. 提取盈余公积金

C. 收到外单位投入设备一台　　　　　　D. 将资本公积转增资本

6. 下列各项经济业务中，能引起会计等式左右两边会计要素变动的有（　　　）。

　　A. 收到某单位前欠货款 20 000 元存入银行

　　B. 以银行存款偿还银行借款

　　C. 收到某单位投入机器设备一台，价值 80 万元

　　D. 以银行存款 8 000 元购买材料

7. 下列各项经济业务中，能引起资产和负债同时增加的有（　　　）。

　　A. 企业赊购材料一批　　　　　　　　B. 用银行存款偿还所欠货款

　　C. 从银行借入一笔款项存入银行账户　　D. 收到投资人投入的资金存入银行

8. 下列各项经济业务中，会引起企业资产总额和负债总额同时减少的有（　　　）。

　　A. 用现金支付职工工资　　　　　　　B. 从某企业购买材料一批，货款未付

　　C. 将资本公积转增资本　　　　　　　D. 用银行存款偿还所欠货款

9. 下列各项经济业务中，会使企业资产总额和权益总额同时发生增加变化的有（　　　）。

　　A. 向银行借入半年期的借款，已转入本企业银行存款账户

　　B. 赊购设备一台，设备已经交付使用

　　C. 收到某投资者投资，款项已存入银行

　　D. 用资本公积转增实收资本

10. 下列属于负债要素项目的有（　　　）。

　　A. 短期借款　　　B. 预收账款　　　　C. 预付账款　　　　　D. 应交税金

11. 企业的收入可能会导致（　　　）。

　　A. 现金的增加　　　　　　　　　　　B. 银行存款的增加

　　C. 企业其他资产的增加　　　　　　　D. 企业负债的减少

12. 下列项目中，属于长期资产的有（　　　）。

　　A. 固定资产　　　B. 长期股权投资　　C. 无形资产　　　　　D. 存货

13. 下列项目中，属于会计核算的基本前提的有（　　　）。

　　A. 会计主体　　　B. 持续经营　　　　C. 会计分期　　　　　D. 货币计量

14. 企业向银行借款 10 万元，存入银行，这项业务引起（　　　）要素的增减变化。

　　A. 资产　　　　　　B. 负债　　　　　C. 所有者权益　　　　D. 收入

15. 下列经济业务中，只引起会计等式左边会计要素变动的有（　　　）。

　　A. 购买材料 800 元，款项尚未支付

　　B. 从银行提取现金 500 元

　　C. 购买机器一台，以存款支付 10 万元货款

　　D. 接受投资 200 万元，款项存入银行

四、判断题

1. 成本是企业为生产产品、提供劳务而发生的各种耗费，因而企业发生的各项费用都是成本。　　　　　　　　　　　　　　　　　　　　　　　　　　　　　　　　（　　　）

2. 财务成果只能表现为盈利，亏损就不能称为财务成果。　　　　　　　　　（　　　）

3. 银行汇票、银行本票和信用证都属于有价证券。　　　　　　　　　　　　（　　　）

4. 现金和银行存款都是货币资金，股票则应作为有价证券。　　　　　　　　（　　　）

5. 各项借款、应付和预付款项都是企业的债务。 （ ）

6. 财务成果主要是指企业在一定时期内通过从事生产经营活动而发生的盈利或亏损。

（ ）

7. 财务成果的计算和处理一般包括利润的计算、所得税的计算、利润分配或亏损弥补等。

（ ）

8. 会计科目和账户的设置、复式记账、填制会计凭证、登记会计账簿、进行成本计算、财产清查和编制财务会计报告等，国家有统一的会计制度的要求。 （ ）

9. 在会计核算过程中，其主要的工作程序是填制和审核凭证、登记账簿和编制会计报表。

（ ）

10. 各单位发生的各项经济业务事项应当在依法设置的会计账簿上统一登记、核算。

（ ）

备考指南

一、主要考点：

考点1：会计要素是对会计对象进行的基本分类，是对会计核算对象（资金运动）的具体化。

考点2：资产是指企业过去的交易或者事项形成的，由企业拥有或者控制的，预期会给企业带来经济利益的资源。

考点3：资产具有三个特征：①资产预期会给企业带来经济利益，即指资产直接或者间接导致现金和现金等价物流入企业的潜力。资产预期能否会为企业带来经济利益是资产的重要特征。如果某一资产预期不能给企业带来经济利益，那么就不能将其确认为企业的资产。前期已经确认为资产的项目，如果不能再为企业带来经济利益的，也不能再确认为企业的资产。例如，3月8日销售货物，价款30万元，对方没给钱。那我们就确认应收账款增加30万元。到年底出报告时需要对这30万元债权进行检查。假如发现最多能收回20万元，也就是有10万元收不回的可能性很大，此时要计提坏账准备10万元作为资产减值损失，即这10万元预期不能给企业带来经济利益，要将其从债权中减掉。②资产应为企业拥有或者控制的资源。拥有是指拥有此项资源的所有权。通常判断资产属于谁，所有权是考虑的首要因素。但对一些特殊方式形成的资产，企业虽对其不拥有所有权，却能够实际控制，也应当确认为企业资产。融资租入的固定资产就是最典型的一个例子。③资产是由企业过去的交易或者事项形成的。例如购货意愿或者计划，不能确认为资产。

考点4：资产确认应该同时满足以下两个条件：①与该资源有关的经济利益还必须是很可能流入企业；②并且该资源的成本或价值能够可靠地计量。

考点5：负债是指企业过去的交易或事项形成的，预期会导致经济利益流出企业的现时义务。（切记，非现实义务）

考点6：负债特征：①负债是企业承担的现时义务。它是负债的一个基本特征。②负债预期会导致经济利益流出企业。这也是负债的一个本质特征。③负债是由企业过去的交易或者事项形成的。未来发生的承诺、签订的合同或借款意向书，不形成企业的负债。

考点7：负债确认应该同时满足以下两个条件：①与该义务有关的经济利益很可能流出企业；②未来流出的经济利益的金额能够可靠地计量。

考点8：所有者权益是指企业资产扣除负债后，由所有者享有的剩余权益，即净资产。其特征是：①除非发生减资、清算或分派现金股利，企业不需要偿还所有者权益；②只有清偿了所有的债务后，才可以把剩余的资产分给所有者；③所有者能够参与利润分配。

考点9：反映经营成果的会计要素：收入是指企业在日常活动中形成的、会导致所有者权益增加的、与所有者投入资本无关的经济利益的总流入。收入的特征包括：①收入是企业在日常活动中形成的。如工业企业销售产品（主营业务收入）、材料（其他业务收入）取得的收入；餐饮企业的餐饮收入，均为收入。而企业收取的合同违约金、罚款（营业外收入）等与日常活动无直接关系，不能算收入，即营业外收入不是收入。例如，法人不是人。②收入是与所有者投入资本无关的经济利益的总流入。如股东增资会导致经济利益流入，但不能算收入；如前言讲的，购货花费1 000元，全卖得2 500元，赚1 500元，2 500元是经济利益总流入，即收入。③收入会导致所有者权益的增加。收入增加会导致利润增加（不能考虑费用），形成利润不再分配就是未分配利润，未分配利润属于所有者权益，所以收入增加会导致所有者权益增加。收入表现为资产增加或负债减少或两者兼而有之，但一定会导致所有者权益增加。费用是指企业在日常活动中发生的、会导致所有者权益减少的、与向所有者分配利润无关的经济利益的总流出。费用的特征包括：①费用是企业在日常活动中形成的。如日常活动中发生的工资、办公费、房租、广告费等，均为费用。但自然灾害等事故造成的损失，不能算费用（营业外支出）。②费用是与向所有者分配利润无关的经济利益的总流出。费用是算利润的依据之一，而形成利润之后才有可能向所有者分配者利润，即发生费用是在向所有者分配利润之前的事情。即使二者均会导致经济利益流出企业，但不是一回事。③费用会导致所有权益的减少。费用增加会导致利润减少（不能考虑收入），即会导致未分配利润减少，最终导致所有者权益减少。费用表现为资产减少或负债增加或两者兼而有之，但一定会导致所有者权益减少。利润是指企业在一定会计期间的经营成果。通常情况下，如果企业实现了利润，表明企业的所有者权益将增加，业绩得到了提升；反之，如果企业发生了亏损（即利润为负数），表明企业的所有者权将减少，业绩下滑了。

考点10：会计计量是为了将符合确认条件的会计要素登记入账并列报于财务报表而确定其金额的过程。会计计量属性主要包括：历史成本、重置成本、可变现净值、现值和公允价值5种。

考点11：会计等式是反映会计要素之间平衡关系的计算公式。

二、主要考试题型举例

（一）单项选择题

1. 以下（　　）不属于利得。

   A. 企业接受政府补助取得的资产　　　　B. 处理固定资产的净收益

   C. 销售原材料获取的收益　　　　　　　D. 流动资产价值变动

【答案】C

2. 企业在对会计要素进行计量时，一般应当采用（　　）。

   A. 现值　　　　　　　　　　　　　　　B. 重置成本

   C. 历史成本　　　　　　　　　　　　　D. 公允价值

【答案】C

3. 针对"资产＝负债＋所有者权益＋（收入－费用）"这一等式，下列哪些说法是错误的（　　）。

  A. 将会计六项要素有机结合起来

  B. 完整地反映了企业的资金运动过程

  C. 揭示了资产负债表要素和利润表要素相互之间的联系和依存关系

  D. 揭示了收益质量的高低

【答案】D

4. 企业会计核算，应当采用（　　）确认收入和费用。

  A. 收付实现制   B. 权责发生制

  C. 永续盘存制   D. 实地盘存制

【答案】B

5. 下列经济业务中，引起资产与负债同时增加的有（C）。

  A. 以银行存款购买设备   B. 从银行提起现金，备发工资

  C. 购买设备已到，尚未付款   D. 以银行存款偿还前欠货款

【解析】以银行存款购买设备、从银行提取现金，均为一种资产增加，另一种资产减少，权益总额不变；以银行存款偿还前欠款，会引起资产和负债同时减少；购买设备已到，尚未付款，会引起资产与负债同时增加。

6. （A）计量，要求对企业的资产、负债、所有者权益的计量，应当基于经济业务的实际交易成本，而不考虑随后市场价格变动的影响。

  A. 历史成本   B. 现值

  C. 公允价值   D. 可变现净值

7. 下列会计要素中，表现为资金运动的显著变动状态的是（　　）。

  A. 资产   B. 负债   C. 利润   D. 所有者权益

【答案】C

8. 下列应确认为资产的是（　　）。

  A. 长期闲置且不再使用和转让的厂房

  B. 已超过保质期的食品

  C. 自然使用寿命已满但仍在使用的设备

  D. 已签订合同拟于下月购进的材料

【答案】C

【解析】因为只有C会给企业带来经济利益的流入，ABD是不会带来企业经济利益的流入。

（二）多项选择题

1. 下列各项中，符合会计要素收入定义的是（ACD）。

  A. 材料销售收入   B. 处置固定资产的收入

  C. 提供劳务收入   D. 出租包装物的租金收入

【解析】收入是指企业在日常活动中形成的、会导致所有者权益增加的、与所有者投入资本无关的经济利益的总流入，包括销售商品收入、提供劳务收入和让渡资产使用权取得的收入。

2. 下列各项中，属于反映企业财务状况的会计要素有（ABD）。

A. 资产   B. 负债

C. 利润   D. 所有者权益

【解析】会计要素包括资产、负债、所有者权益、收入、费用、利润六个要素。其中，资产、负债、所有者权益是反映企业财务状况的要素；收入、费用、利润是反映企业经营成果的要素。

三、判断题

1. 费用是企业在全部经济活动中所发生的经济利益的流出。   （   ）

【答案】×

2. 在重置成本计量下，资产和负债按照在公平交易中，熟悉情况的双方自愿进行资产交换或者债务清偿的金额计量。   （   ）

【答案】×

3. 负债是现在交易或事项所引起的现有义务。   （   ）

【答案】√

【解析】负债是指过去的交易或者事项形成的现时义务，履行该义务预期会导致经济利益流出企业。

4. 按照会计准则，负债不仅指现时已经存在的债务责任，还包括某些将来可能发生的、偶然事项形成的债务责任。   （   ）

【答案】×

【解析】负债必须是现时义务，将来可能承担的义务不是负债。

【相关知识】

唐代财计组织的基本构架

唐代的财物支出与保管出纳部门之间既有分工，又有合作。唐代中央政府实行三省六部制，三省为尚书省、中书省、门下省，共同辅佐皇帝处理国家事务，其中，由中书省决策，门下省审议，而由尚书省执行，表现为三省一体。尚书省掌管全国包括财政事务在内的一切政务，下设吏、户、礼、兵、刑、工六部。其中，户部为国家行政的总理机构。户部之下设有掌管全国财政预算和会计核算的会计最高主管部门——度支部；掌管全国库藏钱币出纳，担当钱、帛出纳的审理部门——金部。凡钱、帛出纳，必经金部审核原始凭证，审核无误，由金部主管官员签字盖印方可执行。另外，与金部职能相对应，户部之下还设有掌管全国的粮谷出纳和军储出纳，担当粮谷出纳的审理部门——仓部。凡粮谷入库和发放，必经仓部审核原始凭证，审核无误，签章之后方可执行。仓部与金部相对应，各自行使全国财物出纳的一方面权力。

唐代的国库组织与管理机构金、仓二部相一致。金、仓二部行使库藏财物出纳之权，而国库组织则具体主管仓储事宜。国库组织亦按钱帛、粟米分为两大仓储部门，即司农寺、太府寺二寺。粟米的储积和出纳具体事宜由司农寺掌管。司农寺所属诸仓，均设有仓监具体掌管全仓粟米的储存保管、验进、验出，以及会计核算。国库中钱帛、金银之类财物储积、保管、验进、验出，以及会计核算则当由太府寺掌管。当然，如果单纯从出纳的角度讲，太府寺和司农寺也可以列入会计出纳部门。

第四章

会计科目与账户

第一节　会计科目

如前所述，为了系统地记录和报告种类繁多的经济业务，我们把经济业务分为六大类，称为会计要素。但六大类经济业务如果要记录和报告的话还是显得太笼统，需要再具体化。因此，我们还要在六大类经济业务的基础上继续分类。

一、会计科目的概念

会计科目就是在此基础上对会计要素的再分类。会计科目是对经济业务的具体内容进行分类核算的项目，也就是对会计对象具体内容进行分类核算的项目。会计对象的具体内容各有不同，管理要求也有不同。为了全面、系统、分类地反映和监督各项经济业务的发生情况，以及由此而引起的各项资产、负债、所有者权益，以及各项损益的增减变动，就有必要按照各项会计对象分别设置会计科目。设置会计科目就是对会计对象的具体内容加以科学归类，进行分类反映和监督的一种方法。

二、会计科目的意义

从某种意义上说，会计是一种分类的技术，企业为了全面、系统、分类地反映和监督各项经济业务的发生情况，以及由此引起的各类会计要素增减变动的过程和结果，就必须按照会计要素的不同特点，根据经济管理的要求，通过设置会计科目来进行分类别、分项目的核算。只有这样，才能分别为企业内部经营管理和外部有关方面提供所需要的一系列完整的会计信息。企业设置会计科目，是设置账户、进行账务处理的依据，同时也是正确组织会计核算的一个重要条件。

三、会计科目的分类

1. 会计科目按其反映的经济内容分类。我国企业会计准则规定，会计科目按其所反映的经济内容不同，可分为资产类、负债类、所有者权益类、损益类和成本类。

（1）资产类科目分为流动资产和非流动资产。其中流动资产又分为库存现金和银行存款、交易性金融资产、应收及预付账款、存货等。非流动资产包括长期股权投资、固定资产、无形资产和其他资产。

（2）负债类科目分为流动负债和非流动负债。其中流动负债包括短期借款、应付及预收账款、应付工资、应交税费、应付股利，以及预提费用等。

（3）所有者权益科目包括实收资本、资本公积、盈余公积、本年利润和利润分配等。

（4）损益类科目包括主营业务收入、主营业务成本、销售费用、管理费用、财务费用、其他业务收入、其他业务成本等。

（5）成本类科目包括生产成本、制造费用和劳务成本。

2. 会计科目按其隶属关系分类。会计科目按其隶属关系可以分为总账科目和明细科目。设置总账科目和明细科目的目的是方便会计的分工记账和满足管理部门对不同层次会计信息的需求。其中，总账科目又称一级科目，明细科目又可分为子目（二级科目）和细目（三级科目）。

（1）一级科目。一级科目即总账科目，也称为总分类科目，是按照会计对象的不同经济内容进行分类，提供总括核算资料的科目，如"银行存款"、"应付账款"、"无形资产"、"实收资本"等。为了满足国家宏观经济管理的需要，一级科目原则上由国家统一规定。

（2）二级科目。二级科目即二级明细分类科目，也称子目，是指在一级科目的基础上，对一级科目所反映的经济内容进行较为详细分类的会计科目。例如，"长期股权投资"科目属于一级科目，下设"股票投资"、"其他股权投资"科目则属于二级科目。

（3）三级科目。三级科目即明细科目，也称细目，是指在二级科目的基础上，对二级科目所反映的经济内容进一步详细分类的会计科目。如"应收账款"总账科目提供信息（赊销产品、商品）情况。在"应收账款"总账科目下分别按单位和客户名设置二级科目和明细科目，具体反映应收哪些单位货款。

总账科目、明细科目的关系举例如表4-1所示。

表4-1 总账科目与明细科目关系举例

总账科目（一级科目）	二级科目（子目）	三级科目（细目）
	东方工厂	A 客户
		B 客户
应收账款	阳光大厦	C 客户
	大华企业	D 客户等

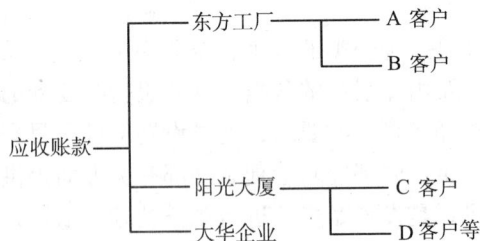

会计科目按其隶属关系分类，有助于了解会计科目反映的具体经济内容，满足经营管理所需要的会计信息。但应当说明的是，并不是所有的一级科目都需分设二级和三级科目，根据信息使用者所需不同信息的详细程度，有些只需设一级科目，有些只需设一级和三级科目，而不需设置二级科目。

四、会计科目的设置

会计科目的设置要在会计要素的基础上对会计对象也就是经济业务的具体内容作进一步分类，达到全面而概括地反映企业生产经营活动情况，便于清晰地提供会计信息，反映的信息既能满足国家宏观经济管理、制定方针政策、加强宏观调控的需要，又能满足债权人、投资者以及有关方面了解企业信息的需要，满足企业内部各职能部门进行企业经营管理的需要。

1. 一级会计科目由财政部决定，明细科目则可以由企业自行设置。我国当前会计科目是由财政部统一制定颁布的，企业应根据国家统一规定的会计科目进行具体会计核算。但是，由于企业的经济业务千差万别，各单位可以根据本单位的规模和经济业务的特点，以及经济管理要求的具体情况对统一的会计科目进行必要的合并和增补。也就是说，会计科目的设置要贯彻统一性和灵活性相结合的原则。

2. 会计科目设置要简单明了、通俗易懂。每一会计科目反映一项经济内容，不能模棱两可，相互包含。为方便起见，对所设置的会计科目要进行适当的分类，给予一定的编号。

为便于会计核算工作的顺利进行，尤其是适应会计电算化的要求，通常要编制会计科目表，将所使用的全部会计科目列于其中，并对每一会计科目加以编号。会计科目的编号可以采用"四位数制"。以千位数数码代表会计科目按会计要素区分的类别，一般分为五个数码："1"为资产类、"2"为负债类、"3"为共同类、"4"为所有者权益类、"5"为成本类、"6"为损益类；百位数数码代表每大类会计科目下的较为详细的类别，可根据实际需要取数；十位和个位上的数码一般代表会计科目的顺序号，为便于会计科目增减，在顺序号中一般都要留有间隔。

企业常用的会计科目如表4－2所示。

表4－2　　　　　　　　　　　　　会计科目表

顺序	编号	会计科目	顺序	编号	会计科目
		一、资产类	15	1402	在途物资
1	1001	库存现金	16	1403	原材料
2	1002	银行存款	17	1404	材料成本差异
3	1012	其他货币资金	18	1405	库存商品
4	1101	交易性金融资产	19	1406	发出商品
5	1111	买入返售金融资产	20	1407	商品进销差价
6	1121	应收票据	21	1408	委托加工物资
7	1122	应收账款	22	1411	周转材料
8	1123	预付账款	23	1471	存货跌价准备
9	1131	应收股利	24	1501	持有至到期投资
10	1132	应收利息	25	1502	持有至到期投资减值准备
11	1221	其他应收款	26	1503	可供出售金融资产
12	1231	坏账准备	27	1511	长期股权投资
13	1301	贴现资产	28	1512	长期股权投资减值准备
14	1401	材料采购	29	1531	长期应收款

顺序	编号	会计科目	顺序	编号	会计科目
30	1601	固定资产	61	3101	衍生工具
31	1602	累计折旧	62	3201	套期工具
32	1603	固定资产减值准备	63	3202	被套期项目
33	1604	在建工程			四、所有者权益类
34	1605	工程物资	64	4001	实收资本（或股本）
35	1606	固定资产清理	65	4002	资本公积
36	1701	无形资产	66	4101	盈余公积
37	1702	累计摊销	67	4103	本年利润
38	1703	无形资产减值准备	68	4104	利润分配
39	1711	商誉	69	4201	库存股
40	1801	长期待摊费用			五、成本类
41	1811	递延所得税资产	70	5001	生产成本
42	1821	独立账户资产	71	5101	制造费用
43	1901	待处理财产损溢	72	5201	劳务成本
		二、负债类	73	5301	研发支出
44	2001	短期借款			六、损益类
45	2002	存入保证金	74	6001	主营业务收入
46	2101	交易性金融负债	75	6011	利息收入
47	2201	应付票据	76	6051	其他业务收入
48	2202	应付账款	77	6061	汇兑损益
49	2241	其他应付款	78	6101	公允价值变动损益
50	2401	递延收益	79	6111	投资收益
51	2501	长期借款	80	6301	营业外收入
52	2502	应付债券	81	6401	主营业务成本
53	2621	独立账户负债	82	6402	其他业务成本
54	2701	长期应付款	83	6403	营业税金及附加
55	2702	未确认融资费用	84	6601	销售费用
56	2711	专项应付款	85	6602	管理费用
57	2801	预计负债	86	6603	财务费用
58	2901	递延所得税负债	87	6701	资产减值损失
		三、共同类	88	6711	营业外支出
59	3001	清算资金往来	89	6801	所得税费用
60	3002	货币兑换	90	6901	以前年度损益调整

现有五家投资人决定合股投资 500 万元经营一家商店，其主要经营服装、家用电器和百货商品，并开一个快餐店。已租入一四层楼房一栋：一楼经营家用电器，二楼经营服装，三楼经营百货，四楼经营快餐。现其已办妥一切开业手续。要求你根据以下资料为该公司设计会计科目并对会计科目使用作出说明。

1. 除 5 家合股投资人外，还准备向银行贷款和吸收他人投资，但他人投资不作为股份，只作为长期应付款，按高于同期银行存款利率的 15% 付息。

2. 商场和快餐店均需要重新装修才能营业。

3. 需要购入货架、柜台、音响设备、桌椅、收银机等设备，还需要购入运输汽车一辆。

4. 房屋按月交租金。

5. 快餐店的收入作为附营业务处理。

6. 商场购销活动中，库存商品按售价记账，可以赊购赊销。

7. 公司要求管理费用等共同费用应在商场和快餐店之间进行分摊。

8. 雇用店员若干人，每月按计时工资计发报酬，奖金视销售情况而定。

9. 公司按规定交纳所得税和增值税（其他税种从略），税率按国家规定执行。

10. 利润按商场和快餐店分别计算；税后利润按规定提取公积金。

11. 公司已在银行开立账户。

12. 购进商品的包装物卖给废品公司。

13. 本公司名称为海珠有限责任公司。

第二节　账　　户

一、账户设置的原因及其概念

设置会计科目只是规定了对经济业务具体内容进行分类核算的项目。而为了全面、连续、系统地记录由于经济业务的发生而引起的会计要素的增减变动，提供各种会计信息，还必须根据规定的会计科目在账簿中开设账户。设置账户是分类记录、反映经济业务增减变化及其结果的一种专门方法。账户是根据会计科目在账簿中开设的户头，是储存会计信息的场所。每个账户都有一个名称，在账簿中拥有一定的账页，具有规定的账页格式。每个企业单位，必须根据规定的会计科目设置账户，在账户中分门别类地记录经济业务的发生情况以及由此引起的诸会计要素增减变动及其变动结果。

账户是根据会计科目开设的，用来分类、系统、连续地记录经济业务的一种手段。账户与会计科目是既有联系又有区别的两个不同概念。二者的相同点是它们所反映的会计对象的具体内容是相同的。二者的区别是：（1）会计科目仅仅是指账户的名称，而账户除了有名称（会计科目）外，它还具有一定的格式、结构，具体表现为若干账页，是用来记录经济业务的载体；（2）会计科目是会计核算前，事先确定的对经济业务分类核算的项目，账户是经济业务发生之后，进行分类、连续登记的一种手段。

二、账户的基本结构

账户的结构是指账页的格式。账户要记录由于经济业务发生而引起的各会计要素的增减变化，必须拥有一定格式的账页。

作为账户，首先需要一个名称（会计科目），账户的名称规定了账户所要核算的经济业务内容。经济业务的发生，引起资产、负债和所有者权益项目金额的变化错综复杂，但归纳起来不外乎增加和减少两种情况。因此，用来记录其变化的账户，其基本结构至少要有两个部分：一部分反映增加数；一部分反映减少数。同时为了反映增减变化的结果，账户还需要设置反映余额的部分。账户中还应简要记录登记账户的时间、依据等。账户的格式，尽管有各种各样，但一般说来应包括以下内容：

（1）账户的名称（即会计科目）；

（2）日期和凭证号数（用来说明账户记录的日期及来源）；

（3）摘要（经济业务的简要说明）；

（4）增加减少的金额；

（5）余额。

账户的左方和右方分别记录增加额和减少额。增减相抵后的差额即为余额。因此在每个账户中所记录的金额，可以分为期初余额、本期增加额、本期减少额和期末余额。本期增加额和本期减少额是指在一定的会计期间内（如月份、季度或年度），账户在左右两方分别登记的增加金额合计和减少金额合计，也称为本期增加发生额和本期减少发生额。本期增加发生额和本期减少发生额相抵后的差额即为本期的期末余额。如果将本期的期末余额转入下一期，就是下一期的期初余额。上述四项金额的关系可以用公式表示如下：

$$本期期末余额 = 期初余额 + 本期增加发生额 - 本期减少发生额$$

账户的左右两方是按相反方向来记录增加额和减少额的，也就是说，如果账户在左方记录增加额，则在右方记录减少额；反之，如果账户在右方记录增加额，则在左方记录减少额。在每一个具体账户的左右两方中，究竟哪一方记录增加额，哪一方记录减少额，取决于所采用的记账方法和账户所记录的经济内容。账户的余额一般与记录增加额在同一方向。

资产账户：

$$本期期末余额 = 期初余额 + 借方本期发生额 - 贷方本期发生额$$

负债及所有者权益账户：

$$本期期末余额 = 期初余额 + 贷方本期发生额 - 借方本期发生额$$

反映生产过程中的支出类账户（即费用、成本账户）在记账方向上与资产类账户相同；收入类账户（即收入、成果账户）在记账方向上与负债类账户相同。

在实际工作中，账户结构通常采用"三栏式"（如表4-3所示）。

表 4 – 3 会计科目

年		凭证编号	摘要	借方	贷方	借/贷	余额
月	日						

在教学中，通常采用简化的"T"字形账户如表 4 – 4 所示。

表 4 – 4 会计科目

借方	贷方

三、账户的设置

设置账户是会计核算的一种专门方法。账户的开设应与会计科目的设置相适应，会计科目分为总账科目、二级明细科目和三级明细科目，账户也应相应地分为总分类账（一级账户）和明细分类账（二、三级账户）。总分类账户所属的各明细分类账户余额总计与总分类账户余额相等。

因此总分类账是明细分类账的统驭账户，它对明细分类账起着控制作用；明细分类账则是总分类账的从属账户，它对总分类账起着辅助和补充作用，两者结合起来就能概括而详细地反映同一经济业务的核算内容，所以在记账时，总分类账和明细分类账总是平行登记的。

总分类账和明细分类账的平行登记可以概括为以下三点：

1. 同时间登记。对发生的每项经济业务，要根据会计凭证，一方面在有关的总分类账中进行总括登记；另一方面要在有关的明细分类账中进行明细登记。

2. 同方向登记。登记总分类账户及其所属的明细分类账户时，借贷记账方向必须一致。

3. 同金额登记。登记总分类账户及其所属的明细分类账户时，总分类账户的金额必须与记入其所属的一个或几个明细分类账户的金额合计数相等。例如，原材料是总分类账户，各种原材料是明细分类账户。某工厂月初有原材料 280 万元，其中甲材料 500 千克计 120 万元；乙材料 150 立方米，计 60 万元；丙材料 300 公尺，计 100 万元，则该工厂应该设置和登记原材料总分类账户，以金额综合反映甲、乙、丙三种原材料的期初结存、本期购入、生产领用和期末结存等总金额，同时还应分别设置和登记甲、乙、丙三种原材料的明细分类账户，具体反映各种材料的期初结存、本期购入、生产领用和期末结存等的数量和金额。这样三个明细账户的金额总和应等于原材料总分类账户的金额。如果通过核对发现总分类账户的金额与其所属三个明细账户合计数金额不等，表明总分类账或明细分类账的登记有误，应及时查明更正。

你能把上述工厂的原材料总分类账和明细分类账以表格形式做出来吗?

四、会计对象、会计要素、会计科目、账户的关系

1. 会计对象、会计要素、账户的关系

企业会计对象是企业生产经营过程中客观存在的资金运动。会计要素是指会计对象的具体内容。账户是对会计对象具体内容进行分类核算和监督的一种工具。

2. 会计科目、账户的关系

(1) 会计科目是账户的名称,账户是根据会计科目开设的,账户还具有一定的格式。而且,设有某一会计科目,但某企业不一定就开设(使用)该账户。

(2) 会计科目是设置账户的依据。根据总分类科目设置总分类账,根据二级科目设置二级账,根据明细分类科目设置明细分类账。

(3) 有时在实际工作中把账户简称成会计科目。这实际上是由于账户的名称就是会计科目的名称的缘故,认为没有必要严格分清楚。

(4) 但二者是有区别的,会计科目只是一个分类核算的标志,或说符号、记号;但账户除了包括会计科目名称以外,还有具体的结构和格式,并且具有一定的登记方法。或者说,会计科目是无形的、抽象的,而账户是有形的、具体的。

五、账户按经济内容分类

账户按经济内容分类的实质是按照会计对象的具体内容进行的分类。如前所述,经济组织的会计对象就其具体内容而言,可以归结为资产、负债、所有者权益、收入、费用和利润六个会计要素。由于利润一般隐含在收入与费用的配比中。因此,从满足管理和会计信息使用者需要的角度考虑,账户按其经济内容可以分为资产类账户、负债类账户、所有者权益类账户、成本类账户和损益类账户五类。

1. 资产类账户。资产类账户按照反映流动性快慢的不同可以再分为流动资产类账户和非流动资产类账户。流动资产类账户主要有:库存现金、银行存款、交易性金融资产、应收账款、原材料、库存商品等;非流动资产类账户主要有:长期股权投资、固定资产、累计折旧、无形资产、长期待摊费用等。

2. 负债类账户。负债类账户按照反映流动性强弱的不同可以再分为流动性负债类账户和长期负债类账户。流动负债类账户主要有:短期借款、应付账款、应付职工薪酬、应交税费等;长期负债类账户主要有:长期借款、应付债券、长期应付款等。

3. 所有者权益类账户。所有者权益类账户按照来源和构成的不同可以再分为投入资本类所有者权益账户和资本积累类所有者权益账户。投入资本类所有者权益账户主要有:实收资本、资本公积等;资本积累类所有者权益账户主要有:盈余公积、本年利润、利润分配等。

4. 成本类账户。成本类账户按照是否需要分配可以再分为直接计入类成本账户和分配计入类成本账户。直接计入类成本账户主要有:生产成本(包括:基本生产成本、辅助生产成本)等;分配计入类成本账户主要有:制造费用等。

5. 损益类账户。损益类账户按照性质和内容的不同可以再分为营业损益类账户和非营

业损益类账户。营业损益类账户主要有：主营业务收入、主营业务成本、营业税金及附加、其他业务收入、其他业务成本、投资收益等；非营业损益类账户主要有：营业外收入、营业外支出、销售费用、管理费用、财务费用、所得税费用等。

六、账户的其他分类

账户按经济内容和用途结构进行分类，是账户的两种主要分类标志。此外，账户还可以按照其与会计报表的关系以及账户统驭与被统驭的关系进行分类。

1. 按账户与会计报表的关系分类。账户按其与会计报表的关系进行分类，可以分为资产负债表账户和利润表账户两类。这种分类方法，是以会计要素为分类基础，把反映资产、负债和所有者权益的三类账户构成一组，称资产负债表账户，主要反映企业在某一时点的财务状况；把反映收入、费用和利润三类账户构成另一组，称损益表账户，主要反映企业在一定期间的经营成果。由于资产、负债和所有者权益账户无论在平时或结账后，通常都留有余额，分别表示资产、负债和所有者权益的实存数，而收入和费用两类账户，因期末结账之后一般无余额，所以，将资产负债表账户也称为实账户，将利润表的收入和费用两类账户也称为虚账户。

2. 按账户的统驭与被统驭关系分类。账户按统驭与被统驭的关系进行分类，可以分为总分类账户和明细分类账户。其中，总分类账户是指在账户体系中对其所属的明细分类账户的综合与控制并提供总括的数据资料的账户；明细分类账户是指在账户体系中对其所属的总分类账户的补充说明并提供详细的数据资料的账户。

总分类账户对会计对象的具体内容进行总括分类核算，提供各种资产、负债、所有者权益以及费用、收入和利润的总括数据资料；明细分类账户在总分类账户的基础上，对某一总分类核算的总括经济内容进行明细分类核算，提供某一项资产、负债、所有者权益以及费用、收入、利润的具体详细的数据资料。总分类账户和明细分类账户所记录的经济业务内容是相同的，所不同的只是提供的数据资料详细程度有别。因此，总分类账户提供的总括数据资料，对其所属的明细分类账户起着统驭作用，每一个总分类账户对其所属的明细分类账户进行综合和控制；而明细分类账户提供详细的数据资料，对其所属的总分类账户起着补充说明作用，每一个明细分类账户都是对其统驭账户的核算内容的必要补充。例如在某一企业既设有基本生产车间又设有辅助生产车间的情况下，该企业应在"生产成本"总分类账户下设置"基本生产成本"和"辅助生产成本"两个明细分类账户，这两个明细分类账户期初余额、借方发生额、贷方发生额和期末余额之和应分别与"生产成本"总分类账户相应的数据相等。同样，"利润分配"总分类账户就是"未分配利润"和"提取法定盈余公积"、"支付股利"等明细分类账的统驭账户，而这几个明细分类账户则是"利润分配"总分类账户的被统驭账户。

设置有关总分类账户和明细分类账户的目的在于：一方面，它能够满足内部经营管理和外部的会计信息使用者的需要，提供各种详略有别的会计数据；另一方面，还有利于会计人员，通过详略有别的数据资料来加工处理同一个会计信息，并依据详略有别的会计资料之间的钩稽关系，进行账账核对，及时发现和纠正账簿记录的错误，从而保证会计信息的真实可靠。

【本章小结】

1. 设置会计科目就是对会计对象即经济业务的具体内容加以科学归类，进行分类反映和监督的一种方法。

2. 我国企业会计准则规定，会计科目按其所反映的经济内容不同，可分为资产类、负债类、所有者权益类、损益类和成本类。

3. 会计科目按其隶属关系可以分为总账科目和明细科目。设置总账科目和明细科目的目的是方便会计的分工记账和满足管理部门对不同层次会计信息的需求。

4. 每个企业单位，必须根据规定的会计科目设置账户，在账户中分门别类地记录经济业务的发生情况以及由此引起的诸会计要素增减变动及其变动结果。

5. 总分类账和明细分类账的平行登记可以概括为同时登记、方向相等、金额相同。

思考与练习

一、复习思考题

1. 什么是会计科目？什么是账户？会计科目与账户有什么区别与联系？
2. 会计科目分为哪几类？内容是什么？

二、单项选择题

1. 制造业企业的资金运动包括（　　）几个阶段。

    A. 资金的投入　　　　　　　　　　　B. 资金的发放

    C. 资金的推出　　　　　　　　　　　D. 资金的周转与循环

2. 会计科目是（　　）。

    A. 账户的名称　　　　　　　　　　　B. 账簿的名称

    C. 报表项目的名称　　　　　　　　　D. 会计要素的名称

3. 账户结构一般分为（　　）。

    A. 左右两方　　　　　　　　　　　　B. 上下两部分

    C. 发生额、余额两部分　　　　　　　D. 前后两部分

4. 账户的贷方反映的是（　　）。

    A. 费用的增加　　B. 所有者权益的减少　　C. 收入的增加　　D. 负债的减少

5. 收益类账户的结构与所有者权益账户的结构（　　）。

    A. 完全一致　　　B. 相反　　　　　C. 基本相同　　　D. 无关

6. 账户余额一般与（　　）在同一方向。

    A. 增加额　　　　B. 减少额　　　　C. 借方发生额　　D. 贷方发生额

7. 下列错误中能够通过试算平衡查找的有（　　）。

    A. 重记经济业务　　B. 漏记经济业务　　C. 借贷方向相反　　D. 借贷金额不等

8. 登记总账与所属明细账的原则是（　　）。

    A. 根据总账记明细账　　　　　　　　B. 根据明细账记总账

    C. 根据凭证分别登记　　　　　　　　D. 先记总账后记明细账

9. 收入类账户期末结账后，应是（　　）。

    A. 贷方余额　　　　　　　　　　　　B. 借方余额

    C. 没有余额　　　　　　　　　　　　D. 借方或贷方余额

10. "应收账款"账户初期余额为 5 000 元，本期借方发生额为 6 000 元，贷方发生额为 4 000 元，则期末余额为（　　　）。

  A. 借方 5 000　　 B. 贷方 3 000　 C. 借方 7 000　 D. 贷方 2 000

三、多项选择题

1. 设置会计科目应遵循的原则有（　　　）。

  A. 必须符合单位内部经营管理的需要 B. 必须结合会计对象的特点

  C. 要做到统一性与灵活性相结合 D. 要保持相对稳定

  E. 要保持周延性和互斥性

2. 期末结账后没有余额的账户是（　　　）。

  A. 营业收入   B. 生产成本   C. 投资收益

  D. 投入资本   E. 其他业务收入

3. 账户中的各项金额包括（　　　）。

  A. 期初余额   B. 本期增加额   C. 本期减少额

  D. 期末余额   E. 本期发生额

4. 下列会计科目中属于债权类科目的是（　　　）。

  A. 应收账款   B. 销售费用   C. 预收账款

  D. 盈余公积   E. 预付账款

四、判断题

1. 账户是会计科目的名称。（　　　）

2. 账户的借方反映资产和负债及所有者权益的增加，贷方反映资产和负债及所有者权益的减少。（　　　）

3. 在所有的账户中，左边均登记增加额，右方均登记减少额。（　　　）

4. 凡是余额在借方的都是资产类账户。（　　　）

5. 负债类账户的结构与资产类账户的结构正好相反。（　　　）

6. 一般说来，各类账户的期末余额与记录增加额的一方属同一方向。（　　　）

7. 费用类账户一般没有余额，如有应在借方。（　　　）

8. 没有明细分类账户的总分类账户是统驭账户。（　　　）

9. 在会计核算中，会计科目往往也就是指账户，因为会计科目是根据账户设置的。（　　　）

10. 为了保证会计核算指标在同一部门，乃至全国范围内进行综合汇总，所有会计科目及其核算内容都应由国家统一规定。（　　　）

备 考 指 南

一、复习要点

考点 1：按两大类（反映财务状况和反映经营成果）掌握会计要素；并掌握 6 个会计要素的含义、特征及包含的内容，如会判断哪些科目属于资产类；

考点 2：总账与明细科目的区别与联系（总账统驭控制、明细账补充说明）；

考点 3：科目设置的原则；

考点 4：会计等式；六大会计要素、会计科目与账户之间的关系。

二、主要题型

（一）单项选择题

1. 下列会计科目中，属于损益类科目的是（　　）。
   A. 主营业务成本　　B. 生产成本　　　　C. 制造费用　　　　D. 其他应收款

2. （　　）不是设置会计科目的原则。
   A. 实用性原则　　　B. 相关性原则　　　C. 权责发生制原则　D. 合法性原则

3. "预付账款"科目按其所归属的会计要素不同，属于（　　）类科目。
   A. 资产　　　　　　B. 负债　　　　　　C. 所有者权益　　　D. 成本

4. 下列会计科目中，不属于资产类的是（　　）。
   A. 应收账款　　　　B. 累计折旧　　　　C. 预收账款　　　　D. 预付账款

5. 总分类会计科目一般按（　　）进行设置。
   A. 企业管理的需要　　　　　　　　　B. 统一会计制度的规定
   C. 会计核算的需要　　　　　　　　　D. 经济业务的种类不同

（二）多项选择题

1. 下列项目中，属于会计科目设置原则的有（　　）。
   A. 相关性原则　　　B. 实用性原则　　　C. 合法性原则　　　D. 真实性原则

2. 以下有关明细分类科目的表述中，正确的有（　　）。
   A. 明细分类科目也称一级会计科目
   B. 明细分类科目是对总分类科目作进一步分类的科目
   C. 明细分类科目是对会计要素具体内容进行总括分类的科目
   D. 明细分类科目是能提供更加详细更加具体会计信息的科目

3. 下列会计科目中，属于成本类科目的有（　　）。
   A. 生产成本　　　　B. 主营业务成本　　C. 制造费用　　　　D. 销售费用

4. 会计科目按其所归属的会计要素不同，分为资产类、负债类、共同类、（　　）、
（　　）、（　　）六大类。
   A. 所有者权益类　　B. 损益类　　　　　C. 成本类　　　　　D. 费用类

5. 在下列项目中，与管理费用属于同一类科目的是（　　）。
   A. 制造费用　　　　B. 销售费用　　　　C. 财务费用　　　　D. 其他应收款

6. 下列项目中，属于成本类科目是（　　）。
   A. 生产成本　　　　B. 管理费用　　　　C. 制造费用　　　　D. 长期待摊费用

（三）判断题

1. 会计科目不能记录经济业务的增减变化及结果。　　　　　　　　　　　　（　　）

2. 不违反国家统一会计制度的前提下明细会计科目可以根据企业内部管理的需要自行
制定。　　　　　　　　　　　　　　　　　　　　　　　　　　　　　　（　　）

3. 利润是收入与费用配比相抵后的差额，是经营成果的最终要素。　　　　　（　　）

4. 所有者权益是指企业投资人对企业资产的所有权。　　　　　　　　　　　（　　）

5. 对于明细科目较多的总账科目，可在总分类科目与明细分类科目之间设置二级或多
级科目。　　　　　　　　　　　　　　　　　　　　　　　　　　　　　（　　）

6. 所有者权益与企业特定的、具体的资产并无直接关系，不与企业任何具体的资产项

目发生对应关系。 （　　）

7. 企业的利得和损失包括直接计入所有者权益的利得和损失以及直接计入当期利润的利得和损失。 （　　）

8. 总分类科目与其所属的明细分类科目的核算内容相同，所不同的是前者提供的信息比后者更加详细。 （　　）

9. 只要企业拥有某项财产物资的所有权就能将其确认为资产。 （　　）

10. 按照我国的会计准则，负债不仅指现时已经存在的债务责任，还包括某些将来可能发生的、偶然事项形成的债务责任。 （　　）

11. 设置会计科目的相关性原则是指所设置的会计科目应当符合国家统一的会计制度的规定。 （　　）

12. 会计要素中既有反映财务状况的要素，又有反映经营成果的要素。 （　　）

13. 资产是指企业现时的交易或者事项形成的、由企业拥有或者控制的、预期会给企业带来经济利益的资源。 （　　）

【相关知识】

"帐" 与 "账" 的来源和区别

"帐" 字本身与会计核算无关，在商代，人们把账簿叫作 "册"；从西周开始又把它更名为 "籍" 或 "籍书"；战国时代有了 "簿书" 这个称号；西汉时，人们把登记会计事项的帐册称为 "簿"。据现有史料考察，"帐" 字引申到会计方面起源于南北朝。南北朝时，皇帝和高官显贵都习惯到外地巡游作乐。每次出游前，沿路派人张记帏帐，帐内备有各种生活必需品及装饰品，奢侈豪华，供其享用，此种帏帐称之为 "供帐"。供帐内所用之物价值均相当昂贵，薪费数额巨大，为了维护这些财产的安全，指派专门官吏掌管并实行专门核算，在核算过程中，逐渐把登记这部分财产及供应之费的簿书称为 "簿帐" 或 "帐"，把登记供帐内的经济事项称为 "记账"。以后 "簿帐" 或 "帐" 之称又逐渐扩展到整个会计核算领域，后来的财计官员便把登记日用款目的簿书通称作 "簿帐" 或 "帐"，又写作 "账簿" 或 "账"。从此，"帐"、"账" 就取代了一切传统的名称。

在 1983 年中国社会科学院语言研究所词典编辑室编辑的《现代汉语词典》中，把 "账" 字归入 "帐" 字第 2 义项之中，即把关于货币、货物出入记载意义的 "账" 字归并到 "帐" 字中，"账" 字并无单独解释。在 1994 年中国社会科学院语言研究所词典编辑室编辑的《现代汉语词典》中，把 "帐" 和 "账" 分开单独注释。"帐" 字两层含义，一是用布、纱或绸子等做成的遮蔽用的东西，如帐幕、帐篷；二是 "帐" 同 "账"。"账" 字专用于关于货币、货物出入记载，如账本、账簿等。

由此可见，"帐" 字含义比 "账" 字含义广一些，"帐" 字通 "账" 字，换言之，有关货币、货物出入记载的用账或帐均可。新近颁布的《会计法》中有关账簿的帐字，《人民日报》刊发时用的是 "帐" 字而未用 "账" 字；而在财政部会计司新近印发的一些文件中见到的是 "账" 字而不是 "帐"。既然《现代汉语词典》中说 "帐" 通 "账"（注意不是 "账" 同 "帐"，"帐篷" 是不能写成 "账篷" 的），帐簿、帐本、帐目中的 "帐" 字，用帐、账均可。不过，在通篇财务报告、报表附注中应力求一致。

（资料来源：http://wiki.mbalib.com/wiki/%E8%B4%A6%E6%88%B7）

第五章

复式记账

第一节　复式记账

一、记账方法及种类

记账方法是指在账户中登记经济业务的方法。采用不同方法反映会计要素的变动，形成不同的记账方法。记账方法主要有单式记账法和复式记账法两种，会计中最早采用的是单式记账法，复式记账法是随着市场经济的发展在单式记账法的基础上逐步演变而成的。

单式记账法，是对发生的经济业务一般只在一个账户中进行单方面记录的一种记账方法。例如，用现金 500 元购买办公用品，在记账时，只记库存现金减少 500 元，至于办公用品增加 500 元则略而不记。可见，单式记账法的优点为记账手续简单，易学易懂，但是它不能全面反映经济业务的来龙去脉，只是孤立地反映一项经济业务引起资本运动的某一方面变化，难以保证账户记录的正确性。因此，单式记账法只能在商品经济不发达、经济业务十分简单的情况下采用。

复式记账法，是相对单式记账法而言的。它是指对每一项经济业务，都以相等的金额，同时在相互对应的两个或两个以上的账户中进行登记的一种记账方法。例如，将现金 500 元存入银行，这项经济业务的发生，一方面使企业的银行存款增加了 500 元，另一方面使企业的库存现金减少了 500 元。复式记账法一方面在"银行存款"账户登记增加 500 元，另一方面在"库存现金"账户中登记减少 500 元。记账方法由单式记账法演进到复式记账法经历了一个漫长的时期。复式记账法的产生，是人类会计史上跨越时代的进步。著名的德国诗人歌德曾称颂复式记账法"是人类智慧的一种绝妙的创造，从而使每一个精明的商人在他的经济事业中都应用它"。

二、复式记账法的原理

1. 复式记账法的意义。复式记账法是一种科学的记账方法，在复式记账法下账户体系设置完整，可以将经济业务引起的会计要素的增减变动，在两个或两个以上的账户中相互联系地、全面地、系统地进行记录，可以全面、系统地反映经济业务的来龙去脉，因此被广泛采用。

目前世界各国广泛采用借贷记账法。我国颁布的《企业会计准则》规定从 1993 年 7 月 1 日开始"会计记账统一采用借贷记账法"，因此，借贷记账法成为各行各业广泛采用的复式记账方法。

2. 复式记账法的特征。复式记账法是以会计等式为依据建立的一种记账方法，与单式记账法相比较，有两个显著特征：

（1）每一项经济业务的发生，都要在两个或两个以上的账户中相互联系地进行记录，通过账户的双重记录，可以了解经济业务的来龙去脉，全面、连续、系统地反映经济活动的过程和结果；

（2）每一项经济业务的发生，都要以相等金额在两个或两个以上相互联系的账户中同时记录，记录的结果仍使会计恒等式成立，因此，通过试算平衡可以检查账户记录是否正确。

第二节　借贷记账法

一、借贷记账法的产生和发展

借贷记账法是以借、贷二字作为记账符号的一种复式记账方法。借贷记账法起源于西方资本主义商品经济发展较早的意大利，是适应 12、13 世纪商业资本和借贷资本经营管理的需要而产生的。借、贷两字的最初含义是从借贷资本家的角度解释的，借贷资本家把从债权人借入的款项，记在贷主名下，表示自身债务的增加。借贷资本家把向债务人贷出的款项，记在借主名下，表示自身债权的增加。借贷资本家的主要经营业务就是款项的借入和贷出，因此用借、贷二字表示自身与债权人、债务人之间的借贷关系及其变化。随着商品经济的发展、经济活动内容的拓宽以及其他行业逐步采用借贷记账法，记录的经济业务由借贷业务扩展到财产物资、成本费用、经营损益等业务，对于非借贷业务也用借、贷二字说明其增减变动情况。这时，借、贷二字便逐渐失去了原来的含义，转化为纯粹的记账符号，成为会计的专门用语。借贷记账法随着经济发展和管理水平的提高，经过了上百年的不断健全和完备，直至 15 世纪会计学者提出了借贷记账法的理论依据，意大利数学家卢卡·帕乔利（Loca Paciaio，或译为卢卡·巴其阿勒）于 1494 年在著名的《算术、几何与比例概要》这本书中写了一章"簿记论"，从理论上系统地总结了复式借贷记账法的原理，标志着复式借贷记账法的诞生。从此以后，意大利的复式借贷记账法就在欧洲的一些国家如德国、法国、英国先后传播开来。以蔡锡勇、谢霖、孟森等为代表的我国留日学者在学习日本的借贷记账法后，于 1905 年正式传入我国。中华民国时期，以潘序伦、徐永祚和赵锡禹先生为代表引进美国式的借贷记账法、创办会计学校、改良记账方法。

二、借贷记账法的内容

借贷记账法是以"借"、"贷"为记账符号，以记录和反映经济业务增减变化及结果的一种复式记账法。借贷记账法的基本内容包括记账符号、账户设置、记账规则和试算平衡四项。

1. 记账符号。借贷记账法以"借"、"贷"作为记账符号，来表示账户金额的增减变动；每一账户设置"借方栏"和"贷方栏"，分别记录账户左方金额和右方金额的变动。至于"借"、"贷"究竟表示增加数还是减少数，则要视账户的性质而定。如表 5 - 1 所示。

表 5 - 1

账户类别	借方	贷方
资产	增加	减少
费用	增加	减少
负债	减少	增加
所有者权益	减少	增加
收入	减少	增加

2. 账户结构。在借贷记账法下，账户分为借贷两方，其中一方用来登记增加的金额，而另一方用来登记减少的金额。那么，究竟哪一方用来登记增加额，哪一方用来登记减少额，要看账户反映的经济内容（即账户的性质）。不同性质的账户，其结构也是不同的。

（1）资产、负债和所有者权益账户的结构。从会计等式的关系来看，资产与负债和所有者权益是对同一资金从两个不同侧面的反映。资产反映资金的实物形态，负债和所有者权益反映企业的资金来源渠道。考察会计等式和按照会计等式建立起来的资产负债表可以发现，习惯上资产项目列在等式（报表）的左方，负债和所有者权益项目列在等式（报表）的右方。为了使账户的记录与资产负债表的结构相一致，我们可以确定将资产账户的期初余额记录在账户的左方（借方），将负债及所有者权益账户的期初余额记录在账户的右方（贷方）。记录已发生的经济业务，增加数应记在与期初余额相同的方向，减少数则记在与期初余额相反的方向。

根据以上思路可以确定资产、负债和所有者权益账户的结构。即：

资产类账户：借方登记期初余额和本期增加数，贷方登记本期减少数。在正常情况下，资产账户的期末余额总是在账户的借方。其期末余额计算公式为：

资产类账户期末余额 = 期初借方余额 + 本期借方发生额 - 本期贷方发生额

负债及所有者权益账户：贷方登记期初余额和本期增加数，借方登记本期减少数。在正常情况下，负债及所有者权益账户的期末余额总是在账户的贷方。其期末余额计算公式为：

负债及所有者权益账户期末余额 = 期初贷方余额 + 本期贷方发生额 - 本期借方发生额

资产、负债及所有者权益账户的结构如表 5 - 2、表 5 - 3、表 5 - 4 所示。

表 5 - 2

借方	资产类账户	贷方
期初余额：× × × 本期增加额：× × ×		本期减少额：× × ×
本期发生额合计：× × ×		本期发生额合计：× × ×
期末余额：× × ×		

表 5 – 3

借方	负债类账户	贷方
	期初余额：×××	
本期减少额：×××	本期增加额：×××	
本期发生额合计：×××	本期发生额合计：×××	
	期末余额：×××	

表 5 – 4

借方	所有者权益类账户	贷方
	期初余额：×××	
本期减少额：×××	本期增加额：×××	
本期发生额合计：×××	本期发生额合计：×××	
	期末余额：×××	

（2）收入、费用和利润账户的结构。企业在生产经营过程中取得收入会导致资产总额和所有者权益总额的同时增加，发生费用则会引起资产总额和所有者权益总额同时减少。因此，对收入和费用的会计处理的方法是分别设置收入、费用和利润类账户。收入、费用账户分别记录和反映一定时间内所获得的收入和所发生的费用，期末将所获得的收入和发生的费用合计数转入"本年利润"（所有者权益）账户。

收入增加使企业所有者权益增加，所以其账户的结构应与所有者权益账户相同。贷方登记增加数，借方登记减少数，期末净收入（即收入增加数减去收入减少数）转入"本年利润"账户的贷方。结转后，收入账户没有余额。

费用增加使企业所有者权益减少，所以其账户结构应与所有者权益账户相反。借方登记增加数，贷方登记减少数，期末费用总额转入"本年利润"账户的借方。经结转后，费用账户期末也没有余额。

收入账户、费用账户和本年利润账户的结构如表 5 – 5、表 5 – 6、表 5 – 7 所示。

表 5 – 5

借方	收入类账户	贷方
本期减少额：×××	本期增加额：×××	
净收入结转：×××		
本期发生额合计：×××	本期发生额合计：×××	
	期末余额：0	

表 5 – 6

借方	费用类账户	贷方
本期增加额：×××	本期减少额：×××	
	净支出结转：×××	
本期发生额合计：×××	本期发生额合计：×××	
期末余额：0		

表 5 – 7

借方	利润类账户	贷方
	期初余额（年初无余额）：×××	
本期减少额：×××	本期增加额：×××	
本期发生额合计：×××	本期发生额合计：×××	
	期末余额（年末无余额）：×××	

综合以上对各类账户结构的说明，将全部借方和贷方所记录的经济内容加以归纳，如表 5 – 8 所示。

表 5 – 8

借方	会计账户	贷方
资产的增加	资产的减少	
负债的减少	负债的增加	
所有者权益的减少	所有者权益的增加	
收入的减少	收入的增加	
费用的增加	费用的减少	
利润的减少	利润的增加	
资产的余额	负债和所有者权益的余额	

账户的具体结构也可以通过经济业务的发生对会计要素项目金额的影响类型及关系确定。如表 5 – 9 所示。

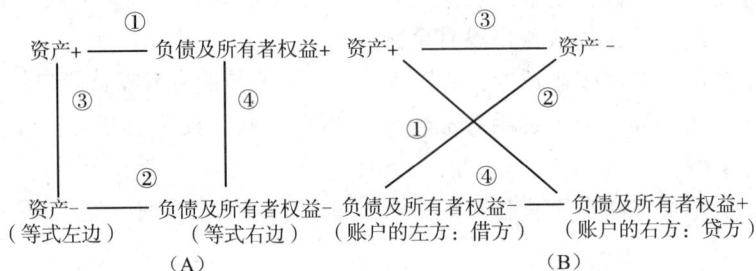

表 5 – 9　经济业务的发生对会计要素项目金额的影响

表 5 – 9（A）反映了经济业务发生与会计等式之间的关系，如果在表中间画一虚线，四种类型的变化反映了会计等式的变化，类型①、②反映等式两边同时增加或同时减少，类型③、④反映等式左边的增减或等式右边的增减。

表 5 – 9（B）则反映了经济业务发生与账户记录之间的关系。

3. 记账规则。根据复式记账原理，对发生的每一笔经济业务，都应在两个或两个以上的账户中相互联系地进行登记。在登记时，若涉及两个账户，则一个账户登记在借方，另一个账户登记在贷方；若涉及几个账户，则一个（或几个）账户登记在借方，另几个（或一个）账户登记在贷方。记入账户借方的金额之和与记入账户贷方的金额之和相等。所以借贷记账法以"有借必有贷，借贷必相等"作为记账规则。如企业将现金 10 000 元存入银行，涉及"银行存款"资产账户金额的增加，记入该账户的借方，而"库存现金"资产账户金额的减少，记入该账户贷方。

4. 借贷记账法的试算平衡。试算平衡是指为保证会计账务处理的正确性，依据会计等式或复式记账原理，对本期各账户的全部记录进行汇总和测算，以检查账户记录的正确性和完整性的一种方法。

试算平衡根据"资产＝负债＋所有者权益"会计等式和"有借必有贷，借贷必相等"的记账规则，采用借贷记账法的结果一定是全部账户的期初（期末）借方余额合计与期初（期末）贷方余额合计相等；全部账户的本期借方发生额合计与本期贷方发生额合计相等。因此，运用借贷记账法记账，就要根据借贷必相等的规则进行试算平衡，以检查每一笔经济业务的会计分录是否正确，全部账户的本期发生额和期末余额是否正确。

在借贷记账法下，试算平衡可以按照下列公式进行。

总分类账户期末余额试算平衡公式：

资产（含费用成本）类账户的借方余额合计＝负债及所有者权益（含收入成果）类账户的贷方余额合计

总分类账户本期发生额试算平衡公式：

全部经济业务的借方发生额合计＝贷方发生额合计

应当注意，试算平衡表只是通过借贷金额是否平衡来检查账户记录是否正确。如果借贷不平衡，可以肯定账户的记录或计算有误，应进一步查明原因，予以纠正。但是，如果试算平衡，并不能完全肯定记账没有错误，这是因为有些错误并不影响借贷双方的平衡，如某项经济业务在有关账户中被重记、漏记或错记了账户等，诸如此类的错误，并不能通过试算平衡来发现。为了纠正账簿记录的其他错误，还必须定期进行其他会计检查。

三、借贷记账法下的双重性质账户

在借贷记账法下，账户的设置比较灵活。除了上面所述的资产、负债和所有者权益、收入和费用等账户外，还可以设置双重性质账户，如"待处理财产损溢"、"其他往来"等，此类账户的性质根据其期末余额方向而定，如果期末为借方余额，即为资产类账户，反之则为负债类账户。设置双重性账户，可以减少账户的数量，使账务处理简便灵活。

采用借贷复式记账，对每一项经济业务都在两个或两个以上的账户相互关联的进行登记，可以通过账户记录了解经济业务的内容和性质，完整、全面、系统地反映经济活动全过程以及由此引起的资金运动来龙去脉；同时，采用借贷复式记账，以相等的金额在账户中进行登记，有利于核对账户记录，进行试算平衡。由于复式记账法具有如此优点，因而为世界各国所广泛采用。

第三节　会计分录

一、账户对应关系和会计分录

1. 账户对应关系。所谓账户对应关系是指有关账户之间因某项经济业务而形成的应借、应贷相互关系。存在对应关系的账户称为对应账户。分清账户对应关系可看清经济业务的来龙去脉。

2. 会计分录（简称分录）。所谓会计分录是指标明某项经济业务应借、应贷的账户及其金额的记录。会计分录有三个要素：记账的方向（借或贷）、应记的账户、应记的金额。

会计分录分为两类，简单会计分录（一借一贷）和复合（杂）会计分录（一借多贷、一贷多借）。在基础会计中一般不允许编制多借多贷的会计分录，主要是因为多借多贷会计分录的账户对应关系不够清楚，或者说，这样会造成账户对应关系混乱。随着财务会计学等的进一步学习，我们会发现，只要账户对应关系不混乱，就可以编制多借多贷的会计分录。

不能将不同性质的经济业务合并编制成多借多贷的会计分录。"一借一贷"、"一借多贷"、"一贷多借"和"多借多贷"以总账科目为准。

自己动手

岭南公司20××年1月1日投资创办了南沙俱乐部。截至1月5日，该俱乐部共发生五笔经济业务，经入账后，各账户的余额如下：

1. 库存现金 2 000
2. 银行存款 108 000
3. 物料用品 60 000
4. 家具用具 150 000
5. 应付账款 70 000
6. 实收资本 250 000

该俱乐部尚未结算利润。

试将其五笔经济业务的内容以分录形式列示。

（注意：各笔分录要能够加以合理解释，该五笔分录入账后的结果必须产生题目所列示的各账户余额。）

二、为何要编制会计分录

为了保证账户记录的正确性，避免账户记录时可能产生的多记、少记或漏记等记账差错，对每一项经济业务，在记入有关账户之前，首先就根据经济业务发生时取得或填制的原始凭证编制会计分录。会计分录，又称分录，是对每项经济业务按照复式记账的要求，确定应借、应贷账户名称和金额的一种记录。会计分录是登记账簿的依据，会计分录的正确与否，直接影响到账户记录的正确性，影响到会计信息的质量。

三、编制会计分录的步骤

会计分录应具备三项基本内容：记账符号、账户名称和应计金额。运用借贷记账法编制会计分录，通常按以下步骤进行：

1. 分析经济业务的内容，确定所涉及的账户名称及其类别、性质。
2. 判别账户应记金额是增还是减，进一步确定各应记账户的方向，是应借还是应贷。
3. 按一定的书写格式标明经济业务的借贷方向、会计科目及其金额。

在编制会计分录时，还应当注意会计分录的格式：

1. 先借后贷，借贷分行写，且相错一格或两格。

2. 同行文字与金额的数字应适当错开位置。

3. 复合会计分录的借方或贷方的文字和金额数字必须分别对齐。

【例5-1】某企业会计为发放职工工资从银行提取现金 80 000 元。根据有关提取现金的凭证，编制会计分录如下：

借：库存现金　　　　　　　　　　　　　　　　　　　80 000

　　贷：银行存款　　　　　　　　　　　　　　　　　　　80 000

会计分录按其所反映的经济业务复杂程度，分为简单分录和复合分录两种。由两个账户组成的一借一贷会计分录称为简单分录；由两个以上账户组成的一借多贷、多借一贷和多借多贷的会计分录称为复合分录。复合分录是由几个简单分录组成的。使用复合分录，可以集中反映经济业务的全貌，简化会计核算工作。

【例5-2】某企业购入原材料一批，价值 75 000 元，其中以银行存款支付 50 000 元，其余 25 000 元暂欠。此项经济业务可编制两笔简单会计分录如下：

（1）借：原材料　　　　　　　　　　　　　　　　　　50 000

　　　　贷：银行存款　　　　　　　　　　　　　　　　　50 000

（2）借：原材料　　　　　　　　　　　　　　　　　　25 000

　　　　贷：应付账款　　　　　　　　　　　　　　　　　25 000

也可以将上述两笔会计分录合并为一笔：

借：原材料　　　　　　　　　　　　　　　　　　　　75 000

　　贷：银行存款　　　　　　　　　　　　　　　　　　　50 000

　　　　应付账款　　　　　　　　　　　　　　　　　　　25 000

下面以某生产性企业为例，简要说明借贷记账法的应用。

【例5-3】某企业 2013 年 1 月初有关账户余额如表 5-10 所示。

表 5-10

账户名称	借方余额	贷方余额
库存现金	800	
银行存款	100 000	
原材料	6 200	
固定资产	120 000	
应付账款		7 000
长期借款		60 000
实收资本		160 000
合　　计	227 000	227 000

该企业 2013 年 1 月发生的部分经济业务如下：

1. 接受投入设备一台，价值 100 000 元。

2. 从银行提取现金 8 000 元，以备发放工资。

3. 以银行存款 6 000 元偿还前欠货款。

4. 以银行存款 50 000 元偿还长期借款。

5. 购买原材料价值 18 000 元，以银行存款支付 8 000 元，其余款项暂欠，原材料已验收入库。

根据本期发生的经济业务编制会计分录：

① 借：固定资产   100 000

     贷：实收资本   100 000

② 借：库存现金   8 000

     贷：银行存款   8 000

③ 借：应付账款   6 000

     贷：银行存款   6 000

④ 借：长期借款   50 000

     贷：银行存款   50 000

⑤ 借：原材料   18 000

     贷：银行存款   8 000

         应付账款   10 000

四、过账、结账

过账是指将在记账凭证中确定的会计分录，按一定的分类顺序——记入相关分类账中的工作。过账结束后要进行结账，即计算出每一账户的本期发生额和期末余额。过账的基本步骤为：

① 开设分类账户，登记账户的期初余额。

② 找到会计分录中涉及的相应分类账账户。

③ 将会计分录的有关内容记入相应的分类账中，包括记录经济业务的日期、业务编号、经济业务的简要说明、借方或贷方发生额。

④ 在会计分录后作已记账的符号"√"（避免重复记账或漏记账）。

⑤ 记账完毕后进行结账，计算每一账户的本期发生额和期末余额。

企业的过账、结账如表5-11至表5-17所示。

表5-11   库存现金

期初余额：	800	本期减少额：	
本期增加额：	② 8 000		
本期发生额合计：	8 000	本期发生额合计：	
期末余额：	8 800		

表5-12   银行存款

期初余额：	100 000	本期减少额：	② 8 000
本期增加额：			③ 6 000
			④ 50 000
			⑤ 8 000
本期发生额合计：		本期发生额合计：	72 000
期末余额：	28 000		

表 5 – 13   **原材料**

期初余额：	6 200	本期减少额：	
本期增加额：	⑤ 18 000		
本期发生额合计：	18 000	本期发生额合计：	
期末余额：	24 200		

表 5 – 14   **固定资产**

期初余额：	120 000	本期减少额：	
本期增加额：	① 100 000		
本期发生额合计：	100 000	本期发生额合计：	
期末余额：	220 000		

表 5 – 15   **应付账款**

		期初余额：	7 000
本期减少额：	③ 6 000	本期增加额：	⑤ 10 000
本期发生额合计：	6 000	本期发生额合计：	10 000
		期末余额：	11 000

表 5 – 16   **长期借款**

		期初余额：	60 000
本期减少额：	④ 50 000	本期增加额：	
本期发生额合计：	50 000	本期发生额合计：	
		期末余额：	10 000

表 5 – 17   **实收资本**

		期初余额：	160 000
		本期增加额：	① 100 000
本期发生额合计：		本期发生额合计：	100 000
		期末余额：	260 000

五、进行试算平衡

总分类账户本期发生额对照表通常按月编制一次，全企业编制一张。

1. 准备工作。

（1）先登记各账户的期初余额；

（2）登记各账户本期发生的经济业务，如登记前述白云电器公司 10 个例子；

（3）结出各账户本期发生额及余额；

（4）准备编制总分类账户本期发生额对照表的空白表。

2. 编制方法。

【例5－4】 将本章以前所举例的各项经济业务的会计分录，记入下列各总分类账户，并于1月末结出各账户的本期发生额和期末余额。

根据上列资料，可以编制总分类账户本期发生额对照表如表5－18所示。

表5－18 　　　　　　　　　　　　**总分类账户本期发生额及余额试算平衡表**

2013年1月　　　　　　　　　　　　　　　　　　　　　　　　　　　　　　　　　单位：元

总账科目	期初余额		本期发生额		期末余额	
	借方	贷方	借方	贷方	借方	贷方
库存现金	800		8 000		8 800	
银行存款	100 000			72 000	28 000	
原材料	6 200		18 000		24 200	
固定资产	120 000		100 000		220 000	
应付账款		7 000	6 000	10 000		11 000
长期借款		60 000	50 000			10 000
实收资本		160 000		100 000		260 000
合计	227 000	227 000	182 000	182 000	281 000	281 000

【思考与讨论】

某公司某年2月28日编制的试算表如下：

账户名称	借方	贷方
库存现金	287	
银行存款	4 530	
应收账款	1 245	
物料用品	678	
家具用具	3 000	
应付账款		1 228
应付账款		8 000
营业收入		2 772
营业费用	2 260	
合计	12 000	12 000

会计师复核有关记录后发现尚有六处错误。请你假设出六笔不同类型差错的具体业务内容，而且必须保证全部假设的合理性及最终结果的正确性。

第四节　总分类账户与明细分类账户的平行登记

一、总分类账户和明细分类账户的关系

1. 为什么要同时设置总分类账户和明细分类账户。在会计核算工作中，根据企业经营

管理工作的需要，一切经济业务都要通过有关账户进行核算，既要提供总括的核算指标，又要提供明细的核算指标，也就是需要同时设置总分类账户和明细分类账户。

总分类账户（也称总账账户）是总括反映会计对象某一类别变化情况的账户。根据总分类会计科目（一级科目）来设置。例如，原材料、应付账款等。因此，它只应用货币作为统一的计量单位。

明细分类账户（也称明细账户）是在某一总分类账核算内容的基础上，按照实际需要用更加具体的、详细的分类来设置的账户。根据明细科目（细目）来设置。它除应用货币计量单位外，有时还需要应用实物计量单位。例如，按原材料类别、规格设置的明细账户中，既要用货币度量，反映原材料的收发存的金额，又要用实物度量来记录原材料收发存的数量。

2. 总分类账户与明细分类账户的关系。

（1）总分类账户是所属明细分类账户资料的综合，是所属明细分类账户的统驭性账户，对所属的明细分类账户起控制作用；而明细分类账户是有关总分类账户的具体化，是有关总分类账户的从属账户，对其隶属的某一个总分类账户起补充说明的辅助作用。

（2）总分类账户一般以货币作为统一的计量单位，而明细账分类账户除了以货币计量外还可能应用实物单位等进行数量核算。

（3）总分类账户是提供总括资料，而明细账分类账户是提供相对具体的、详细的核算资料的，但二者反映的对象是相同的，登记时的原始根据是相同的（但直接依据不一定相同），他们提供的资料互相补充，可以既总括地又详细地说明同一事物。

（4）总分类账户与明细分类账户之间要实行平行登记（这一点也可以认为是总分类账户与明细分类账户的关系）。

二、总分类账户和明细分类账户的平行登记

1. 平行登记的三要点。

（1）期间一致。对于发生的每一项经济业务：一方面要记录有关的总分类账户；另一方面还要记录在总分类账户各所属的明细账户中（没有明细账户的除外），如果涉及的明细账户不止一个，则应分别记录有关的几个明细账户，两方面登记的会计期间应该一致。

（2）方向一致。如果总分类账户登记借方，明细分类账户必须登记借方。如果总分类账户登记贷方，明细分类账户也必然登记贷方。

但是，这一要点有例外，当采用不同的账务处理程序（如科目汇总表）时，总分类账户和明细分类账户的登记方向就可能不一致。这一点参见第十四章账务处理程序。

（3）金额相等。记录总分类账户的金额必须与记入有关的几个明细账户金额之和相等。下面分别以"原材料"和"应付账款"两个账户为例，说明总分类账户与明细分类账户的平行登记。

2. 关于原材料的总分类账户和明细分类账户的平行登记的方法。

假设白云电器公司"原材料"总分类账户月初的结存金额如下：

甲种原材料	5 吨	每吨 4 000 元＝20 000 元
乙种原材料	50 公斤	每公斤 300 元＝15 000 元
	合计	35 000 元

白云电器公司本月份内收入和发出的原材料如下：

【例5－5】仓库收入外购原材料一批，价款43 500元，增值税税率为17%，发票账单已到，货款共计为50 895元暂欠。该项原材料系由下列各项组成：

甲种原材料	6吨	每吨4 000元＝24 000元
乙种原材料	40公斤	每公斤300元＝12 000元
丙种原材料	150件	每　件50元＝7 500元
		合　计　　43 500元

对于该项业务，应编制的会计分录为：

```
借：原材料——甲材料                                    24 000
         ——乙材料                                    12 000
         ——丙材料                                     7 500
    应交税费——应交增值税——进项税                    7 395
    贷：应付账款                                            50 895
```

【例5－6】仓库发出产品生产用原材料56 000元，系由下列各项组成：

甲种原材料	8吨	每吨4 000元＝32 000元
乙种原材料	70公斤	每公斤300元＝21 000元
丙种原材料	60件	每　件50元＝3 000元
		合　计　　56 000元

对于该项业务，应编制的会计分录为：

```
借：生产成本——基本生产成本                            56 000
    贷：原材料——甲材料                                    32 000
           ——乙材料                                    21 000
           ——丙材料                                     3 000
```

根据上列原材料结存、收入和发出的资料，在"原材料"总分类账户及其所属的"甲材料"、"乙材料"、"丙材料"三个明细分类账户中进行的平行登记。

3. 关于应付账款的总分类账户和明细分类账户的平行登记的方法。

假设白云电器公司应付各供货单位账款如下：

新中工厂	50 000元
益民工厂	17 500元
华光工厂	3 600元
大成工厂	4 400元
合计	75 500元

白云电器公司在本月份内发生的有关与供应单位的结算业务如下：

【例5－7】因采购原材料而应付各供应单位的账款，计有：

向益民工厂购入甲种原材料价款24 000元，增值税4 080元
　　　　　　　丙种原材料价款2 000元，增值税340元
　　　　　　　　小计　　　　30 420元

向华光工厂购入丙种原材料价款5 200元，增值税884元
　　　　　　　　小计　　　　　6 084元

向大成工厂购入乙种原材料价款12 000元，增值税2 040元

丙种原材料价款300元，增值税51元

小计　　　　14 391元

对于这项业务，应编制的会计分录增加有关明细分类账后为：

借：原材料——甲材料　　　　　　　　　　　　　　　　　24 000

　　　　　　——乙材料　　　　　　　　　　　　　　　　12 000

　　　　　　——丙材料　　　　　　　　　　　　　　　　 7 500

　　应交税费——应交增值税——进项税额　　　　　　　　 7 395

　　　贷：应付账款——益民工厂　　　　　　　　　　　　30 420

　　　　　　　　　　——华光工厂　　　　　　　　　　　 6 084

　　　　　　　　　　——大成工厂　　　　　　　　　　　14 391

【例5－8】以银行存款偿还下列各供应单位的账款：

益民工厂　　　　　　32 000元

华光工厂　　　　　　 4 800元

大成工厂　　　　　　10 700元

合计　　　　　　　　47 500元

对于这项业务，应编制的会计分录为：

借：应付账款——益民工厂　　　　　　　　　　　　　　　32 000

　　　　　　　——华光工厂　　　　　　　　　　　　　　 4 800

　　　　　　　——大成工厂　　　　　　　　　　　　　　10 700

　　　贷：银行存款　　　　　　　　　　　　　　　　　　　　　47 500

这里汇总编制对三个供应单位付款业务的会计分录，是为了简化。根据上列有关与供应单位结算的资料，除应分别记入"应交税费"、"原材料"和"银行存款"等有关账户外，在"应付账款"总分类账户及其所属的四个明细分类账户平行登记的结果表明："应付账款"总分类账户的期初、期末余额和借方、贷方本期发生额，分别与其所属的四个明细分类账户期初、期末余额之和以及借方、贷方本期发生额之和完全相等。

【本章小结】

1. 记账方法主要有单式记账法和复式记账法两种，会计核算中最早采用的是单式记账法，复式记账法是随着市场经济的发展在单式记账法的基础上逐步演变而成的。

2. 借贷记账法的基本内容包括记账符号、账户设置、记账规则和试算平衡四项。

3. 借贷记账法以"有借必有贷，借贷必相等"作为记账规则。

4. 采用借贷复式记账，对每一项经济业务都在两个或两个以上的账户相互关联的进行登记，可以通过账户记录了解经济业务的内容和性质，完整、全面、系统地反映经济活动全过程以及由此引起的资金运动的来龙去脉；同时，采用借贷复式记账，以相等的金额在账户中进行登记，有利于核对账户记录，进行试算平衡。

5. 会计分录分为两类，简单会计分录（一借一贷）和复合（杂）会计分录（一借多贷、一贷多借）。

6. 在会计核算工作中，根据企业经营管理工作的需要，一切经济业务都要通过有关账

户进行核算，既要提供总括的核算指标，又要提供明细的核算指标，也就是需要同时设置总分类账户和明细分类账户。

7. 总分类账户是所属明细分类账户资料的综合，是所属明细分类账户的统驭性账户，对所属的明细分类账户起控制作用；而明细分类账户是有关总分类账户的具体化，是有关总分类账户的从属账户，对其隶属的某一个总分类账户起补充说明的辅助作用。

8. 总分类账户和明细分类账户的平行登记包括：同时登记、方向相同、金额相等。

思考与练习

一、复习思考题

1. 什么是复式借贷记账方法？它的记账规则是什么？

2. 什么是借贷记账法的试算平衡？借贷记账法下的试算平衡具体包括哪些方面？

3. 什么是会计分录？编制会计分录应注意哪些方面？

4. 简述总分类账户与明细分类账户的平行登记。

5. 什么是对应关系和对应账户？

二、单项选择题

1. 在借贷记账中，账户的哪一方记增加数，哪一方记减少数取决于（　　　）。
   A. 账户的结构　　　　B. 账户的作用　　　　C. 账户的用途　　　　D. 账户的类型

2. 下列经济业务的发生，使资产和权益项目同时增加的是（　　　）。
   A. 生产产品领用材料　　　　　　　　　B. 以现金发放工资
   C. 以资本公积转增资本金　　　　　　　D. 收到购货单位预付款，并存入银行

3. 下列科目中属于债权类科目的是（　　　）。
   A. 应收账款　　　　B. 销售费用　　　　C. 预收账款　　　　D. 盈余公积

4. 下列经济业务发生，不会导致会计等式两边总额发生变化的有（　　　）。
   A. 收回应收账款并存入银行　　　　　　B. 从银行取得借款并存入银行
   C. 以银行存款偿还应付账款　　　　　　D. 收到投资者以无形资产进行的投资

5. 某企业本期期初资产总额为 140 000 元，本期期末负债总额比期初增加 20 000 元，所有者权益总额比期初减少 10 000 元，则企业期末资产总额为（　　　）。
   A. 170 000 元　　　　B. 130 000 元　　　　C. 150 000 元　　　　D. 120 000 元

6. 下列引起资产和负债同时增加的经济业务是（　　　）。
   A. 以银行存款偿还银行借款　　　　　　B. 收回应收账款存入银行
   C. 购进材料一批货款未付　　　　　　　D. 以银行借款偿还应付账款

7. 某企业 2002 年 10 月末负债总额 120 万元，11 月份收回应收账款 20 万元，用银行存款归还借款 15 万元，预付购货款 6 万元，11 月末负债总额为（　　　）。
   A. 105 万元　　　　B. 111 万元　　　　C. 115 万元　　　　D. 121 万元

三、多项选择题

1. 在借贷记账法下，费用类账户期末结账后（　　　）。
   A. 一般没有余额　　　　　　　　　　　B. 绝对没有余额
   C. 借贷方都可能有余额　　　　　　　　D. 若有余额在贷方
   E. 若有余额在借方

2. 下列经济业务中使资产与权益同时减少的有（　　　）。

    A. 以银行存款支付应付利润　　　　　　B. 以银行存款支付预提费用

    C. 以银行存款偿还应付账款　　　　　　D. 取得短期借款并存入银行

    E. 收到投资者投入货币资金并存入银行

3. 总分类账和明细账的关系是（　　　）。

    A. 总分类账提供总括资料，明细账提供详细资料

    B. 总分类账和明细分类账平行登记

    C. 总分类账统驭、控制所属明细账

    D. 所有总分类账必须附设明细分类账

    E. 明细分类账补充说明与其相关的总分类账

4. 下列总分类科目中，可以不设置明细科目的有（　　　）。

    A. 现金　　　　　　　　B. 银行存款　　　　　　　　C. 应付账款

    D. 应收账款　　　　　　E. 短期借款

5. 下列会计科目中属于流动资产的有（　　　）。

    A. 原材料　　　　　B. 生产成本　　　　C. 制造费用　　　　D. 长期投资

6. 关于"资产＝负债＋所有者权益"的会计等式，下列提法正确的是（　　　）。

    A. 它反映了会计静态要素之间的基本数量关系

    B. 它反映了会计静态要素与会计动态要素的相互关系

    C. 资产和权益的对应是逐项的一一对应

    D. 资产和权益的对应是综合的对应

    E. 会计等式右边的排列顺序是任意的，可以颠倒

7. 下列各项是以会计恒等式为理论依据的有（　　　）。

    A. 复式记账　　　　　　B. 成本计算　　　　　　C. 编制资产负债表

    D. 试算平衡　　　　　　E. 财产清查

8. 期间费用一般包括（　　　）。

    A. 财务费用　　　　　　B. 管理费用　　　　　　C. 制造费用

    D. 销售费用　　　　　　E. 待摊费用

四、计算与分析题

熟悉各类账户的结构。

资料：会通公司 20××年有下列资料：

账户名称	期初余额	本期借方发生额	本期贷方发生额	期末余额
库存现金	4 000	2 000		4 750
银行存款	75 000	50 000	91 000	
应收账款		52 300	43 000	17 000
短期借款	50 000		25 000	45 000
实收资本	150 000		0	150 000
固定资产	67 000	5 400		56 500
原材料		6 450	8 670	7 410
应付账款	2 000		1 500	2 100

要求：根据各类账户的结构关系，计算并填写上列表格的空格项。

备 考 指 南

一、复习要点

考点 1：记账方法有两种：一种是单式记账法；另一种是复式记账法。

考点 2：复式记账法是以资产与权益平衡关系作为记账基础，对于每一笔经济业务，都要在两个或两个以上相互联系的账户中进行登记，系统地反映资金运动变化结果的一种记账方法。

考点 3：复式记账法按照记账符号不同，有借贷记账法、增减记账法和收付记账法等。

各种复式记账法的根本区别在于记账符号不同，如借贷记账法是指以"借"、"贷"为记账符号。目前，我国已普遍采用借贷记账法。

考点 4：借贷记账法以"借"、"贷"为记账符号，分别作为账户的左方和右方。至于"借"表示增加还是"贷"表示增加，则取决于账户的性质及结构。"借"表示资产的增加、负债和所有者权益的减少；"贷"表示资产的减少、负债和所有者权益的增加。也就是说，资产 = 负债 + 所有者权益。等式的左边增加在借方，减少在贷方；等式右边增加在贷方，减少在借方。所以说，等式左边增加在借方，右边增加在贷方，减少在反方向。

考点 5：在借贷记账法下，账户的基本结构是：左方为借方，右方为贷方。但哪一方登记增加，哪一方登记减少，则要根据账户反映的经济内容决定。账户按其所反映的经济内容分类有：资产类、负债类、所有者权益类、成本类和损益类五大类。

考点 6：资产类账户的借方表示增加、贷方表示减少，期初期末余额均在借方。负债类账户的贷方表示增加、借方表示减少，期初期末余额均在贷方。资产类账户与权益类账户的结构截然相反。资产类账户的借方表示增加、贷方表示减少，期初期末余额均在借方；权益类账户的贷方表示增加、借方表示减少，期初期末余额均在贷方。损益类账户期末结转后该账户一般无余额。

考点 7：借贷记账法的记账规则为：有借必有贷，借贷必相等。

考点 8：借贷记账法的试算平衡包括发生额试算平衡法和余额试算平衡法两种方法。

（1）发生额试算平衡法。它是根据本期所有账户借方发生额合计与贷方发生额合计的恒等关系，检验本期发生额记录是否正确的方法。公式为：

全部账户本期借方发生额合计 = 全部账户本期贷方发生额合计

（2）余额试算平衡法。

全部账户的借方期初余额合计 = 全部账户的贷方期初余额合计

全部账户的借方期末余额合计 = 全部账户的贷方期末余额合计

考点 9：在编制试算平衡表时，应注意以下几点：

（1）必须保证所有账户的余额均已记入试算平衡表。

（2）如果试算平衡表借贷不相等，肯定账户记录有错误，应认真查找。

（3）即便试算平衡表是平衡的，并不能说明账户记录绝对正确，因为有些错误并不会影响借贷双方的平衡关系。例如：漏记、重记某项经济业务，借贷方向错误，或用错账户名称，试算依然是平衡的。

考点 10：按照所涉及账户的多少，会计分录分为简单会计分录和复合会计分录。简单会计分录指只涉及一个账户借方和另一个账户贷方的会计分录，即一借一贷的会计分录；复合会计分录指由两个以上（不含两个）对应账户所组成的会计分录，即一借多贷、一贷多借或多借多贷的会计分录。

考点 11：总分类账户与明细分类账户之间的联系：（1）两者所反映的经济业务的内容相同。（2）登记账簿的原始依据不同。

考点 12：总分类账户与明细分类账户的区别，主要表现在以下两个方面：

1. 反映经济业务内容的详细程度不同。

2. 作用不同。总账账户提供的经济指标，对所属明细账户起着统驭作用；明细账户是对有关总账账户的补充，起着补充说明的作用。总账账户与其所属明细账户在总金额上应当相等。

考点 13：所谓平行登记，是指对所发生的每项经济业务事项都要以会计凭证为依据，一方面记入有关总分类账户；另一方面记入有关总分类账户所属明细分类账户的方法。

采用平行登记规则，应注意以下几点：

1. 所依据会计凭证相同，都要以相关的会计凭证为依据。

2. 方向一致。记入总分类账户和明细分类账户时，记账方向必须一致。

3. 期间相同。

4. 金额相等。

综上所述，总分类账户及其所属的明细分类账户，按平行登记的规则进行登记，可以概括为依据相同、方向一致、期间相同、金额相等。

总分类账户和明细分类账户平行登记后可产生的数量关系为：

总分类账户本期发生额＝所属明细分类账户本期发生额合计

总分类账户期末余额＝所属明细分类账户期末余额合计

二、主要题型

（一）单项选择题

1. 某单位"银行存款"账户的期初余额为 50 万元，本期借方发生额为 780 万元，本期贷方发生额为 820 万元，则期末余额是（　　　）。

　　A. 90 万元　　　　　B. 1 550 万元　　　　C. 40 万元　　　　D. 10 万元

【答案】D

2. "短期借款"账户期初余额为贷方 150 000 元，本期贷方发生额 100 000 元。借方发生额 50 000 元，期末余额为（　　　）。

　　A. 100 000 元　　　B. 50 000 元　　　　C. 300 000 元　　　D. 200 000 元

【答案】D

3. 某单位"其他应付款"账户的期初余额为 150 万元，本期贷方发生额为 900 万元，期末余额为 60 万元，则本期借方发生额为（　　　）。

　　A. 990 万元　　　　B. 810 万元　　　　C. 1 110 万元　　　D. 690 万元

【答案】A

4. "原材料"和"应付账款"两个总分类账户与其所属明细分类账户的情况如下表所示，则下列答案正确的是（　　　）。

会计科目	期初余额		本期发生额		期末余额	
	借方	贷方	借方	贷方	借方	贷方
原材料	10 000		(1)	(3)	20 000	
甲材料	6 000		9 000	9 000	6 000	
乙材料	4 000		10 000		14 000	
应付账款		8 000	22 000	25 000		11 000
M公司		5 000	10 000	14 000		(4)
N公司		3 000	(2)	11 000		

A. （1）等于 10 000　　　　　　B. （2）等于 12 000

C. （3）等于 0　　　　　　　　D. （4）等于 15 000

【答案】B

5. 关于账户登记方法，下列各项中错误的是（　　　）。

A. 资产的增加登记在账户的借方　　B. 负债的增加登记在账户的贷方

C. 所有者权益的增加登记在账户的借方　　D. 收入的增加登记在账户的贷方

【答案】C

6. 下列各项表述中，不正确是的（　　　）。

A. 资产类账户的期末余额 = 期初余额 + 本期借方发生额 – 本期贷方发生额

B. 负债类账户的期末余额 = 期初余额 + 本期借方发生额 – 本期贷方发生额

C. 权益类账户的期末余额 = 期初余额 + 本期贷方发生额 – 本期借方发生额

D. 负债 = 资产 – 所有者权益

【答案】B

7. 下列各项中，应登记在账户借方的是（　　　）。

A. 资产的增加和负债的增加　　　　B. 资产的减少和所有者权益的增加

C. 收入的减少和所有者权益的减少　　D. 费用的增加和负债的增加

【答案】C

（二）多项选择题

关于资产类账户结构，下列说法中正确的是（　　　）。

A. 发生增加额时，登记在账户的借方

B. 发生减少额时，登记在账户的贷方

C. 期初期末余额在贷方

D. 期末余额 = 期初余额 + 本期贷方发生额 – 本期借方发生额

【答案】AB

（三）判断题

1. 设置会计科目，是根据会计对象的具体内容和经济管理的要求，事先规定分类核算的项目或标志的一种专门方法。　　　　　　　　　　　　　　　　　　　　（　　）

2. 所有的账户都是依据会计科目开设的。　　　　　　　　　　　　　　（　　）

3. 设置会计科目，是将性质相同的信息给予约定的代码。　　　　　　　（　　　）

4. 所有账户的左边均记录增加额，右边均记录减少额。　　　　　　　（　　　）

5. 会计科目是根据不同单位经济业务的特点设置的。　　　　　　　　（　　　）

6. 企业的会计科目是根据《企业会计准则》的要求设置的。　　　　　（　　　）

7. 企业的货币资金是一种资产，因此将其划分成一个类别。　　　　　（　　　）

8. 收益类账户应反映企业收入的取得、费用的发生和利润的形成情况。（　　　）

9. 反映资产的账户，按资产的流动性划分，可以分为反映流动资产和反映长期资产的
账户。　　　　　　　　　　　　　　　　　　　　　　　　　　　　　（　　　）

10. 所有总分类账户均应设置明细分类账户。　　　　　　　　　　　　（　　　）

11. 明细分类账户包括资产、负债、所有者权益、利润等类账户。　　　（　　　）

12. 凡是借方余额的账户均属于资产类账户。　　　　　　　　　　　　（　　　）

13. 凡是期末无余额的账户均属于损益类账户。　　　　　　　　　　　（　　　）

14. 会计科目和账户均是对经济业务进行分类的项目。　　　　　　　　（　　　）

15. 复式记账法下，账户记录的结果可以反映一项经济业务的来龙去脉。（　　　）

16. 一个账户的借方如果用来记录增加额，其贷方一定用来记录减少额。（　　　）

17. 负债及所有者权益账户的结构应与资产类账户的结构一致。　　　　（　　　）

18. 借贷记账法要求：如果在一个账户中记借方，在另一个或几个账户中也一定记
借方。　　　　　　　　　　　　　　　　　　　　　　　　　　　　　（　　　）

19. 通过试算平衡检查账簿记录后，若左右平衡就可以肯定记账没有错误。（　　　）

20. 收入类账户的增加额记在账户的贷方，减少额记入账户的借方，平时的余额记在账
户的贷方，期末结账后一般无余额。（　　　）

【答案】 ✓

21. 费用类账户的结构与资产类账户结构相同，与收入类账户结构相反。（　　　）。

【答案】 ✓

22. 费用（成本）类账户的结构是，贷方登记费用（成本）的增加额，借方登记费用
（成本）的减少额，期末结账后无余额。（　　　）

【答案】 ✗

【相关知识】

试算平衡表不是万能的

小甄从某高职学院会计系毕业刚刚被聘任为启明公司的会计员。今天是他来公司上班的
第一天。会计科里那些同事们忙得不可开交，一问才知道，大家正在忙于月末结账。"我能
做些什么？"会计科长看他那急于投入工作的表情，也想检验一下他的工作能力，就问：
"试算平衡表的编制方法在学校学过了吧？""学过。"小甄很自然地回答。

"那好吧，趁大家忙别的时候，你先编一下我们公司这个月的试算平衡表"。科长帮他
找到了本公司所有的总账账簿，让他在早已为他准备的办公桌上开始了工作。不到一个小
时，一张"总分类账户发生额及余额试算平衡表"就完整的编制出来了。看到表格上那相
互平衡的三组数字，小甄激动的心情溢于言表，兴冲冲地向科长交了差。

"呀，昨天车间领材料的单据还没记到账上去呢，这也是这个月的业务啊！"会计员李媚说道。还没等小甄缓过神来，会计员小张手里又拿着一些会计凭证凑了过来，对科长说，"这笔账我核对过了，应当记入'原材料'和'生产成本'的是 10 000 元，而不是 9 000 元。已经入账的那部分数字还得改一下。"

"试算平衡表不是已经平衡了吗？怎么还有错账呢？"小甄不解地问。

科长看他满脸疑惑的神情，就耐心地开导说："试算平衡表也不是万能的，像在账户中把有些业务漏记了，借贷金额记账方向彼此颠倒了，还有记账方向正确但记错了账户，这些都不会影响试算表的平衡。像小张才发现的把两个账户的金额同时记多了或记少了，也不会影响试算表的平衡。"

小甄边听边点头，心里想："这些内容好像老师在上《会计基础》课的时候也讲过。以后在实践中还得好好琢磨呀。"经过一番调整，一张真实反映本月的"试算平衡表"又在小甄的手里诞生了。

第六章

企业主要经济业务的
分类记录与计算

第一节 资金筹集业务的记录

资金筹集是企业资金运动的起点。目前,企业的资金来源渠道主要是企业的所有者和企业的债权人。从企业所有者处筹集的资金,即投资者的资本金,通常称为实收资本;从企业债权人处筹集的资金,属于企业的负债,如银行借款、应付债券等。本节从上述两个方面的筹资业务对有关账户和复式记账法的运用进行说明。

一、库存现金业务记录

库存现金是指通常存放于企业财会部门,由出纳人员经管,企业可以随时动用的货币资金。企业为了维持正常的生产经营活动,需要保持一些流动资产,而库存现金则是企业流动性最强的资产。国家对企业使用货币资金有着严格的规定,企业应当严格遵守国家有关现金管理制度,正确进行现金收支的核算,监督现金使用的合法性与合理性。

1. 现金管理制度。根据国务院发布的《现金管理暂行条例》的规定,现金管理制度主要包括以下内容:

(1) 现金的使用范围。企业可用现金支付的款项有:①职工工资、津贴;②个人劳务报酬;③根据国家规定颁发给个人的科学技术、文化艺术、体育等各种奖金;④各种劳保、福利费用以及国家规定的对个人的其他支出;⑤向个人收购农副产品和其他物资的款项;⑥出差人员必须随身携带的差旅费;⑦结算起点以下的零星支出;⑧中国人民银行确定需要支付现金的其他支出。除上述情况可以用现金支付外,其他款项的支付应通过银行转账结算。

(2) 库存现金的限额管理。库存现金限额是指为保证各单位日常零星支付按规定允许留存的现金的最高数额。库存现金的限额,由开户行根据开户单位的实际需要和距离银行远近等情况核定。其限额一般按照单位 3~5 天日常零星开支所需现金确定。远离银行机构或交通不便的单位可依据实际情况适当放宽,但最高不得超过 15 天。核定后的现金限额,开户单位必须严格遵守,超过部分应于当日终了前存入银行。需要增加或减少现金限额的单位,应向开户银行提出申请,由开户银行核定。

(3) 有关现金收支的规定。开户单位收入现金应于当日送存开户银行,当日送存确有困难的，由开户银行确定送存时间；开户单位支付现金，可以从本单位库存现金中支付或从开户银行提取，不得从本单位的现金收入中直接支付，即不得"坐支"现金，因特殊情况需要坐支现金的单位，应事先报经有关部门审查批准，并在核定的范围和限额内进行，同时，收支的现金必须入账。开户单位从开户银行提取现金时，应如实写明提取现金的用途，由本单位财会部门负责人签字盖章，并经开户银行审查批准后予以支付。因采购地点不确定、交通不便、抢险救灾及其他特殊情况必须使用现金的单位，应向开户银行提出书面申请，由本单位财会部门负责人签字盖章，并经开户银行审查批准后予以支付。

此外，不准用不符合国家统一的会计制度规定的凭证顶替库存现金，即不得"白条顶库"；不准谎报用途套取现金；不准用银行账户代其他单位和个人存入或支取现金；不准用单位收入的现金以个人名义存入银行；不准保留账外公款，即不得"公款私存"，不得设置"小金库"等。银行对于违反上述规定的单位，将按照违规金额的一定比例予以处罚。

2. 库存现金的核算。企业应当设置"库存现金"科目来反映企业库存现金的收入、支出和结存情况，该账户借方登记现金的增加，贷方登记现金的减少，期末余额在借方，反映企业实际持有的库存现金的金额。企业内部各部门周转使用的备用金，可以单独设置"备用金"科目进行核算。

二、实收资本的记录

实收资本是所有者投入企业的原始资本，拥有一定数量的资本金是企业设立的基本条件之一。企业的资本金按照投资主体的不同，可以分为国家投入资本、法人投入资本、个人投入资本和外商投入资本等；按照投入资本的不同实物形态，可以分为货币投资、实物投资、证券投资和无形资产投资等。投资者投入的资本应当保全，除法律、法规另有规定者外，不得抽回。

1. 账户设置。为核算企业的实收资本，应设置"实收资本"账户。"实收资本"账户是用来核算企业的投资者投入资本的增减变动情况及其结果的账户。该账户属于所有者权益类账户，其贷方登记企业实际收到的投资人投入的资本；借方登记投入资本的减少额；期末余额在贷方，表示期末投入资本的实有数额。该账户应按投资者设置分类账户，进行明细核算。账户的结构可用图6-1表示。

借方	实收资本	贷方
投入资本的减少	收到投资者投入的资本	
	余额：期末投入资本的实有数额	

图6-1

企业收到的所有者投资都应按实际投资数额入账。以货币资金投资的，应按实际收到的款项作为投资者的投资入账；以实物形式投资的，按双方认可的估价数额作为实际投资额入账。企业在生产经营过程中所取得的收入和收益、所发生的费用和损失，不得直接增减投入资本。

2. 实收资本的记录举例。

【例6-1】企业收到国家投入的资本金200 000元，款项存入银行。

分析：这项经济业务的发生，引起了资产和所有者权益两个要素发生变化。一方面使企业的银行存款增加了200 000元，另一方面国家对企业的投入资本也增加了200 000元。因此，这项经济业务涉及"银行存款"和"实收资本"两个账户。银行存款的增加是资产的增加，应记入"银行存款"账户的借方；国家对企业投资的增加是所有者权益的增加，应记入"实收资本"账户的贷方。会计分录如下：

借：银行存款   200 000

 贷：实收资本   200 000

【例6-2】企业收到五维公司作为资本金投入的新设备一台，该设备的价值为40 000元。

分析：这项经济业务的发生，引起了资产和所有者权益两个要素发生变化。一方面企业的固定资产增加了40 000元，另一方面五维公司对企业的投资增加了40 000元。因此，这项业务涉及"固定资产"和"实收资本"两个账户。固定资产的增加是资产的增加，应记入"固定资产"账户的借方，五维公司对企业的投资的增加是所有者权益的增加，应记入"实收资本"账户的贷方。会计分录如下：

借：固定资产   40 000

 贷：实收资本   40 000

若五维公司投入的固定资产是旧的，则应以现行市价和税金作为原价（35 000元）借记"固定资产"账户，以双方认可的估价数额（30 000元）作为实际投资额记入"实收资本"账户的贷方，以二者的差额5 000元（35 000-30 000）作为已提折旧额记入"累计折旧"账户的贷方。会计分录如下：

借：固定资产   35 000

 贷：实收资本   30 000

  累计折旧   5 000

【例6-3】企业收到台商王爱华作为资本金投入的材料一批，价值400 000元。

分析：这项经济业务的发生，引起了资产和所有者权益两个要素发生变化。一方面企业的材料增加了400 000元，另一方面台商对企业的投资增加了400 000元。因此，这项业务涉及"原材料"和"实收资本"两个账户。原材料的增加是资产的增加，应记入"原材料"账户的借方，台商对企业的投资的增加是所有者权益的增加，应记入"实收资本"账户的贷方。会计分录如下：

借：原材料   400 000

 贷：实收资本   400 000

三、借款的记录

由于企业在生产经营过程中，有时会出现资金不足的现象，为弥补周转资金的不足，还会向银行或其他金融机构借入归还期限长短不同的借款。企业借入的归还期在一年以下的借款为短期借款，短期借款属于企业的流动负债；期限在一年以上的借款为长期借款。企业借入的各种款项必须按照规定的用途使用，要按期限支付利息并保证到期偿还。

1. 账户设置。短期借款记录应设置"短期借款"账户。"短期借款"账户是用来核算借入期限在一年以下的各种借款的账户。该账户属于负债类账户，其贷方登记借入的各种短期借款；借方登记归还的短期借款，期末余额在贷方，表示期末尚未归还的短期借款。本账户应按债权人和借款种类设置明细分类账，进行明细核算。"短期借款"账户的结构可用图6-2表示。

借方	短期借款	贷方
归还短期借款	取得短期借款	
	余额：期末尚未归还的短期借款	

图 6-2

长期借款核算应设置"长期借款"账户。"长期借款"账户是用来核算借入期限在一年以上的各种借款的账户。该账户属于负债类账户，其贷方登记借入的各种长期借款；借方登记归还的长期借款，期末余额在贷方，表示期末尚未归还的长期借款。本账户应按债权人和借款种类设置明细分类账，进行明细核算。"长期借款"账户的结构可用图 6-3 表示。

借方	长期借款	贷方
归还长期借款	取得长期借款	
	余额：期末尚未归还的长期借款	

图 6-3

2. 借入资金的记录举例。

【例 6-4】企业 7 月 1 日从银行借入款项 60 000 元，期限 6 个月，年利率 6%，利息每季结算一次，所得借款存入银行。

分析：这项业务的发生，引起了资产和负债两个要素的变化。一方面使银行存款增加了 60 000 元，另一方面企业欠下了银行的债务，即企业的负债增加了 60 000 元，借款期限为 6 个月属于短期借款。因此，这项业务涉及"银行存款"和"短期借款"两个账户。银行存款的增加是资产的增加，应记入"银行存款"账户的借方；短期借款的增加是负债的增加，应记入"短期借款"账户的贷方。会计分录如下：

借：银行存款　　　　　　　　　　　　　　　　　　　　60 000
　　贷：短期借款　　　　　　　　　　　　　　　　　　　　60 000

【例 6-5】依【例 6-4】资料，每月支付银行借款的利息 300 元。以银行存款支付当月利息。

分析：这项业务的发生，引起了费用和资产两个要素的变化。一方面使本月的财务费用增加了 300 元，另一方面使银行存款减少了 300 元。因此，这项业务涉及"财务费用"和"银行存款"两个账户。财务费用的增加是费用的增加，应记入"财务费用"账户的借方；银行存款的减少是资产的减少，应记入"银行存款"账户的贷方。会计分录如下：

借：财务费用　　　　　　　　　　　　　　　　　　　　　 300
　　贷：银行存款　　　　　　　　　　　　　　　　　　　　　 300

【例 6-6】企业向银行借入为期 2 年的借款一笔 500 000 元，所得款项存入银行。

分析：这项业务的发生，引起了资产和负债两个要素的变化。一方面企业的存款增加了 500 000 元，另一方面使企业的负债增加了 500 000 元，借款期限为 2 年，属于长期借款。因此，这项业务涉及"银行存款"和"长期借款"两个账户。银行存款的增加是资产的增加，应记入"银行存款"账户的借方；长期借款的增加是负债的增加，应记入"长期借款"账户的贷方。会计分录如下：

借：银行存款　　　　　　　　　　　　　　　　　　　 500 000
　　贷：长期借款　　　　　　　　　　　　　　　　　　　 500 000

上述资金投入企业六例业务的会计分录登账结果，用图6-4表示如下：

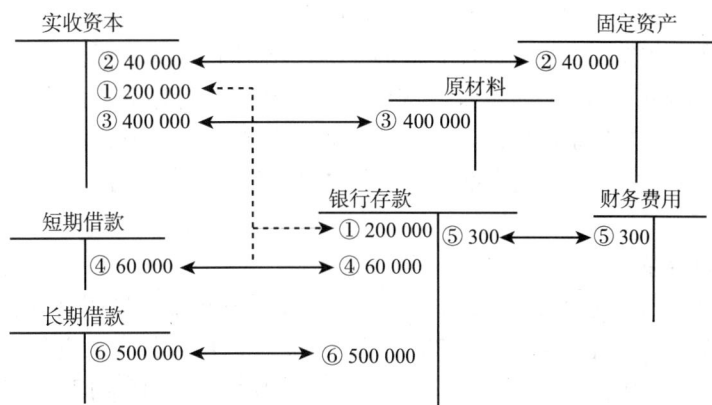

图6-4

第二节　供应过程的核算

为了进行产品生产，企业必须建造厂房、建筑物，购置机器设备和进行材料采购。因此，供应过程的核算主要包括固定资产购入业务的记录、材料采购业务的记录以及材料采购成本的计算。

一、固定资产购入业务的记录

固定资产是指使用期限较长、单位价值较高，并且使用过程中保持原有的实物形态基本不变的资产。包括房屋及建筑物、机器设备、运输设备、工具器具等。固定资产应按取得时的实际成本（即原始价值）入账，实际成本是指为购建某项固定资产达到可使用状态前所发生的一切合理、必要的支出，包括买价、运杂费、包装费和安装费等。

1. 账户设置。固定资产记录应设置"固定资产"账户。"固定资产"账户是用来核算企业固定资产增加和减少的账户。该账户属于资产类账户，其借方登记增加的固定资产的原始价值；贷方登记减少的固定资产的原始价值；期末余额在借方，表示期末结存固定资产的原始价值。该账户按固定资产的种类或用途设置明细分类账户，进行明细分类核算。"固定资产"账户的结构可用图6-5表示。

借方	固定资产	贷方
增加固定资产的原始价值		减少固定资产的原始价值
余额：结存固定资产的原始价值		

图6-5

2. 固定资产购入业务的记录举例。以机器设备为例，企业购入的机器设备中，有的不需要安装，即可投入生产使用，有的则需要安装、调试后才能投入生产使用。如果购入的是需要安装的设备，应将其购进时支付的价款、包装费、运杂费和安装费记入"在建工程"账户的借方，在安装完工交付使用时，再将购进和安装该设备的全部支出，即其原始价值，从"在建工程"账户贷方转入"固定资产"账户的借方。

【例6-7】企业购入不需安装的机器设备一台，买价和税金共15 000元（增值税不单独列出），包装费和运杂费320元，全部款项已用银行存款支付。

分析：这项业务的发生，一方面使企业固定资产增加了15 320元，另一方面使银行存款减少了15 320元。因此，这项业务涉及"固定资产"和"银行存款"两个账户。固定资产的增加是资产的增加，应按其原始价值记入"固定资产"账户的借方；银行存款的减少是资产的减少，应按购置该项固定资产的全部支出记入"银行存款"账户的贷方。会计分录如下：

借：固定资产 15 320
  贷：银行存款 15 320

【例6-8】企业购入需要安装的机器设备一台，买价和税金（增值税不单独列出）25 000元，包装费和运杂费320元，共计25 320元，全部款项已用银行存款支付。在安装过程中，耗用材料1 000元，耗用人工600元。安装完毕，经验收合格交付使用。

分析：本例包括两项经济业务：

（1）购入固定资产的安装工程。这项经济业务的发生，一方面使企业的在建工程支出增加26 920元；另一方面使企业银行存款减少25 320元，库存材料减少1 000元，应付工资增加600元。因此，这项业务涉及"在建工程"、"银行存款"、"原材料"和"应付工资"四个账户。在建工程支出的增加是费用的增加，应记入"在建工程"账户的借方；银行存款和库存材料的减少是资产的减少，应记入"银行存款"和"原材料"账户的贷方；应付工资的增加是负债的增加，应记入"应付职工薪酬"账户的贷方。会计分录如下：

借：在建工程 26 920
  贷：银行存款 25 320
   原材料 1 000
   应付职工薪酬 600

（2）机器设备安装完毕，经验收合格交付使用时，应按该项工程的实际成本（即固定资产的原始价值）借记"固定资产"账户，贷记"在建工程"账户。会计分录如下：

借：固定资产 26 920
  贷：在建工程 26 920

上述固定资产购入和安装业务的会计分录登账结果，用图6-6表示如下：

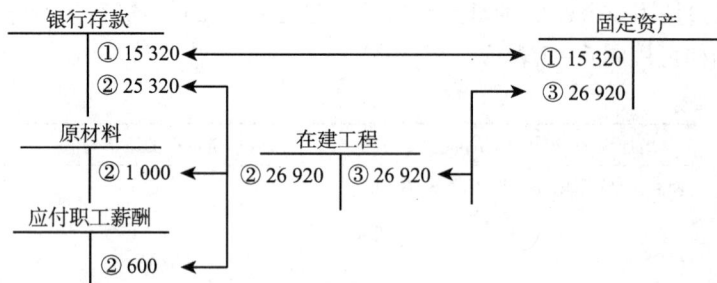

图6-6

二、材料采购业务的记录

企业要进行正常的生产经营活动，就必须购买和储存一定品种和数量的材料物资。企业在材料物资采购中需要按照经济合同和结算制度支付货款，并支付因购货而发生的运输费、装卸费和入库前的整理挑选费用等。于是，支付的材料物资货款与相关采购费用共同构成了企业的材料物资采购成本。这些采购成本的计算则是材料物资采购业务的主要内容。

企业采购材料后，与供应商之间的货款结算是必不可少的一项活动。货款结算的方式是多种多样的，常见的方式有以下几种：

第一，现款交易，即钱货两清。此种方式表现为企业购入材料后，即以现金或银行存款支付货款。

第二，票据结算。即企业购入材料后，以商业票据（如支票、商业汇票等）支付货款。

第三，赊购。即企业购入材料后，货款暂欠。

第四，从预付货款中抵扣。此种方式表现为企业在购买材料之前，先向供应商预付部分货款，待到以后购入材料时，其实际货款再从中进行抵扣。

（一）账户设置

为了加强对材料物资采购业务的管理，反映和监督库存材料物资的增减变动和结存情况，以及因采购材料物资而与供应单位发生的债权债务结算关系，应设置以下账户：

1. "材料采购"账户。"材料采购"账户是为了核算企业购入的各种材料物资的采购成本而设立的资产类账户。其借方登记购入材料物资的各项采购成本；贷方登记已经验收入库的材料物资的采购成本，期末一般无余额。当企业采购的材料物资在期末已经全部验收入库之后，"材料采购"账户没有期末余额；当企业采购的材料物资在期末没有完全验收入库时，就出现了"材料采购"账户的借方余额，这个余额揭示了企业期末的在途材料。由于企业外购材料物资的品种较多，因此，该账户需要按材料的品种设置明细分类账户。"材料采购"账户的结构可用图6-7表示。

借方	材料采购	贷方
购入材料物资的采购成本	结转已验收入库材料物资的采购成本	
余额：在途材料物资的采购成本		

图6-7

2. "原材料"账户。"原材料"账户是用以核算企业库存的各种材料增减变动和结存情况的资产类账户。其借方登记已经验收入库的各种材料的实际成本，即材料的增加额；贷方登记发出材料的实际成本，即材料的减少额；期末余额在借方，揭示库存材料的实际成本。为了详尽地反映各种材料的收入、发出和结存，需要按照材料的品种、规格等标准设置明细账户，以进行明细分类核算。"原材料"账户的结构可用图6-8表示。

借方	原材料	贷方
已经验收入库的材料的实际成本	发出材料的实际成本	
余额：期末结存材料的实际成本		

图6-8

3. "应付账款"账户。为核算延迟支付供应商的货款，应设置"应付账款"账户。"应付账款"账户是用来核算因采购物资、材料和接受劳务等应与供应单位发生结算债务的增减变动情况相关的账户。该账户属于负债类账户，其贷方登记应付给供应商或提供劳务单位的款项；其借方登记应付款项的偿还数额，期末余额在贷方，表示尚未偿还的欠款金额。本账户应按供应单位设置明细账，进行明细分类核算。"应付账款"账户的结构可用图 6 - 9 表示。

借方	应付账款	贷方
偿还应付供应单位的款项	应付供应单位的款项	
	余额：尚未偿还的应付账款	

图 6 - 9

4. "应付票据"账户。当企业购买材料是采用商业汇票（商业承兑汇票或银行承兑汇票）结算方式来结算供应单位货款时，应相应地开设"应付票据"账户，以反映和监督与供应单位计算债务的情况。企业开出承兑汇票时，贷记本账户，偿还应付票据时，借记本账户，期末如有余额在贷方，表示尚未到期的应付票据。企业应设置"应付票据备查簿"，详细登记每一票据的种类、签发日期、票面金额、收款人、付款日期和金额等详细资料。应付票据到期付清时，应在备查簿内逐笔注销。"应付票据"账户的结构可用图 6 - 10 表示。

借方	应付票据	贷方
本期偿付的应付票据款	本期增加的应付票据款	
	余额：尚未偿还的应付票据款	

图 6 - 10

5. "预付账款"账户。为反映企业为将来购货而支付的货款，应设置"预付账款"账户。"预付账款"账户是用以核算因采购物资、材料等而与供应商之间发生的结算业务增减变动情况相关的账户。该账户属于资产类账户，其借方登记预付给供应商的款项；贷方登记与供应商结算核销的预付款项；期末如有余额一般在借方，表示已经付款，尚未结算的预付款项。本账户应按供应商设置明细分类账户，进行明细分类核算。"预付账款"账户的结构可用图 6 - 11 表示。

借方	预付账款	贷方
向供应单位预付的货款	冲销预付给供应单位的货款	
余额：期末尚未结算的预付货款		

图 6 - 11

6. "应交税费"账户。为反映税金的计算和交纳情况，应设置"应交税费"账户。"应交税费"账户是用来核算企业应交和实交税金的增减变动情况的账户。该账户属于负债类账户，其贷方登记应交纳的各种税金；借方登记实际上交的各种税金；如期末余额在贷方，表示应交而未交的税金，期末余额在借方，则表示多交纳的税金。本账户应按税种设置明细分类账户，进行明细分类核算。"应交税费"科目下设"应交税费——应交增值税"明细科目，借方发生额反映企业购进货物或接受应税劳务支付的进项税额和实际已交纳的增值税；贷方发生额反映企业销售货物或提供应税劳务应交纳的销项税额，转出已支付或应分担的增值税。纳税人从销项税额中抵扣进项税额后向税务部门交纳增值税。期末借方余额，反映多上交或者尚未抵扣的增值税；期末贷方余额，反映企业尚未交纳的增值税。增值税税率一般为17%及13%，但小规模纳税人按销售额征收（税率一般为4%~6%）的增值税，不扣抵进项税额。"应交税费"账户的结构可用图6-12表示。

借方	应交税费	贷方
实际交纳的各种税金	应交纳的各种税金	
余额：多交纳的税金	余额：未交纳的税金	

图 6-12

（二）材料物资采购记录举例

【例6-9】新星造纸厂生产甲、乙两种产品，生产中耗用A、B两种材料。该厂当年1月1日开始正式投入生产运营，并被当地税务机关确定为一般纳税人。当年1月份发生的材料物资采购业务及相关会计处理如下：

（1）购入A材料4吨，每吨1 000元，计4 000元；增值税专用发票注明的进项税额为680（4 000×17%）元。该厂用银行存款一次性付清价税总额。会计分录如下：

借：材料采购——A材料 4 000
　　应交税费——应交增值税（进项税额） 680
　　贷：银行存款 4 680

（2）上述购货共发生运杂费200元，该厂以银行存款支付。会计分录如下：

借：材料采购——A材料 200
　　贷：银行存款 200

（3）上述A材料运抵该厂，全部验收入库。会计分录如下：

借：原材料——A材料 4 200
　　贷：材料采购——A材料 4 200

（4）该厂向M单位购入B材料6吨，每吨500元，计3 000元，运杂费由M单位承担；增值税专用发票注明的进项税额为510（3 000×17%）元。该厂因资金困难，货款与税款暂欠。会计分录如下：

借：材料采购——B材料 3 000
　　应交税费——应交增值税（进项税额） 510
　　贷：应付账款 3 510

（5）该厂用银行存款支付拖欠的3 510元价税合计。会计分录如下：

借：应付账款 3 510
　　贷：银行存款 3 510

（6）上述B材料全部验收入库。会计分录如下：

借：原材料——B材料 3 000
　　贷：材料采购——B材料 3 000

上述六项采购业务的会计分录登账结果，用图6-13表示如下：

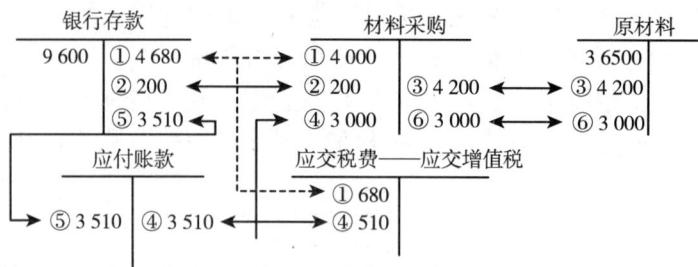

图6-13

（三）材料采购成本的计算

1. 材料采购成本的内容。材料采购成本的内容包括：

（1）购买价。即购货发票上所开列的货款金额（一般纳税人企业不包括增值税的进项税额）。

（2）运杂费。具体包括运输费、装卸费、保险费等。

（3）运输途中的合理损耗。

（4）入库前的整理挑选费用。

（5）购入物资的其他费用。

2. 材料采购成本的计算方法

某种材料物资的采购成本有的可以直接确认（如购买价等）；也有一些各种材料物资共同负担的采购费用需要按照材料物资的重量或者买价的比重分配确认。凡是涉及几种材料物资共同负担的采购费用，应当首先计算采购费用分配率，然后根据分配率计算各种材料物资应承担的采购费用。其一般计算方法如下：

$$采购费用分配率 = \frac{采购费用总额}{各种材料总重量（或总价）}$$

【例6-10】企业从天河公司购入材料一批，其中甲材料1 000公斤，单价20元，乙材料2 000公斤，单价30元，进项税额13 600（80 000×17%）元，甲、乙材料共同负担运杂费1 200元。上述款项已用银行存款支付，材料尚未运到。

分析：甲、乙两种材料的买价可以直接记入甲、乙材料的采购成本，但支付的运杂费1 200元需要采用一定的标准在两种材料之间进行分配。假定本例按材料重量比例分配，甲材料1 000公斤，乙材料2 000公斤，则：

$$费用分配率 = \frac{1\ 200}{1\ 000 + 2\ 000} = 0.4（元／公斤）$$

甲材料应分摊的运杂费 = 1 000×0.4 = 400（元）

乙材料应分摊的运杂费 = 2 000×0.4 = 800（元）

甲材料的采购成本 = 1 000×20 + 400 = 20 400（元）

乙材料的采购成本 = 2 000×30 + 800 = 60 800（元）

甲材料的单位采购成本 = 20 400÷1 000 = 20.40（元／公斤）

乙材料的单位采购成本 = 60 800 ÷ 2 000 = 30.40（元/公斤）

甲乙两种材料的采购成本计算表如表 6 - 1 所示。

表 6 - 1　　　　　　　　　　　　　　材料采购成本计算表　　　　　　　　　　　　　　单位：元

材料名称	单位	数量	单价	买价	运杂费（分配率：0.4）	总成本	单位成本
甲	公斤	1 000	20	20 000	400	20 400	20.4
乙	公斤	2 000	30	60 000	800	60 800	30.4
合计	—	3 000	—	80 000	1 200	81 200	—

根据上述计算，分录如下：

借：材料采购——甲材料　　　　　　　　　　　　　　　　　　　20 400

　　　　　　——乙材料　　　　　　　　　　　　　　　　　　　60 800

　　应交税费——应交增值税　　　　　　　　　　　　　　　　　13 600

　　贷：银行存款　　　　　　　　　　　　　　　　　　　　　　　　94 800

当上述所购材料入库时，按实际成本转入"原材料"账户。分录如下：

借：原材料——甲材料　　　　　　　　　　　　　　　　　　　　20 400

　　　　　——乙材料　　　　　　　　　　　　　　　　　　　　60 800

　　贷：材料采购——甲材料　　　　　　　　　　　　　　　　　　20 400

　　　　　　　——乙材料　　　　　　　　　　　　　　　　　　60 800

结转入库材料物资的采购成本时，除了根据会计分录，按照入库各种材料物资的实际采购总成本登记"原材料"账户外，还应根据表 6 - 1 中算出的各种材料物资的实际成本，分别登记甲、乙两种材料的明细账，既登入库材料的数量，又登金额。

第三节　生产过程的核算

一、生产过程的记录内容

工业企业的主要经济活动是生产能够满足社会需要的产品。生产准备过程结束后，生产条件已准备就绪，企业生产部门就可以进行产品的生产活动。在产品生产过程中需要利用劳动资料对劳动对象进行加工，使之成为产品。于是，物料与人工的耗费则构成了会计记录的内容。工业企业在生产过程中所发生的各种耗费被称为生产费用。生产费用主要包括：

1. 劳动对象的耗费：各种材料、辅助材料的消耗等；

2. 劳动资料的耗费：厂房、机器设备等固定资产的折旧费；

3. 人工的耗费：支付的人工费（工资以及计提的职工福利费）；

4. 其他耗费：支付的生产部门办公费、水电费等。

会计必须将生产过程中发生的所有生产费用，归集、分配到各种产品上去。按一定对象归集的生产费用就是各该对象的生产成本。生产成本包括以下四部分内容：

1. 直接材料：构成产品实体的材料以及有助于产品形成的辅助材料、燃料、动力等；

2. 直接工资：直接从事产品生产职工的工资费用（含工资、奖金、津贴、补助等）；

3. 其他直接费：直接从事产品生产职工的各项应在成本中列支的福利费用；

4. 制造费用：生产单位（分厂、车间）为组织和管理生产所发生的各项费用（含生产单位管理人员工资、职工福利费、固定资产折旧费、消耗性材料费、办公费、水电费、劳动保护费等）。

不能直接归属于某特定产品的费用为期间费用。期间费用虽然与产品产量没有直接联系，但与一定会计期间的长短有关，所以，期间费用应从当前损益中一次性扣除。期间费用包括管理费用、销售费用和财务费用三部分。

二、账户设置

通过上述介绍，我们已经知道，产品生产过程中会发生材料的耗费、固定资产的磨损、人工的消耗和其他费用的支付。为了反映和监督各项生产费用的发生、归集和分配，正确计算产品的生产成本，应设置以下账户：

1. "生产成本"账户。"生产成本"账户是用来核算产品生产过程中所发生的各项费用，确定产品实际生产成本，并反映产品资金占用情况的账户。该账户属于成本类账户，其借方登记应记入产品生产成本的各项费用，包括直接记入产品生产成本的直接和直接工资，以及分配记入产品生产成本的制造费用；贷方登记完工入库产品的生产成本；期末余额在借方，表示尚未完工的各种在产品的实际成本。当企业生产多种产品时，需要按照产品品种设置明细账，进行明细分类核算。"生产成本"账户的结构可用图6-14表示：

借方	生产成本	贷方
直接材料费用 直接工资费用 其他直接支出 期末转入的制造费用	结转完工入库产成品的生产成本	
余额：尚未完工入库的在产品成本		

图6-14

2. "制造费用"账户。"制造费用"账户是用来归集和分配企业为生产产品和提供劳务而发生的各项间接费用的账户。该账户属于成本类账户，其借方登记企业为生产产品和提供劳务而发生的各项间接费用，包括车间辅助人员的工资和福利费、机器设备和车间厂房的折旧费与修理费、车间办公费、水电费、机物料消耗、劳动保护费，以及季节性、修理期间的停工损失等；贷方登记期末应转入"生产成本"账户的由各种产品负担的制造费用；该账户月末一般没有余额。该账户应按不同车间设置明细账，进行明细分类核算。"制造费用"账户的结构可用图6-15表示：

借方	制造费用	贷方
本期发生各项的制造费用	期末结转到"生产成本"账户的制造费用	
余额：期末一般无余额		

图6-15

3. "应付职工薪酬"账户。"应付职工薪酬"账户是用以核算企业与职工之间的薪酬结算情况的账户。该账户属于负债类的账户，其贷方登记月末按照一定标准分配记入有关成本费用账户的应付薪酬；其借方登记企业实际支付给职工的薪酬；期末如出现借方余额，表示应付薪酬小于实际支付的工资；期末如出现贷方余额，表示应付薪酬大于实际支付的薪酬。"应付职工薪酬"账户的结构可用图 6-16 表示：

借方	应付职工薪酬	贷方
实际支付的薪酬额		期末计算、结转应当支付的薪酬额
余额：实际支付大于应付薪酬		余额：应付未付的薪酬额

图 6-16

4. "累计折旧"账户。"累计折旧"账户是用来核算企业固定资产折旧的账户。该账户是资产类中的资产减项账户，其贷方登记按月计提的固定资产折旧的数额，即折旧的增加；借方登记因出售、报废和毁损的固定资产而相应减少的折旧数额；期末贷方余额表示现有固定资产已提取的折旧累计数额。"累计折旧"账户的结构可用图 6-17 表示：

借方	累计折旧	贷方
固定资产折旧的减少或注销		按照规定提取的折旧
		余额：现有固定资产的累计折旧

图 6-17

5. "库存商品"账户。"库存商品"账户是用以核算企业各种产成品的生产成本以及产成品增减变动和结存情况的账户。该账户属于资产类账户，其借方登记验收入库产成品的生产成本；贷方登记发出产成品的生产成本；期末借方余额表示尚未销售的库存产成品的生产成本。为了分清各种产成品的收、发以及结存情况，需要企业按照产成品的品种以及不同规格设置产成品明细分类账户，开展产成品的明细分类核算。"库存商品"账户的结构可用图 6-18 表示：

借方	库存商品	贷方
完工入库产成品的生产成本		发出产成品的生产成本
余额：期末库存产成品的生产成本		

图 6-18

生产业务的核算除了需要以上账户之外，还会涉及损益类账户中的"管理费用"、"财务费用"等。"管理费用"账户是为了核算企业所发生的各项行政管理费用而设置的，其借方登记企业本期实际发生的各项管理费用；贷方登记结转到"本年利润"账户的管理费用；该账户在期末没有余额。"财务费用"账户是为了核算企业所发生的筹资费用（利息支出等）而设置的，其借方登记企业发生的各项财务费用；贷方登记企业发生的应当冲减财务费用的利息收入等；该账户的期末余额需要全部转入"本年利润"账户。结转后该账户无余额。

三、产品生产成本的计算

成本计算是会计核算的一种专门方法,是会计核算的主要内容之一。通过成本计算,对于考核分析各种生产经营过程或某项经济活动的费用发生情况,寻求节约支出、降低产品成本和提高经济效益的途径有着重要的作用。产品生产成本计算,是将企业生产过程中为制造产品所发生的各种费用,按照所生产产品的品种(即成本计算对象)进行分配和归集,计算各种产品的总成本和单位成本。

产品生产成本计算的一般程序如下:

1. 确定成本计算对象。进行成本计算,首先要确定成本计算对象。所谓成本计算对象,是指生产费用归属的对象。成本计算对象的确定,是设置产品明细账(或称成本计算单)、归集生产费用,正确计算产品成本的前提。不同类型的企业由于生产特点和管理要求不同,成本计算对象也不一样,而不同的成本计算对象又决定了不同成本计算方法的特点。但是,不论采用哪种方法,最终都要按照产品品种计算出产品成本,因而按照产品计算成本,是产品成本计算的最基本方法。

2. 按成本项目在各个成本计算对象内归集和分配费用。计入产品成本的生产费用在生产过程中的用途是不同的。有的直接用于产品生产,如原材料、生产工人的工资,有的间接用于产品生产,如制造费用。为了具体地反映计入产品成本的生产费用的各种用途和产品成本的构成,还应该进一步划分为若干项目,即产品成本项目,把计入产品成本的生产费用按成本项目进行归集,计算成本。

制造业企业一般设立以下三个成本项目:

(1)原材料。亦称直接材料,是指直接用于产品生产、构成产品实体的原料、主要材料以及有助于产品形成的辅助材料。

(2)职工薪酬费。亦称直接人工,是指直接参加产品生产的工人工资以及按生产工人工资和规定比例计提的职工福利费等。

(3)制造费用。是指直接用于产品生产,但不便于计入产品成本,因而没有专设成本项目的费用(例如机器设备的折旧费用)和间接用于产品生产的各项费用(例如车间为组织管理生产所发生的费用等)。至于企业行政管理部门为组织和管理生产经营活动所发生的管理费用,应作为期间费用直接计入当期损益,而不计入产品生产成本。

上述成本项目中,直接材料和直接人工可以按照不同的成本计算单分别归集;制造费用在分不清属于哪种产品负担的情况下(即属于间接费用),可以采用一定的分配方法在受益产品间分摊。例如,可以按照生产工人的工资比例进行分配,分配过程如下:

$$制造费用分配率 = \frac{制造费用总额}{生产工人工资总额}$$

$$甲产品应分配的制造费用 = 甲产品的生产工人工资 \times 制造费用分配率$$

$$乙产品应分配的制造费用 = 乙产品的生产工人工资 \times 制造费用分配率$$

$$丙产品应分配的制造费用 = 丙产品的生产工人工资 \times 制造费用分配率$$

3. 计算产品生产成本。如果月末某种产品全部完工,各个成本计算单按照成本项目所汇集的费用总额就构成了产品的总成本,总成本除以该产品的当月产量,即为该产品的单位成本。

如果月末某种产品全部未完工，各个成本计算单按照成本项目所汇集的费用总额就是该种产品在产品的总成本。

如果月末某种产品一部分完工一部分未完工，各个成本计算单所汇集的费用总额还要采用适当的分配方法在完工产品和在产品之间进行分配，然后才能计算出完工产品的总成本和单位成本。生产费用如何在完工产品和在产品之间进行分配，是成本计算中一个既重要而又复杂的问题，关于这方面的问题将在成本会计课程中详细介绍。产品成本计算程序可用图 6-19 所示：

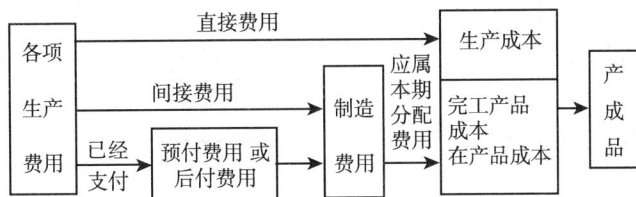

图 6-19　产品成本计算程序图

四、生产业务的记录举例

宏远生产厂生产甲、乙两种产品，生产中耗用 A、B 两种材料。该厂 2013 年 1 月 1 日开始正式投入生产运营，当月的生产业务和会计处理如下：

1. 该厂在月末编制出当月材料耗用汇总表，以便结转产品生产中的材料费用。材料耗用汇总表如表 6-2 所示。

表 6-2

材料耗用汇总表

材料别 产品别	A 材料		B 材料		金额合计
	数量（吨）	金额	数量（吨）	金额	
甲产品耗用	20	21 000	30	15 000	36 000
乙产品耗用	20	21 000	30	15 000	36 000
合　计	40	42 000	60	15 000	72 000

"原材料"减少的金额要按照 A、B 两种材料的明细账分别登记；"生产成本"增加的金额要按照甲、乙两种产品的成本计算单分别汇总。该厂会计部门根据上面的"材料耗用汇总表"所反映的原材料去向，作出会计分录如下：

借：生产成本——甲产品　　　　　　　　　　　　　　　　　36 000
　　　　　　　——乙产品　　　　　　　　　　　　　　　　　36 000
　　贷：原材料——A 材料　　　　　　　　　　　　　　　　　42 000
　　　　　　　——B 材料　　　　　　　　　　　　　　　　　30 000

2. 该厂人力资源部门确定的当月工资费用为 30 000 元，其中：生产甲产品的工人工资为 10 000 元，生产乙产品的工人工资为 10 000 元，车间管理人员的工资为 4 000 元，企业行政管理人员的工资为 6 000 元。

该厂会计部门按照人力资源部门的上述指令，作出会计分录如下：

借：生产成本——甲产品　　　　　　　　　　　　　　　　　　　　　10 000

　　　　　　——乙产品　　　　　　　　　　　　　　　　　　　　　10 000

　　制造费用　　　　　　　　　　　　　　　　　　　　　　　　　　4 000

　　管理费用　　　　　　　　　　　　　　　　　　　　　　　　　　6 000

　　贷：应付职工薪酬——工资　　　　　　　　　　　　　　　　　　　　30 000

3. 按照工资总额的 14% 提取当月职工福利费，其中：

生产甲产品工人应当计提的福利费 = 10 000 × 14% = 1 400（元）

生产乙产品工人应当计提的福利费 = 10 000 × 14% = 1 400（元）

车间管理人员应当计提的福利费 = 4 000 × 14% = 560（元）

企业行政管理人员应当计提的福利费 = 6 000 × 14% = 840（元）

计提职工福利费的会计分录如下：

借：生产成本——甲产品　　　　　　　　　　　　　　　　　　　　　1 400

　　　　　　——乙产品　　　　　　　　　　　　　　　　　　　　　1 400

　　制造费用　　　　　　　　　　　　　　　　　　　　　　　　　　560

　　管理费用　　　　　　　　　　　　　　　　　　　　　　　　　　840

　　贷：应付职工薪酬——福利费　　　　　　　　　　　　　　　　　　　4 200

4. 开出现金支票从银行提取 30 000 元现金，当天将工资发放完毕。会计分录如下：

借：应付职工薪酬——工资　　　　　　　　　　　　　　　　　　　　30 000

　　贷：银行存款　　　　　　　　　　　　　　　　　　　　　　　　　30 000

5. 该厂按照固定资产分类折旧率和不同类别的固定资产原值计算当月应当计提的固定资产折旧如下：

（1）车间用固定资产的当月折旧：

	固定资产原值	月折旧率	月折旧额的计算
房　屋	200 000	0.375%	20 000 × 0.375% = 750
机器设备	400 000	0.75%	40 000 × 0.75% = 3 000
合　计	600 000		3750

（2）厂部用固定资产的当月折旧：

	固定资产原值	月折旧率	月折旧额的计算
房　屋	100 000	0.375%	100 000 × 0.375% = 375
车　辆	180 000	1.5%	180 000 × 1.5% = 2 700
合　计	280 000		3 075

计提折旧的会计分录如下：

借：制造费用　　　　　　　　　　　　　　　　　　　　　　　　　3 750

管理费用　　　　　　　　　　　　　　　　　　　　3 075
　　贷：累计折旧　　　　　　　　　　　　　　　　　　　　6 825

6. 月末该厂将本月发生的制造费用按照生产工人工资标准分配结转到甲、乙两种产品的生产成本。

本月共发生的制造费用通过"制造费用"账户揭示如图 6 - 20 所示。

借方		制造费用	贷方
工资费用	4 000		
计提福利费	560		
计提折旧	3 750		
	8 310		

图 6 - 20

$$制造费用分配率 = \frac{制造费用总额}{生产工人工资总额} = \frac{8\ 310}{20\ 000} = 0.4155$$

甲产品应当承担的制造费用 = 生产甲产品工人的工资 × 制造费用分配率

$$= 10\ 000 \times 0.4155$$

$$= 4\ 155（元）$$

乙产品应当承担的制造费用 = 生产乙产品工人的工资 × 制造费用分配率

$$= 10\ 000 \times 0.4155$$

$$= 4\ 155（元）$$

会计分录如下：

借：生产成本——甲产品　　　　　　　　　　　　　　　4 155
　　　　　　——乙产品　　　　　　　　　　　　　　　4 155
　　贷：制造费用　　　　　　　　　　　　　　　　　　　　8 310

7. 月末甲产品 10 箱已经全部完工入库，乙产品尚在继续加工。甲、乙两产品的成本计算单与"生产成本"账户之间的关系如图 6 - 21：

生产成本	
直接材料	72 000
直接工资	22 800
制造费用	8 310
本月合计	103 110

图 6 - 21

该厂根据甲产品完工成本做出会计分录如下：

借：库存商品——甲产品　　　　　　　　　　　　　　51 555
　　贷：生产成本——甲产品　　　　　　　　　　　　　　　51 555

上列有关产品生产业务的会计分录登账结果，用图 6 - 22 表示如下：

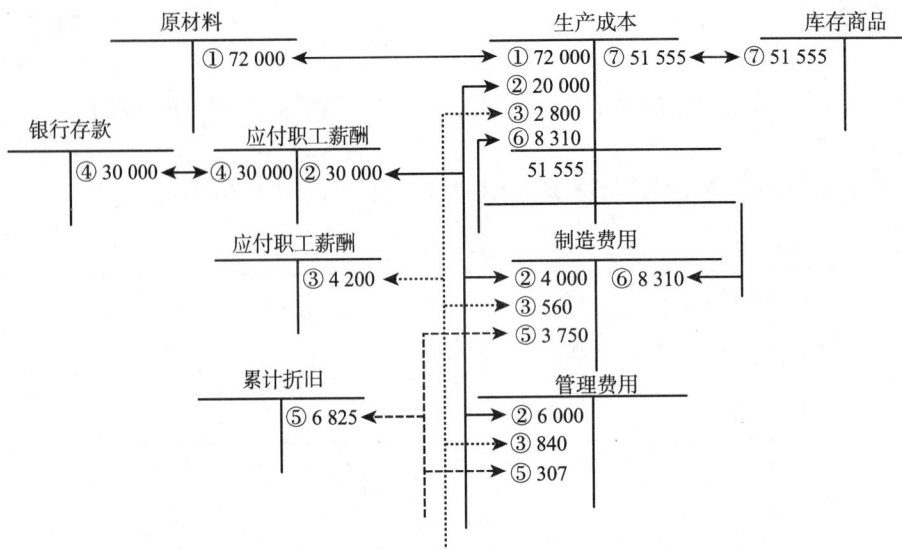

图 6-22

第四节 销售过程的核算

一、销售过程的核算内容

产品销售过程是产品价值的实现过程，是企业生产经营过程的最后一个阶段。在销售过程中，一方面企业要将制造完工的产成品及时地销售给购买单位；另一方面按照销售价格向购买单位收取货款。企业销售产品，取得销售收入，意味着企业的经营资金已从产成品资金形态转化为货币资金形态，完成了一次资金周转。

在产品销售过程中，企业要确认产品销售收入的实现，收回货款或取得收款权；计算和收回销项税额；为计算销售成果，还必须确定并结转销售成本；归集产品销售费用等。因此，产品销售过程业务核算的主要内容可表述如下：

1. 确认和记录销售收入：只要产品已经发出，同时收讫价款或取得收取价款的凭据，就可以确认销售收入的实现。

2. 计算和收取增值税（销项税额）：在销售产品取得收入的同时，应按照税法规定准确计算应当收取的增值税销项税额。

3. 确定并结转产品销售成本：在销售产品取得销售收入的同时，对销售产品生产成本进行同步结转，以配合相应的销售收入来计量损益。

4. 归集产品销售费用：产品销售费用是为销售产品所发生的相关费用，如包装费、运输费、装卸费、保险费、展览费、广告费等，准确地归集销售费用是销售业务核算的基础性工作。

二、产品销售业务记录的账户设置

为了准确核算企业销售产品和提供劳务所发生的收入，以及货款结算、税金交纳等项财务事项，企业应设置以下主要账户：

1. "主营业务收入"账户。"主营业务收入"账户是用以核算企业销售商品、产品、提供劳务和让渡资产使用权等日常活动中所产生的收入的账户。该账户属于损益类中的收入账户，其贷方登记确认实现的销售收入；借方登记发生销售退回和销售折让等原因所形成的销售收入的减少（销售退回也可以在贷方用红字登记）；期末该账户不留余额，全部从借方转入"本年利润"账户。"主营业务收入"账户应按照产品的品种（或劳务）设置明细账，进行明细分类核算。"主营业务收入"账户的结构可用图6-23表示：

借方	主营业务收入	贷方
（1）销售退回和销售折让应冲减的产品销售收入 （2）期末转入"本年利润"的产品销售收入	本期实现的产品销售收入	

图 6 - 23

2. "主营业务成本"账户。"主营业务成本"账户是用以核算企业销售商品、产品、提供劳务或让渡资产使用权等日常活动所发生的成本的账户。该账户属于损益类中的成本费用账户，借方登记已销售产品的实际成本；贷方登记期末转入"本年利润"账户当期全部销售成本；该账户期末结转后没有余额。"主营业务成本"账户应按照产品的类别（或劳务）设置明细账，进行明细分类核算。"主营业务成本"账户的结构可用图6-24表示：

借方	主营业务成本	贷方
转入本期已销产品的生产成本	期末转入"本年利润"账户的本期已销售产品的生产成本	

图 6 - 24

3. "销售费用"账户。"销售费用"账户是用以核算企业在商品、产品销售过程中所发生的各种费用（如运输费、装卸费、包装费、广告费、保险费、展览费和为销售本企业产品而专设的销售机构的职工工资及福利费等）的账户。该账户属于损益类中的成本费用账户，其借方登记销售产品而发生的各种销售费用；贷方登记期末转入"本年利润"账户的数额；该账户期末结转后没有余额。本账户一般不进行明细分类核算。"销售费用"账户的结构可用图6-25表示：

借方	销售费用	贷方
本期发生的各种销售费用	期末转入"本年利润"账户的本期销售费用	

图 6 - 25

4. "营业税金及附加"账户。"营业税金及附加"账户是用以核算企业日常活动应负担的税金及附加（如营业税、消费税、资源税、城市维护建设税、土地增值税和教育费附加等）的账户。该账户属于损益类中的成本费用账户，其借方登记企业本期按规定税率应当缴纳的主营业务税金及附加；贷方登记期末转入"本年利润"账户的数额；该账户期末结转后没有余额。本账户一般不进行明细分类核算。"营业税金及附加"账户的结构可用图6-26表示：

借方	营业税金及附加	贷方
本期应当计算的营业税金及附加	期末转入"本年利润"账户的本期主营业务税金及附加	

图 6-26

5. "应收账款"账户。"应收账款"账户是用以记录企业因销售产品或提供劳务，应向购货单位或接受劳务单位收取的款项。该账户属于资产类账户，其借方登记企业在销售过程中发生的应收款项；贷方登记已收回的应收款项和已确认为坏账的应收款项；期末余额在借方，表示尚未收回的应收款项。本账户应按照不同的收款单位设置明细分类账，进行明细分类核算。"应收账款"账户的结构可用图6-27表示：

借方	应收账款	贷方
销售产品发生的应收账款	已收回的应收账款和已确认为坏账的应收账款	
余额：尚未收回的应收账款		

图 6-27

6. "应收票据"账户。企业销售产品，如果购买单位是用商业承兑汇票或银行承兑汇票来结算时，企业应设置"应收票据"账户用以核算企业与购买单位开出的商业汇票的结算情况。该账户属于资产类账户，企业收到购买单位开出的票据，表明企业应收票据款的增加，应登记在"应收票据"的借方；汇票到期收回购买单位款，表明企业应收票据款的减少，应登记在"应收票据"的贷方；期末如有余额在借方，表示尚未到期的票据应收款项。"应收票据"账户的结构可用图6-28表示：

借方	应收票据	贷方
本期增加的票据应收款	本期收回的票据应收款	
余额：期末尚未收回的票据应收款		

图 6-28

7. "预收账款"账户。"预收账款"账户是用以核算企业预收货款的发生与偿付情况。该账户属于负债类账户，发生预收货款，意味着企业负债的增加，应贷"预收账款"账户；企业用产品或劳务抵偿预收货款时，意味着企业负债的减少，应借记"预收账款"账户；期末余额在贷方，表示尚未用产品或劳务偿付的预收账款。本账户应按照购买单位名称设置明细账，进行明细分类核算。"预收账款"账户的结构可用图6-29表示：

借方	预收账款	贷方
用产品或劳务偿付的预收账款	发生的预收账款	
	余额：尚未偿付的预收账款	

图 6 – 29

三、产品销售业务的记录举例

新星造纸厂 2013 年 1 月末 100 箱甲产品完工入库后立即组织销售，每箱售价 20 000 元，增值税税率为 17%，有以下业务需要进行会计处理：

1. W 公司用银行转账支票购买了 20 箱甲产品，并自带车辆运走。新星造纸厂会计部门开出的增值税专用发票上注明：价款 400 000 元，增值税 68 000 元，价税合计 468 000 元。

分析：这项经济业务的发生，一方面使企业的银行存款增加 468 000 元；另一方面使企业的主营业务收入增加 400 000 元，应交增值税增加 68 000 元，涉及"银行存款"、"主营业务收入"、"应交税费——应交增值税"三个账户。其中，银行存款的增加是企业资产（债权）的增加，应记入"银行存款"的借方。

新星造纸厂的会计分录如下：

借：银行存款 468 000
　　贷：主营业务收入——甲产品 400 000
　　　　应交税费——应交增值税（销项税额） 68 000

2. 新星造纸厂与 M 公司签订了赊销合同，合同规定，M 公司按每箱 20 000 元的价格购买新星造纸厂的甲产品 30 箱，货款与增值税额保证在 10 天支付。新星造纸厂会计部门开出的增值税专用发票上注明：价款 600 000 元，增值税 102 000 元，价税合计 702 000 元。

分析：这项经济业务的发生，一方面使企业的应收账款增加 702 000 元；另一方面使企业的主营业务收入增加 600 000 元，应交增值税增加 102 000 元，涉及"应收账款"、"主营业务收入"、"应交税费——应交增值税"三个账户。其中，应收账款的增加是企业资产（债权）的增加，应记入"应收账款"的借方。

新星造纸厂的会计分录如下：

借：应收账款——M 公司 702 000
　　贷：主营业务收入——甲产品 600 000
　　　　应交税费——应交增值税（销项税额） 102 000

3. 新星造纸厂收到了 M 公司的转账支票，金额为 702 000 元。

分析：这项经济业务的发生，一方面使企业的应收账款减少 702 000 元；另一方面使企业的银行存款增加 702 000 元，涉及"银行存款"、"应收账款"两个账户。其中，银行存款的增加是企业资产（债权）的增加，应记入"银行存款"的借方，应收账款的减少是企业资产的减少，应记入"应收账款"的贷方。

新星造纸厂收账的会计分录如下：

借：银行存款 702 000
　　贷：应收账款——M 公司 702 000

4. 收到 H 公司预付购买甲产品的货款 800 000 元，已存入银行。

分析：这项经济业务的发生，一方面使企业的银行存款增加 800 000 元；另一方面使企业预收款项增加 800 000 元。预收款项的增加是负债的增加，应记入"预收账款"账户的贷方。这项经济业务的会计分录如下：

借：银行存款　　　　　　　　　　　　　　　　　　　　　　800 000
　　贷：预收账款——H 公司　　　　　　　　　　　　　　　　　800 000

5. 采用商业汇票结算方式向 K 公司销售甲产品 50 箱，价款 1 000 000 元，应收增值税销项税额 170 000 元，收到该公司签发的商业承兑汇票，汇票 6 个月以后到期。

分析：这项经济业务的发生，一方面使企业的应收票据款增加 1 170 000 元；另一方面使企业的主营业务收入增加 1 000 000 元，应交增值税增加 170 000 元，涉及"应收票据"、"主营业务收入"、"应交税费——应交增值税"三个账户。其中，应收票据的增加是企业资产（债权）的增加，应记入"应收票据"的借方。这项经济业务的会计分录如下：

借：应收票据　　　　　　　　　　　　　　　　　　　　　1 170 000
　　贷：主营业务收入——甲产品　　　　　　　　　　　　　　1 000 000
　　　　应交税费——应交增值税（销项税额）　　　　　　　　　170 000

6. 该厂用银行存款支付产品宣传广告费 20 000 元。根据广告费收据的会计分录为：

分析：这项经济业务的发生，一方面使企业的销售费用增加 20 000 元；另一方面使企业的银行存款减少 20 000 元，涉及"销售费用"、"银行存款"两个账户。其中，销售费用的增加是企业费用的增加，应记入"销售费用"的借方，银行存款的减少是企业资产的减少，应记入"银行存款"的贷方。这项经济业务的会计分录如下：

借：销售费用　　　　　　　　　　　　　　　　　　　　　　20 000
　　贷：银行存款　　　　　　　　　　　　　　　　　　　　　　20 000

7. 该厂利用产成品明细账，计算已经销售出去的甲产品生产成本，以核算甲产品的销售成本。产品明细账的基本格式如下：

产品名称	计量单位	期初结存		本期完工入库		本月销售		期末结存	
		数量	总成本	数量	总成本	数量	总成本	数量	总成本
甲产品	箱			100	515 550	50	257 775	50	257 775

将销售产品的 257 775 元生产成本转为"主营业务成本"的会计分录如下：

借：主营业务成本——甲产品　　　　　　　　　　　　　　　257 775
　　贷：库存商品——甲产品　　　　　　　　　　　　　　　　257 775

8. 该厂计算并缴纳增值税，增值税通过银行结转给税务局。"应交税费——应交增值税"账户已经记载如下事项：

借方	应交税费——应交增值税	贷方
进项税额 68 000 + 51 000 = 119 000（元）		销项税额 68 000 + 102 000 + 170 000 = 340 000（元）

由于销项税额大于进项税额 221 000 元（340 000 - 119 000），所以企业应当向税务局缴纳 221 000 元的税金。

缴纳税款后，该厂会计部门根据税单做会计分录如下：

借：应交税费——应交增值税（已交税金）   221 000

    贷：银行存款   221 000

上述八项销售业务的会计处理可用图 6-30 表示如下：

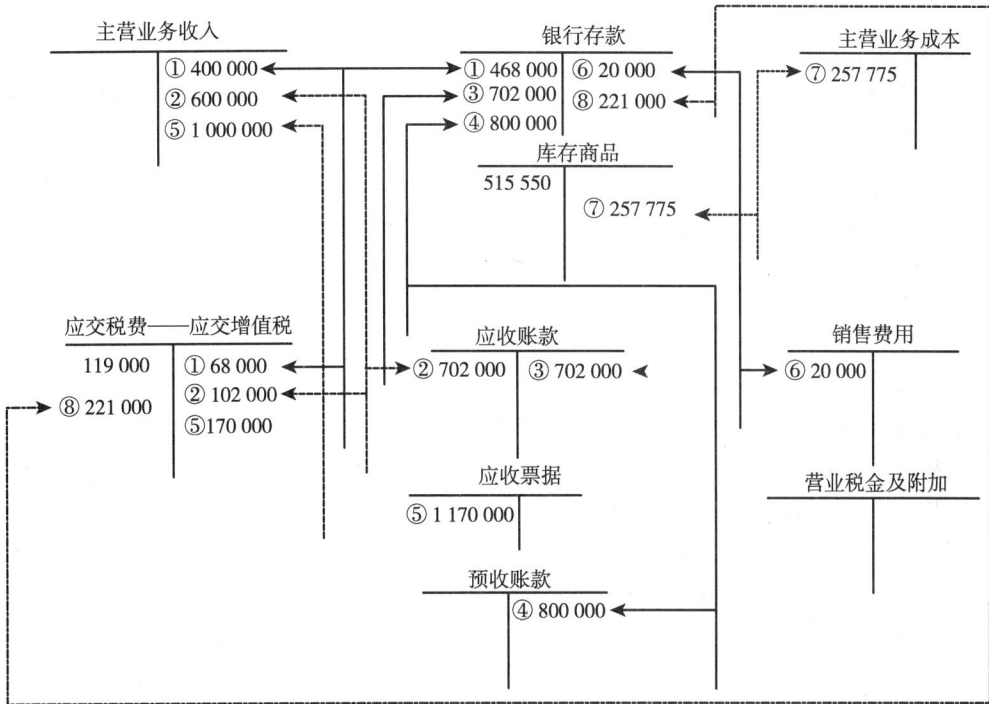

图 6-30

四、坏账及其处理

企业的各种应收款项可能由于一些无法控制的因素而导致企业款项无法收回。企业应当在资产负债表日对应收款项的账面价值进行检查，如果有客观证据表明该应收款项发生减值的，应当将该应收款项的账面价值减记至预计未来现金流量现值，减记的金额确认减值损失，计提坏账准备。

企业应当设置"坏账准备"科目来核算应收款项的坏账准备计提、转销等情况。企业当期计提的坏账准备应当计入资产减值损失。"坏账准备"科目的贷方登记当期计提的坏账准备金额，借方登记实际发生的坏账损失金额和冲减的坏账准备金额，期末余额一般在贷方，反映企业已计提但尚未转销的坏账准备。

坏账准备的计提可按以下公式计算：当期应计提的坏账准备 = 当期按应收款项计算应提坏账准备金减去（或加上）"坏账准备"科目的贷方（或借方）余额。企业计提坏账准备时，按应减记的金额，借记"资产减值损失——计提的坏账准备"科目，贷记"坏账准备"科目。冲减多计提的坏账准备时，借记"坏账准备"科目，贷记"资产减值损失——计提的坏账准备"科目。

企业确实无法收回的应收款项按管理权限报经批准后作为坏账转销时，应当冲减已计提的坏账准备。已确认并转销的应收款项以后又收回的，应当按照实际收到的金额增加坏账准备的账面余额。已确认并转销的应收款项以后又收回时，借记"应收账款"、"其他应收款"等科目，贷记"坏账准备"科目；同时，借记"银行存款"科目，贷记"应收账款"、"其他应收款"等科目。也可以按照实际收回的金额，借记"银行存款"科目，贷记"坏账准备"科目。

1. 2010年12月31日新飞有限责任公司对鼎天公司所欠的应收账款进行减值测试，其余额合计为1 000 000元。新飞有限责任公司根据鼎天公司的商业信用确定按10%计提坏账准备。2011年新飞有限责任公司对鼎天公司的应收账款实际发生坏账损失30 000元。新飞有限责任公司2011年年末应收鼎天公司的账款余额为1 200 000元，经减值测试，新飞有限责任公司决定仍按10%计提坏账准备。相关会计处理如下：

（1）2010年年末计提坏账准备的会计分录为：

借：资产减值损失——计提的坏账准备　　　　　　　　　　100 000
　　贷：坏账准备　　　　　　　　　　　　　　　　　　　　　100 000

（2）2011年实际发生坏账损失时：

借：坏账准备　　　　　　　　　　　　　　　　　　　　　　30 000
　　贷：应收账款　　　　　　　　　　　　　　　　　　　　　30 000

（3）2011年年末计提坏账准备的会计分录为：

借：资产减值损失——计提的坏账准备　　　　　　　　　　50 000
　　贷：坏账准备　　　　　　　　　　　　　　　　　　　　　50 000

新飞有限责任公司"坏账准备"科目应保持的贷方余额为120 000（1 200 000×10%）元；计提坏账准备前，"坏账准备"科目的实际余额为贷方70 000（100 000 – 30 000）元，因此本年年末应计提的坏账准备金额为50 000（120 000 – 70 000）元。

2. 新飞有限责任公司2011年9月10日收到2009年已转销的一笔坏账50 000元，已存入银行。新飞有限责任公司应作如下会计处理：

借：应收账款　　　　　　　　　　　　　　　　　　　　　　50 000
　　贷：坏账准备　　　　　　　　　　　　　　　　　　　　　50 000
借：银行存款　　　　　　　　　　　　　　　　　　　　　　50 000
　　贷：应收账款　　　　　　　　　　　　　　　　　　　　　50 000

或：

借：银行存款　　　　　　　　　　　　　　　　　　　　　　50 000
　　贷：坏账准备　　　　　　　　　　　　　　　　　　　　　50 000

第五节　利润形成与分配的核算

一、利润形成与分配的核算的主要内容

财务成果是企业在一定时期的经营成果在财务上的最终体现，也就是通常所说的企业的利润或亏损，统称为盈亏。对于一个企业来说，在一定时期内，其收入大于支出的差额称为利润，收入小于支出的差额称为亏损。工业企业在产品销售过程中实现的销售利润（或亏

损），是企业生产经营成果的一个主要部分，但并不是最终的财务成果。企业最终的财务成果表现为利润净额（即所得税后利润）。企业税前利润称为利润总额。企业利润总额由两部分组成：营业利润、营业外收支净额。其关系为：

净利润＝利润总额－所得税费用

利润总额＝营业利润＋营业外收入－营业外支出

营业利润＝主营业务收入－主营业务成本－销售费用－营业税金及附加＋其他业务收入－其他业务成本－管理费用－财务费用－资产减值损失＋投资收益

企业实现的净利润（即所得税后利润），要按照国家有关规定进行分配：弥补以前年度亏损、提取盈余公积金（按照弥补亏损后的剩余净利润的10%提取法定盈余公积）、向投资者分配利润等。其程序如图6－31所示：

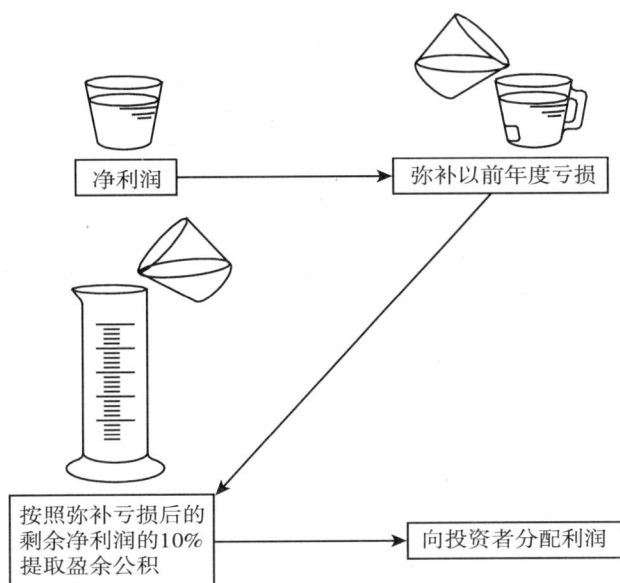

图 6－31

因此，确定企业实现的利润和对利润进行分配，就构成了企业财务成果业务记录和计算的主要内容。

二、财务成果业务记录的账户设置

为了核算和监督利润总额及利润的分配，应设置如下主要账户：

1. "本年利润"账户。"本年利润"账户是用以核算和监督企业在本年内实现的利润（或亏损）总额的账户。该账户属于所有者权益类账户，贷方登记期末从"主营业务收入"、"其他业务收入"、"投资收益"、"营业外收入"等账户转入的各项收入；借方登记期末从"主营业务成本"、"其他业务成本"、"销售费用"、"管理费用"、"财务费用"、"营业税金及附加"、"营业外支出"、"所得税费用"账户中转入的各项费用与支出；"本年利润"账户余额可在借方，也可在贷方，借方余额反映本期发生的亏损，贷方余额反映本期实现的净利润额。无论亏损还是盈利，年末都必须将其余额转入"利润分配"账户，"本年利润"账户不保留年末余额。"本年利润"账户的结构可用图 6 – 32 表示：

借方	本年利润	贷方
期末转入的各损益类账户的借方发生额		期末转入的各损益类账户的贷方发生额
余额：本期发生的亏损额		余额：本期实现的净利润

图 6 – 32

2. "投资收益"账户。"投资收益"账户是用以核算企业对外投资取得的投资收入或发生的投资损失的账户。该账户属于损益类账户，贷方登记对外投资所取得的收入；借方登记对外投资发生的损失；期末将余额（借方或贷方）分别转入"本年利润"账户的贷方（或借方），本账户结转后无余额。"投资收益"账户的结构可用图 6 – 33 表示：

借方	投资收益	贷方
对外投资发生的损失		对外投资取得的收入

图 6 – 33

3. "营业外收入"账户。"营业外收入"账户是用以核算发生的与企业生产经营活动没有直接关系的各项收入的账户。该账户属于损益类账户，贷方登记发生的各项营业外收入；借方登记期末转入"本年利润"账户的营业外收入，结转后该账户应无余额。该账户应按收入项目设置明细账，进行明细分类核算。"营业外收入"账户的结构可用图 6 – 34 表示：

借方	营业外收入	贷方
期末转入"本年利润"账户的营业外收入		取得的各项营业外收入

图 6 – 34

4. "营业外支出"账户。"营业外支出"账户是用以核算发生的与企业生产经营活动没有直接关系的各项支出的账户。该账户属于损益类账户，借方登记发生的各项营业外支出；贷方登记期末转入"本年利润"账户的营业外支出，结转后该账户应无余额。该账户应按费用项目设置明细账，进行明细分类核算。"营业外支出"账户的结构可用图 6 – 35 表示：

借方	营业外支出	贷方
发生的各项营业外支出		期末转入"本年利润"账户的营业外支出

图 6 – 35

5. "所得税"账户。"所得税"账户是用以核算企业按照规定的税率计算并交纳税款的账户。该账户属于损益类账户，借方登记企业应计入本期损益的所得税额；贷方登记期末转

入"本年利润"账户的所得税额，结转后该账户应无余额。"所得税"账户的结构可用图
6-36表示：

借方	所得税费用	贷方
应计入本期损益的所得税额	期末转入"本年利润"账户的所得税额	

图 6-36

6. "利润分配"账户。"利润分配"账户是用以核算企业利润分配和记载历年来净利润的账户。该账户属于所有者权益类账户，借方登记提取盈余公积、向投资者分配利润等；贷方登记年末从"本年利润"账户转入的净利润。如果企业发生年度亏损，从"本年利润"转入的亏损额则登记在借方。期末贷方余额表示尚未分配的利润。该账户应设置"提取盈余公积"、"应付利润"、"未分配利润"等明细账户，进行明细分类核算。"利润分配"账户的结构可用图6-37表示：

借方	利润分配	贷方
实际分配的利润数： （1）提取盈余公积金 （2）向投资者分配的利润	年末从"本年利润"账户转入的全年实现的净利润	
	余额：尚未分配的净利润	

图 6-37

7. "盈余公积"账户。"盈余公积"账户是用以核算企业从净利润中提取盈余公积金的账户。该账户属于所有者权益类账户，贷方登记从净利润中提取的盈余公积金；借方登记盈余公积金的支用，如转增资本金、弥补亏损等，期末余额在贷方，表示盈余公积金的结余数额。"盈余公积"账户的结构可用图6-38表示：

借方	盈余公积	贷方
盈余公积金的支用数	从净利润中提取的盈余公积金	
	余额：盈余公积累计结余	

图 6-38

8. "应付股利"账户。"应付股利"账户是用以核算监督企业应付给投资者利润的账户。该账户属于负债类账户，贷方登记企业计算出的应支付给投资者的利润；借方登记实际支付给投资者的利润，期末余额如在贷方，表示应付而尚未支付的利润；如在借方，表示多支付的利润。"应付股利"账户的结构可用图6-39表示：

借方	应付股利	贷方
实际支付给投资者的利润或股利	计算出应支付给投资者的利润或股利	
余额：多付的利润或股利	余额：尚未支付的应付利润或股利	

图 6-39

三、财务成果业务记录和计算举例

新星造纸厂 2012 年年末各个有关损益类账户的全年发生额为：

账户名称	借方金额	贷方金额
主营业务收入		7 280 000
主营业务成本	4 122 000	
销售费用	600 000	
营业税金及附加	15 000	
管理费用	900 000	
财务费用	100 000	
投资收益		20 000
营业外收入		30 000
营业外支出	55 000	
所得税费用	350 000	

1. 年度末，将所有损益类账户余额转入"本年利润账户"。根据上述资料，期末结转利润的账务处理如下：

（1）将所有损益类账户的贷方余额从该账户借方转入"本年利润"账户的贷方。这笔业务引起收入和所有者权益两个要素一增一减，其中所有者权益类账户"本年利润"增加，损益类账户金额减少。这项业务涉及"本年利润"、"主营业务收入"、"投资收益"、"营业外收入"四个账户，应编制会计分录如下：

借：主营业务收入   7 280 000
  投资收益   20 000
  营业外收入   30 000
   贷：本年利润   7 330 000

（2）将所有损益类成本费用账户的借方余额从该账户贷方转入"本年利润"账户的借方。

这笔业务的发生引起所有者权益和成本费用两个要素同时减少。所有者权益类账户"本年利润"减少，应记入其借方；损益类账户金额的减少，应记入其贷方。这笔业务涉及"本年利润"、"主营业务成本"、"销售费用"、"营业税金及附加"、"管理费用"、"财务费用"、"营业外支出"和"所得税费用"八个账户，应编制会计分录如下：

借：本年利润   6 142 000
  贷：主营业务成本   4 122 000
    销售费用   600 000
    营业税金及附加   15 000
    管理费用   900 000
    财务费用   100 000
    营业外支出   55 000
    所得税费用   350 000

2. 根据"本年利润"的借方、贷方发生额计算税前利润。

税前利润 =（7 280 000 + 20 000 + 30 000）–（4 122 000 + 600 000 + 15 000 + 900 000 + 100 000 + 55 000）= 7 330 000 – 5 792 000 = 1 538 000（元）

当年应交企业所得税为：1 538 000 × 25% = 384 500（元）

税后净利 = 1 538 000 – 384 500 = 1 153 500（元）

当年应补提企业所得税：384 500 – 350 000 = 34 500（元）

补提企业所得税的会计分录如下：

借：所得税费用   34 500

 贷：应交税费——应交所得税   34 500

结转补提企业所得税的会计分录如下：

借：本年利润   34 500

 贷：所得税费用   34 500

上述两项利润形成业务的会计处理可用图 6 – 40 表示如下：

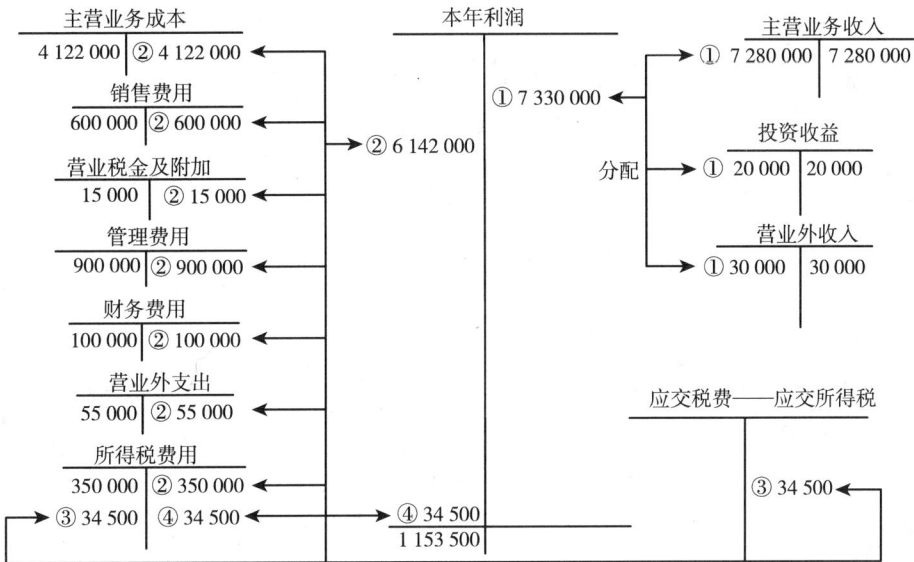

图 6 – 40

3. 该厂按照税后利润的 10% 提取法定盈余公积金。应提取的法定盈余公积金 = 1 153 500 × 10% = 115 350（元）

该项经济业务的发生，一方面使企业利润分配数额增加 115 350 元；另一方面使盈余公积金增加 115 350 元。利润分配的增加是所有者权益中利润的减少，应记入"利润分配"账户的借方；盈余公积金的计提是所有者权益中盈余公积金的增加，应记入"盈余公积"账户的贷方。可见，这项经济业务的发生，引起的是所有者权益的两个项目此增彼减的变化，涉及"利润分配"和"盈余公积"两个账户，应编制会计分录如下：

借：利润分配——提取盈余公积   115 350

 贷：盈余公积   115 350

4. 年末，该厂决定分配给投资者利润 800 000 元。这项经济业务的发生，一方面使利润分配数额增加 800 000 元；另一方面使企业应付投资者的利润增加 800 000 元，涉及"利润

"分配"和"应付股利"两个账户。利润分配的增加是所有者权益中利润的减少,应记入"利润分配"账户的借方;应付利润的增加是负债的增加,应记入"应付股利"账户的贷方。这项业务应编制会计分录如下:

借:利润分配——应付股利 800 000
　　贷:应付股利 800 000

5. 年末,结转全年实现的净利润 1 153 500 元。这项转账业务,就是将该厂全年实现的净利润 1 153 500 元从"本年利润"账户借方转入"利润分配"账户贷方。因此,应编制会计分录如图 6 - 41:

借:本年利润 1 153 500
　　贷:利润分配——未分配利润 1 153 500

以上三笔利润分配业务的会计处理如图 6 - 41 所示:

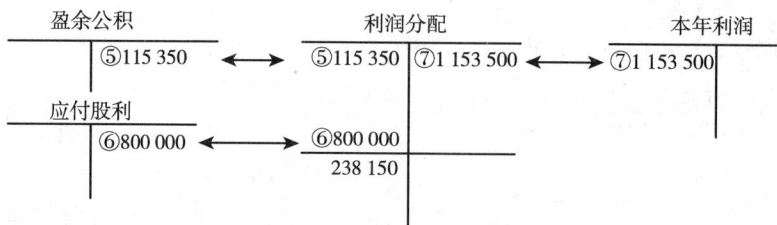

图 6 - 41

6. 年末,将"利润分配"下其他明细账户的本期发生额转入"利润分配——未分配利润"明细账户。

会计分录如下:

借:利润分配——未分配利润 915 350
　　贷:利润分配——提取盈余公积 115 350
　　　　　　　——应付股利 800 000

自己动手

孙明于 2012 年 5 月,以每月 2 000 元租用一间店面,投资创办了天原贸易有限公司,主要经营各种服装的批发兼零售。5 月 1 日,孙明以公司名义在银行开立账户,存入 100 000 元作为资本,用于经营。由于孙明不懂会计,他除了将所有的发票等单据都收集保存起来以外,没有作任何其他记录。到月底,孙明发现公司的存款反而减少,只剩下 58 987 元,外加 643 元现金。

另外,尽管客户赊欠的 13 300 元尚未收现,但公司也有 10 560 元货款尚未支付。除此之外,实地盘点库存服装,价值 25 800 元。孙明开始怀疑自己的经营,前来向你请教。对孙明保存的所有单据进行检查分析,汇总一个月情况显示:

1. 投资银行存款 100 000 元。

2. 内部装修及必要的设施花费 20 000 元,均已用支票支付。

3. 购入服装两批,每批价值 35 200 元,其中第一批为现金购入,第二批购入,赊欠价款的 30%。

4. 1~31 日零售服装收入共计 38 800 元，全部收现，存入开户银行。

5. 1~31 日批发服装收入共计 25 870 元，其中赊销 13 300 元，其余的货款收入均存入银行。

6. 支票支付店面租金 2 000 元。

7. 本月份从存款户提取现金五次共计 10 000 元，其中 4 000 元支付雇佣的店员工资，5 000 元用作个人生活费，其余备日常零星开支。

8. 本月水电费 543 元，支票支付。

9. 电话费 220 元，用现金支付。

10. 其他各种杂费 137 元，用现金支付。

试根据你所掌握的会计知识，结合天原公司的具体业务：（1）替孙明记账；（2）向孙明报告公司的财务状况，解答其疑惑，评述其经营业绩。

四、交易性金融资产的会计处理（会计证考试必修）

1. 交易性金融资产取得。企业取得交易性金融资产时，应当按照该金融资产取得时的公允价值作为其初始确认金额，记入"交易性金融资产——成本"科目。取得交易性金融资产所支付价款中包含了已宣告但尚未发放的现金股利或已到付息期但尚未领取的债券利息的，应当单独确认为应收项目，记入"应收股利"或"应收利息"科目。

取得交易性金融资产所发生的相关交易费用应当在发生时计入投资收益。交易费用是指可直接归属于购买、发行或处置金融工具新增的外部费用，包括支付给代理机构、咨询公司、券商等的手续费和佣金及其他必要支出。

2013 年 5 月 10 日，新飞有限责任公司从深圳证券交易所购入某上市公司股票 500 万股，并将其划分为交易性金融资产。该笔股票投资在购买目的公允价值为 1 000 万元。另支付相关交易费用金额为 5 万元。

新飞有限责任公司应作如下会计处理：

（1）2013 年 5 月 10 日，购买股票时：

借：交易性金融资产——成本　　　　　　　　　　　　　　　　　　10 000 000
　　贷：银行存款　　　　　　　　　　　　　　　　　　　　　　　　　10 000 000

（2）支付相关交易费用时：

借：投资收益　　　　　　　　　　　　　　　　　　　　　　　　　　50 000
　　贷：银行存款　　　　　　　　　　　　　　　　　　　　　　　　　　50 000

2. 交易性金融资产的现金股利和利息。企业持有交易性金融资产期间对于被投资单位宣告发放的现金股利或企业在资产负债表日按分期付息、一次还本债券投资的票面利率计算的利息收入，应当确认为应收项目，记入"应收股利"或"应收利息"科目，并计入"投资收益"。

2013 年 1 月 8 日，新飞有限责任公司购入鼎天公司发行的公司债券，该债券于 2009 年 7 月 1 日发行，面值为 2 500 万元，票面利率为 4%，债券利息按年支付。新飞有限责任公司将其划分为交易性金融资产，支付价款为 2 600 万元（其中包含已宣告发放的债券利息 50 万元），另支付交易费用 30 万元。2013 年 2 月 5 日，新飞有限责任公司收到该笔债券利息 50 万元。2014 年 2 月 10 日，新飞有限责任公司收到债券利息 100 万元。新飞有限责任公司应作如下会计处理：

（1）2013 年 1 月 8 日，购入鼎天公司的公司债券时：

借：交易性金融资产——成本	25 500 000	
应收利息	500 000	
投资收益	300 000	
贷：银行存款		26 300 000

（2）2013 年 2 月 5 日，收到购买价款中包含的已宣告发放的债券利息时：

借：银行存款	500 000	
贷：应收利息		500 000

（3）2013 年 12 月 31 日，确认鼎天公司的债券利息收入时：

借：应收利息	1 000 000	
贷：投资收益		1 000 000

（4）2014 年 2 月 10 日，收到鼎天公司的债券利息时：

借：银行存款	1 000 000	
贷：应收利息		1 000 000

注意：取得交易性金融资产所支付价款中包含了已宣告但尚未发放的债券利息 500 000 元，应当记入"应收利息"科目，不记入"交易性金融资产"科目。

3. 交易性金融资产的处置。企业在出售交易性金融资产时，应当将该金融资产出售时的公允价值与其初始入账金额之间的差额确认为投资收益，同时调整公允价值变动损益。

企业应按实际收到的金额，借记"银行存款"等科目，按该金融资产的账面余额，贷记"交易性金融资产"科目，按其差额，贷记或借记"投资收益"科目。同时，将原计入该金融资产的公允价值变动转出，借记或贷记"公允价值变动损益"科目，贷记或借记"投资收益"科目。

假定 2014 年 1 月 15 日，新飞有限责任公司出售了所持有的鼎天公司的公司债券，售价为 2 570 万元。新飞有限责任公司应作如下会计处理：

借：银行存款	25 700 000	
贷：交易性金融资产——成本		25 500 000
——公允价值变动		100 000
投资收益		100 000

同时，

借：公允价值变动损益	100 000	
贷：投资收益		100 000

在本例中，企业出售交易性金融资产时，还应将原计入该金融资产的公允价值变动转出，即出售交易性金融资产时，应按"公允价值变动"明细科目的贷方余额 100 000 元，借记"公允价值变动损益"科目，贷记"投资收益"科目。

【本章小结】

1. 制造企业从采购材料开始，到材料投入生产经过加工制造出产品，将完工产品销售出去的整个过程，称为生产经营过程。

2. 为了全面、连续、系统地反映和监督企业主要经济业务所组成的生产经营活动过程和结果，企业必须根据各项经济业务的具体内容和管理要求，相应地设置不同的账户，并运用借贷记账法，对各项经济业务的发生情况进行账务处理，以提供管理上所需要的各种会计信息。

3. 从企业所有者处筹集的资金，即投资者的资本金，通常称之为实收资本；从企业债权人处筹集的资金，属于企业的负债，如银行借款、应付债券等。

4. "材料采购"账户是为了核算企业购入的各种材料物资的采购成本而设立的资产类账户。

5. 固定资产应按取得时的实际成本（即原始价值）入账，实际成本是指为购建某项固定资产达到可使用状态前所发生的一切合理、必要的支出，包括买价、运杂费、包装费和安装费等。

6. 会计必须将生产过程中发生的所有生产费用，归集、分配到各种产品上去。按一定对象归集的生产费用就是各该对象的生产成本。

7. "生产成本"账户是用来核算产品生产过程中所发生的各项费用，确定产品实际生产成本，并反映产品资金占用情况的账户。

8. 在产品销售过程中，企业要确认产品销售收入的实现，收回货款或取得收款权；计算和收回销项税额；为计算销售成果，还必须确定并结转销售成本；归集产品销售费用等。

9. 财务成果是企业在一定时期的经营成果在财务上的最终体现，也就是通常所说的企业的利润或亏损，统称为盈亏。对于一个企业来说，在一定时期内，其收入大于支出的差额称为利润，收入小于支出的差额称为亏损。

思考与练习

一、复习思考题

1. 工业企业的经济业务主要包括哪些？为了反映和监督这些经济业务都设置了哪些账户？这些账户之间的联系是什么？

2. 简述工业企业的生产过程的核算。

3. 如何核算产品制造成本？

4. 怎样对销售成果进行核算？

5. 什么是财务成果？它是怎样构成的？

二、计算分录题

飞翔公司只生产一种产品，2013 年 5 月发生以下有关业务，请做出每笔业务的会计分录，并用"丁"字账表示出来。

1. 采购员王勇预支差旅费 1 000 元，以现金支付。

2. 当月生产领用原材料 20 000 元，车间维修领用原材料 1 000 元。

3. 该公司当月分配工资费用 10 000 元，其中：生产工人 8 000 元，车间管理人员 1 000 元，企业行政管理人员 1 000 元。

4. 以银行存款支付产品广告费 2 500 元。

5. 公司按 10 000 元工资总额的 14% 提取福利费。

6. 公司当月计提折旧 800 元，其中制造费用承担 500 元，管理费用承担 300 元。

7. 公司将全部制造费用转入生产成本。

8. 当月生产的产品全部完工入库，共计20件。

9. 20件产品当月全部销售并通过银行收回全部货款和税款，每件售价3 000元，共计60 000元，增值税税率17%。

10. 结转有关损益类账户的余额，确定本年利润和所得税。

【实训项目】

【实训项目一】

一、目的：练习制造业企业筹集资金的核算。

二、要求：根据经济业务编制会计分录，登记在记账凭证上。

三、资料：利洋公司在4月份发生下列经济业务：

1. 2日，向工商银行借入一年期借款200 000元，存入银行。

2. 4日，收到远方公司投资款300 000元，存入银行。

3. 8日，收到腾飞公司以商标权向本公司的投资，评估价为250 000元。

4. 10日，向工商银行借入二年期借款400 000元，存入银行。

5. 16日，三利公司以一新建厂房向本公司投资，价值1 000 000元。

6. 20日，企业以银行存款370 000元归还已到期的短期借款。

7. 23日，经批准将盈余公积280 000元，转增资本。

8. 25日，用银行存款420 000元归还已到期的三年期借款。

9. 29日，公司收到甲公司作为投资的新设备一台，该设备确认的价值为150 000元。

10. 30日，乙公司抽回投资120 000元，公司以银行存款支付。

【实训项目二】

一、目的：练习制造业企业材料采购业务的核算。

二、要求：根据经济业务编制会计分录，登记在记账凭证上。

三、资料：利洋公司在4月份发生下列经济业务：

1. 1日，从长城公司购入A材料1 000千克，单价18元，增值税进项税额为3 060元，运杂费350元，货、税款及运杂费均以银行存款支付，材料验收入库。

2. 4日，从海南公司购入B材料2 000千克，单价50元，增值税进项税额为17 000元，运杂费580元，货、税款及运杂费均以银行存款支付，但材料尚在运输途中。

3. 5日向理想工厂购入：

        甲材料   5 000千克   单价20元   计100 000元

        乙材料   3 000千克   单价25元   计75 000元

两种材料共付运杂费4 000元，支付的增值税进项税额共计29 750元。货、税款及运杂费均以银行存款支付，材料验收入库，结转甲、乙材料的实际采购成本（材料的运杂费按材料的重量比例分摊）。

4. 10日，以银行存款归还前欠东风工厂货款20 000元。

5. 15日，向天新工厂购入甲材料5 000千克，单价2.80元，计14 000元，增值税进项税额为2 380元，发票账单已到但款未付，材料尚在途中。

6. 16日，向天新工厂购入的甲材料已验收入库，结转甲材料的实际采购成本。

7. 19日，以银行存款归还宏利公司货款6 500元。

8. 20 日，向远达工厂购入乙材料 1 000 千克，单价 25 元，计 25 000 元，增值税进项税额为 4 250 元，远达工厂代垫运杂费 350 元，货、税款及运杂费均以银行存款支付，但材料尚在运输途中。

9. 23 日，该企业收回大发公司前欠货款 30 000 元，存入银行。

10. 26 日，向海南公司购入的 B 材料到达企业，验收入库。

【实训项目三】

一、目的：练习工业企业生产过程的核算。

二、要求：根据经济业务编制会计分录，登记在记账凭证上。

三、资料：某工厂本月份发生下列经济业务：

1. 材料仓库本月发出材料用于 A 产品生产 679 800 元，车间一般耗用 5 800 元，企业管理部门耗用 4 000 元。

2. 本月应付职工工资 100 000 元，其中 A 产品生产工人工资 75 000 元，车间管理人员工资 20 000 元，公司管理人员工资 5 000 元。

3. 按本月工资总额的 14% 计提职工福利费。

4. 计提本月固定资产折旧 4 500 元：其中车间计提折旧 4 000 元，行政管理部门计提折旧 500 元。

5. 以银行存款购买办公用品 1 300 元，其中车间用 900 元，企业管理部门用 400 元。

6. 预提本月应负担的银行存款利息 6 500 元。

7. 用银行存款支付本月水电费 32 500 元，其中生产车间应负担 27 000 元。管理部门应负担 5 500 元。

8. 将本月发生的制造费用转入"生产成本"账户。

9. 本月生产的产品，全部制成并验收入库，结转其实际生产成本。

【实训项目四】

一、目的：练习工业企业生产过程的核算。

二、要求：根据经济业务编制会计分录，登记在记账凭证上。

三、资料：某公司在 2003 年 7 月发生下列经济业务：

1. 2 日，生产车间购买办公用品 350 元，付现金。

2. 3 日，采购员出差预借差旅费 1 000 元，付现金。

3. 5 日，以银行存款 3 000 元，支付预定下半年的报纸杂志款。

4. 5 日，材料仓库本月发出材料用于 A 产品生产 68 000 元，B 产品生产 47 000 元，车间一般耗用 9 300 元，企业管理部门耗用 2 400 元。

5. 8 日，根据工资汇总表，本月应付职工工资 140 000 元，其中 A 产品生产工人工资 60 000 元，B 产品生产工人工资 40 000 元，车间管理人员工资 25 000 元，公司管理人员工资 15 000 元。

6. 8 日，从银行提取现金 140 000 元，备发职工工资。

7. 8 日，以现金发放本月份应付职工工资 140 000 元。

8. 17 日，计提本月固定资产折旧，其中车间计提 7 800 元，行政管理部门计提 3 600 元。

9. 20 日，预提本月应负担的银行存款利息 880 元。

10. 23 日，以现金购买行政管理部门使用的办公用品 500 元。

11. 25 日，企业管理部门人员出差开会，原预借 1 200 元，现开会回来，报销差旅费 1 140 元，其余归还现金。

12. 31 日，将本月发生的制造费用转入"生产成本"账户（按生产工人工资比例分摊制造费用）。

13. 31 日，本月生产的 A 产品 80 件，B 产品 100 件，全部制成并验收入库，结转其实际生产成本。

【实训项目五】

一、目的：练习制造业企业销售过程的核算。

二、要求：根据经济业务编制会计分录，登记在记账凭证上。

三、资料：某工厂在 9 月份发生以下经济业务：

1. 销售 A 产品 500 件，单价 300 元，增值税为 25 500 元，款项全部收到存入银行。

2. 销售 B 产品 800 件，单价 200 元，增值税为 27 200 元，并以现金代垫运费 1 000 元，全部款项尚未收到。

3. 以银行存款 2 500 元支付销售 A、B 产品的广告费。

4. 销售甲产品 80 件，单价 1 000 元，货款合计为 80 000 元，增值税为 13 600 元，款项全部收到存入银行。

5. 售给外地东方公司乙产品 50 件，单价 850 元，增值税为 7 225 元，并以现金代垫运费 1 500 元，全部款项尚未收到。

6. 结转已售出产品的实际生产成本，其中 A 产品每件成本为 200 元，B 产品每件成本为 120 元。

7. 结转已售出产品的实际生产成本，其中甲产品每件成本为 700 元，B 产品每件成本为 500 元。

8. 按规定以 A、B 产品和甲、乙产品销售收入的 5% 计算应交产品消费税，按消费税的 7% 计算应交城市维护建设税，按消费税的 3% 计算教育费附加。

9. 以银行存款 800 元支付甲、乙产品的参展费。

10. 收到东方公司汇来前欠货款 60 000 元，将其存入银行。

11. 销售原材料一批，该批材料的实际成本 5 009 元，销售价款 8 000 元，增值税为 1 360 元，货款收到存入银行。

12. 以银行存款上缴消费税、城市维护建设税和教育费附加。

【实训项目六】

一、目的：练习制造业企业利润形成和分配的核算。

二、要求：根据经济业务编制会计分录，登记在记账凭证上。

三、资料：某工厂在 10 月份发生以下经济业务：

1. 5 日，捐赠某小学现金 5 000 元作为该校操场修缮费。

2. 7 日，企业收到供货单位违约罚款 1 200 元存入银行。

3. 15 日，收到滞纳金罚款 5 000 元存入银行。

4. 18 日，本企业发生一笔非常损失 4 500 元，以银行存款支付。

5. 25 日，收到某联营公司分来利润 60 000 元存入银行。

6. 28 日，出售不需用的包装物一批，该批包装物的实际成本 3 000 元，销售价款

3 500 元，货款收到存入银行。

7. 31 日将本月实现的主营业务收入 1 000 000 元，其他业务收入 3 500 元，营业外收入 6 200 元和投资收益 60 000 元转入本年利润。

8. 月末将本月发生的主营业务成本 550 000，营业税金及附加 80 000 元，销售费用 10 000 元，其他业务成本 3 000 元，营业外支出 9 500 元，管理费用 65 000 元和财务费用 4 800 元转入本年利润账户。

9. 按利润总额的 25% 计算本月应交所得税。

10. 月末将"所得税"转入"本年利润"账户。

11. 按税后利润的 10% 提取法定盈余公积金。

12. 按税后利润的 30% 计算应付给投资者的利润。

备考指南

一、复习要点

考点 1：关注各类业务账户的设置，以及具体的应用。

考点 2：基本的计算与核算：

（1）存货发出的核算

（2）固定资产折旧的账务处理

（3）坏账准备的计算

（4）应付职工薪酬的核算内容及处理

（5）借款利息的计算

（6）制造费用按工时比例法的分配

（7）损益类科目结转入本年利润的处理

（8）应交所得税的计算

（9）利润分配的计算与核算

二、主要题型

（一）单项选择题

1. 将账户的期末余额转入"本年利润"账户借方的是（　　　）。

　　A. 资产类账户　　　　B. 负债类账户　　　　C. 收入类账户　　　　D. 损失类账户

【答案】D

2. 本期"本年利润"账户借方发生额若大于贷方发生额的，则意味着企业当年（　　　）。

　　A. 盈利　　　　　　　B. 亏损　　　　　　　C. 不亏损　　　　　　D. 与盈亏无关

【答案】B

【解析】本年利润账户本期借方发生额大于贷方发生额，则说明结转前本年利润有借方余额，说明企业当年是发生了亏损。

3. 企业年初未分配利润为 200 万元，本年实现净利润 50 万元，按 10% 提取盈余公积，同时宣告发放现金股利 10 万元，则当期应计提的盈余公积为（　　　）。

　　A. 25 万元　　　　　B. 20 万元　　　　　C. 5 万元　　　　　　D. 4 万元

【答案】C

【解析】当期应计提的盈余公积 = 50 × 10% = 5（万元）。

4. 企业缴纳职工住房公积金时，应借记（　　）。

    A. 其他应付款　　　B. 应交税费　　　　C. 应付职工薪酬　　　D. 银行存款

【答案】C

【解析】职工住房公积金属于职工薪酬，所以缴纳职工住房公积金时，借记应付职工薪酬，贷记银行存款。

（二）多项选择题

1. 制造企业的主要经济业务包括（　　）。

    A. 资金筹集业务　　B. 生产准备业务　　C. 产品生产业务　　　D. 产品销售业务

    E. 财务成果业务

2. 下列引起资产和所有者权益同时增加的业务有（　　）。

    A. 收到国家投资存入银行　　　　　　B. 提取盈余公积金

    C. 收到外商投入设备一台　　　　　　D. 将资本公积金转增资本

    E. 收到外单位捐赠设备一台

3. 材料的采购成本包括（　　）。

    A. 材料买价　　　　　　　　　　　　B. 增值税进项税额

    C. 采购费用　　　　　　　　　　　　D. 采购人员差旅费

    E. 小额的市内材料运杂费

4. 主营业务收入实现的标志有（　　）。

    A. 产品已经发出　　　　　　　　　　B. 劳务已经提供

    C. 货款已经收到　　　　　　　　　　D. 取得了索取价款的凭据

    E. 上述全不对

5. 关于"制造费用"账户，下列说法正确的是（　　）。

    A. 借方登记实际发生的各项制造费用

    B. 贷方登记分配转入产品成本的制造费用

    C. 期末余额在借方，表示在产品的制造费用

    D. 期末结转"本年利润"账户后没有余额

    E. 期末一般没有余额

（三）判断题

1. 企业为生产产品而购进材料时需要向供货方支付增值税额，称为进项税，记入所购商品成本。　　　　　　　　　　　　　　　　　　　　　　　　　　　　（　　）

2. 职工教育经费可在职工福利费中开支。　　　　　　　　　　　　　　　（　　）

3. 提取盈余公积金和收到外商投入设备的业务都会引起资产和所有者权益同时增加。

    （　　）

4. 材料的采购成本包括：材料买价、采购费用、采购人员差旅费和市内材料运杂费等。

    （　　）

5. 主营业务收入实现的标志是与所售商品所有权相关的主要风险和报酬已经转移。（　　）

6. "营业税金及附加"是企业的费用类账户，它用来反映企业应交税金的增加数。

    （　　）

7. "管理费用"是用来核算生产和非生产管理部门发生的工资、福利费、折旧费等的账户。 （　　）

8. 企业的应纳税所得额 = 净利润 + 按税法规定予以调整的项目。 （　　）

9. 支付已预提的短期借款利息，一方面使企业的资产减少，另一方面使企业的负债减少。 （　　）

10. "材料采购"账户的借方余额表示在途材料。 （　　）

11. 固定资产的价值随其损耗逐渐地、部分地转移到制造成本和期间费用中去，故"固定资产"账户应反映固定资产的实际价值。 （　　）

12. 企业销售产品时未收到款，但收到了收取货款的凭据，也应作为产品销售收入的实现处理。 （　　）

13. 销售费用依据期间配比方式，将一定期间发生的费用与该期间的收入相配比。 （　　）

14. 行政管理部门为管理企业的生产经营活动发生的工资、材料消耗、固定资产损耗等项支出，也应记入"制造成本"账户，由产品成本负担。 （　　）

15. "制造成本"账户的贷方发生额表示结转已销产品的制造成本。 （　　）

16. "所得税费用"账户属于期间费用账户。 （　　）

17. "制造成本"账户可以反映企业生产经营过程中各个阶段发生的成本费用。 （　　）

18. "管理费用"账户仅仅反映生产阶段发生的为组织和管理生产发生的费用。 （　　）

19. 表外账户是指用于核算资产负债表以外经济业务的账户。 （　　）

20. 生产车间计提折旧时，可借记"制造成本"账户，贷记"固定资产"账户。 （　　）

21. 如果本期生产的产品全部销售，可直接结转制造成本，借记"营业成本"账户，贷记"制造成本"账户。 （　　）

22. "制造成本"账户属于成本费用类，故期末必定没有余额。 （　　）

（四）计算分录题同上述实训项目。

【相关知识】

会计出纳职责不清　白条顶账习以为常

大连某果树农场会计寇某独揽记账和出纳两个大权，专设的出纳员成了"摆设"。最终，寇某因贪污而锒铛入狱。

该果树农场场长于某证言："在寇某当会计期间，寇某经常又开票又收款。他把款收上来之后再转给出纳员贾某，他转给贾某多少，贾某就保管多少。"出纳员贾某证言："自从寇某当会计开始，他就把现金管理方式改变了。凡是我们果树农场收入的现金（包括转账），都是寇某开票收款。他把款（现金）收上来以后连同收款单一并交给我，我见到收款单就记上现金收入账，然后我再把收款单退还给寇某以备装订传票、记账。这个做法是很不合理的，但人家是会计，人家说怎么干，就得怎么干。"

出纳员贾某又证实："我们俩所经手的现金经常是以欠条顶账，是指寇某收到现金以后，有时又支付出去了，有时他交给我的支出单据（指现金付出）超过了他交给我的收入单据（指现金收入），这样，我按照他交给我的收入和支出的单据记账之后，再按照超支金额打一张欠条给他，说明我欠他的账。也有时他交给我现金收款单据，但他没有同时把现金交给我，或者交的不够，我按照收款单据记账以后，他就打个欠条给我，我保存他的欠条顶库存现金"，"我们俩在一定时间里互相交换欠条，账款不符时再以现金找齐或者还是打欠条顶现金。这样处理与收付现款没有任何差别。"

差别还是有的。这不，连贾某自己也说不清，有一笔 3 850.20 元的现金支出在他与会计寇某之间在相互打欠条的哪一个环节上出了问题。后经检察机关鉴定证实：正是会计寇某以贾某开给他的白条作为原始凭证编制了记账凭证，并登记了现金总分类账。实际上并没有支付的现金落入了他个人腰包，寇某也因此被判刑 4 年。

（资料来源：《司法会计与鉴定》，东北财经大学出版社 1987 年 8 月第 1 版）

第七章

会计凭证

第一节 会计凭证的概念、意义和种类

一、会计凭证的概念

会计凭证，是在会计工作中记录经济业务、明确经济责任的书面证明，是用来登记账簿的依据。

填制和审核会计凭证是会计核算工作的基础。企业、事业和行政机构等单位记录任何一项经济业务，都要办理凭证手续，由执行和完成该项经济业务的人员和会计人员填制会计凭证，写明经济业务的内容和数量，并在凭证上签名盖章，明确经济责任。例如，购买商品、材料要由供货方开出发票；支出款项要由收款方开出收据；接受商品、材料入库要有收货单；发出商品要有发货单；发出材料要有领料单等。发票、收据、收货单、发货单、领料单等都是会计凭证。没有真凭实据，就不能任意收付款项和动用财产物资，也不能进行账务处理。所有会计凭证都要由会计部门审核，只有经过审核无误的会计凭证，才能作为经济业务的证明和登记账簿的依据。因此，填制和审核会计凭证，就成为会计核算的一种专门方法，它体现了客观性会计原则的要求，是核算和监督经济活动与财务收支的基础。

二、会计凭证的意义

会计凭证的填制和审核，对于如实反映经济业务的内容，有效监督经济业务的合理性和合法性，保证会计核算资料的真实性、可靠性、合理性，发挥会计在经济管理中的作用，具有重要意义。

1. 记录经济业务，提供记账依据。通过填制和审核会计凭证，可以正确、及时反映各项经济业务的发生或完成情况，可以保证会计核算资料的真实可靠。在会计核算中，对每笔经济业务，都要取得和填制会计凭证，并经审核无误后再分门别类地登记到账簿中去。通过会计凭证的填制和汇总，可以简化和方便账簿登记工作，减少和避免记账当中的技术错误，保证账簿记录的正确性。

2. 加强对经济业务的监督检查。经济业务是否真实、正确、合法、合理，在记账之前都要根据会计凭证进行逐笔审核。由于会计凭证是经济业务的真实写照，因此，通过凭证审核，

可以检查该项业务是否正常，是否符合有关政策、法令、制度、计划和预算等的规定，有无铺张浪费和违纪行为，有无超预算、定额的做法，从而起到会计监督和保护财产安全完整，维护投资者利益的作用，同时也有利于改善企业经营管理，实行全面预算控制，提高经济效益。

3. 明确经济责任，强化内部控制。任何会计凭证除记录有关经济业务的基本内容外，还必须有有关部门和人员的签章，对会计凭证所记录的经济业务的真实性、完整性、合法性负责，促使有关人员在自己的职责范围内严格按照规章办事，以防止舞弊行为。一旦出现问题，也便于检查和分清责任，进行正确的裁决和处理。

三、会计凭证的种类

不同的会计主体，经济业务的性质和管理上的要求不同，其会计凭证的种类也有所差异。为了了解各种不同的会计凭证，必须对会计凭证按照一定的分类标志进行区分，以便在日常会计核算中，正确使用会计凭证，充分发挥会计凭证应有的作用。会计凭证按照用途和填制程序分类，分为原始凭证和记账凭证两类。

第二节　原始凭证

一、原始凭证的概念

原始凭证是在经济业务已经发生或完成时取得或填制的载明经济业务具体内容和完成情况的原始凭据。它是进行会计记录和报告的原始资料和主要依据。

二、原始凭证的种类

由于经济业务的内容千变万化，原始凭证的种类也很复杂，但基本上可按两种方法分类：一是按照原始凭证的取得来源分类，二是按原始凭证记录经济业务的次数和时限不同分类。

1. 原始凭证按其取得的来源不同，可以分为自制原始凭证和外来原始凭证。自制原始凭证是指由本单位内部经办业务的部门和人员，在执行或完成某项经济业务时填制的仅供本单位内部使用的原始凭证。如商品、材料入库时，由仓库保管员填制的入库单；商品销售时，由业务部门开出的提货单等。其格式分别见表7-1和表7-2。

表7-1 　　　　　　　　　　　　　　入 库 单

供货单位：长城电机厂　　　　　　　2013年5月10日　　　　　　　收货单位：玩具组

库别：四分2-6　　　　　　　　　　　　　　　　　　　　　　　　库别：自库4

类	种	品	规格	等级	品名	单位	数量	单价	金额								包装数量	件数
									十	万	千	百	十	元	角	分		
原料	主要原料	电机	TCA6	一级	2 000W 电机	台	500	26.00		1	3	0	0	0	0	0	100	5
			合 计						¥	1	3	0	0	0	0	0	100	5

验收单位　　　　　　　复核　　　　　　　记账员　　　　　　　制单

表 7 - 2   提 货 单

购货单位：新华电机厂　　　　　　　　　2013 年 5 月 26 日　　　　　　　　　运输方式：自提

收货单位：自库 6　　　　　　　　　　　　　　　　　　　　　　　　　　　　编号：08495

产品编号	产品名称	规格	单位	数量	单价	金额	备注
SP – AS	机箱	LA6	套	400	210.00	84 000.00	
合计				400	210.00	84 000.00	

销售部门负责人　　　　　　　　发货人　　　　　　　　提货人　　　　　　制单

2. 外来原始凭证是指在经济业务发生或完成时，从其他单位或个人直接取得的原始凭证。购货时取得的发货票、付款时所取得的收据等。发货票的一般格式见表 7 - 3 和表 7 - 4。

表 7 - 3   ××××发票   No. 7384652

发票联

付款单位：_____　　　　　　　　　　　　　　　　　　　　　　支票号：_____

编号	商品名称	规格	单位	数量	单价	金额									
						百	十	万	千	百	十	元	角	分	
MRI – 6	轴承	38 – 102	套	100	148.00			1	4	8	0	0	0	0	
MRI – 7	机箱[1]	40 – 110	套	100	152.00			1	5	2	0	0	0	0	
MRI – 8	电机	XXL	台	50	160.00				8	0	0	0	0	0	
小写金额合计								¥	3	8	0	0	0	0	
大写金额		人民币叁万捌仟元整													

收款单位（签章）　　　　　　　　开票人　　　　　　　　年　月　日

二联付款方收执

表 7 - 4   ××市增值税专用发票（老版手工发票）

开票日期：　　　年　月　日　　　　　　　　　　　　　　　　　　No. 01828834

购货单位	名称		纳税人登记号											税率	金额								
	地址、电话		开户银行及账号																				
货物或应税劳务名称	计量单位	数量	单价	金额								税率（%）	金额									
				百	十	万	千	百	十	元	角	分		百	十	万	千	百	十	元	角	分
合计																						
价税合计（大写）	⊗　仟　佰　拾　万　仟　佰　拾　元　角　分　¥_____																					
购货单位	名称		纳税人登记号																				
	地址、电话		开户银行及账号																				
备注																							

开票单位：（未盖章无效）

第二联：发票联　购货方记　收款人：

149

机打增值税专用发票

3200012143

增值税专用发票

抵扣联

No.0001704

开票日期:2010-6-25

购货单位	名　　　称	艾格进出口贸易公司							
	纳税人识别号	320103100001986				密码区		
	地址、电话	中国上海市北京西路嘉发大厦2501室 86-21-23501213						
	开户行及帐号	中国银行　　　　6101000019860						

货物或应税劳务名称	规格型号	单位	数量	单价	金额	税率	税额
荔枝罐头	每箱24罐,每罐850克	箱	1000	59.04	49003.20	17%	10036.8
合　计					49003.2		10036.8

税额合计	(大写)伍万玖仟零肆拾元整			(小写)59040

销货单位	名　　　称	国内工厂			备注	544020 54402e+00 (销货单位盖发票专用章)
	纳税人识别号	320100000000000				
	地址、电话	虹口区西康南路125弄34号201室 86-25-84217836				
	开户行及帐号	中国银行　　　　0101000000000				

收款人:　　　　复核:　　　　开票人:　　　　销货单位:(章)

表 7-5　　　　　　　　　　**领　料　单**

领料部门:　　　　　　　　　年　月　日　　　　　　凭证编号:

用　　途:　　　　　　　　　　　　　　　　　　　收料仓库:

材料编号	材料规格及名称	计量单位	数量		价格	
			请领	实领	单价	金额(元)
		备注			合计	

保管员:　　　　　　　生产负责人:　　　　　　　领料人:

3. 原始凭证按照填制手续及内容不同分类,可以分为一次原始凭证、累计原始凭证和汇总原始凭证三种。一次原始凭证,是指一次填制完成的原始凭证。一般在一张原始凭证上只反映一项经济业务,或者同时反映若干同类经济业务。如:提货单、差旅费报销单等都是一次原始凭证(格式见表7-6和表7-7),一次原始凭证能反映一笔业务的内容,使用方便灵活,但数量较多。

表 7 - 6

提 货 单

购货单位：新华电机厂　　　　　　　　　2013 年 5 月 26 日　　　　　　　　　运输方式：自提

收货单位：自库6　　　　　　　　　　　　　　　　　　　　　　　　　　　　　编号：08495

产品编号	产品名称	规格	单位	数量	单价	金额	备注
SP - AS	机箱	LA6	套	400	210.00	84 000.00	
合计				400	210.00	84 000.00	

销售部门负责人　　　　　　　　发货人　　　　　　　　提货人　　　　　　制单

表 7 - 7

差 旅 费 报 销 单

单位：　　　　　　　　　　　　　　　年　　月　　日

月	日	时间	出发地	月	日	时间	到达地	机票费	车船费	卧铺费	夜行车补助		市内交通费		宿费			出差补助		其他	合计
											小时	金额	实支	包干	标准	实支	提成扣减	天数	金额		
合　计																					

出差任务	报销金额（大写）	人民币： 仟 佰 拾 圆 角 分	预借金额
			报销金额
	单位领导　　　　部门负责人　　　　出差人		结余或超支

会计主管人员　　　　　　　　记账　　　　　　　　审核　　　　　附单据　张

累计原始凭证，是指在一定时期内多次记录的同类型发生的经济业务的原始凭证。它们的填制手续不是一次完成的，而是在规定时期内把同类经济业务在一张凭证中连续按行记载，直到期末求出总数以后，才作为记账的原始依据。如：限额领料单（格式见表 6 - 8）就是一种累计原始凭证。

表 7 – 8 　　　　　　　　　　　　　　　　　　**限额领料单**

年　月

领料单位：_____

产品名称、号令：_____　　　　　　　　　　　　　　　　发料仓库：_____

计划产量：_____　　　　　　　　单位消耗定额：_____　　　　　　　　编号：_____

材料编号	材料名称	规格	计量单位	计划单价	领料限额	全月实用	
						数量	金额

领料日期	请领数量	实发数量	领料人签章	发料人签章	限额结余
合　计					

供应部门负责人：　　　　　　　　生产部门负责人：　　　　　　　　仓库管理员：

汇总原始凭证，又称原始凭证汇总表，指对一定时期内反映经济业务内容相同的若干原始凭证，按照一定的标准综合填制的原始凭证，如：月末根据月份内所有领料单编制的发料凭证汇总表（格式见表 7 – 9）就是其中的一种汇总凭证。

表 7 – 9 　　　　　　　　　　　　　　**发料凭证汇总表**

2013 年 5 月

借方科目	原材料	燃料	合计
生产成本			
1 ~ 15 日	3 500	155	3 655
16 ~ 31 日	3 000	45	3 045
合计	6 500	200	6 700
制造费用			
1 ~ 15 日	100	20	120
16 ~ 31 日	50	15	65
管理费用			
1 ~ 15 日	30	40	70
16 ~ 31 日	20	25	45
合计	50	65	115
本月发出总计	6 700	300	7 000

4. 原始凭证按照格式不同分类，可以分为通用凭证和专用凭证。通用凭证是由主管部门统一印制、在一定范围内使用的具有统一格式和使用方法的原始凭证。如：由税务部门统一规定的发货票，由中国人民银行统一制定的汇兑结算方式的"信汇凭证"等。

专用凭证指由单位自行印制、仅在本单位内部使用的原始凭证。如："领料单"、"产品入库单"等。

5. 原始凭证按用途不同分类，可分为通知原始凭证、执行原始凭证和计算原始凭证。通知原始凭证是指要求、指示或命令企业进行某项经济业务的原始凭证，如"罚款通知书"、"付款通知书"等。

执行原始凭证是用来证明某项经济业务已发生或已执行完毕的凭证，也称为证明凭证。执行凭证大多都可以立即据以编制记账凭证，如："收料单"、"发货票"等。

计算原始凭证是指根据其他原始凭证和有关会计核算资料而编制的原始凭证，也被称为手续凭证。计算凭证一般是为了便于以后记账和了解各项数据来源和产生情况而编制的，如："销售产品成本计算表"、"发出材料汇总表"、"制造费用计算表"等（格式见表7-10）。

表7-10   销售产品成本计算表

品种	数量	计量单位	单位成本	总成本
合计				

上述分类中，有些原始凭证按不同分类标志可分属于不同的种类，如"收料单"既是自制原始凭证，又是执行原始凭证，也是一次原始凭证。另外，各种凭证间还有如下关系：外来原始凭证大多为一次原始凭证，计算凭证多为自制原始凭证，累计凭证大多也为自制原始凭证等。

原始凭证无论是自制的还是外来的凭证，都可以用来证明经济业务已经发生或完成，并可以作为会计核算的原始资料。不能用来证明经济业务已经发生或完成的文件和凭证，不能作为记账的原始依据。

三、原始凭证的基本内容

尽管原始凭证的种类很多，而且每一原始凭证的具体内容也不相同，但无论哪一种原始凭证，都应该说明有关经济业务的执行和完成情况，都应该明确有关经办人员和单位的经济责任。因此，各种原始凭证尽管格式不统一，项目不一样，但都应该具备一些共同的基本内容。这些内容也是每一原始凭证所具备的要素。

1. 原始凭证的名称。如"销售发票"、"收料单"、"差旅费报销单"等。

2. 原始凭证的编号。

3. 填制原始凭证的日期和经济业务发生的日期。两者有时是一致的，有时则不一致。例如，领料单上领料的日期与填制领料单的日期一般是一致的。又如，差旅费报销单上出差日期和填制凭证的日期一般是不一致的。两个时间都应予以反映。

4. 经济业务的内容、实物数量、单价和金额。如销售发票中，销售产品的名称、规格、销售数量、单位售价、金额合计等。主要表明经济业务的计量，是原始凭证的核心。

5. 接受原始凭证的单位名称。

6. 填制原始凭证的单位签章。

7. 有关责任人的签章。

8. 凭证附件。有的企业单位根据管理和核算的需要，还要列入一些补充内容。例如，在有些凭证上注明与该笔经济业务有关的生产计划任务、预算项目和经济合同等。

【例7-1】

1. 下列不能作为填制记账凭证的原始依据的是（　　　）。

    A. 开工单　　　　　　　　　　　　B. 成本计算单

    C. 生产通知单　　　　　　　　　　D. 银行收付款通知单

【答案】C

2. 下列属于具有法律效力的原始凭证是（　　　）。

    A. 银行收付款通知单　　　　　　　B. 开工单

    C. 生产通知单　　　　　　　　　　D. 经济合同

【答案】AB

【解析】会计凭证分为原始凭证和记账凭证，原始凭证是具有法律效力的书面证明，银行收付款通知单、开工单均属于原始凭证；生产通知单和经济合同不属于会计凭证。

四、原始凭证的填制

（一）原始凭证的填制要求

填制原始凭证要由填制人员将各项原始凭证按规定方法填写齐全，办妥签章手续，明确经济责任。

原始凭证的填写有三种形式，一是根据实际发生或完成的经济业务，由经办人员直接填列，如"入库单"、"提货单"等；二是根据已经入账的有关经济业务，由会计业务人员利用账簿资料进行加工整理填列，如各种记账编制凭证；三是根据若干张反映同类经济业务的原始凭证定期汇总原始凭证。

原始凭证种类不同，其具体填制方法和填制要求也不尽相同，但就原始凭证应反映经济业务、明确经济责任而言，原始凭证填制的一般要求是相同的。为了确保会计核算资料的真实、正确并及时反映，应按下列要求填制原始凭证。

1. 记录要真实。原始凭证所填列的经济业务内容和数字，必须真实可靠，符合实际情况。

2. 内容要完整。原始凭证所要求填列的项目必须逐项填列齐全，不得遗漏和省略。

3. 填制及时。当每一项经济业务发生或完成，都要立即填制原始凭证，做到不积压、不误时、不事后补制。并按规定的程序及时交送会计机构、会计人员进行审核。

4. 手续要完备。单位自制的原始凭证必须有经办单位领导人或其他指定的人员签名盖章；对外开出的原始凭证必须加盖本单位公章；从外部取得的原始凭证，必须盖有填制单位的公章；从个人取得的原始凭证，必须有填制人员的签名盖章。

5. 书写要清楚、规范。原始凭证要按规定填写，文字要简要，字迹要清楚，易于辨认，不得使用未经国务院公布的简化汉字。

① 原始凭证要用蓝色或黑色笔书写，填写支票必须使用碳素笔，属于需要套写的凭证，必须一次套写清楚，合计的小写金额前应加注币值符号，如"￥""HK $""US $"等。大写金额前还应加注币制单位，注明"人民币"、"港币"、"美元"等字样，且币制单位与金额数字之间，以及各金额数字之间不得留有空隙。

阿拉伯数字要一个一个写，不得连笔写。阿拉伯金额数字前应写人民币符号"￥"。人民币符号"￥"与阿拉伯数字之间不得留有空白。凡阿拉伯数字前写有人民币符号"￥"的，数字后不再写"元"字。所有以元为单位的阿拉伯数字，除表示单价等情况外，一律填写到角分。无角分的，角位和分位可写"00"，或符号"—"；有角无分的，分位应写"0"，不得用符号"—"代替。

汉字大写金额数字，一律用正楷字或行书字书写，如壹、贰、叁、肆、伍、陆、柒、捌、玖、拾、佰、仟、万、亿、圆、角、分、零、整（或正）等易于辨认、不易涂改的字样。不得用一、二（两）、三、四、五、六、七、八、九、十、毛、另（或〇）代替。大写金额数字到元或角为止的，在"元"或者"角"字之后应写"整"或者"正"字；大写金额数字有分的，分字后面不写"整"或者"正"。

阿拉伯金额数字中间有"0"时，汉字大写金额要写"零"字，如￥108.20，汉字大写金额应写成人民币壹佰零捌圆贰角整。阿拉伯金额数字中间连续有几个"0"时，汉字大写金额中间可以只写一个"零"字，如￥1 006.34，汉字大写金额应写成人民币壹仟零陆圆叁角肆分。阿拉伯金额数字元位是"0"或数字中间连续有几个"0"，元位也是"0"，但角位不是"0"时，汉字大写金额可只写一个"零"字，也可不写"零"字，如￥1 380.56，汉字大写金额应写成人民币壹仟叁佰捌拾圆零伍角陆分整或人民币壹仟叁佰捌拾圆伍角陆分整。

各种凭证不得随意涂改、刮擦、挖补，若填写错误，应采用规定的方法予以更正。对于重要的原始凭证，如支票以及各种结算凭证，一律不得涂改。对于预先印有编号的各种凭证，在填写错误后，要加盖"作废"戳记，并单独保管。

② 凡填有大写和小写金额的原始凭证，大写与小写金额必须相符。购买实物的原始凭证必须有验收证明。支付款项的原始凭证必须有收款单位和收款人的收款证明。

③ 一式几联的原始凭证，应当注意各联的用途，只能以一联作为报销凭证；一式几联的发票和收据，必须用双面复写纸（发票和收据本身具备复写纸功能的除外）套写，并连续编号，作废时加盖"作废"戳记，连同存根一起保存，不得撕毁。

④ 发生销货退回的，除填制退货发票外，还必须有退货验收证明；退款的，必须取得对方的收款收据或者汇款银行的凭证，不得以退货发票代替收据。

⑤ 员工出差用的借款凭据，必须附在记账凭证之后，收回借款时，应当另开收据或者退还借据副本，不得退还原借据。

⑥ 经上级有关部门批准的经济业务，应当将批准文件作为原始凭证附件。如果批准文件需要单独归档的，应当在凭证上注明批准机关名称、日期和文件字号。

（二）原始凭证填制实训项目（课堂进行，教师指导）

1. 填写收据。2013 年 5 月 18 日，收到三环公司交来借用包装物押金现金 2 000 元；

收 款 收 据

年　　月　　日

今收到＿＿＿＿＿＿＿＿＿＿＿＿＿＿＿＿＿＿＿＿＿＿＿＿＿＿＿＿＿＿＿	
交来＿＿＿＿＿＿＿＿＿＿＿＿＿＿＿＿＿＿＿＿＿＿＿＿＿＿＿＿＿＿＿	
金额（大写）＿＿＿＿拾＿＿＿＿万＿＿＿＿千＿＿＿＿百＿＿＿＿十＿＿＿＿元＿＿＿＿角＿＿＿＿分	
￥＿＿＿＿＿＿＿＿＿＿＿＿＿＿＿＿＿收款单位（公章）：	

会计主管　　　　　　记账　　　　　　审核　　　　　　经手人

2. 填写借据。2013 年 6 月 6 日，销售部张素雅借差旅费 4 000 元，出纳以现金付讫；

借 款 审 批 单

年　　月　　日

部　　门		借款人	
领款事由			
借款金额	拾＿＿＿＿万＿＿＿＿千＿＿＿＿百＿＿＿＿十＿＿＿＿元＿＿＿＿角＿＿＿＿分		
预计还款报销日期		￥	
审批意见		借款人签收	

会计主管　　　　　　记账　　　　　　审核　　　　　　经手人

3. 填写差旅费报销单。2013 年 6 月 11 日，张素雅出差上海报销差旅费如下：

出差时间：6 月 7 日至 6 月 10 日，来回火车硬卧票价为 560×2，出差期间市内交通补助为 50 元/天，住宿补贴为 250 元/天，伙食补贴为 120 元/天，另交纳会务费 1 000 元。

差 旅 费 报 销 单

年　　月　　日

单位：

月	日	时间	出发地	月	日	时间	到达地	机票费	车船费	卧铺费	夜行车补助		市内交通费		宿费			出差补助		其他	合计
											小时	金额	实支	包干	标准	实支	提成扣减	天数	金额		
		合　计																			

出差任务		报销金额（大写）	人民币：　仟佰拾圆角分	预借金额
		单位领导	部门　负责人　　　　出差人	报销金额
				结余或超支

会计主管人员　　　　　　记账　　　　　　审核　　　　　　附单据　　张

156

4. 填写领料单。2013年6月22日，生产车间领用电容10 000个，单价0.3元，
其中：生产模块耗用6 000个：

领 料 单

领料部门：　　　　　　　　　　年　月　日　　　　　　　凭证编号：

用　途：　　　　　　　　　　　　　　　　　　　　　　收料仓库：

材料编号	材料规格及名称	计量单位	数量		价格		第联
			请领	实领	单价	金额（元）	
备　注					合计		

保管员：　　　　　　　　　生产负责人：　　　　　　　　领料人：

生产转换器耗用3 000个：

领 料 单

领料部门：　　　　　　　　　　年　月　日　　　　　　　凭证编号：

用　途：　　　　　　　　　　　　　　　　　　　　　　收料仓库：

材料编号	材料规格及名称	计量单位	数量		价格		第联
			请领	实领	单价	金额（元）	
备　注					合计		

保管员：　　　　　　　　　生产负责人：　　　　　　　　领料人：

生产车间一般耗用1 000个：

领 料 单

领料部门：　　　　　　　　　　年　月　日　　　　　　　凭证编号：

用　途：　　　　　　　　　　　　　　　　　　　　　　收料仓库：

材料编号	材料规格及名称	计量单位	数量		价格		第联
			请领	实领	单价	金额（元）	
备　注					合计		

保管员：　　　　　　　　　生产负责人：　　　　　　　　领料人：

5. 填写入库单。2013年5月10日，供货单位白云电机公司生产玩具用主要原料TCA6
型2 000W电机500台，等级为一级，单价26元，已入自库4，包装数量100个每包。

157

入　库　单

供货单位：					20　年　月　日					收货单位：玩具组		
库别：四分2-6										库别：		

类	种	品	规格	等级	品名	单位	数量	单价	金额		包装数量	件数
原料	主要原料											
合　　计									￥			

验收单位	复核	记账员	制单

6. 开普通发票。

（1）2013 年 6 月 5 日红星公司从北京一百货公司购入 HP640 打印机一台，款项1 000 元。

北京市商业企业发票
发 票 联

（01）甲1　№004433　京国税

客户名称：			年　月　日			

货号	品名及规格	单位	数量	单价	金　　额 万 千 百 十 元 角 分	
小　写　金　额　合　计						
（大写）　　佰 拾 万 仟 佰 拾 元 角 分						
付款方式		开户银行及账号：				
开票单位（盖章）　　收款人：　　开票人：						

第二联　报销凭证

（2）2013 年 5 月 26 日，天天商店销售给北京五一小学文具用品一批，其中，无尘粉笔 1 000 盒，单价0.7 元，编号001 号；木板擦50 个，单价0.5 元，编号005 号；天天商店营业员齐明开出普通发票一张，并由款台收款员张丽办理现金收款手续。

北京市商业企业发票
发 票 联

（01）甲1　№004433　京国税

客户名称：			年　月　日			

货号	品名及规格	单位	数量	单价	金　　额 万 千 百 十 元 角 分	
小　写　金　额　合　计						
（大写）　　佰 拾 万 仟 佰 拾 元 角 分						
付款方式		开户银行及账号：				
开票单位（盖章）　　收款人：　　开票人：						

第二联　报销凭证

7. 开增值税专用发票。深圳开原实业有限公司（税号440301873618456），深圳彩田路190号（0755）81372483，开户行工商银行蛇口支行48889934345）2011年6月28日，向深圳市中值贸易公司（税号440301232240670，深圳南山区华海路98号0755－66785384，中国工商银行南头支行300034667635）购买原材料放大器5 000个，单价2元，增值税税率17%，含税价11 700元。

××市增值税专用发票（老版手工发票）

开票日期：　　　年　　月　　日　　　　　　　　　　　　　　　　　　　　No. 01828834

购货单位	名称		纳税人登记号																	第二联：发票联 购货方记 收款人：
	地址、电话		开户银行及账号																	

货物或应税劳务名称	计量单位	数量	单价	金额									税率（%）	金额								
				百	十	万	千	百	十	元	角	分		百	十	万	千	百	十	元	角	分
合计																						
价税合计（大写）				仟　佰　拾　万　仟　佰　拾　元　角　分																		
购货单位	名称		纳税人登记号																			
	地址、电话		开户银行及账号																			
备注																						

开票单位：（未盖章无效）

8. 开现金支票。

（1）样票。

（2）2013年5月25日，采购员张明出差借差旅费5 000元，出纳开出现金支票一张给张明，付款行名称为建设银行天河支行，账号为456123789963。

中国工商银行 支票 （粤） BG 02 02115342

出票日期(大写)　　　年　　月　　日　付款行名称：

收款人：　　　　　　　　　　　　　　　出票人账号：

人民币
（大写）　　　　　　　　　　　　　亿千百十万千百十元角分

用途

上列款项请从

我账户内支付

出票人签章　　　　　　　　　　　　复核　　记账

本票付款期限十天

Aspoo.coM

中国农业银行
现金支票存根

出票日期　年月日
收款人：
金额：
用途：

中国农业银行　　现金支票　　BG0213456789

出票日期（大写）　　年　月　日　付款行名称：

收款人：

人民币（大写）　　　　　　　¥_____

用途：

上列款项请从

我账户内支付

出票人签章　　　　　　复核　　记账

---

9. 开转账支票。

（1）样票。

招商银行 转账支票（粤）　XVI02218504

出票日期(大写) 贰零零伍 年 零壹 月 零壹 日　付款行名称：(847) 天河支行

收款人：广州东润网络科技有限公司　出票人账号：3602041709000552669

人民币
（大写） 叁仟捌佰捌拾捌元整　　　亿千百十万千百十元角分　¥ 3 8 8 8 0 0

用途 支付中国食通网会费　　　　科目(借)　　　　变码

上列款项请从　　　　公司财务章　　对方科目(贷)

我账户内支付　　　　　　　人名章　转账日期　年　月　日

出票人签章　　　　　　　　　　　复核　　记账

本支票付款期限十天

218504 0 108084 70 218 10696 1000 1 00

160

（2）2013 年 5 月 27 日，出纳员开出转账支票支付白云电机公司货款 36 789 000 元（银行与账号同上）。

中国农业银行 转账支票存根 ———————— ———————— 出票日期　年 月 日 收款人： 金额： 用途：	中国农业银行　　转账支票　　京 HG0123456789 出票日期（大写）　　年　月　日　付款行名称： 收款人： 人民币（大写）　　　　　　　　¥———— 用途： 上列款项请从 我账户内支付 出票人签章　　　　　　　复核　　　记账

10. 填写进账单。银行进账单是持票人或收款人将票据款项存入收款人在银行账户的凭证，也是银行将票据款项记入收款人账户的凭证。银行进账单分为三联式银行进账单和二联式银行进账单。不同的持票人应按照规定使用不同的银行进账单。二联式银行进账单的第一联为给持票人的回单（即收账通知），第二联为银行的贷方凭证。

持票人填写银行进账单时，必须清楚地填写票据种类、票据张数、收款人名称、收款人开户银行及账号、付款人名称、付款人开户银行及账号、票据金额等栏目，并连同相关票据一并交给银行经办人员。对于二联式银行进账单，银行受理后，银行应在第一联上加盖转讫章并退给持票人，持票人凭以记账。

如果你是白云电机公司的出纳，请将上述收到的转账支票中的货款去开户银行进账，开户银行农业银行白云支行，账号 123654987147。

进账单填写图示：

中国工商银行西安市分行进账单（样本）（回　　单）合同号

		年　月　日							第　号				

出 票 人	全　称		持 票 人	全　称									
	账　号	（空白）		账　号									
	开户银行			开户银行									

		百	十	万	千	百	十	元	角	分
人民币 （大写）　肆仟伍佰元整										

票据种类	
票据张数	
单位 主管　　会计　复核　记账	持票人开户行盖章

中国农业银行 进 账 单

年 月 日

收款人	全　　称		付款人	全　　称	
	账　　号			账　　号	
	开户银行			开户银行	

人民币 (大写)		百	十	万	千	百	十	元	角	分

票据张数：	
会计主管　　　记账　　　审核	收款人开户行盖章

五、原始凭证的审核

《会计法》第十四条规定：会计机构、会计人员必须按照国家统一的会计制度的规定对原始凭证进行审核，对不真实、不合法的原始凭证有权不予接受，并向单位负责人报告；对记载不准确、不完整的原始凭证予以退回，并要求按照国家统一的会计制度的规定更正、补充。这条规定为会计人员审核原始凭证提供了依据，就是说，对原始凭证的审核，主要应从审核原始凭证的真实性、合法性、合理性、完整性、正确性和及时性等方面进行。具体包括以下两方面内容。

1. 合规性审核。即审核原始凭证所反映的经济业务是否符合国家法律法规、方针政策、财务制度和计划、预算的规定。成本费用开支的范围、标准是否按规定执行，有无违反制度规定报销的情况，各项支出是否符合增收节支、增产节约、提高经济效益的原则，有无铺张浪费现象等。

【思考与讨论】

企业的食堂免费为员工提供用餐，而大部分企业的采购食品原料的原始单据都是收款收据，请问这些收款收据能不能作为财务报销凭证，并以此凭证进账？

2. 技术性审核。即审核原始凭证填制的内容是否完整，有关手续是否齐全，有无遗漏的项目，文字和数字是否书写清楚，数量、单价、金额在计算上是否正确，大写与小写金额是否相符，凭证格式及填写方法是否规范，单位公章或财务用章、税务专用章以及有关人员的签字盖章是否具备，须经政府有关部门或领导批准的经济业务，审批手续是否按规定履行等。若原始凭证的内容填写不全，手续不完备，应退经办人员补办完整后，才予以受理。

原始凭证的审核，是一项很细致且十分严肃的工作。要做好原始凭证的审核，充分发挥会计监督作用，会计人员应该做到具有正确业务指导思想，精通会计业务，熟悉有关的政策、法令、规章制度，对本单位的生产经营活动有深入的了解。同时还要求会计人员具有维护国家的经济法规、财经制度和本单位管理规定的责任感，敢于坚持原则，敢于负责。只有这样，才能在凭证审核中正确掌握标准，及时发现问题。

【例 7 - 2】

1. 企业接受的原始凭证有错误，应采用的处理方法是（　　　　）。

A. 本单位代替出具单位进行更正　　B. 退回出具单位，不予接受

C. 向单位负责人报告　　D. 由出具单位重开或更正

【答案】D

【解析】原始凭证有错误的，应当由出具单位重开或更正，更正处应当加盖出具单位印章。

2. 在原始凭证上书写阿拉伯数字，错误的做法是（　　）。

A. 金额数字前书写货币币种符号

B. 币种符号与金额数字之间要留有空白

C. 币种符号与金额数字之间不得留有空白

D. 数字前写有币种符号的，数字后不再写货币单位

【答案】B

3. 填制原始凭证时，符合书写要求的是（　　）。

A. 阿拉伯金额数字前面应当书写货币币种符号

B. 币种符号与阿拉伯金额数字之间不得留有空白

C. 大写金额有分的，分字后面要写"整"或"正"字

D. 汉字大写金额可以用简化字代替

【答案】AB

【思考与讨论】

原始凭证中易出现的错误与舞弊

原始凭证中容易出现的错误与舞弊主要有：

（1）内容记载含糊不清，或故意掩盖事情真相，进行贪污作弊。

（2）单位台头不是本单位。

（3）数量、单价与金额不符。

（4）无收款单位签章。

（5）开具阴阳发票，进行贪污作弊。

（6）在整理和粘贴原始凭证过程中进行作弊。例如，利用单位原始凭证粘贴、整理不规范的弱点，在进行粘贴、整理时，采用移花接木的手法，故意将个别原始凭证抽出，等以后再重复报销；或在汇总原始凭证金额时，故意多汇或少汇，达到贪污其差额的目的。

（7）模仿领导笔迹签字冒领。

（8）涂改原始凭证上的时间、数量、单价、金额，或添加内容和金额。

还有别的吗？

第三节　记账凭证

一、记账凭证的概念

记账凭证是会计人员根据审核后的原始凭证进行归类、整理，并确定会计分录而编制的凭证，是直接凭以登账的依据。记账凭证记载的是会计信息，从原始凭证到会计凭证是经济信息转换为会计信息的过程，是一种质的飞跃。

记账凭证要根据原始凭证所反映的经济业务，按规定的会计科目和复式记账方法，编制会计分录，以确保账簿记录的准确性。这是由于原始凭证只表明经济业务的具体内容，不能反映其归类的会计科目和记账方向，不能凭以直接入账，而且原始凭证多种多样，其格式、大小也不尽相同。为了做到分类反映经济业务的内容，必须按会计核算方法的要求，将其归类、整理为能据以入账的形式，指明应记入的账户名称以及应借、应贷的金额。

记账凭证和原始凭证同属于会计凭证，但二者存在着以下差别：（1）原始凭证是由经办人员填制的；记账凭证一律由会计人员填制。（2）原始凭证是根据发生或完成的经济业务填制；记账凭证是根据审核后的原始凭证填制。（3）原始凭证用以记录、证明经济业务已经发生或完成；记账凭证要根据会计科目对已经发生或完成的经济业务进行归类、整理。（4）原始凭证是填制记账凭证的依据；记账凭证是登记账簿的依据。

二、记账凭证的种类

1. 记账凭证按照记录经济业务的内容不同分类可分为收款凭证、付款凭证和转账凭证。

（1）收款凭证。是指专门用来记载现金、银行存款增加业务的记账凭证。它即可作为登记现金和银行日记账及有关明细账的依据，也是出纳员收款的证明（格式见表7-11）。

表 7-11

收款凭证

借方科目 [____]　　　　　　　　　年　月　日　　　　　　　　　　凭证编号 _____

摘　要	结算方式	票号	贷方科目		金额										记账符号
			一级科目	二级科目	亿	千	百	十	万	千	百	十	元	角	分	
附单据　张			合　计													

会计主管　　　　记账　　　　稽核　　　　制单　　　　出纳　　　　领款人

（2）付款凭证。是指专门用来记载现金、银行存款减少业务的记账凭证。它即可作为登记现金和银行日记账及有关明细账的依据，也是出纳员付款的证明（格式见表7-12）。

表 7-12

付款凭证

贷方科目 [____]　　　　　　　　　年　月　日　　　　　　　　　　凭证编号 _____

摘　要	结算方式	票号	借方科目		金额										记账符号
			一级科目	二级科目	亿	千	百	十	万	千	百	十	元	角	分	
附单据　张			合　计													

会计主管　　　　记账　　　　稽核　　　　制单　　　　出纳　　　　领款人

（3）转账凭证。是指专门用来记载不涉及现金和银行存款收付的其他各项经济业务的记账凭证。它是根据有关转账业务的原始凭证填制的，是登记总分类账和明细账分类账的依据（格式见表7-13）。

表7-13   转账凭证
                                   年   月   日   凭证编号_____

摘 要	结算方式	票号	借方科目		贷方科目		金额											记账符号
			一级科目	二级科目	一级科目	二级科目	亿	千	百	十	万	千	百	十	元	角	分	
附单据 张			合 计															

会计主管   记账   稽核   制单

上述收款凭证、付款凭证和转账凭证，也称为专用凭证。有些经济业务比较简单或收付款业务不多的单位，可以使用一种通用格式的记账凭证。这种记账凭证既可用于反映收付款业务，又可用于反映转账业务，其格式与转账凭证相似，称为通用记账凭证（格式见表7-14）。

表7-14   通用记账凭证
                                   年   月   日   凭证编号_____

摘 要	结算方式	票号	借方科目		贷方科目		金额											记账符号
			一级科目	二级科目	一级科目	二级科目	亿	千	百	十	万	千	百	十	元	角	分	
附单据 张			合 计															

会计主管   记账   稽核   制单   出纳   领款人

2. 记账凭证按其是否经过汇总，可分为汇总记账凭证和非汇总记账凭证。汇总记账凭证是根据许多同类的单一记账凭证定期加以汇总而重新编制的记账凭证，目的是简化登记总分类账的手续。汇总记账凭证，也可按其反映经济业务的内容分类，分为汇总收款凭证、汇总付款凭证、汇总转账凭证和汇总记账凭证表（科目汇总表）。

非汇总记账凭证是根据原始凭证编制，只反映某项经济业务会计分录的记账凭证。前面介绍的收、付、转凭证、通用凭证，单式凭证均是非汇总记账凭证。

三、记账凭证的基本内容

记账凭证虽然种类不一，但它们的主要作用都在于对原始凭证进行归类、整理，运用账户和复式记账方法，编制会计分录，直接据以入账。因此，各项记账凭证必须具备下列内容：

1. 记账凭证的名称。如"收款凭证"、"付款凭证"、"转账凭证"等。

2. 记账凭证的编号。

3. 填制记账凭证的日期。

4. 经济业务内容的简要说明，即摘要。

5. 经济业务事项所涉及的会计科目及其记账方向，包括每项经济业务所涉及的全部一级科目和明细科目。

6. 经济业务事项的金额。

7. 附件的张数，即记账凭证后面所附原始凭证的张数。

8. 有关责任人的签名或盖章，包括制单人、稽核人、会计主管、记账人等的签名或盖章。收、付款的记账凭证还应由出纳人员签名或盖章。

四、填制记账凭证

1. 记账凭证填制的基本要求。

（1）记账凭证各项内容必须完整。

（2）记账凭证应连续编号。一笔经济业务需要填制两张以上记账凭证的，可以采用分数编号法编号。如 5 号会计事项分录需要填制三张记账凭证，就可以编成 $5\frac{1}{3}$、$5\frac{2}{3}$、$5\frac{3}{3}$号，前面的总数为总顺序号，后面的分数为该项经济业务的分号，分母表示该项经济业务的记账凭证的总张数，分子表示该项经济业务的顺序号。

（3）记账凭证可以根据一张原始凭证填制，或根据若干张同类原始凭证汇总填列，也可根据原始凭证汇总表填制。但不得将不同内容和类别的原始凭证汇总填制在一张记账凭证上。

（4）除结账和更正错误的记账凭证可以不附原始凭证外，其他记账凭证必须附有原始凭证。

（5）填制记账凭证时若发生错误应当重新填制。已登记入账的记账凭证在当年内发现填写错误时，可以用红字填写一张与原内容相同的记账凭证，在摘要栏注明"注销某年某月某日某号凭证"字样，同时再用蓝字重新填制一张正确的记账凭证，注明"订正某年某月某日某号凭证"字样。如果会计科目没有错误，只是金额错误，也可将正确数字与错误数字之间的差额，另编一张调整的记账凭证，调增金额用蓝字、调减金额用红字。发现以前年度记账凭证有错误时，应当用蓝字填写一张更正凭证。

（6）记账凭证填制完经济业务事项后，如有空行，应当自金额栏最后一笔金额数字下的空行处至合计数上的空行处划横线注销。

（7）摘要应与原始凭证内容一致，能正确反映经济业务和主要内容，表述简短精练。应能使阅读的人通过摘要就能了解该项经济业务的性质、特征，判断出会计分录的正确与否，一般不必再去翻阅原始凭证或询问有关人员。

2. 记账凭证填制的方法。

（1）收款凭证和付款凭证的填制。收款凭证和付款凭证，是根据有关现金和银行存款收付业务的原始凭证填制的。凡是引起现金、银行存款增加的业务，都要根据现金、银行存款增加的原始凭证，编制现金、银行存款的收款凭证；凡是引起现金、银行存款减少的业务，都要根据现金、银行存款减少的原始凭证，编制现金、银行存款的付款凭证。对于现金和银行存款之间的相互划转，如从银行提取现金或把现金送存银行，为避免重复记账，一般只编制付款凭证，而不再编制收款凭证；或既编收款凭证又同时编付款凭证，但都不记入对方账户。出纳人员对于已经收款的收款凭证和已经付款的付款凭证及其所附的各种原始凭证，都要加盖"收讫"和"付讫"的戳记，以免重付重收。出纳人员和有关记账人员应根据盖有收、付讫戳记的收、付款凭证登记有关账簿。

收款凭证的"借方科目"按收款的性质填写"库存现金"或"银行存款"；日期填写的是填制本凭证的日期；右上角填写填制收款凭证的顺序号；"摘要"填写对所记录的经济业务的简要说明；"贷方科目"填写与收入现金或银行存款相对应的会计科目；"记账"是指该凭证已登记账簿的标记，防止经济业务事项重记或漏记；"金额"是指该项经济业务事项的发生额；该凭证"附件　张"是指本记账凭证所附原始凭证的张数；最下边分别由有关人员签章，以明确经济责任。下面分别举例说明收款凭证和付款凭证的填制（见表 7 – 15 和表 7 – 16）。

【例 7 – 3】收到宏光公司转账支票，用来归还前欠货款 3 560 元，已入银行存款账户。

表 7 – 15

收款凭证

借方科目 银行存款　　2013 年 5 月 10 日　　凭证编号 银收 9　出纳编号 041 – 1

摘　要	结算方式	票号	贷方科目		金额										记账符号
			一级科目	二级科目	亿	千	百	十	万	千	百	十	元	角	分	
收宏光公司前欠货款	支票	0887453	应收账款	宏光公司						3	5	6	0	0	0	√
附单据　张			合　计						¥	3	5	6	0	0	0	

会计主管　　　记账　　　稽核　　　制单　　　出纳　　　领款人

【例 7 – 4】开出现金支票支付王林出差预借款 2 000 元。

表 7 – 16

付款凭证

贷方科目 库存现金　　2013 年 5 月 10 日　　凭证编号 现付 3　出纳编号 024 – 3

摘　要	结算方式	票号	贷方科目		金额										记账符号
			一级科目	二级科目	亿	千	百	十	万	千	百	十	元	角	分	
出差预借款	支票	0889087	其他应收款	王林						2	0	0	0	0	0	√
附单据　张			合　计						¥	2	0	0	0	0	0	

会计主管　　　记账　　　稽核　　　制单　　　出纳　　　领款人

（2）转账凭证的填制。转账凭证是根据与现金、银行存款收付无关的转账业务的原始凭证填制的。转账凭证将经济业务事项中所涉及全部会计科目，按照借、贷方向填写，具体填制方法如表 7－17 所示。

【例 7－5】一车间分配结转生产 A 产品的制造费用 18 000 元。

表 7－17

转账凭证

2013 年 5 月 11 日　　　　　　　　　　　　　凭证编号　转字 8

摘　要	借方科目		贷方科目		金额											记账符号
	一级科目	二级科目	一级科目	二级科目	亿	千	百	十	万	千	百	十	元	角	分	
分配结转制造	生产成本	A 产品	制造费用	一车间				1	8	0	0	0	0	0	0	
附单据　张			合　计					¥	1	8	0	0	0	0	0	

会计主管　　　　　　记账　　　　　　稽核　　　　　　制单

自己动手

2013 年 5 月 21 日新飞有限责任公司采用托收承付结算方式向鼎天公司销售商品一批，货款 300 000 元，增值税额 51 000 元，以银行存款代垫运杂费 5 000 元，已办理托收手续。新飞有限责任公司应作如下会计处理：

借：应收账款　　　　　　　　　　　　　　　　　　　356 000
　贷：主营业务收入　　　　　　　　　　　　　　　　　300 000
　　　应交税费——应交增值税（销项税额）　　　　　　51 000
　　　银行存款　　　　　　　　　　　　　　　　　　　5 000

请按上述会计分录来编制记账凭证：

记账凭证

年　　月　　日　　　　　　　　　　凭证编号＿＿＿＿

摘　要	结算方式	票号	借方科目		贷方科目		金额											记账符号
			一级科目	二级科目	一级科目	二级科目	亿	千	百	十	万	千	百	十	元	角	分	
附单据　张					合　计													

会计主管　　　记账　　　稽核　　　制单　　　出纳　　　领款人

五、审核记账凭证

记账凭证经过编制后，必须经过认真的审核，才能登记账簿。记账凭证审核的内容是：

1. 记账凭证是否附有原始凭证；所附原始凭证的内容是否与记账凭证的内容相同。记账凭证上填写的附件张数与实际原始凭证张数是否相符。

2. 会计科目应用是否正确；科目对应关系是否清晰；金额是否正确。

3. 记账凭证格式中规定的项目是否都已填列齐全，有关人员是否都已签名或盖章等。

4. 实行会计电算化的单位，对于机制记账凭证，要认真审核，做到会计科目使用正确，数字准确无误。打印出来的机制记账凭证，要加盖制单人员、稽核人员、记账人员及会计主管人员的印章或签字。

记账凭证经过审核后，如发现有错误，或不符合要求，则需由填制人员重新填写，或按规定的方法进行更正。经过审核无误的记账凭证，便可以据以记账。按照《会计法》规定，任何单位和个人不得伪造、变造会计凭证。对于伪造、变造会计凭证，授意、指使、强令会计机构、会计人员及其他人员伪造、变造会计凭证的，都应承担相应的法律责任。

自己动手

请按记账凭证审核要求来审核下面的记账凭证存在哪些问题：

经济业务：2013 年 5 月 11 日开出现金支票支付王林出差预借款 2 000 元。

付款凭证

2013 年 5 月 10 日

凭证编号　现付 3

出纳编号　024 - 3

贷方科目｜库存现金

摘　要	结算方式	票号	借方科目		金额											记账符号
			一级科目	二级科目	亿	千	百	十	万	千	百	十	元	角	分	
出差预借款	支票	0889087	应收账款	王林					2	0	0	0	0	0		√
附单据　张			合　计					￥	2	0	0	0	0	0		

会计主管　　　记账　　　稽核　　　制单　　　出纳　　　领款人

【思考与讨论】

大连某实业公司会计（兼出纳）邵某贪污公款 1.4 万余元。其中，有邵某利用赵某、邹某和陈某三个人的名字先后借款 7 000 元列为应收款下账。之后，又利用李某买鱼冲转应收款的机会，在 1985 年 2 月 9 日，对李某应收购鱼款合计 280 574 元内转销了 277 774 元，少冲转 2 800 元。另外又将一张 4 200 元清算预收款的退款收据冒充购鱼发货票，在虚增了"库存商品"的同时，邵某将这 4 200 元连同少冲转李某的 2 800 元一起用赵某、邹某和陈某三个人名义冲销了。结果，邵某将这 7 000 元据为己有，邵某贪污事实成立，被判处 4 年有期徒刑。

在司法会计鉴定检验过程中，检验人员对有关几个问题讯问了被告人，摘笔录如下：

问：你叫什么名字？

答：邵某。

问：你在大连某实业公司担任什么职务？

答：记账、会计。

问：大连某实业公司的出纳员由谁担任？

答：张某。

问：实际出纳员是谁？

答：名义是张某，实际上是我干的。

问：现金在谁那里保管？

答：现金在我这里保管。出纳员的印章都是张某的，印章都提前盖在记账凭证上（空白记账凭证）。（资料来源：《司法会计与鉴定》东北财经大学出版社，1987年8月第1版）

预填会计凭证，未造成严重后果，也算违法吗？

第四节 会计凭证的传递和保管

一、会计凭证的传递

1. 正确组织会计凭证传递的意义。会计凭证的传递，是指从凭证取得或填制时起到归档保管时止，在单位内部有关部门和人员之间的传递。

各种会计凭证，它们所记载的经济业务不同，涉及的部门和人员不同，据以办理的业务手续也不同。因此，应当为各种会计凭证规定一个合理的传递程序，即一张会计凭证填制后应交到哪个部门、哪个岗位，由谁接办业务手续，直到归档为止。如凭证一式数联的，还应规定每一联传到哪几个部门、什么用途等。

正确组织会计凭证的传递，对于及时处理和登记经济业务，明确经济责任，实行会计监督，具有重要作用。

（1）通过会计凭证的传递，有利于及时进行会计记录。例如，材料运到企业后，仓库保管员应在规定时间内将材料验收入库，填制"收料单"，注明实收数量等情况，并及时送到财会部门及其他有关部门。财会部门接到"收料单"，经审核无误，就应及时编制记账凭证和登记账簿，生产使用部门得到该批材料已经入库的情况后，便可办理有关领料手续。如果仓库保管员未按时填写"收料单"，或虽已填写，但没有及时送到财会等部门，就会造成材料尚未入库的假象，影响企业生产正常进行。

（2）通过会计凭证的传递，有利于完善经济责任制度。经济业务的发生或完成及记录，是由责任人共同负责、分工完成的，会计凭证作为记录经济业务、明确经济责任的书面证明，体现了经济责任制度的执行情况。单位会计制度可以通过会计凭证传递程序和传递时间的规定，考核经办业务的有关部门和人员是否按规定的会计手续办理，从而加强经营管理上的责任制度，提高经营管理水平。

2. 正确、合理地组织会计凭证传递的基本要求。由于企业生产经营的组织不同，经济业务的内容不同，企业管理的要求也不尽相同。在会计凭证的传递中，也应根据具体情况确定每一种凭证的传递程序和方法，作为业务部门和会计部门处理会计凭证的工作规范。

科学、合理的凭证传递程序，应能适应经济业务的特点，结合本单位各部门和人员分工的具体情况，满足各个工作环节加强经营管理的需要。要求会计凭证沿着最迅速、最合理的轨道传递，规定会计凭证在每个部门和业务环节停留的最长时间，并指定专人负责按照规定的顺序时间监督凭证传递，做到凭证满足需要、手续完备、层次清楚、责任明确、传递及时。

某单位在会计凭证传递过程中，遗失了几本会计凭证原件，请问该单位的会计是否要负法律责任，如果要负责任，将负什么样的责任？

二、会计凭证的保管

如前所述，会计凭证是记录经济业务，明确经济责任的证明文件，又是登记账簿的依据，所以，它是重要的经济档案和历史资料。任何企业在完成经济业务手续和记账之后，必须按规定建立立卷归档制度，形成会计档案资料，妥善保管，以便日后随时查阅。

会计凭证的保管是指会计凭证记账后的整理、装订、归档和存查工作。会计凭证的保管主要有下列要求：

1. 会计凭证应定期装订成册，防止散失。从外单位取得的原始凭证遗失时，应取得原签发单位盖有公章的证明，并注明原始凭证的号码、金额、内容等，由经办单位会计机构负责人、会计主管人员和单位负责人批准后，才能代作原始凭证。若确实无法取得证明的，如车票丢失，则应由当事人写明详细情况，由经办单位会计机构负责人、会计主管人员和单位负责人批准后，代作原始凭证。

2. 会计凭证封面应注明单位名称、凭证类别、凭证张数、起止号数、年度、月份、会计主管人员、装订人员等有关事项，会计主管人员和保管人员应在封面上签章。

3. 会计凭证应加封封条，防止抽换凭证。原始凭证不得外借，其他单位如有特殊原因确实需要使用时，经本单位会计机构负责人、会计主管人员批准，可以复制。向外单位提供的原始凭证复印件，应在专设的登记账簿上登记，并由提供人员和收取人员共同签名、盖章。

4. 原始凭证较多时，可单独装订，但应在凭证封面注明所属记账凭证的日期、编号和种类，同时在所属的记账凭证上应注明"附件另订"及原始凭证的名称和编号，以便查阅。

5. 会计凭证的保管期限和销毁手续，必须严格执行会计制度的有关规定。对一般的会计凭证应分别规定保管期限，对重要的会计凭证，如涉及外事和重要业务资料，必须长期保存。未到规定保管期的会计凭证，任何人不得随意销毁。对保管期满需要销毁的会计凭证，必须开列清单，经本单位领导审核，报上级主管部门批准后，才能销毁。《会计法》规定，对隐匿或者故意销毁依法应当保存的会计凭证，或授意、指使、强令会计机构、会计人员及其他人员隐匿、故意销毁依法应当保存的会计凭证，应当承担相应的法律责任。

自己动手

2013 年 6 月 21 日下午 2 时，市纪委找王某、马某到总公司办公室谈话。在谈话中，王某交代了路桥公司私设小金库的事实，并让其妻从家中送来了他制作的记载小金库账目来源及大致去向的 U 盘，以及存放小金库资金的银行卡。纪委当即追问小金库的明细账目，王按照事先和马、陈串通好的，向纪委谎称账目已被销毁。谈话结束后，陈某、马某、王某随即聚在一起商量，陈某提出账册不能留要处理掉，马、王均表同意，于是连夜由驾驶员开车带上述人员到王某家中取得小金库原始凭证后，由陈某将凭证拿到工地烧毁。凭证记载内容是在 1 年多时间内，路桥公司通过向其水利总公司虚报预付工程款的手段，多次从工程队提取现金达 400 多万元。

请问王某、陈某、马某三人的行为是否构成故意销毁会计凭证罪？

【本章小结】

1. 会计凭证的定义及分类：

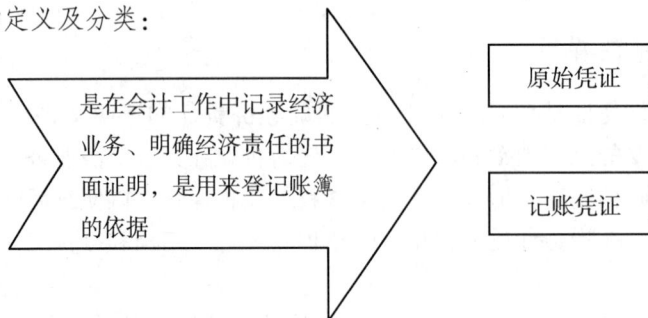

是在会计工作中记录经济业务、明确经济责任的书面证明，是用来登记账簿的依据

原始凭证

记账凭证

2. 原始凭证种类
- 按来源不同划分
  - 外来原始凭证
  - 自制原始凭证
- 按填制方法不同划分
  - 一次凭证
  - 累计原始凭证
  - 汇总原始凭证
- 按格式不同划分
  - 通用凭证
  - 专用凭证
- 按用途不同划分
  - 一次凭证
  - 累计原始凭证
  - 汇总原始凭证

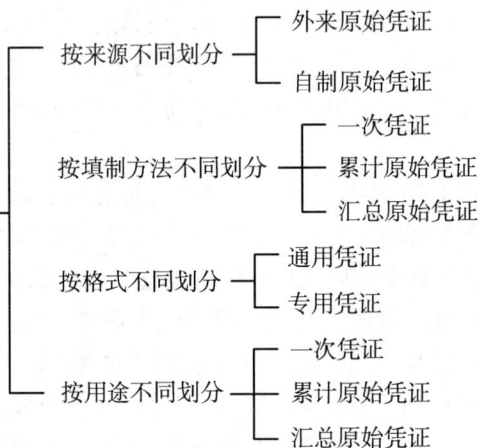

3. 记账凭证的分类
- 按反映经济业务内容不同划分
  - 收款凭证
  - 付款凭证
  - 转账凭证
- 按编制方式不同划分
  - 单式记账凭证
  - 复式记账凭证
- 按是否经过汇总划分
  - 汇总记账凭证
  - 非汇总记账凭证

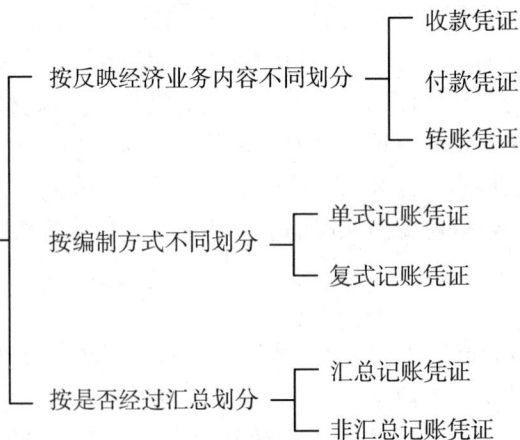

思考与练习

一、复习思考题

1. 会计凭证的概念及在会计工作中的作用？

2. 会计凭证的种类？

3. 原始凭证的概念及在会计工作中的作用？

4. 原始凭证的种类？

5. 原始凭证的基本内容？

6. 记账凭证的基本内容？

7. 记账凭证的具体类别及相关格式？

8. 记账凭证的相关填写和审核要求？

9. 如何理解会计凭证的传递？

10. 会计凭证保管应注意的问题？

二、单项选择题

1. 原始凭证按（　　）分类，分为一次凭证、累计凭证等。

  A. 用途和填制程序   B. 形成来源

  C. 填制方式   D. 填制程序及内容

2. 下列原始凭证中属于外来原始凭证的有（　　）。

  A. 提货单   B. 发出材料汇总表 C. 购货发票   D. 领料单

3. 根据连续反映某一时期内不断重复发生而分次进行的特定业务编制的原始凭证有（　　）。

  A. 一次凭证   B. 累计凭证   C. 记账编制凭证   D. 汇总原始凭证

4. 在会计实务中，原始凭证按照填制手续及内容的不同，可以分为（　　）。

  A. 外来原始凭证和自制原始凭证   B. 收款凭证、付款凭证和转账凭证

  C. 一次凭证、累计凭证和汇总凭证   D. 通用凭证和专用凭证

5. 在审核原始凭证时，对于内容不完整、填制有错误或手续不完备的原始凭证，应该（　　）。

  A. 拒绝办理，并向本单位负责人报告

  B. 予以抵制，对经办人员进行批评

  C. 由会计人员重新填制或予以更正

  D. 予以退回，要求更正、补充，以至重新填制

三、多项选择题

1. 下列凭证中属于自制原始凭证的有（　　）。

  A. 购进发货票   B. 销售发货票

  C. 限额领料单   D. 发出材料汇总表

2. 对外来原始凭证进行真实性审核的内容包括（　　）。

  A. 真实性的审查   B. 合法性的审查

  C. 完整性的审查   D. 合理性的审查

四、判断题

1. 原始凭证是登记明细分类账的依据，记账凭证是登记总分类账的依据。   （　　）

2. 对不真实、不合法的原始凭证，会计人员有权不予接受，对记载不准确、不完整的原始凭证，会计人员有权要求其重填。   （　　）

3. 一张原始凭证所列支出需要几个单位共同负担的，应当将其他单位负担的部分用复

印件提供给其他单位。 （ ）

五、问题解答

2001 年 5 月，李某在担任某镇审计站站长期间，组织人员对该镇东寨村及村委下属的 7 个村民组 1993 年至 1998 年的账目进行了审计，并出具了审计报告。审计结束后，李某未及时将自己保管的东寨村及村民组的会计凭证向村、组负责人移交，糊涂地将这些会计凭证当做废品卖掉，使该村及 7 个村民组的会计凭证全部遗失，以致该村及 7 个村民组的财务管理不能正常进行。

问李某作为审计工作人员，在工作中不负责任，故意销毁依法应当保存的会计凭证，其行为是否构成故意销毁会计凭证罪？

六、根据以下经济业务编制记账凭证

1. 财务处开出现金支票提取现金 8 000 元备用。
2. 采购员王宾赴外地采购材料借差旅费 5 000 元，出纳开出现金支票给他。

备 考 指 南

一、复习要点

考点 1：什么样的外来原始凭证不能接受？

失真、违规或不完整的外来原始凭证均不能接受，具体如下：

（1）应盖有税务局发票监制章、填制凭证单位公章的，而未加盖。

（2）未填写填制凭证单位名称或者填制人姓名，没有经办人员的签名或者盖章。

（3）填制单位的名称与所盖的公章不符。

（4）未填写接受凭证单位名称或者填写的名称与本单位不符。

（5）凭证的联次不符。

（6）凭证有涂改。

（7）凭证所列的经济业务不符合开支范围、开支标准。

（8）凭证所列的金额、数量计算不正确。

考点 2：有问题的外来原始凭证怎样处理？

根据《中华人民共和国会计法》第十四条的规定精神，有问题的外来原始凭证应做如下处理：

（1）不真实、不合法的，会计人员有权不予接受，并向单位负责人报告。

（2）记载不准确、不完整的，会计人员有权予以退回，要求其按照国家统一的会计制度的规定，进行更正、补充。

考点 3：外来原始凭证的差错谁来修改？

根据《中华人民共和国会计法》第十四条的规定精神，外来原始凭证如果出现差错应做如下处理：

（1）有错误的，退回出具单位重开或者更正，更正处应当加盖出具单位印章。

（2）金额有错误的，应当由出具单位重开，不得在原始凭证上更正。

考点 4：外来的原始凭证遗失怎样处理？

根据财政部《会计基础工作规范》第五十五条的规定，外来的原始凭证遗失，应当由原开出单位出具证明，证明经济业务的内容、原始凭证的号码、金额，证明必须加盖原开出凭证单位的公章。然后由接受凭证单位的会计机构负责人、会计主管人员和单位领导人办理批准手续，手续齐全后，才能代作原始凭证。有些外来原始凭证遗失无法取得证明的，例如，飞机票、火车票等可以由当事人写出详细情况说明，然后由接受凭证单位的会计机构负责人、会计主管人员和单位领导人办理批准手续，手续齐全后，才能代作原始凭证。

考点 5：发生销货退回时，凭证怎样处理？

根据财政部《会计基础工作规范》第四十八条的规定精神，发生销货退回时，首先要取得退货验收证明，然后填制退货发票；退款时，首先要取得对方的收款收据或者汇款银行的凭证，然后才能填制退款凭证。特别要注意的是，不能以退货发票代替收据开具退款凭证。

考点 6：上级有关部门批准的业务，怎样确认原始凭证？

根据财政部《会计基础工作规范》第四十八条的规定精神，上级有关部门批准的业务，应当将批准文件作为原始凭证的附件，证明经济业务已经发生或者完成，据此填制原始凭证。如果该批准文件必须单独归档，不能作为附件，应当在原始凭证上注明批准机关的名称、批准日期和文件的字号，以备查找。

考点 7：自制原始凭证必须具备哪些内容？

自制原始凭证是为了适应会计主体内部发生的经济业务的需要而填制的，种类、格式比较繁多，其必须具备的内容可概括如下：

（1）凭证的名称；（2）填制凭证的日期；（3）经办人员的签名或者盖章；（4）经济业务内容；（5）数量、单价和金额。

考点 8：受理自制原始凭证时应审核哪些方面？

自制原始凭证绝大部分涉及的是物资出入库、费用分配和结转等转账业务，为此，应审核凭证所列的经济业务是否存在如下情况：

（1）未按国家规定和有关计划使用资金。

（2）多计或少计了成本费用，形成了虚假利润。

（3）未按规定的渠道、标准、比例提取费用或摊销费用。

（4）物资核算不实，虚报冒领。

（5）费用的发生不合理。

考点 9：什么样的自制原始凭证不能接受？

不符合要求的自制原始凭证均不能接受，具体如下：

（1）没有经办人员的签名或者盖章。

（2）凭证摘要填写不清楚。

（3）凭证的联次不符。

（4）凭证有涂改。

（5）凭证所列的经济业务不符合开支范围、开支标准。

（6）凭证所列的金额、数量计算不正确。

考点 10：有问题的自制原始凭证怎样处理？

（1）不真实、不合法、不合理的，会计人员有权拒绝接受，不办理会计核算手续；问题严重的，应及时向单位负责人报告。

（2）属于填写不符合要求的，如手续不完整、项目有遗漏、数字计算不准确、文字说明不完整的，应当退回，要求其按照规定进行更正、补充。

考点 11：自制原始凭证的差错谁来修改？

自制原始凭证如果出现差错也要退回出具部门或经手人，重开或者更正，如果是更正，要在更正处加盖更正者的印章，以明确责任；金额有错误的，应当由出具或者经手人重开，不得在原始凭证上更正。

考点 12：职工报销凭证的签字有什么要求？

（1）按规定应该签字的人员必须全部签字，签字必须签全称，不能只签姓。

（2）签字人签署姓名后，还应当签署签字的日期。

（3）领导签字应当明确表明是否同意报销。

（4）为便于原始凭证的装订，签字是签在凭证的正面，应签在右上方。签字如果是签在凭证的反面，应签在左上方。

（5）有多张凭证都需要签字时，要一张一张分别签，不能用复写纸同时签。

考点 13：职工公出借款的凭证怎样处理？

根据财政部《会计基础工作规范》第四十八条的规定精神，职工公出借款的凭证，必须附在记账凭证之后。借款收回时，不得退回原借款收据，应当另行开出借款收回的收据或者退回原借据的副本给借款人。

考点 14：记账凭证的概念、种类、基本内容、编制要求和审核内容（需要掌握）。

二、主要题型

本章的主要题型是选择题、判断题和简答题，其中，简答题主要涉及的是凭证的审核内容以及错误更正的相关内容。本章的分值较大，大约在 10 分左右。

（一）单项选择题

1. 会计凭证按其（　　　）的不同，分为原始凭证和记账凭证。

　　A. 填制的程序和用途　　　　　　　　B. 填制的手续

　　C. 来源　　　　　　　　　　　　　　D. 记账凭证

【答案】A

2. 差旅费报销单按填制的手续及内容分类，属于原始凭证中的（　　　）。

　　A. 一次凭证　　　　B. 累计凭证　　　　C. 汇总凭证　　　　D. 专用凭证

【答案】C

3. 下列不属于原始凭证审核内容的是（　　　）。

　　A. 凭证是否有填制单位的公章和填制人员签章

　　B. 凭证是否符合规定的审核程序

　　C. 凭证是否符合有关计划和预算

　　D. 会计科目使用是否正确

【答案】D

【解析】原始凭证的审核内容：审核原始凭证的真实性（对于外来原始凭证必须要有填制单位的公章和人员签章），审核原始凭证的合法性（符合有关的审核程序），审核原始凭证的合理性（符合有关的计划和预算），审核原始凭证的完整性，审核原始凭证的正确性，审核原始凭证的及时性。原始凭证不涉及会计科目的使用。

4. 会计机构和会计人员对不真实、不合法的原始凭证和违法收支，应当（　　　）。

　　A. 不予接受　　　　　　　　　　　　B. 予以退回

C. 予以纠正　　　　　　　　　　D. 不予接受，并向单位负责人报告

【答案】 D

5. 发现原始凭证金额错误，下列各项中，正确的处理方法是（　　）。

　　A. 由本单位经办人更正，并由单位财务负责人签名盖章

　　B. 由出具单位重开

　　C. 由出具单位更正，更正处应当加盖出具单位印章

　　D. 由本单位会计人员按划线更正法更正，并在更正处签章

【答案】 B

6. 某会计人员在审核记账凭证时，发现误将 8 000 元写成 800 元，尚未入账，一般应采用（　　）改正。

　　A. 重新编制记账凭证　　　　　　B. 红字更正法

　　C. 补充登记法　　　　　　　　　D. 冲账法

【答案】 A

（二）多项选择题

1. 下列凭证属于外来原始凭证的有（　　）。

　　A. 付款收据　　　　　　　　　　B. 银行转来的各种结算凭证

　　C. 工资发放明细表　　　　　　　D. 出差人员车票

【答案】 ABD

2. 下列项目中，不属于原始凭证的有（　　）。

　　A. 经济合同　　　B. 转账凭证　　　C. 银行对账单　　　D. 借款单

【答案】 ABC

3. 在原始凭证上书写阿拉伯数字，正确的有（　　）。

　　A. 金额数字一律填写到角分

　　B. 无角分的，角位和分位可写"00"或者符号"—"

　　C. 有角无分的，分位应当写"0"

　　D. 有角无分的，分位也可以用符号"—"代替

【答案】 ABC

4. 对原始凭证发生的错误，正确的更正方法有（　　）。

　　A. 由出具单位重开或更正

　　B. 由本单位的会计人员代为更正

　　C. 金额发生错误的，可由出具单位在原始凭证上更正

　　D. 金额发生错误的，应当由出具单位重开

【答案】 AD

5. 原始凭证的审核内容包括：审核原始凭证（　　）等方面。

　　A. 真实性　　　B. 合法性、合理性　　C. 正确性、及时性　　D. 完整性

【答案】 ABCD

6. 记账凭证可以根据（　　）编制。

　　A. 一张原始凭证　　　　　　　　B. 若干张原始凭证汇总

　　C. 原始凭证汇总表　　　　　　　D. 明细账

【答案】ABC

7. 记账凭证的填制除必须做到记录真实、内容完整、填制及时、书写清楚外，还必须符合（　　）要求。

A. 如有空行，应当在空行处划线注销

B. 发生错误应该按规定的方法更正

C. 必须连续编号

D. 除另有规定外，应该有附件并注明附件张数

【答案】ABCD

8. 涉及现金与银行存款之间的划款业务时，可以编制的记账凭证有（　　）。

A. 银行收款凭证　　B. 银行付款凭证　　C. 现金收款凭证　　D. 现金付款凭证

【答案】BD

9. 王明出差回来，报销差旅费 1 000 元，原预借 1 500 元，交回剩余现金 500 元，这笔业务应该编制的记账凭证有（　　）。

A. 付款凭证　　　　B. 收款凭证　　　　C. 转账凭证　　　　D. 原始凭证

【答案】BC

10. 下列说法正确的是（　　）。

A. 按其反映的经济业务的内容，记账凭证分为收款凭证、付款凭证和转账凭证

B. 按照填列方式不同，记账凭证分为复式凭证和单式凭证

C. 复式记账凭证便于汇总计算每一个会计科目的发生额

D. 单式记账凭证便于分工记账

【答案】ABD

（三）判断题

1. 原始凭证发生的错误，正确的更正方法是由出具单位在原始凭证上更正。　　　　（　　）

【答案】×

2. 在特定情况下，原始凭证经批准可以涂改、挖补。　　　　（　　）

【答案】×

3. 限额领料单既是自制的原始凭证，也是累计凭证。　　　　（　　）

【答案】√

4. 发现以前年度记账凭证有错误，应先用红字冲销，然后用蓝字填制一张更正的记账凭证。　　　　（　　）

【答案】×

5. 一张原始凭证只能填制一张记账凭证。　　　　（　　）

【答案】×

【解析】一张原始凭证可以填制两张以上的记账凭证，不过要使用分数编号法编号。

6. 记账凭证只能根据一张原始凭证填制。　　　　（　　）

【答案】×

【解析】记账凭证也可以根据若干张同类原始凭证汇总填制。

7. 记账凭证可以根据每一张原始凭证填制，或者根据若干张原始凭证汇总填制，也可以根据原始凭证汇总表填制。　　　　（　　）

【答案】×

【解析】记账凭证可以根据每一张原始凭证填制，或者根据若干张同类原始凭证汇总填制，也可以根据原始凭证汇总表填制。

8. 凭证编号中的表示第10笔业务需要填制三张记账凭证，共有三张原始凭证，该记账凭证是根据其中的第一张原始凭证编制的。 （ ）

【答案】×

【解析】凭证编号中的表示第10笔业务（只有一张原始凭证）需要填制三张记账凭证，这是其中的第一张记账凭证。

9. 所有的记账凭证都必须附有原始凭证，否则，不能作为记账的依据。 （ ）

【答案】×

【解析】除结账和更正错误的记账凭证可以不附原始凭证外，其他记账凭证必须附有原始凭证。

10. 除结账和更正错误的记账凭证可以不附原始凭证外，其他记账凭证必须附有原始凭证。否则，不能作为记账的原始依据。 （ ）

【答案】×

【解析】除结账和更正错误的记账凭证可以不附原始凭证外，其他记账凭证必须附有原始凭证。否则，不能作为记账的直接依据。

11. 记账凭证填制完经济业务事项后，如有空行，应当自金额栏最后一笔金额数字下的空行处至合计数上的空行处用文字注销。 （ ）

【答案】×

【解析】记账凭证填制完经济业务事项后，如有空行，应当自金额栏最后一笔金额数字下的空行处至合计数上的空行处划线注销。

【相关知识】

正确填写票据和结算凭证的基本规定

一、中文大写金额数字应用正楷或行书填写，如壹（壹）、贰（贰）、叁、肆（肆）、伍（伍）、陆（陆）、柒、捌、玖、拾、佰、仟、万（万）、亿、元、角、分、零、整（正）等字样。不得用一、二（两）、三、四、五、六、七、八、九、十、念、毛、另（或0）填写，不得自造简化字。如果金额数字书写中使用繁体字，如贰、陆、亿、萬、圆的，也应受理。

二、中文大写金额数字到元为止的，在元之后，应写整（或正）字，在角之后可以不写整（或正）字。大写金额数字有分的，分后面不写整（或正）字。

三、中文大写金额数字前应标明人民币字样，大写金额数字应紧接人民币字样填写，不得留有空白。大写金额数字前未印人民币字样的，应加填人民币三字。在票据和结算凭证大写金额栏内不得预印固定的仟、佰、拾、万、仟、伯、拾、元、角、分字样。

四、阿拉伯小写金额数字中有0时，中文大写应按照汉语语言规律、金额数字构成和防止涂改的要求进行书写。举例如下：

（一）阿拉伯数字中间有0时，中文大写金额要写零字。如￥1 409.50，应写成人民币壹仟肆佰零玖元伍角。

（二）阿拉伯数字中间连续有几个 0 时，中文大写金额中间可以只写一个零字。如 ¥ 6 007.14，应写成人民币陆仟零柒元壹角肆分。

（三）阿拉伯金额数字万位或元位是 0，或者数字中间连续有几个 0，万位、元位也是 0，但千位、角位不是 0 时，中文大写金额中可以只写一个零字，也可以不写零字。如 ¥ 1 680.32，应写成人民币壹仟陆佰捌拾元零叁角贰分，或者写成人民币壹仟陆佰捌拾元叁角贰分；又如 ¥ 107 000.53，应写成人民币壹拾万柒仟元零伍角叁分，或者写成人民币壹拾万零柒仟元伍角叁分。

（四）阿拉伯金额数字角位是 0，而分位不是 0 时，元后面应写零字。如 ¥ 16 409.02，应写成人民币壹万陆仟肆佰零玖元零贰分；又如 ¥ 325.04，应写成人民币叁佰贰拾伍元零肆分。

五、阿拉伯小写金额数字前面，均应填写人民币符号 ¥（或草写:）。阿拉伯小写金额数字要认真填写，不得连写分辨不清。

六、票据的出票日期必须使用中文大写。为防止变造票据的出票日期，在填写月、日时：

1. 月为壹、贰和壹拾的，日为壹至玖和壹拾、贰拾和叁拾的，应在其前加零；

2. 日为拾壹至拾玖的，应在其前加壹。如 1 月 15 日，应写成零壹月壹拾伍日。再如 10 月 20 日，应写成零壹拾月零贰拾日。

七、票据出票日期使用小写填写的，银行不予受理。大写日期未按要求规范填写的，银行可予受理，但由此造成损失的，由出票人自行承担。

第八章

会计账簿

第一节　会计账簿的概念和种类

一、会计账簿的概念

教师可以发给学生正式的账簿，让学生仔细观察后自己回答账簿是何物。

会计账簿，简称账簿，是由具有一定格式账页组成的，以经过审核的会计凭证为依据，全面、系统、连续地记录各项经济业务的簿籍。从外表形式看，账簿是由具有专门账页格式而又相互联系的若干账页组成的簿籍；从记录内容看，账簿是对各项经济业务进行分类登记和序时记录的簿籍。

二、会计账簿的意义

如前所述，各个企事业单位对日常发生的经济业务，都必须取得和填制会计凭证。但是，这些记录在会计凭证上的信息还是分散的，不系统的。为了把分散的会计凭证中的大量核算资料加以集中归类反映，为经营管理提供系统、完整的核算资料，并为编报会计报表提供依据，就必须设置和登记账簿。设置和登记账簿是会计核算的专门方法之一，是会计核算工作的重要环节，在经济管理中具有重要的作用。

1. 设置和登记账簿，可以提供全面、系统的会计信息，并为会计报表的编制提供依据。

通过设置和登记账簿，可以为经营管理者提供系统、完整的会计核算资料。会计凭证虽然也能提供会计信息，但它只能零散地记录和反映个别经济业务，不能全面、系统地提供各项资产、负债和所有者权益的增减变动及结余情况，只有通过账簿的设置与登记，才能将会计凭证所反映的大量核算资料，归类、汇总和整理，正确计算和反映费用成本、收入成果的形成及收益的分配情况，从而满足经营管理所需要的会计信息，并为编制会计报表提供依据。

2. 设置和登记账簿，可以确保财产物资的安全完整及各项资金的合理使用。

3. 设置和登记账簿，可以提供会计分析的参考资料，为会计检查提供依据。通过对账簿资料的分析，可以检查企业财经法规、制度执行情况，财经纪律遵守情况；考核成本、财务计划完成情况；分析资金使用是否得当，成本费用支出是否合理，以便完善经营管理，同时利于参照会计核算资料进行会计检查，实施会计监督。

此外，通过设置和登记账簿，既便于保存会计资料和日后查阅，又便于会计核算工作的分工。

三、会计账簿设置原则

账簿的设置，包括确定账簿的种类、内容和登记方法。各会计主体必须按照国家统一会计制度规定，根据自身业务特点及经营管理的需要，设置相应的账簿体系及具体的账簿。虽然各会计主体的具体情况不同，账簿设置的方法也不尽相同。一般来说，应遵循如下原则：

1. 确保全面、系统核算各项经济业务，为经营管理者提供系统、分类的会计核算资料。

2. 在满足实际需要的前提下，尽量节约人力、物力。一般来讲，业务复杂、规模大、会计人员多、分工较细的单位，账簿设置可以细一些；而业务简单、规模小、会计人员少的单位，账簿设置应该简化一点。

3. 账簿的登记、核算要按照《会计法》规定，不得违反规定私设会计账簿。

四、会计账簿的种类

在各单位的账簿中，账簿的种类多种多样，这些账簿可以按不同的标准进行分类，分类的方法主要有以下几类：

1. 账簿按用途分类。账簿按用途分类，可以分为序时账簿、分类账簿和备查账簿。

（1）序时账簿。也称为日记账，是按照经济业务发生或完成时间的先后顺序，逐日逐笔进行登记的账簿。

（2）分类账簿。又称为分类账，是对全部经济业务按照会计要素的具体类别而设置的账户进行登记的账簿。按其反映内容的详细程度的不同，又分为总分类账簿和明细分类账簿。

（3）备查账簿。又称为辅助账，是对在序时账和分类账中未能反映和记录的事项进行补充登记的账簿，主要用来记录一些供日后查考的有关经济事项，如"代销商品登记簿"、"租入固定资产登记簿"。备查簿只是对账簿记录的一种补充，它与其他账簿之间不存在严密的依存、钩稽关系。

2. 账簿按外形特征分类。账簿按外形特征分类，可以分为订本式账簿、活页式账簿和卡片式账簿三种。

（1）订本式账簿。订本账是在启用前就把编有顺序的若干账页固定装订成册的账簿。它的优点是可以防止账页的散失和非法的抽换，比较安全。缺点是账页固定后，不便于分工记账，也不能根据记账的需要增减账页。订本式账簿，一般用于具有统驭性和重要的账簿，如总分账、现金和银行存款日记账等。

（2）活页式账簿。活页账是在使用前和使用过程中把账页置放在活页夹内，随时可以取放的账簿。它的优点是可以根据需要增减或重新排列账页，并且可以组织同时分工记账。缺点是账页容易丢失或被抽换。为克服其缺点，空白账页在使用时必须连续编号，装置在账夹中或临时装订成册，并由有关人员在账页上盖章，以防舞弊。会计期末应装订成册。活页账一般用于明细分类账。

（3）卡片式账簿。卡片账是由专门的格式、分散的卡片作为账页组成的账簿。这种账簿一般用于卡片箱装置，可以随取随放，卡片账除了具有一般活页账的优、缺点外，它无须要每年更换，可以跨年度使用。卡片账多用于"固定资产明细账"。

3. 账簿按格式分类。账簿按账页格式分类，可以分为三栏式账簿、多栏式账簿和数量金额式账簿等。

（1）三栏式账簿。三栏式账簿是指由设置借方、贷方和余额三个金额栏的账页组成的账簿。各种日记账、总分类账以及资本、债权、债务明细账都可采用三栏式账簿。

（2）多栏式账簿。多栏式账簿是指三个以上金额栏的账页所组成的账簿。收入、费用明细账一般均采用这种账簿格式。

（3）数量金额式账簿。数量金额式账簿亦称三大栏式账簿，是指在三大栏内，又设置有数量、单价、金额等小栏目的账页组成的账簿，借以反映财产物资的实物数量和价值量。原材料、库存商品、产成品等明细账一般都采用数量金额式账簿。

【思考与讨论】

个人独资企业应该设置账户吗？

第二节 设置和登记账簿

一、日记账的设置与登记

根据不同需要，企业设置的日记账有普通日记账、分栏日记账和特种日记账。

（一）普通日记账

普通日记账是根据原始凭证逐笔登记的，把每一笔经济业务转化为会计分录登记在账上，然后再转记到分类账中。其结构一般包括：日期栏、摘要栏、对应账户栏、过账备查栏、借方金额栏、贷方金额栏。由于只有两个金额栏，因此，这种格式又称为"两栏式"。其格式见表 8 - 1。

表 8 - 1   普通日记账

20××年		摘要	对应账户	分类账页数	借方金额	贷方金额
月	日					
12	1	收到投入资本	银行存款	略	10 000	
			实收资本			10 000
	2	到银行提现金	库存现金		2 000	
			银行存款			2 000
	10	购买运输车	固定资产		60 000	
			银行存款			60 000
	15	出差预借差旅费	其他应收款		3 000	
			库存现金			3 000
	20	支付前欠购货款	应付账款		35 100	
			银行存款			35 100
	…	…	…		…	…

普通日记账的登记方法如下：

（1）按经济业务发生的时间先后顺序逐项登记，并指出分录的年、月、日；

（2）简单概括每一项经济业务的内容；

（3）写明应借、应贷账户名称、金额；

（4）已经记入普通日记账的记录应在月终编制报表之前登记有关分类账簿，并在普通日记账"分类账页数"栏内注明各有关分类账户的页数，以备查考。

（二）分栏日记账

分栏日记账是将经常重复发生的经济业务在日记账中设一些专栏登记。专栏设置多少，一般应根据业务量的多少确定。其格式和登记方法见表8-2。

表8-2 分栏式日记账

20××年		凭证号数	摘 要	银行存款		库存商品借方	主营业务收入贷方	营业费用借方	其他			
月	日			借方	贷方				账户名称	借方	贷方	过账
5	略	1	从A厂购甲产品50件		4 000	4 000						
		2	从B厂购乙产品100件						应付账款		2 000	√
		3	售甲产品30件给C商店	3 000			3 000					
		4	还应付A厂货款		10 000				应付账款	10 000		√
		5	售乙产品60件给D商店				10 000		应收账款	10 000		√
		6	收回D商店货款	20 000					应收账款		20 000	√
		7	提取现金		1 000				现金	1 000		√
		8	业务员暂借差旅费						其他应收款	800		√
		…		…	…	…	…	…		…	…	
			合 计	43 000	305 000	46 000	113 000	10 300	逐笔过入有关账户			

（三）特种日记账

为了逐日反映现金、银行存款的收入、支出及结余情况，加强货币资金的管理与监督，各单位一般应设置现金日记账和银行存款日记账，有条件的企业还可以设转账日记账。

1. 现金日记账。现金日记账是用来核算和监督企业库存现金每天的收入、支出和结存情况的账簿，其账页格式一般采用三栏式格式，但必须使用订本式账簿。其格式见表8-3。

表8-3 现金日记账（三栏式） 第 页

20××年		凭证号	摘 要	对方科目	借方金额	贷方金额	核对号	余 额
月	日							
6	1		期初余额					70
	2	银付1	提现金备用	银行存款	500			570
	2	现付1	预借差旅费	其他应收款		300		270
	2	现付2	报销办公费	管理费用		60		210
	2	现收1	出售旧物	营业外收入	180			390
	2	现付3	将现金存入银行	银行存款		300		90
	2		本月合计		680	660		90

现金日记账通常由出纳员根据审核后的同现金有关的记账凭证，按时间顺序逐日逐笔进行登记。借方栏根据现金收款凭证登记，贷方栏根据现金付款凭证登记。但由于从银行提取现金的业务，只填制银行存款付款凭证，不在填制现金收款凭证，所以，对于从银行提取现金的现金收入金额，应根据银行存款付款凭证登记现金日记账的借方栏。每次收付现金后，要及时逐笔登记且随时结出账面余额，至少每日营业终了要结出当日余额，并将现金日记账的账面余额同企业库存现金实存额相核对。

现金日记账也可以采用多栏式的格式，把收入栏和支出栏分别按照对应科目设置若干专栏。收入栏按应贷科目设置，支出栏按应借科目设置。其格式见表8-4。

表8-4　　　　　　　　　　　　　　现金日记账（多栏式）　　　　　　　　　　　　第　页

年		凭证号	摘要	收入				支出				结存
月	日			应贷科目			合计	应借科目			合计	
				银行存款	其他应收款			银行存款	其他应收款			

如果现金对应科目较多，为避免账页过宽，可以分别设置"现金收入日记账"、"现金支出日记账"。格式分别见表8-5、表8-6。

表8-5　　　　　　　　　　　　　现金收入日记账（多栏式）　　　　　　　　　第　页

年		收款凭证号数	摘要	贷方科目				支出合计	结余
月	日			银行存款	其他应收款		收入合计		

表8-6　　　　　　　　　　　　　现金支出日记账（多栏式）　　　　　　　　　第　页

年		收款凭证号数	摘要	借方科目				收入合计	结余
月	日			银行存款	其他应收款		支出合计		

在设置多栏式现金日记账的情况下，可将多栏式日记账中的各科目发生额作为登记总账的依据，但必须加强对多栏式日记账的控制和监督。多栏式日记账可以采用以下两种方法：

① 由出纳人员根据审核后的收、付款凭证逐日逐笔登记现金的收入日记账和支出日记账，每日应将支出日记账中当日支出合计数，转记入收入日记账当日支出合计栏内，以结算

出当日账面余额。会计人员应对多栏式现金日记账的记录加强检查监督，并于月末根据多栏式现金日记账各专栏的合计数，分别登记有关总分类账户。

② 另外设置现金出纳登记簿，由出纳员根据审核后的收、付款凭证逐日逐笔登记，以便逐笔掌握库存现金收付情况。然后将收、付款凭证交由会计人员据以逐日汇总登记多栏式现金日记账，并于月末根据日记账登记总账。出纳登记簿与多栏式现金日记账要相互核对。采用这种登账方法有利于加强内部控制和监督。

2. 银行存款日记账。银行存款日记账是用来反映银行存款的增减变化和结余情况的特种日记账。通过银行存款日记账的设置和登记，可以加强对银行存款进行日常监督和管理，并与开户银行进行账项的核对。银行存款日记账应按企业在银行开立的账户和币种分别设置，每个银行账户设置一本日记账。此外，银行存款日记账必须采用订本式账簿，不得用银行对账单代替日记账。

银行存款日记账的格式和登记方法与现金日记账基本相同，只是由于银行存款的收、付业务，都是根据特定的银行结算凭证进行的，因此设有"结算凭证——种类、号数"栏。三栏式银行存款日记账的格式见表8-7。

表 8-7　　　　　　　　　　银行存款日记账（三栏式）　　　　　　　　第　页

| 20××年 | | 凭证号 | 摘　要 | 结算凭证 | | 对方科目 | 借方金额 | 贷方金额 | 核对号 | 余额 |
月	日			种类	号数					
6	1		期初结存							486 297.25
		银付1	提取现金			库存现金		600.00		485 697.25
		银收2	销售收入存银行			主营业务收入	2 500.00			488 197.25
		银付2	付购材料款			原材料		6 000.00		482 197.25
		现付3	现金存入银行			库存现金	300			482 497.25
			本月合计				2 800.00	6 600.00		482 497.25

3. 转账日记账。除设置现金、银行存款日记账外，有的企业因管理需要还设一本转账日记账，用来登记现金、银行存款日记账所不能包括的其他经济业务。需要注意的是：其一，它是根据有关转账凭证登记的，账页中要增设"转账凭证号数"栏；其二，它不再作为登记有关分类账的依据，因此，账页中不再设"过账栏"。其账页格式类似普通日记账但又有所不同，具体格式见表8-8。

表 8-8　　　　　　　　　　　转账日记账　　　　　　　　　　　第　页

| 年 | | 转账凭证号数 | 摘　要 | 账户名称 | 借方金额 | 贷方金额 |
月	日					

转账日记账是根据转账凭证逐日逐笔顺序登记的。设置转账日记账的目的是将每日发生的转账业务集中反映出来；同时，利用转账日记账的记录，可以检查转账凭证有无丢失，保证账证相符。

二、分类账的设置与登记

分类账按其所记录经济业务的详细程度划分，分为总分类账和明细分类账。

（一）总分类账的设置与登记

总分类账简称总账，是根据总分类科目开设，用以记录全部经济业务总括核算资料的分类账簿。因为总分类账能分类、连续、全面、总括地反映企业经济活动的情况，并为编制会计报表提供资料，所以，每一个企业必须设置总分类账簿。

总分类账一般采用借方、贷方、余额三栏式的订本账（见表 8 - 9）。根据实际需要，在总分类账中的借贷两栏内，也可以增设对方科目栏，或采用多栏式总分类账的格式，多栏式总分类账是把所有的总账科目合并登记在一张账页上，其格式见表 8 - 10。

表 8 - 9 　　　　　　　　　　　　　　　　总分类账

会计科目：银行存款

20××年		凭证号	摘　要	借方金额	贷方金额	核对号	借或贷	余额
6月	日							
	1		上月结余					486 297.25
	2	银付1	提取现金046号		6 000.00			
	2	银收1	支票存入银行	2 500.00				
	2	银付2	以支票付购材料款287号		600.00			
	2	现收3	将现金存入银行	300.00				482 497.25
	30		本月合计	2 800.00	6 600.00			482 497.25

表 8 - 10 　　　　　　　　　　　　　　　　总分类账

20××年×月

应借科目本期发生额	期初余额		应贷科目本期发生额						期末余额	
	借方	贷方	主营业务收入	其他业务收入	投资收益	营业外收入	本年利润	…	借方	贷方
现金										
银行存款										
…										

总分类账可以直接根据各种记账凭证逐笔登记，也可以通过一定的汇总方式，把各种记账凭证进行汇总，编制汇总记账凭证或科目汇总表，再据以登记等方法。总分类账采用什么格式，根据什么登记，取决于各单位所采用的账务处理程序。具体内容将在以后章节中介绍。

（二）明细分类账的设置与登记

明细分类账又称明细账，是根据总账科目所属的明细科目设置，用以记录某一类经济业务明细核算资料的分类账。明细分类账对于加强监督财产的收发和保管、往来款项的结算、收入的取得以及费用的开支等，都起着重要的作用。因此，每一个企业都必须设置原材料、商品、债权及债务、固定资产、业务收入、费用开支以及其他各种必要的明细分类账。

明细分类账一般采用活页式账簿，也有的采用卡片式账簿（如固定资产明细账）。根据管理的要求和各种明细分类账记录的经济业务内容，明细分类账主要有三种格式：

1. 三栏式明细分类账。三栏式明细分类账的格式同三栏式总分类账相同，即账页只设借方、贷方和余额三个金额栏，不设数量栏。这种格式适用于只需进行金额核算而不需要进行数量核算的债权、债务结算科目，如"应收账款"、"应付账款"等科目。其格式见表8-11。

表8-11 　　　　　　　　　　　××明细分类账

二级或明细科目 　　　　　　　　　　　　　　　　　　　　　　　　　　　　　第　页

年		凭证字号	摘　要	借　方	贷　方	借或贷	余　额
月	日						

2. 数量金额式明细分类账。数量金额式明细分类账的账页，在借方（收入）、贷方（发出）和余额（结存）栏内，分别设有数量、单价和金额三个栏次。这种账页适用于既要进行金额核算，又要进行实物数量核算的各种财产物资科目，如"原材料"、"库存商品"等科目。其格式见表8-12。

表8-12 　　　　　　　　　　　××明细分类账

类别：　　　　　　　　　　　　　　　　　　　　　　　　　　　　编号：

品名规格：　　　　　　　　　　　　　　　　　　　　　　　　　存放地点：

储备定额：　　　　　　　　　　　　　　　　　　　　　　　　　计量单位：

年		凭证字号	摘要	收入			支出			结存		
月	日			数量	单价	金额	数量	单价	金额	数量	单价	金额

3. 多栏式明细分类账。多栏式明细分类账是根据经济业务的特点和经营管理的需要，在一张账页内按有关明细项目分设若干专栏，以在同一张账页上集中反映各有关明细项目的详细资料。这种账页适用于只记金额，不记数量，而在管理上需要了解其构成内容的费用、收入、利润类账户的明细分类账。

费用明细账一般按借方设多栏、贷方为一栏格式，若需要冲减有关费用的事项，可在明细账中以红字在借方登记。会计期末将借方净发生额从贷方结转到"本年利润"或其他账户，其格式见表8-13。

表 8 – 13				×× （费用）明细分类账				
年		凭证字号	摘　要	借方项目			贷方	余额
月	日					合计		

收入明细账一般按贷方设多栏、借方为一栏格式，若需要冲减有关费用的事项，可在明细账中以红字在贷方登记。会计期末将借方净发生额从借方结转到"本年利润"或其他账户，其格式见表 8 – 14。

表 8 – 14				×× （收入）明细分类账				
年		凭证字号	摘　要	贷方项目			借方	余额
月	日					合计		

利润（如"本年利润"、"利润分配"）明细账一般借方、贷方均设多栏，即按利润构成项目设多栏记录，其格式见表 8 – 15。

表 8 – 15				×× （利润）明细分类账					
年		凭证字号	摘　要	借方（项目）		贷方（项目）		借或贷	余额
月	日				合计		合计		

各种明细分类账，应根据记账凭证及所附原始凭证登记。登记的方法应根据各单位业务量的大小、人员的多少、经济业务的内容以及经营管理的需要而定。通常固定资产、债权债务等明细账应逐笔登记；商品、材料物资明细账可以逐笔登记或逐日汇总登记；收入、费用等明细账可逐笔登记，也可逐日或定期汇总登记。各明细账在每次登记完毕后，都应及时结出余额，同时为了便于事后的检查、核对，在摘要栏须明确填写有关业务的简要内容。

（三）总分类账与明细分类账的平行登记

总分类账户和明细分类账户都是用以提供会计指标的，但从其提供指标的关系考虑，总分类账对其所属的明细分类账起着统驭和控制的作用，可称为统驭账户；明细分类账对于其所属的总分类账起着补充和说明的作用，可称为从属账户。对其有着统驭和从属关系的总分类账户和明细分类账户来说，两者所核算的经济业务的内容是一样的，登账时依据的是同一张会计凭证，只是繁简的程度不同。它们之间所提供的资料是相互补充的，是既有总括又有详细地反映企业的经济业务。为保证总分类账和明细分类账的核对和资料的正确和完整性，必须要采用平行登记的方式，在总分类账和所属的明细分类账之间进行登记。所谓平行登记是指经济业务发生后，根据会计凭证，一方面要登记有关的总分类账户，另一方面要同时登记总分类账所属的各有关明细分类账户。

1. 平行登记时要注意以下要点：

（1）登记的会计期间一致。指每一笔经济业务发生后，根据会计凭证，一方面要登记有关的总分类账户，同时要在同一会计期间登记总分类账所属的各有关明细分类账户。

（2）登记的方向相同。如果总分类账户中登记借方，在所属明细分类账户中也是登记借方；如果总分类账户中登记贷方，在所属明细分类账户中也是登记贷方。

（3）登记的金额相同。指入总分类账户的金额和其所属各明细账户的金额之和相等。

2. 根据总分类账与其所属明细分类账的平行登记规则，它们之间可以产生以下的数量关系：

（1）总分类账有关账户的本期发生额与其所属各明细分类账户本期发生额的合计数之和相等。

（2）总分类账有关账户的期末余额与其所属各明细分类账户期末余额之和相等。

现以"应收账款"、"原材料"账户为例，说明总分类账与其所属的明细分类账的平行登记规则。资料如下：

（1）某石化工厂"原材料"总分类账户月初余额借方 98 000 元，其所属明细分类账月初余额如下：

A 材料 400 吨，单价 200 元，余额借方 80 000 元。

B 材料 900 公斤，单价 20 元，余额借方 180 000 元。

（2）该厂"应付账款"总分类账户月初余额为贷方 9 500 元，其所属明细分类账月初余额如下：

甲工厂贷方余额 5 500 元。

乙工厂贷方余额 4 000 元。

（3）本月发生下列经济业务：

① 向丙工厂购以下原材料 13 000 元，材料验收入库，货款未付，具体材料情况如下：

B 材料 400 公斤，单价 20 元，合计 8 000 元。

C 材料 1 000 件，单价 5 元，合计 5 000 元。

会计分录如下：

借：原材料——B 材料	8 000
——C 材料	5 000
贷：应付账款——丙工厂	13 000

② 以银行存款偿还甲工厂货款 3 000 元。

会计分录如下：

借：应付账款——甲工厂	3 000
贷：银行存款	3 000

③ 向乙工厂购 C 材料 200 件，单价 5 元，货款计 1 000 元，材料已验收入库，货款未付。

会计分录如下：

借：原材料——C 材料	1 000
贷：应付账款——乙工厂	1 000

④ 仓库发出原材料，投入生产，具体情况如下：

A 材料 200 吨，单价 200 元，合计 40 000 元。

B 材料 500 公斤，单价 20 元，合计 10 000 元。

C 材料 700 件，单价 5 元，合计 3 500 元。

会计分录如下：

借：生产成本　　　　　　　　　　　　　　　　　　　　　　　　53 500

　　贷：原材料——A 材料　　　　　　　　　　　　　　　　　　　　40 000

　　　　　　　——B 材料　　　　　　　　　　　　　　　　　　　　10 000

　　　　　　　——C 材料　　　　　　　　　　　　　　　　　　　　 3 500

　　根据以上资料，将"原材料"总分类账户及其所属明细分类账户平行登记，其格式见表 8-16、表 8-17、表 8-18、表 8-19。需要注意的是：财产物资明细分类账户的本期发生额和余额明细表，既列示其金额，又列示其数量，以金额同总分类账户相核对，以数量同实物保管账相核对。

表 8-16

总账名称：原材料

年		凭证号	摘　要	借方金额	贷方金额	借或贷	余额
月	日						
略	略	略	上月结余			借	98 000
			①购入 B、C 材料	13 000		借	111 000
			③购入 C 材料	1 000		借	112 000
			④发出生产用材料		53 500	借	58 500
			本月合计	14 000	53 5000	借	58 500

表 8-17　　　　　　　　　　　　　　　　　　　　　　　　　　　　　　　　金额单位：元

明细账名称：A 材料　　　　　　　　　　　　　　　　　　　　　　　　　　　计量单位：吨

年		凭证号	摘要	收入			支出			结存		
月	日			数量	单价	金额	数量	单价	金额	数量	单价	金额
略	略	略	上月余额							400	200	80 000
			④生产领用	200	2 000	40 000	200	200	40 000	200	200	40 000
			本月合计				200	200	40 000	200	200	40 000

表 8-18　　　　　　　　　　　　　　　　　　　　　　　　　　　　　　　　金额单位：元

明细账名称：B 材料　　　　　　　　　　　　　　　　　　　　　　　　　　　计量单位：公斤

年		凭证号	摘要	收入			支出			结存		
月	日			数量	单价	金额	数量	单价	金额	数量	单价	金额
略	略	略	上月余额							900	20	18 000
			①购入	400	20	8 000				1 300	20	26 000
			④生产领用				500	20	10 000	800	20	16 000
			本月合计	400	20	8 000	500	20	10 000	800	20	16 000

表 8 - 19　　　　　　　　　　　　　　　　　　　　　金额单位：元
明细账名称：C 材料　　　　　　　　　　　　　　　　　　　计量单位：件

年		凭证号	摘要	收入			支出			结存		
月	日			数量	单价	金额	数量	单价	金额	数量	单价	金额
略	略	略	①购入	1 000	5	5 000				1 000	5	5 000
			③购入	200	5	1 000				1 200	5	6 000
			④生产领用				700	5	3 500	500	5	2 500
			本月合计	1 200	5	6 000	700	5	3 500	500	5	25 00

"应付账款"总分类账户及其所属明细分类账户平行登记的账面记录如下（格式见表 8 -20、表 8 -21、表 8 -22、表 8 -23）。

表 8 - 20
总账名称：应付账款

年		凭证号	摘　要	借方金额	贷方金额	借或贷	余额
月	日						
略	略	略	上月结余			贷	9 500
			①购入 B、C 材料		13 000	贷	22 500
			②偿还货款	3 000		贷	19 500
			③购入 C 材料		1 000	贷	20 500
			本月合计	3 000	14 000	贷	20 500

表 8 - 21
明细账名称：甲工厂　　　　　　　　　　　　　　　　　　　金额单位：元

年		凭证号	摘　要	借方	贷方	借或贷	余额
月	日						
略	略	略	上月余额			贷	5 500
			②偿还货款	3 000		贷	2 500
			本月合计	3 000		贷	2 500

表 8 - 22
明细账名称：乙工厂　　　　　　　　　　　　　　　　　　　金额单位：元

年		凭证号	摘　要	借方	贷方	借或贷	余额
月	日						
略	略	略	上月余额			贷	4 000
			③购入 C 材料		1 000	贷	5 000
			本月合计		1 000	贷	5 000

表 8 – 23

明细账名称：丙工厂 金额单位：元

年		凭证号	摘 要	借方	贷方	借或贷	余额
月	日						
略	略	略	①购入B、C材料		13 000	贷	13 000
			本月合计		13 000	贷	13 000

成本费用、收入、利润不必单独编制明细表，通过多栏式明细账代替明细表即可。

第三节 记账规则与错账更正

一、记账规则

《会计法》中规定"会计账簿登记，必须以经过审核的会计凭证为依据，并符合有关法律、行政法规和国家统一的会计制度规定"。会计人员进行账簿登记，一般应遵循以下原则：

1. 登记账簿时，应将会计凭证日期、编号、业务内容摘要、金额和其他有关资料逐项记入账内，做到数字准确、摘要清楚、登记及时、字迹工整。

2. 登记完毕后，要在记账凭证上签名或者盖章，并注明已经登账的符号（√）表示已经登账。

3. 账簿中书写的文字和数字上面要留适当的空格，不要写满格，一般应占格长的1/2。

4. 登记账簿要用蓝黑墨水或者碳素墨水书写，不得使用圆珠笔（银行的复写账簿除外）或者铅笔书写。但下列情况可以用红色墨水记账：

① 按照红字冲账的记账凭证，冲销错误记录。

② 在不设置借贷等栏的多栏式账页中，登记减少数。

③ 在三栏式账户的余额栏前，如未印明余额方向的，在余额栏内登记负数金额。

④ 根据国家统一的会计制度的规定可以用红字登记的其他会计分录。

5. 各种账簿应按页次顺序连续登记，不得跳行、隔页，应当将空行、空页划线注销，或者注明"此行空白"、"此页空白"字样，并由记账人员签名或者盖章。

6. 凡需要结出余额的账户，结出余额后，应当在"借或贷"等栏内写明"借"或"贷"等字样。没有余额的账户，应在"借或贷"栏内写明"平"字，并在"余额"栏用"0"表示。

7. 每一账页登记完毕结转下页时，应当结出本页合计数及余额，写在本页最后一行和下页第一行有关栏内，并在摘要栏内注明"过次页"和"承前页"字样；也可以将本页合计数及金额只写在下页第一行有关栏内，并在摘要栏内注明"承前页"字样。

对于需要结计本月发生额的账户，结计"过次页"的本页合计数应当为自本月初起至本页末止发生额合计数；对需要结计本年累计发生额的账户，结计"过次页"的本页合计数应当为自年初起至本页末止的累计数；对既不需要结计本月发生额，也不需要结计本年累计发生额的账户，可以只将每页末的余额结转次页。

8. 实行会计电算化的单位，总账和明细账应当定期打印。发生收款和付款业务的，在输入收款凭证和付款凭证的当天必须打印出现金日记账和银行存款日记账，并与库存现金核对无误。

9. 账簿记录发生错误时，不得刮、擦、挖补，随意涂改或用退色药水更改字迹，不准重新抄写，应根据错误的情况，按规定的方法进行更正。

二、错账更正

由于记账差错的具体情况不同，更正错误的方法也不同，一般常用的更正方法有划线更正法、红字更正法和补充登记法三种。

1. 划线更正法。在结账以前，若发现账簿记录有错误，而记账凭证无错误，即纯属于账簿记录中的文字错误或数字的笔误，可用划线更正法予以更正。

更正的方法是：先在错误的数字上划一条红线，以表示予以注销，然后，将正确的数字用蓝字写在被注销的数字的上方，并由记账人员在更正处盖章。应当注意的是，更正时，必须将错误数字全部划销，而不能只划销更正其中个别数码，并应保持原有字迹仍可辨认，以备查考。如会计在根据记账凭证记账时，将 4 650.00 错写成 4 560.00，整个数字全部用红线划去，再在红线上面空白处用蓝字写 4 650.00，予以更正，并在更正处盖章或签名。对于错误的文字，可以只划去错误的部分。如凭证中的文字或数字发生错误，在尚未登账前，也可用划线更正法更正。

2. 红字更正法。红字更正，又称为红字冲销。在会计上，以红字记录表明对记录的冲减。会计人员在记账以后，如果发现记账凭证中应借、应贷科目或金额发生错误时，可以用红字进行更正。具体做法是：更正时，先用红字金额，填写一张与错误凭证完全相同的记账凭证，并在摘要栏中写明"更正某年某月某日第×号凭证的错误"，并据以用红字登记入账，冲销原有错误记录；然后，再用蓝字重填写一张正确的记账凭证，登记入账。

红字更正法具体适用情况：

第一种情况：记账以后，发现记账凭证中的应借、应贷会计科目或记账方向有错误，且记账凭证和账簿记录的金额完全吻合，应采用红字更正法予以更正。

【例 8-1】厂部管理人员预借差旅费 1 000 元，以现金支付。这项经济业务应借记"其他应收款"科目，贷记"库存现金"科目，但填制凭证时，误编为如下分录，并已据以入账：

(1) 借：应收账款   1 000
   贷：库存现金   1 000

发现这种错误凭证时，先用红字填制一张记账凭证，其分录如下：

(2) 借：应收账款 $\boxed{1\ 000}$

   贷：库存现金 $\boxed{1\ 000}$

用以冲销原错误分录，带框数字表示红字金额，下同。

同时，再用蓝字填制一张正确记账凭证并据以入账：

(3) 借：其他应收款   1 000
   贷：库存现金   1 000

第二种情况：记账以后，发现原记账凭证中应借、应贷会计科目并无错误，记账凭证和账簿记录的金额也相吻合，只是所记金额大于应记金额，可以按照正确数字之间的差额用红字金额填一张记账凭证，并据以入账，加以冲销多记金额，求得正确金额。

【例 8-2】企业用银行存款偿还前欠材料款 5 600 元，填制凭证时，误记金额为 6 500 元，并已据以登记入账。错误的会计分录如下：

(1) 借：应付账款   6 500
   贷：银行存款   6 500

更正时，按多记金额 900 元，用红字填制一张记账凭证进行更正：

（2）借：应付账款 <u>900</u>

      贷：银行存款 <u>900</u>

根据更正错误的记账凭证以红字金额记账后，即可反映其正确金额为 5 600 元。

如果记账凭证所记录的文字与账簿记录的文字也不符，则先采用划线更正法更正文字，然后再采用红字更正法冲销多记的金额。

采用红字更正法进行错账更正时应注意，不得以蓝字或黑字金额填写与原错误记账凭证记账方向相反的记账凭证去冲销错误记录或冲销原错误金额，因为蓝字或黑字记账凭证反方向记载的会计分录反映某些特殊经济业务，而不是反映错账更正的内容。如【例 8-1】的更正，如果编制蓝字或黑字记账凭证，借记"库存现金"科目，贷记"应收账款"科目，反映的是归还应收款。又如【例 8-2】的更正，如果编制蓝字或黑字记账凭证，借记"银行存款"科目，贷记"应付账款"科目，反映的是已归还的应付款退回。尽管这样的分录也能使记账的结余数额与实际数额相符，但这不能表明更正错误记录的内容，这样的分录也无法附上与分录相吻合的原始凭证。但是发现以前年度的错误后，因错误的账簿记录已经在以前会计年度终了进行结账或决算，不可能再将已经决算的数字进行红字冲销了，这时只能用蓝字凭证对除文字以外的一切错账进行更正，并在更正凭证上注明"更正××年度错账"的字样。

3. 补充登记法。补充登记，又称为蓝字补记。在记账以后，如果发现记账凭证中应借、应贷科目虽无错误，但所填写金额小于应填写金额，那么应采用补充登记法予以更正。更正方法是：按照正确数字与错误数字之间的差额用蓝字填写一张记账凭证，以此登记入账，以补充少记的金额。

【例 8-3】某企业以银行存款支付广告费用 20 000 元，编制记账凭证时，将金额误写为 2 000 元，并登记入账，错误分录为：

（1）借：销售费用 2 000

      贷：银行存款 2 000

更正时，按少记的金额 18 000 元用蓝字填写一张记账凭证。其分录如下：

（2）借：销售费用 18 000

      贷：银行存款 18 000

【思考与讨论】

某厂 2006 年 10 月以来的现金日记账和银行存款日记账是用圆珠笔写的，未按页次顺序连续登记，有跳行、隔页现象。

问该厂财务在登账过程中有哪些不符合规定的行为？

第四节　对账和结账

一、对账的内容与方法

对账就是在有关经济业务入账后，进行账簿记录的核对。在会计工作中，由于种种原因，难免发生记账、计算等差错，也难免出现账实不符的现象。为了确保会计账簿记录的正确、完整、真实性，在有关经济业务入账以后，必须进行账簿记录的核对。对账工作的目的就是为了保证账证相符、账账相符和账实相符。

对账工作，一般在月末进行，在记账之后、结账之前进行对账。若遇特殊情况，如有人员办理调动手续前或发生非常事件后，应随时进行对账。对账工作一般分为三步进行：一是账证核对；二是账账核对；三是账实核对。

1. 账证核对。账证核对就是指核对会计账簿（总分类账、明细分类账以及现金和银行存款日记账等）的记录与有关的会计凭证（记账凭证及其所附的原始凭证）的时间、凭证字号、内容金额是否一致，记账方向是否一致。这种核对主要是在日常编制凭证和记账过程中进行。

2. 账账核对。账账核对是在账证核对的基础上，核对不同会计账簿之间的记录是否相符。其具体核对内容包括：

（1）总分类账户借方期末余额合计数与贷方期末余额合计数核对是否相符。

（2）现金、银行存款日记账期末余额以及各明细分类账的期末余额合计数与有关总分类账户期末余额核对是否相符。

（3）会计部门各种财产物资明细分类账期末余额与财产物资保管和使用部门的有关财产物资明细分类账期末余额核对相符。

3. 账实核对。账实核对是指在账账核对基础上，将各项财产物资、债权债务等账面余额与实有数额相核对，做到账实。其具体核对内容包括：

（1）银行存款日记账的余额，应定期与银行对账单核对相符。

（2）现金日记账的余额应同库存现金数逐日核对相符。

（3）各项财产物资明细账的结存数量，应定期与库存实物核对相符。

（4）有关债权、债务明细账账面余额同对方单位的账面记录是否相符。

账实核对，一般要结合财产清查进行。

二、结账的内容与方法

结账，就是在把一定期间内所发生的经济业务全部登记入账的基础上，结算出各种账簿的本期发生额和期末余额。各个会计期间内所发生的经济业务，于该会计期间全部登记入账并对账以后，即可通过账簿记录了解经济业务的发生和完成情况，但管理上需要掌握各会计期间的经济活动情况及其结果，并相应编制各会计期间的财务报告。而根据会计凭证将经济业务记入账簿后，还不能直观地获得所需的各项数字资料，必须通过结账的方式，把各种账簿记录结算清楚，提供所需的各项信息资料。

会计分期一般实行日历制，月末计算，季末结算，年末决算。结账于各会计期末进行，所以，可分为月结、季结和年结。

1. 结账的程序。

（1）将本期发生的经济业务事项全部登记入账，并保证其正确性；

（2）根据权责发生制的要求，调整有关账项，合理确定本期应计的收入和应计的费用；

（3）将损益类科目转入"本年利润"科目，结平所有损益类科目；

（4）结算出资产、负债和所有者权益科目的本期发生额和余额，并结转下期。

2. 结账的方法。

（1）对不需要按月结计本期发生额的账户，每次记账以后，都要随时结出余额，每月最后一笔余额即为月末余额。月末结账时，只需要在最后一笔经济业务事项记录之下通栏划单红线，不需要再结计一次余额。

（2）现金、银行存款日记账和需要按月结计发生额的收入、费用等明细账，每月结账时，要结出本月发生额和余额，在摘要栏内注明"本月合计"字样，并在下面通栏划单红线。

（3）需要结出本年累计发生额的某些明细账户，每月结账时，应在"本月合计"行下结出自年初起至本月末止的累计发生额，登记在月份发生额下面，在摘要栏内注明"本年累计"字样，并在下面通栏划单红线。12月末的"本年累计"就是全年累计发生额，全年累计发生额，全年累计发生额下通栏划双红线。

（4）总账账户平时只需要结出月末余额。年终结账时，将所有总账账户结出全年发生额和年末余额，在摘要栏内注明"本年合计"字样，并在合计数下通栏划双红线。

（5）年度终了结账时，有余额的账户，要将其余额结转下年，并在有关会计账户的第一行余额栏内注明"结转下年"字样；在下一会计年度新建有关会计账户的第一行余额栏内填写上年结转的余额，并在摘要栏内注明"上年结转"字样。

结账具体方法见表8－24。

表 8－24　　　　　　　　　　　　**总　账**　　　　　　　　　　　　第　页

会计科目：原材料

××年		凭证		摘要	借方	贷方	借或贷	余额
月	日	字	号					
1	1			年初余额			借	6 000
				…	…	…	…	…
	31			1月份发生额及余额	10 000	9 000	借	7 000
2	1			…			…	…
	28			2月份发生额及余额	8 000	9 000	借	6 000
12	31			12月份发生额及余额	9 000	7 000	借	8 000
	31			年度发生额及余额	80 000	78 000	借	8 000
				年初余额	6 000			
				结转下年		8 000		
				合计	86 000	86 000		

【思考与讨论】

电脑中的会计记录可作为会计账簿吗？

第五节　会计账簿的启用、更换与保管

一、账簿启用规则

账簿是重要的会计档案。为了确保账簿登记的合规和完整，明确记账责任，在启用账簿时，应在封面上写明单位名称和账簿名称。在账簿扉页上应附"账簿启用登记表"或"账簿启用表"（格式见表8-25），其内容包括启用日期、账簿扉页、记账人员和会计主管人员姓名，并加盖人名章和单位公章。记账人员或会计人员调动工作时，应注明交接日期、接办人员和监交人员姓名，由交接双方人员签名或盖章。

表8-25 账簿启用登记表

单 位 名 称				
账 簿 名 称				
册次及起讫页数		自　　页起至　　页止共　页		
启 用 日 期		年　　月　　日		
停 用 日 期		年　　月　　日		
经管人员姓名	接管日期	交出日期	经管人员盖章	会计主管人员盖章
	年　月　日	年　月　日		
	年　月　日	年　月　日		
	年　月　日	年　月　日		
	年　月　日	年　月　日		
	年　月　日	年　月　日		
	年　月　日	年　月　日		
备考	单位公章			

启用订本式账簿，对于订本式的账簿，应从第一页到最后一页顺序编定页数，不得跳页、缺号。使用活页式账页，应按账页顺序编号，并须定期装订成册。装订后再按实际使用的账页顺序编定页数，另加目录，说明每个账户的名称和页次。

二、账簿的更换

为了清晰地反映各个会计年度的财务状况和经营成果，每个会计年度开始时，一般都要启用新账，并把上年度的会计账簿归档保管。

现金日记账、银行存款日记账、总分类账及明细分类账都要每年更换新账，但固定资产明细账或固定资产卡片可以继续使用，不必每年更换新账。

各种需要更换的账簿，在进行年终结账时，各账户的年末余额都要直接抄入新账的有关账户中。因会计制度改变而需要变更账户名称及其核算内容的，应在上年度结账时，编制余额调整分录，按本会计年度的账户名称、核算内容，将上年度有关账户的余额进行合并或分解出新账中应列出的余额，然后再过渡到新账中的各有关账户，或者在上年度结账后，通过编制余额调整工作底稿的方式将上年度有关账户余额分解、归并为本年度有关账户的余额，然后开设本年度新账，并将余额抄入有关账户第一行并标明余额方向，同时在摘要栏内注明"上年结转"或"年初余额"字样。上年末编制的余额调整分录，应与上年度会计凭证一并归档保管；编制的余额调整工作底稿应与上年度的账簿一并归档保管。过入新账的有关账户余额的转让事项，无须再编制转让分录。

三、账簿的保管

年度终了，各种账户在结转下年，建立新账后，一般都要把旧账送交总账会计集中统一管理。会计账簿暂由本单位财务会计部门保管一年，期满后，由财务会计部门编造清册交本单位的档案部门保管，形成企业的会计档案。未设立档案机构的，应当在会计机构内部指定专人保管。出纳员不得兼管会计档案。移交本单位的档案机构保管的会计档案，原则上应当保持原卷册的封装。个别需要拆封重新整理的，档案机构应当会同会计机构和经办人员共同拆封整理，以分清责任。

会计档案的保管期限和销毁办法，由国务院财政部门会同有关部门制定，形成会计档案的会计账簿的保管期限如表 8-26 所示。

表 8-26 　　　　　　　　　企业和其他组织会计档案（账簿类）保管期限表

序号	档案名称	保管期限	备注
1	总账	15 年	包括日记账
2	明细账	15 年	
3	日记账	15 年	现金和银行存款日记账保管 25 年
4	固定资产卡片		固定资产报废清理后保管 5 年
5	辅助账簿	15 年	

【本章小结】

1. 账簿的定义

> 会计账簿，简称账簿，是由具有一定格式账页组成的，以经过审核的会计凭证为依据，全面、系统、连续地记录各项经济业务的簿籍。

2. 会计账簿种类。

（1）按用途分类 ← 序时账簿 分类账簿 备查账簿

（2）按外表形式分类 ← 订本式 活页式 卡片式

（3）按账页格式分类 ← 三栏式 数量金额式 多栏式

3. 错账更正方法。

> 划线更正法、红字更正法、补充登记法

思考与练习

一、复习思考题

1. 设置账簿的意义是什么？
2. 会计账簿的具体分类方法及相关内容？
3. 日记账有哪些种类？
4. 现金日记账的登记方法？
5. 银行存款日记账的登记方法？
6. 明细分类账的格式分类以及各种格式的适用账户？
7. 三栏式明细分类账的登记方法？
8. 数量金额明细分类账的登记方法？
9. 正确理解总分类账和明细分类账的平行登记定义？平行登记的要点？
10. 更正错账的方法有几种？各适用于什么情况？
11. 账簿更换、保管应注意的问题？

二、单项选择题

1. 一般而言，单位撤销、合并时，要进行（   ）。
   A. 实地盘点　　　　　B. 全面清查　　　　　C. 局部清查　　　　　D. 技术推算
2. 对于现金的清查，应将其结果填列到（   ）。
   A. 现金盘点报告表上　　　　　　　　B. 盘存单上
   C. 实存账存对比表上　　　　　　　　D. 对账单上
3. 银行存款的清查是将（   ）进行核对。
   A. 日记账和总分类账　　　　　　　　B. 日记账和收、付款凭证
   C. 日记账和对账单　　　　　　　　　D. 总分类账和收、付款凭证
4. 现金日记账应该（   ）结出发生额和余额。
   A. 每月　　　　　　　B. 每笔　　　　　　C. 每隔 3~5 天　　　D. 每日
5. 下列关于会计账簿意义说法错误的是（   ）。
   A. 账簿是积累会计核算资料的工具
   B. 账簿记录是编制会计报表的主要依据
   C. 账簿资料是会计分析和会计检查的直接依据
   D. 账簿记录是登记原始凭证、记账凭证的直接依据
6. 下列各项中，应使用数量金额式账簿的是（   ）。
   A. 主营业务收入明细账　　　　　　　B. 管理费用明细账
   C. 生产成本明细账　　　　　　　　　D. 原材料明细账
7. 对账时，账账核对不包括（   ）。
   A. 总账各账户的余额核对　　　　　　B. 总账与明细账之间的核对
   C. 总账与备查账之间的核对　　　　　D. 总账与日记账的核对
8. 登记账簿时，正确的做法是（   ）。
   A. 文字或数字的书写必须占满格
   B. 书写可以使用蓝黑墨水、圆珠笔或铅笔

C. 用红字冲销错误记录

D. 发生的空行、空页一定要补充书写

9. 按照（   ）可以把账簿分为序时账簿、分类账簿和备查账簿。

    A. 账户用途   B. 账页格式   C. 外形特征   D. 账簿的性质

10. 银行存款日记账是根据（   ）逐日逐笔登记的。

    A. 银行存款收、付款凭证   B. 转账凭证

    C. 库存现金收款凭证   D. 银行对账单

11. 在我国，总分类账要选用（   ）。

    A. 活页式账簿   B. 自己认为合适的账簿

    C. 卡片式账簿   D. 订本式账簿

三、多项选择题

1. 下列原因导致的错账应该采用红字冲账法更正的有（   ）。

    A. 记账凭证没有错误，登记账簿时发生错误

    B. 记账凭证的会计科目错误

    C. 记账凭证的应借、应贷的会计科目没有错误，所记金额大于应记金额

    D. 记账凭证的应借、应贷的会计科目没有错误，所记金额小于应记金额

2. 可采用三栏式明细分类账核算的有（   ）。

    A. 库存商品   B. 应收账款   C. 管理费用   D. 实收资本

3. 出纳人员可以登记和保管的账簿有（   ）。

    A. 现金日记账   B. 银行存款日记账   C. 现金总账   D. 银行存款总账

4. 下列属于账实核对的有（   ）。

    A. 现金日记账账面余额与现金实际库存数的核对

    B. 银行存款日记账账面余额与银行对账单的核对

    C. 财产物资明细账账面余额与财产物资实存数额的核对

    D. 应收、应付款明细账账面余额与债务、债权单位核对

5. 下列属于序时账的有（   ）。

    A. 现金日记账   B. 银行存款日记账

    C. 应收账款明细账   D. 主营业务收入明细账

6. 下列关于会计账簿的更换和保管正确的有（   ）。

    A. 总账、日记账和多数明细账每年更换一次

    B. 变动较小的明细账可以连续使用，不必每年都更换

    C. 备查账不可以连续使用

    D. 会计账簿由本单位财务会计部门保管半年后，交由本单位档案管理部门保管

7. 下列需要划双红线的有（   ）。

    A. 在"本月合计"的下面   B. 在"本年累计"的下面

    C. 在12月末的"本年累计"的下面   D. 在"本年合计"下面

四、判断题

1. 月结时，收入、费用类账户需要结出本月发生额和余额，记入最后一笔记录下的借方和贷方栏内，并在摘要栏内注明"本月合计"字样，同时在该行下划双道红线，以完成

月结工作。 （　　）

2. 账簿中书写的文字和数字上面要留有适当空间，不要写满格，一般应占格距的 1/3。
（　　）

3. 登记账簿的唯一依据是审核无误的原始凭证。 （　　）

4. 登记账簿要用蓝黑墨水或者碳素墨水书写，绝对不得使用圆珠笔或者铅笔书写。（　　）

5. 年末结算时，应当在全年累计发生额下面划通栏的双红线。 （　　）

6. 由于编制的记账凭证会计科目错误，导致账簿记录错误，更正时，可以将错误的会计科目划红线注销，然后，在划线上方填写正确的会计科目。 （　　）

7. 所有的明细账，年末时都必须更换。 （　　）

8. 结账时，没有余额的账户，应当在"借或贷"栏内用"0"表示。 （　　）

9. 固定资产明细账不必每年更换，可以连续使用。 （　　）

10. 任何单位，对账工作应该每年至少进行一次。 （　　）

11. 为便于管理，"应收账款"、"应付账款"的明细账必须采用多栏式明细分类账格式。 （　　）

12. 明细账一般使用活页式账簿，以便于根据实际需要，随时添加账页。 （　　）

13. 在明细账的核算中，只需要进行金额核算的，必须使用三栏式明细账。 （　　）

14. 在账簿记录中有可能出现红字。 （　　）

15. 如果在结账前发现账簿记录有文字或数字错误，而记账凭证没有错误，则可采用划线更正法，不可以采用红字更正法。 （　　）

16. 企业的序时账簿和分类账簿必须采用订本式账簿。 （　　）

17. 登记账簿时，发生的空行、空页一定要补充书写，不得注销。 （　　）

18. 新旧账有关账户之间转记余额，不必编制记账凭证。 （　　）

五、简答题

1. 简述错账的更正方法及适用范围。

2. 简述账账核对的内容。

六、案例分析

1. L 小姐进入先生的公司已经 5 年有余，除每月领取 2 000 元的工资外，受让的 500 万元股权至今未给自己带来任何红利；每到年终该分红时，董事会都以公司没有盈利为由拒绝分红；L 小姐除公司有重大投资活动外，不参加公司的日常经营活动；虽然她都能收到定期财务报告，但是，每期的财务会计报告显示的不是亏损，就是利润微薄，各种费用的支出五花八门，数额巨大，L 小姐怀疑其中有诈。L 小姐为了弄清公司的真实财务信息和经营者是否有不法行为，就决定查阅公司的财务会计账簿，向公司提出了书面请求，说明了理由和目的：她认为公司经营成本过大，有些重大开支不合理，公司应当有可分配的利润，为了实现自己的投资目的，维护公司正常的经营活动，请求公司提供近 5 年来的会计账簿，以及会计账簿赖以作成的所有会计资料和有关记录。公司接到 L 小姐的书面请求后，以会计账簿涉及公司的商业秘密，章程没有规定可以查阅为由，拒绝 L 小姐查阅。

问题：公司能否拒绝 L 小姐的请求，L 小姐应当如何办？

2. 宝岛眼镜公司成立于 1994 年，是一家主要从事眼镜零售业务的公司。公司董事长兼总经理李先生在国外长期从事过商品零售服务的管理及研究工作，有着丰富的实践经验。在他的管理下，公司飞速成长，由原来的一个店已发展成为具有 8 个大型分店眼镜连锁店。跃居当地眼镜行业的龙头老大。虽然业务量急剧扩大，但财务人员始终没有增加。为了能按时结账和出报表，财务人员不得不将所有的分店统一核算。李先生显然对此很不满意，财务报表只能反映整个公司的经营情况，无法知道每个连锁店的经营情况，从而无法考核各店长的经营业绩。由于"商品销售成本"没有按商品种类设置明细账，李先生无法知道各种商品确切的毛利，也就无法对商品销售组合进行准确的决策。

前一段时间公司连续发生几起内部人员舞弊事件，使得李先生不得不加紧内部控制。具体的舞弊事件是：（1）公司出纳私自将巨额公款存入其男友所在的银行；（2）分店里的几个营业员共同将一些销售收入私分。为了加紧内部控制，李先生收回了一切财务收支审批权，规定公司的费用支出不论金额大小一律由其审批后方可支付。由于李先生经常出差在外，员工只得通过电子邮件方式进行资金使用申请。李先生自认为一直都在及时地审批每一项支出，但员工依然抱怨很大。还有四件事李先生始终不明白：（1）在"管理费用"明细账中，"其他"项目的金额大得惊人，既然金额如此之大，为何放在"其他"项目里？（2）公司一直在盈利，为何老是缺钱用？（3）各店已经对库存商品进行了 ABC 分析，为何经常出现一部分商品积压，而另一部分商品缺货？（4）为何每年做的计划和预算实际总是完成不了？事实上，这些计划和预算并不是高不可攀。最近，李先生到国外寻求新的供货商，三个月后李先生满载而归，可是回来后的第一天就让李先生大为上火：（1）上午接到一名老顾客的投诉，该顾客订货已经一个月过去了，但公司却迟迟没有回复；（2）公司开会时没有人知道进口的数码相机放在何处，而这样的数码相机公司一共有 6 部；（3）开票员重复给顾客开具销售发票；（4）日终盘点之前，李先生故意趁人不注意时拿走两副贵重眼镜，但该店交上来的盘点报告表却显示正常。请结合上面所述的事实，给李先生提供一套有效的解决方案。

备考指南

一、复习要点

考点 1：各种账簿的分类及适用范围；

考点 2：会计账户四个金额要素；会计账簿与账户的关系；

考点 3：会计账簿的记账规则，尤其是哪些情况可以用红色墨水记账；

考点 4：日记账、明细账、总账的登记方法；

考点 5：对账的要点。包括账账核对、账证、账实核对中的具体核对（银行存款、债权债务的账实核对是与谁进行核对）；

考点 6：错账更正方法（并注意适用范围）；

考点 7：结账的程序与方法；

考点 8：会计账簿的更换。

二、主要题型

（一）单项选择题

1. 登记账簿的依据是（C）。

    A. 经济合同   B. 会计分录   C. 记账凭证   D. 有关文件

2. 下列账户的明细账采用三栏式账页的是（D）。

    A. 管理费用   B. 销售费用   C. 库存商品   D. 应收账款

3. 一般情况下，不需要根据记账凭证登记的账簿是（D）。

    A. 总分类账   B. 明细分类账   C. 日记账   D. 备查账

4. 从银行提取库存现金，登记库存现金日记账的依据是（B）。

    A. 库存现金收款凭证   B. 银行存款付款凭证

    C. 银行存款收款凭证   D. 备查账

5. 生产成本明细账一般采用（B）明细账。

    A. 三栏式   B. 多栏式   C. 数量金额式   D. 任意格式

6. 原材料等财产物资明细账一般适用（A）明细账。

    A. 数量金额式   B. 多栏式   C. 三栏式   D. 任意格式

7. 若记账凭证上的会计科目和应借应贷方向未错，但所记金额大于应记金额，并据以登记入账，应采用的更正方法是（B）。

    A. 划线更正法   B. 红字更正法

    C. 补充登记法   D. 编制相反分录冲减

8. 会计人员在结账前发现，根据记账凭证登记入账时误将 600 元写成 6 000 元，而记账凭证无误，应采用的更正方法是（B）。

    A. 补充登记法   B. 划线更正法   C. 红字更正法   D. 横线登记法

9. 我国现行采用的现金日记账和银行存款日记账属于（B）。

    A. 普通日记账   B. 特种日记账   C. 分录日记账   D. 转账日记账

10. 新年度开始启用新账时，可以继续使用不必更换新账的是（C）。

    A. 总分类账   B. 银行存款日记账

    C. 固定资产卡片   D. 管理费用明细账

11. 在结账前发现账簿记录有文字或数字错误，而记账凭证没有错误，应当采用的更正方法是（A）。

    A. 划线更正法   B. 红字更正法   C. 补充登记法   D. 平行登记法

12. 活页账一般适用于（D）。

    A. 总分类账   B. 现金日记账和银行存款日记账

    C. 固定资产明细账   D. 明细分类账

13. 订本账主要不适用于（D）。

    A. 特种日记账   B. 普通日记账   C. 总分类账   D. 明细分类账

14. 固定资产明细账的外表形式可以采用（B）。

    A. 订本式账簿   B. 卡片式账簿

    C. 活页式账簿   D. 多栏式明细分类账

15. "实收资本"明细账的账页可以采用（A）。

    A. 三栏式   B. 活页式   C. 数量金额式   D. 卡片式

16. 现金和银行存款日记账，根据有关凭证（A）。

    A. 逐日逐笔登记   B. 逐日汇总登记   C. 定期汇总登记   D. 一次汇总登记

17. 多栏式明细账一般适用于（A）。

    A. 收入费用类账户   B. 所有者权益类账户

    C. 资产类账户   D. 负债类账户

18. 应收账款明细账的账页格式一般采用（A）。

    A. 三栏式   B. 数量金额式

    C. 多栏式   D. 任意一种明细账格式

19. 记账以后，如果发现记账凭证上应借、应贷的会计科目并无错误，只是金额有错误，且所错记的金额小于应记的正确金额，应采用的更正方法是（C）。

    A. 划线更正法   B. 红字更正法   C. 补充登记法   D. 横线登记法

20. 账簿中只设借方和贷方两个金额栏的账簿，在会计上一般称为（B）。

    A. 特种日记账   B. 普通日记账   C. 转账日记账   D. 明细分类账

21. 下列做法错误的是（C）。

    A. 现金日记账采用三栏式账簿   B. 产成品明细账采用数量金额式账簿

    C. 生产成本明细账采用三栏式账簿   D. 制造费用明细账采用多栏式账簿

22. 以下不符合账簿平时管理的具体要求的是（B）。

    A. 各种账簿应分工明确，指定专人管理

    B. 会计账簿只允许在财务室内随意翻阅查看

    C. 会计账簿除需要与外单位核对外，一般不能携带外出

    D. 账簿不能随意交与其他人员管理

23. 在登记账簿时，如果经济业务发生日期为 2008 年 11 月 12 日，编制记账凭证日期为 11 月 16 日，登记账簿日期为 11 月 17 日，则账簿中的"日期"栏登记的时间为（B）。

    A. 11 月 12 日   B. 11 月 16 日

    C. 11 月 17 日   D. 11 月 16 日或 11 月 17 日均可

24. 专门记载某一类经济业务的序时账簿称为（B）。

    A. 普通日记账   B. 特种日记账   C. 转账日记账   D. 分录簿

（二）多项选择题

1. 下列属于序时账的有（ABD）。

    A. 普通日记账   B. 银行存款日记账

    C. 明细分类账   D. 库存现金日记账

2. 下列明细账中可以采用三栏式账页的有（AC）。

    A. 应收账款明细账   B. 原材料明细账   C. 材料采购明细账   D. 现金日记账

3. 登记明细分类账的依据可以有（ABC）。

    A. 原始凭证   B. 汇总原始凭证   C. 记账凭证   D. 经济合同

4. 数量金额式明细分类账的账页格式一般适用于（AD）。

    A. 库存商品明细账   B. 应交税金明细账   C. 应付账款明细账   D. 原材料明细账

5. 登记现金日记账收入栏的依据有（BD）。

    A. 累计凭证   B. 现金收款凭证

    C. 转账凭证   D. 银行存款付款凭证

6. 普通日记账的缺点有（ACD）。

    A. 记账时不便于分工合作

    B. 不便于了解企业一定时期发生的所有经济业务全貌

    C. 不便于进行试算平衡

D. 不便于了解某一特定账户的发生额及余额的变化情况

7. 登记银行存款日记账收入栏的依据有（AB）。
   A. 银行存款收款凭证　　　　　　B. 现金付款凭证
   C. 转账凭证　　　　　　　　　　D. 累计凭证

8. 下列应设置备查账簿登记的事项有（CD）。
   A. 固定资产卡片　　　　　　　　B. 本单位已采购的材料
   C. 临时租入的固定资产　　　　　D. 本单位受托加工材料

9. 任何会计主体都必须设置的账簿有（ACD）。
   A. 日记账　　　　B. 备查账　　　　C. 总分类账　　　　D. 明细分类账

10. 账簿按其外表形式分，可以分为（BCD）。
    A. 三栏式　　　　B. 订本式　　　　C. 卡片式　　　　D. 活页式

11. 下列适用多栏式明细账的有（AB）。
    A. 生产成本　　B. 制造费用　　　C. 材料采购　　　D. 应付账款

12. 在账簿记录中，红笔只能用于（ABC）。
    A. 错误更正　　B. 冲账　　　　　C. 结账　　　　　D. 登账

13. 登记银行存款日记账的依据为（ABD）。
    A. 银行存款收款凭证　　　　　　B. 银行存款付款凭证
    C. 库存现金收款凭证　　　　　　D. 库存现金付款凭证

14. 账簿记录发生错误时，应根据错账的具体情况，按规定的方法进行更正，不得（ABCD）。
    A. 涂改　　　　　　　　　　　　B. 挖补
    C. 用退色药水消除字迹　　　　　D. 撕去错页重新抄写

15. 会计账簿按其用途的不同，可以分为（ABC）。
    A. 序时账簿　　　　　　　　　　B. 分类账簿
    C. 备查账簿　　　　　　　　　　D. 数量金额式账簿

16. 会计账簿按账页格式的不同，可以分为（ABCD）。
    A. 两栏式账簿　　　　　　　　　B. 多栏式账簿
    C. 三栏式账簿　　　　　　　　　D. 数量金额式账簿

17. 在会计账簿扉页上填列的内容包括（ABCD）。
    A. 账簿名称　　B. 单位名称　　　C. 账户名称　　　D. 起止页次

18. 必须采用订本式账簿的有（ACD）。
    A. 现金日记账　　B. 固定资产明细账　　C. 银行存款日记账　　D. 管理费用总账

19. 会计账簿登记规则包括（ABC）。
    A. 记账必须有依据　　　　　　　B. 按页次顺序连续记
    C. 账簿记载的内容应与记账凭证一致　　D. 结清余额

20. 以下属于备查账簿的有（ABC）。
    A. 租入固定资产登记簿　　　　　B. 代销商品登记簿
    C. 受托加工材料登记簿　　　　　D. 材料采购明细账

21. 银行存款日记账是根据（BCD）逐日逐笔登记的。

A. 现金收款凭证　　　　　　　　　B. 相关的现金付款凭证

C. 银行存款收款凭证　　　　　　　D. 银行存款付款凭证

22. 总分类账一般采用（AC）。

A. 订本式　　　B. 活页式　　　C. 三栏式　　　D. 多栏式

23. 下列账簿中不能采用卡片式账簿的有（AC）。

A. 现金日记账　　B. 固定资产　　C. 总分类账　　D. 明细分类账

24. 下列明细账中不宜采用数量金额式的有（CD）。

A. 产成品——A 产品　　　　　　B. 原材料——甲材料

C. 财务费用　　　　　　　　　　D. 应收账款——M 公司

25. 会计账簿中，下列（ABCD）可以用红色墨水记账。

A. 按照红字冲账的记账凭证，冲销错误记录

B. 在不设借贷等栏的多栏式账页中，登记减少数

C. 在三栏式账户的余额栏前，如未印明余额方向的（如借或贷），在余额栏内登记负数余额

D. 会计制度中规定可以用红字登记的其他会计记录

26. 可用于更正因记账凭证错误而导致账簿登记错误的错账更正方法有（BC）。

A. 划线更正法　　B. 红字更正法　　C. 补充登记法　　D. 顺查法

27. 收回货款 1 500 元存入银行，记账凭证中误将金额填为 15 000 元，并已入账，错账的更正方法不正确的有（ABC）。

A. 用划线更正法更正

B. 用蓝字借记"银行存款"账户 1 500 元，贷记"应收账款"账户 1 500 元

C. 用红字借记"应收账款"账户 15 000 元，贷记"银行存款"账户 15 000 元

D. 用红字借记"银行存款"账户 13 500 元，贷记"应收账款"账户 13 500 元

28. 必须逐日结出余额的账簿是（CD）。

A. 现金总账　　　　　　　　　　B. 银行存款总账

C. 现金日记账　　　　　　　　　D. 银行存款日记账

（三）判断题

1. 现金日记账和银行存款日记账的外表形式必须采用订本式账簿。　　　　　　（√）

2. 记账以后，发现记账凭证中应借应贷科目错误，应采用红字更正法更正。　　（√）

3. 采用普通日记账时，可根据经济业务直接登记，然后再将普通日记账过入分类账。因此，设置普通日记账时一般可不再填制记账凭证。　　　　　　　　　　　　　　　（√）

4. 任何单位都必须设置总分类账。　　　　　　　　　　　　　　　　　　　　（√）

5. 所有总分类账的外表形式都必须采用订本式。　　　　　　　　　　　　　　（√）

6. 记账以后，发现记账凭证和账簿记录中应借应贷的会计科目无误，只是金额有错误，且所错记的金额小于应记的正确金额，可采用红字更正法更正。　　　　　　　　　　（×）

7. 为了保证现金日记账的安全和完整，现金日记账无论采用三栏式还是多栏式，外表形式都必须使用订本账。　　　　　　　　　　　　　　　　　　　　　　　　　　　（√）

8. 为保持账簿记录的持久性，防止涂改，记账时必须使用蓝黑墨水或碳素墨水，并用钢笔书写，不得使用铅笔或圆珠笔书写。　　　　　　　　　　　　　　　　　　　　（√）

9. 账簿按其用途不同，可分为订本式账簿、活页式账簿和卡片式账簿。　　　　（×）

10. 会计账簿是连接会计凭证与会计报表的中间环节，在会计核算中具有承前启后的作用，是编制会计报表的基础。　　　　　　　　　　　　　　　　　　　　　　（√）

11. 我国每个会计主体都采用普通日记账登记每日库存现金和银行存款的收付。　（×）

12. 多栏式明细账一般适用于资产类账户。　　　　　　　　　　　　　　　　（×）

13. 由于记账凭证错误而造成的账簿记录错误，可采用划线更正法进行更正。　（×）

14. 采用划线更正法时，只要将账页中个别错误数码划上红线，再填上正确数码即可。
　　　　　　　　　　　　　　　　　　　　　　　　　　　　　　　　　　　（×）

15. 记账凭证中会计账户、记账方向正确，但所记金额大于应记金额而导致账簿登记金额增加的情况，可采用补充登记法进行更正。　　　　　　　　　　　　　　　　（×）

16. 三栏式账簿是指具有日期、摘要、金额三个栏目格式的账簿。　　　　　　（×）

17. 凡是明细账都使用活页账簿，以便于根据实际需要，随时添加空白账页。　（√）

18. 启用订本式账簿，除在账簿扉页填列"账簿启用和经管人员一览表"外，还要从第一页到最后一页顺序编写页数，不得跳页、缺号。　　　　　　　　　　　　　　　（√）

19. 各账户在一张账页记满时，应在该账页最后一行结出余额，并在"摘要"栏注明"转次页"字样。　　　　　　　　　　　　　　　　　　　　　　　　　　　　　（√）

20. 登记账簿时，发生的空行、空页一定要补充书写，不得注销。　　　　　　（×）

21. 出纳应在现金日记账每笔业务登记完毕，即结出余额，并与库存现金进行核对。（×）

22. 账簿中书写的文字和数字上面要留有适当空距，一般应占格距的1/2，以便于发现错误时进行修改。　　　　　　　　　　　　　　　　　　　　　　　　　　　　（√）

23. 会计账簿作为重要的经济档案，因保存期长，必须使用蓝色或黑色的笔书写。（×）

24. 无论分类账簿还是序时账簿，都需要以记账凭证作为记账依据。　　　　　（√）

25. 补充登记法就是把原来未登记完的业务登记完毕的方法。　　　　　　　　（×）

（四）错账更正

广州丽华公司在账证核对中，发现下列错误。要求按有关错账更正规则进行更正。

（1）从银行提取库存现金16 000元，备发工资。

记账凭证为：借：库存现金　　　　　　　　　　　　　　16 000
　　　　　　　　贷：银行存款　　　　　　　　　　　　　　　　　16 000

账簿误记录为1 600元。

更正：划线更正法

（2）预付红光公司购货款25 000元。

记账凭证误为：　借：预收账款　　　　　　　　　　　　25 000
　　　　　　　　　　贷：银行存款　　　　　　　　　　　　　　25 000

更正：红字更正法　借：预收账款　　　　　　　　　　 25 000

　　　　　　　　　　　　贷：银行存款　　　　　　　　　 25 000

　　　　　　　　　　借：预付账款　　　　　　　　　　　25 000
　　　　　　　　　　　　贷：银行存款　　　　　　　　　　　　25 000

（3）以银行存款支付公司行政部门用房的租金2 300元。

记账凭证误为：　　借：管理费用　　　　　　　　　　　　　　　　　　3 200

　　　　　　　　　　贷：银行存款　　　　　　　　　　　　　　　　　　　　3 200

更张：补充登记法（红字调减）　借：管理费用　　　　　　　　　900

　　　　　　　　　　　　　　　贷：银行存款　　　　　　　　　　　　900

（4）开出现金支票 1 张，支付公司购货运杂费 540 元。

记账凭证为：　　借：材料采购　　　　　　　　　　　　　　　　　　　450

　　　　　　　　贷：银行存款　　　　　　　　　　　　　　　　　　　　450

更正：补充登记法（蓝字调增）　借：材料采购　　　　　　　　　　90

　　　　　　　　　　　　　　　贷：银行存款　　　　　　　　　　　　90

【阅读平台】

什么是伪造、变造会计文件

1. 伪造会计凭证，是指以虚假经济业务或者资金往来为前提，编制虚假的会计凭证的行为。主要表现有：（1）伪造根本不存在的经济事项的原始凭证；（2）以存在的会计经济事项为基础，用夸大、缩小或隐匿事实的手法进行伪造原始凭证，如制作假发货票、假收据、假工资表等假的原始凭证；（3）由于会计人员审核不严或玩忽职守、丧失原则，以伪造的原始凭证为基础，填制记账凭证，如根据假发票凭空编制记账凭证的行为等。

2. 变造会计凭证，是指利用涂改、拼接、挖补或者其他方法，改变会计凭证的真实内容的行为。主要表现为：（1）涂改原始凭证中的日期、数量、单价、金额等内容；（2）利用计算机、复印机等先进工具，对原始凭证进行二次处理；（3）由于会计人员审核不严或玩忽职守、丧失原则，以变造的原始凭证为基础，填制记账凭证，如根据涂改后的发票编制记账凭证的行为等。

3. 伪造会计账簿，是指不按照国家统一的会计制度的规定，根据伪造或者变造的虚假会计凭证填制会计账簿，或者不按要求记账，或者对内和对外采用不同的计算口径、计算方法、计算依据登记会计账簿的手段，制造虚假的会计账簿的行为。

4. 变造会计账簿，是指利用涂改、拼接、挖补或者其他手段改变会计账簿的真实内容的行为。如改变会计账簿所记录的日期、单位名称、摘要、数量、金额等。

5. 编制虚假财务报告，是指不按照国家统一会计制度规定，不以真实、合法的会计凭证、会计账簿为基础，擅自虚构有关数据、资料，编制财务会计报告的行为。

上述 5 种行为的共同特征是，都是故意违法的行为，即当事人在主观上明知自己的行为是一种违反法律规定的而为之。这种伪造会计凭证、变造会计凭证、伪造会计账簿、编制虚假财务报告的行为，是较为严重的违法行为，一般都有作弊的目的，都会造成严重的后果，所以应从重制裁，情节严重的，要追究刑事责任。

第九章

账务处理程序

第一节　账务处理程序的意义和种类

一、账务处理程序的意义

　　由于各单位的规模大小不同，业务性质各异，管理要求也各不相同，它们需要设置账簿的种类、格式和各种账簿之间的相互关系，以及与之相适应的记账程序和记账方法也就不完全相同。为了把会计核算工作科学地组织起来，任何单位都应根据国家统一会计制度的要求，结合本单位的实际情况和具体条件，设计适应本单位特点的账务处理程序。这对于提高会计核算工作质量和效率，充分发挥会计在经济管理中的作用，都具有重要意义。

　　1. 账务处理程序。账务处理程序，也称会计核算形式或会计核算组织程序，是指会计凭证、会计账簿和会计报表相结合的方式。它包括会计凭证和账簿的种类、格式，会计凭证与账簿之间的联系方式，由原始凭证到编制记账凭证、登记明细分类账和总分类账、编制会计报表的工作程序和方法等。

　　2. 账务处理程序的意义。会计凭证、会计账簿和会计报表之间的结合方式不同，就形成了不同的账务处理程序，不同的账务处理程序又有不同的方法、特点和使用范围。为了把会计核算工作科学地组织起来，任何单位都应根据国家统一会计制度的要求，结合本单位的实际情况和具体条件，设计适应本单位特点的账务处理程序，这对于提高会计工作质量和效率，充分发挥会计学在经济管理中的作用，都具有重要意义。具体地说，制定合理的账务处理程序具有以下作用：

　　（1）有利于会计工作程序的规范化，确定合理的凭证、账簿与报表之间的联系方式，保证会计信息加工过程的严密性，提高会计信息的质量。

　　（2）有利于保证会计记录的完整性、正确性，并通过凭证、账簿及报表之间的牵制作用，增强会计信息的可靠性。

　　（3）有利于减少不必要的会计核算环节，通过井然有序的账务处理程序，提高会计工作效率，保证会计信息的及时性。

会计处理程序应该如何实现相互牵制的作用的呢？

二、账务处理程序的要求

选择合理的、适用的账务处理程序，一般应符合以下要求：

1. 要与本单位经济业务的性质、规模大小和经济业务繁简程度相适应。

2. 要保证能正确、全面、及时和系统地提供会计信息使用者所需要的各种会计信息，既能满足国家宏观经济调控的需要，又能满足企业投资者、债权人及外部信息使用者和企业内部管理的需要。

3. 要保证账务处理的各个环节紧密衔接，手续简便，有利于节约记账时间，提高运行效率。

在我国，常用的账务处理程序主要有：记账凭证账务处理程序、科目汇总表账务处理程序、汇总记账凭证账务处理程序等。各种账务处理程序之间的区别在于登记总分类账的依据和方法不同，它们各有优点和缺点。因此，在实际运用时，各单位应该从实际出发，选择采用其中一种，或根据实际需要选择若干种相结合使用，使之更符合本单位经济管理的需要。

第二节 不同种类账务处理程序的内容

一、记账凭证账务处理程序

1. 记账凭证账务处理程序的特点。记账凭证账务处理程序是指对发生的经济业务，都要以原始凭证或原始凭证汇总表编制记账凭证，根据记账凭证逐笔登记总分类账的一种账务处理程序。其主要特点是：直接根据记账凭证，逐笔登记总分类账。记账凭证账务处理程序是其他账务处理程序的基础。

2. 记账凭证账务处理程序的账户设置。采用记账凭证账务处理程序时，记账凭证可采用收款凭证、付款凭证和转账凭证三种格式，也可采用通用格式。总分类账应按总账科目设置，明细账可以根据管理需要按明细科目设置。账簿设置一般采用三栏式现金、银行存款日记账和三栏式总分类账，明细账可根据管理需要采用三栏式、数量金额式或多栏式等。

为了尽量减少记账凭证的数量，减轻登记总分类账的工作量，简化核算手续，在采用记账凭证账务处理程序时，应尽可能地将业务内容相同的原始凭证先编制原始凭证汇总表，再根据原始凭证汇总表编制记账凭证，登记总分类账簿。

3. 记账凭证账务处理程序。记账凭证账务处理程序为：

（1）根据原始凭证或原始凭证汇总表编制记账凭证；

（2）根据收款凭证、付款凭证登记现金日记账和银行存款日记账；

（3）根据记账凭证和原始凭证（或原始凭证汇总表）登记各种明细账；

（4）根据记账凭证登记总账；

（5）日记账、明细账分别与总账定期核对；

（6）根据总账、明细账和其他有关资料编制会计报表。

4. 记账凭证账务处理程序的优缺点和适用范围。记账凭证账务处理程序的主要优点是：账务处理程序简单明了，手续简便，方法易学，总分类账能系统地反映某一类经济业务的发生情况，便于分析和检查。其缺点是：根据记账凭证逐笔登记总账，工作量较大。因此，这种账务处理程序一般适用于规模较小、经济业务较少的企业和单位。

二、科目汇总表账务处理程序

1. 科目汇总表账务处理程序的特点。科目汇总表处理程序，又称记账凭证汇总表账务处理程序，它是在记账凭证之后，定期编制科目汇总表，并据以登记总分类账的一种账务处理程序。

科目汇总表账务处理程序的主要特点是：定期地根据记账凭证汇总表编制科目汇总表，然后根据科目汇总表登记总账。

2. 科目汇总表账务处理程序的账户设置。采用科目汇总表账务处理程序，除设置收款凭证、付款凭证和转账凭证外，为了定期将全部记账凭证进行汇总，应另设置科目汇总表。现金日记账、银行存款日记账及各种明细账和总分类账的设置与记账凭证账务处理程序相同。

科目汇总表的编制方法是：根据收款凭证、付款凭证、转账凭证，按照相同的会计科目归类，定期汇总每一个会计科目的借方发生额和贷方发生额，并将发生额填入科目汇总表的相应栏目内，对于现金和银行存款科目的借、贷方发生额也可以根据现金日记账和银行存款日记账的收支数填列。

3. 科目汇总表账务处理程序。

科目汇总表账务处理程序为：

（1）根据原始凭证或原始凭证汇总表编制记账凭证；

（2）根据收款凭证、付款凭证登记现金日记账和银行存款日记账；

（3）根据记账凭证和原始凭证（或原始凭证汇总表）登记各种明细账；

（4）根据记账凭证定期编制科目汇总表；

（5）根据科目汇总表登记总账；

（6）日记账、明细账分别与总账定期核对；

（7）根据总账、明细账和其他有关资料编制会计报表。

4. 科目汇总表账务处理程序的优缺点和适用范围。科目汇总表账务处理程序的主要优点是：根据科目汇总表登记总分类账，大大地简化了登记总账的工作量，而且通过科目汇总表的编制，可以将各科目本期借方、贷方发生额的合计数进行试算平衡，及时发现填制凭证和汇总过程中的错误，从而保证记账工作的质量。其缺点是：科目汇总表不分对应科目进行汇总，不能反映各科目的对应关系，不便于对经济业务进行分析和检查；如果记账凭证较多，根据记账凭证编制科目汇总表本身也是一项很繁杂的工作，若记账凭证较少，运用科目汇总表登记总账又起不到简化登记总账的效果。这种账务处理程序应用范围比较广，一般规模较大、经济业务较多的企业和单位都可以采用。

5. 科目汇总表账务处理程序的实例。以美华公司20××年12月经济业务为例，说明科目汇总表账务处理程序。

（1）根据美华公司20××年12月经济业务编制的记账凭证（略）。

（2）根据该公司20××年12月收款凭证、付款凭证登记现金日记账、银行存款日记账（略）。

（3）根据该公司20××年12月记账凭证和原始凭证登记各明细账（略）。

（4）根据该公司20××年12月记账凭证编制科目汇总表。

科目汇总表

凭证编号 汇1

20××年12月31日

会计科目	金 额		总账页次
	借　　方	贷　　方	
库存现金	150 000.00	150 000.00	
银行存款	250 750.00	244 500.00	
材料采购	75 600.00	75 600.00	
原材料	75 600.00	175 000.00	
库存商品	348 200.00	240 000.00	
生产成本	348 200.00	348 200.00	
固定资产		100 000.00	
累计折旧	85 000.00	40 000.00	
固定资产清理	15 500.00	15 500.00	
应收账款	321 750.00		
应收票据	87 750.00		
短期借款		10 000.00	
应付职工薪酬	150 000.00	171 000.00	
应交税费	11 900.00	72 766.00	
应付利息		750.00	
主营业务收入	350 000.00	350 000.00	
主营业务成本	240 000.00	240 000.00	
制造费用	36 400.00	36 400.00	
管理费用	49 800.00	49 800.00	
销售费用	4 500.00	4 500.00	
财务费用	750.00	750.00	
附记账凭证31张			

会计主管人员　　　　　记账　　　　稽核　　　　制单

科目汇总表

20××年12月31日

凭证

编号 <u>汇1</u>

会计科目	金 额		总账页次
	借 方	贷 方	
所得税费用	13 266.00	13 266.00	
营业外支出	14 750.00	14 750.00	
本年利润	350 000.00	350 000.00	
盈余公积		4 040.10	
利润分配	8 080.20	8 080.20	
实收资本		250 000.00	
合　　计	￥2 987 796.20	￥2 987 796.20	

附记账凭证31张

会计主管人员　　　　　记账　　　　　稽核　　　　　制单

（5）根据科目汇总表登记总账（略）。

（6）根据该公司20××年12月总账、明细账和其他有关资料编制会计报表（略）。

三、汇总记账凭证账务处理程序

1. 汇总记账凭证账务处理程序的特点。汇总记账凭证账务处理程序是指对发生的经济业务，都要根据原始凭证或原始凭证汇总表编制记账凭证，再根据记账凭证编制汇总记账凭证，根据汇总记账凭证登记总分类账的一种账务处理程序。其主要特点是：定期将记账凭证汇总编制成汇总记账凭证，然后再根据汇总记账凭证登记总分类账。

2. 汇总记账凭证账务处理程序的账户设置。采用汇总记账凭证账务处理程序时，除了仍设置收款凭证、付款凭证和转账凭证三种格式外，还要设置汇总收款凭证、汇总付款凭证和汇总转账凭证，在各种汇总凭证中都要求反映账户的对应关系。由于在这种账务处理程序下汇总记账凭证反映了账户的对应关系，为了使总分类账的内容与各种记账凭证相一致，总

214

分类账应采用除借、贷两栏外增设"对方科目"专栏的格式，以便于清晰地反映科目之间的对应关系。其日记账、明细账的格式与记账凭证账务处理程序基本相同。

3. 汇总记账凭证账务处理程序。汇总记账凭证账务处理程序为：

（1）根据原始凭证或原始凭证汇总表编制记账凭证；

（2）根据收款凭证、付款凭证登记现金日记账和银行存款日记账；

（3）根据记账凭证和原始凭证（或原始凭证汇总表）登记各种明细账；

（4）根据记账凭证编制汇总记账凭证；

（5）根据汇总记账凭证登记总分类账；

（6）日记账、明细账分别与总账定期核对；

（7）根据总账、明细账和其他有关资料编制会计报表。

4. 汇总记账凭证账务处理程序的优缺点和适用范围。汇总记账凭证账务处理程序的主要优点是：根据定期编制的汇总记账凭证登记总分类账簿，简化了登记总账的工作，减轻了登记总账的工作量。汇总记账凭证能够清晰地反映各科目之间的对应关系，出现差错易于查找。然而，由于这种账务处理程序的转账凭证是按每一账户贷方科目，而不是按经济业务的性质归类汇总的，因而不利于日常核算工作的合理分工，而且在经济业务比较零星、同一贷方科目的转账凭证数量不多的情况下，汇总工作量比较大，又起不到简化记账工作的作用。它适用于规模较大、业务较多的大型企业或单位。

【思考与讨论】

小李是一名会计专业的应届毕业生，他到一家新组建的公司上班的第一天就遇到了一个难题。由于是名校毕业生又以优异的成绩毕业，小李受到公司老板的格外器重，把会计账务处理的程序设计交给了他。那么小李应为公司设计哪种账务处理程序才有利于提高会计核算工作的质量和效率，充分发挥会计在经济管理中的作用呢？如果你是小李，你应该考虑哪些方面因素呢？各种不同的账务处理程序有哪些特点呢？

自己动手

小刘于2000年1月1日用银行存款500 000元作为投资创办了大地公司，主要经营各种家具的批发与零售。5月1日小刘以每月2 000元的租金租用了一个店面作为经营场地。由于小刘不懂会计，他除了将所有的发票等单据都收集保存起来外，没有做任何其他记录。到月底，小刘发现公司的存款反而减少了，只剩下458 987元，外加643元现金。另外尽管客户赊欠的13 300元尚未收现，但公司也有10 560元货款尚未支付。除此之外，实地盘点库存家具，价值25 800元。小刘开始怀疑自己的经营，前来向你请教。

对小刘保存的所有单据进行检查分析，汇总一个月的资料显示：

1. 投入银行存款500 000元。

2. 内部装修及必要的设施花费20 000元，均已用支票支付。

3. 购入家具两批，每批价值35 200元，其中第一批为现金购入，第二批购入赊欠价款的30%，其余用支票支付。

4. 本月零售家具收入共38 800元，全部收到存入银行。

5. 本月批发家具收入共25 870元，其中赊销13 300元，其余均存入银行。

6. 用支票支付当月的租金 2 000 元。

7. 本月从银行存款户提取现金共 10 000 元，其中 4 000 元支付店员的工资，5 000 元用作个人生活费，其余备日常零星开支。

8. 本月水电费 543 元，支票支付。

9. 本月电话费 220 元，现金支付。

10. 其他各种杂费 137 元，用现金支付。

11. 结转已售库存商品成本 44 600 元。

12. 结转本月主营业务收入 64 670 元。

13. 将有关费用项目转入本年利润账户。

请你根据大地公司的具体经济业务，替小刘设计一套适合的会计核算组织程序，并帮助小刘记账（编制会计分录即可），向小刘报告公司的财务状况，解答其疑惑，评述其经营业绩。

【本章小结】

1. 记账凭证账务处理程序一般步骤：

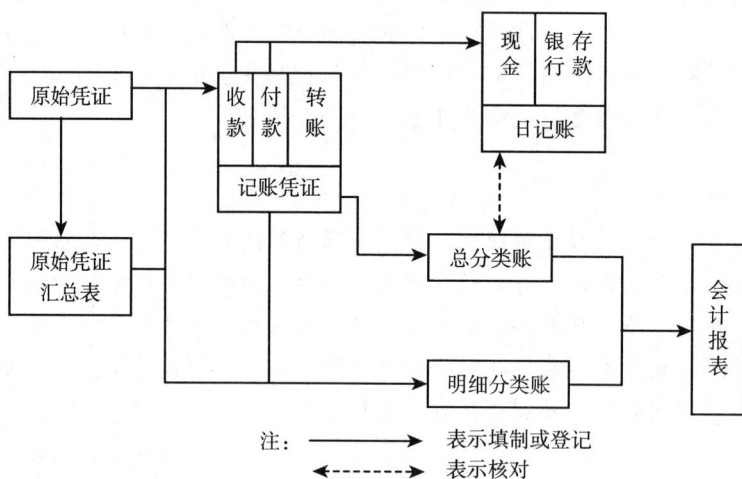

注： ——→ 表示填制或登记
    - - -→ 表示核对

2. 科目汇总表账务处理程序一般步骤：

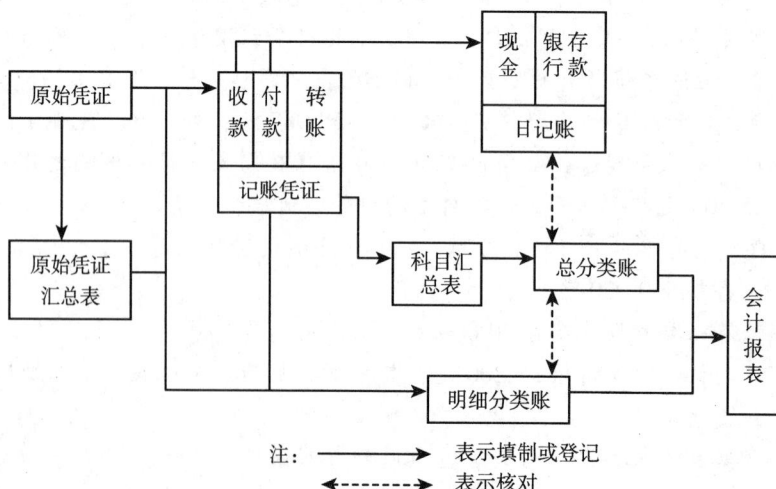

注： ——→ 表示填制或登记
    - - -→ 表示核对

3. 汇总记账凭证账务处理程序一般步骤：

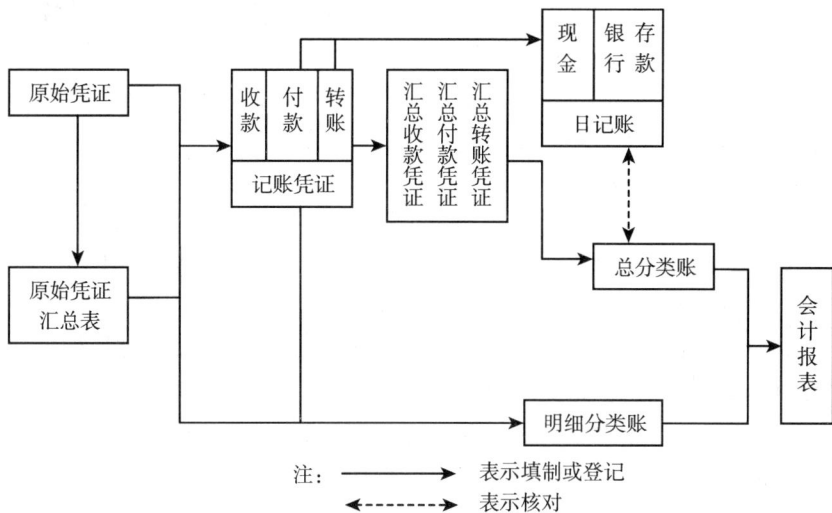

注：　⟶　表示填制或登记
　　　- - - ⟶　表示核对

思考与练习

一、复习思考题

1. 什么是账务处理程序？

2. 科学组织账务处理程序有何意义和要求？

3. 账务处理程序有哪几种？

4. 试述各种账务处理程序的特点、一般程序、优缺点和适用范围。

5. 简述科目汇总表的编制方法。

6. 简述汇总记账凭证的编制方法。

二、单项选择题

1. 采用科目汇总表账务处理程序，（　　）是其登记总账的直接依据。

　　A. 汇总记账凭证　　B. 科目汇总表　　　　C. 记账凭证　　　　D. 原始凭证

2. 常见的三种账务处理程序中会计报表是根据（　　）资料编制的。

　　A. 日记账、总账和明细账　　　　　　B. 日记账和明细分类账

　　C. 明细账和总分类账　　　　　　　　D. 日记账和总分类账

3. 以下项目中，属于科目汇总表账务处理程序缺点的是（　　）。

　　A. 增加了会计核算的账务处理程序　　B. 增加了登记总分类账的工作量

　　C. 不便于检查核对账目　　　　　　　D. 不便于进行试算平衡

4. 在各种不同账务处理程序中，不能作为登记总账依据的是（　　）。

　　A. 记账凭证　　　　B. 汇总记账凭证　　C. 汇总原始凭证　　D. 科目汇总表

5. 科目汇总表是依据（　　）编制的。

　　A. 记账凭证　　　　B. 原始凭证　　　　C. 原始凭证汇总表　　D. 各种总账

6. 下列属于记账凭证账务处理程序优点的是（　　）。

　　A. 总分类账反映经济业务较详细　　　B. 减轻了登记总分类账的工作量

　　C. 有利于会计核算的日常分工　　　　D. 便于核对账目和进行试算平衡

7. 汇总记账凭证是依据（　　　）编制的。

A. 记账凭证　　　　　B. 原始凭证　　　　　C. 原始凭证汇总表　　　D. 各种总账

8. （　　　）账务处理程序是最基本的一种账务处理程序。

A. 日记总账　　　　　B. 汇总记账凭证　　　　C. 科目汇总表　　　　　D. 记账凭证

9. 下列属于记账凭证核算程序主要缺点的是（　　　）。

A. 不能体现账户的对应关系　　　　　B. 不便于会计合理分工

C. 方法不易掌握　　　　　　　　　　D. 登记总账的工作量较大

10. 汇总记账凭证账务处理程序与科目汇总表账务处理程序的相同点是（　　　）。

A. 登记总账的依据相同　　　　　　　B. 记账凭证的汇总方法相同

C. 保持了账户间的对应关系　　　　　D. 简化了登记总分类账的工作量

11. 关于记账凭证账务处理程序，下列说法不正确的是（　　　）。

A. 根据记账凭证逐笔登记总分类账，是最基本的账务处理程序

B. 简单明了，易于理解，总分类账可以较详细地反映经济业务的发生情况

C. 登记总分类账的工作量较大

D. 适用于规模较大、经济业务量较多的单位

12. 规模较小、业务量较少的单位适用（　　　）。

A. 记账凭证账务处理程序　　　　　　B. 汇总记账凭证账务处理程序

C. 多栏式日记账账务处理程序　　　　D. 科目汇总表账务处理程序

13. 下列不属于科目汇总表账务处理程序优点的是（　　　）。

A. 科目汇总表的编制和使用较为简便，易学易做

B. 可以清晰地反映科目之间的对应关系

C. 可以大大减少登记总分类账的工作量

D. 科目汇总表可以起到试算平衡的作用，保证总账登记的正确性

14. 各种账务处理程序之间的区别在于（　　　）。

A. 总账的格式不同　　　　　　　　　B. 编制会计报表的依据不同

C. 登记总账的程序和方法不同　　　　D. 会计凭证的种类不同

15. 在科目汇总表账务处理程序下，一般应采用（　　　）记账凭证。

A. 一借多贷　　　　　B. 多借多贷　　　　　C. 一贷一借　　　　　D. 一贷多借

三、多项选择题

1. 对于汇总记账凭证账务处理程序，下列说法错误的有（　　　）。

A. 登记总账的工作量大

B. 不能体现账户之间的对应关系

C. 明细账与总账无法核对

D. 当转账凭证较多时，汇总转账凭证的编制工作量较大

2. 各种会计账务处理程序下，登记明细账的依据可能有（　　　）。

A. 原始凭证　　　　　B. 汇总原始凭证　　　　C. 记账凭证　　　　　D. 汇总记账凭证

3. 下列不属于科目汇总表账务处理程序优点的有（　　　）。

A. 便于反映各账户间的对应关系　　　B. 便于进行试算平衡

C. 便于检查核对账目　　　　　　　　D. 简化登记总账的工作量

4. 下列项目中，属于科学、合理地选择适用于本单位的账务处理程序的意义有（　　）。

 A. 有利于会计工作程序的规范化   B. 有利于增强会计信息的可靠性

 C. 有利于提高会计信息的质量   D. 有利于保证会计信息的及时性

5. 在我国，常用的账务处理程序主要有（　　）。

 A. 记账凭证账务处理程序   B. 汇总记账凭证账务处理程序

 C. 多栏式日记账账务处理程序   D. 科目汇总表账务处理程序

6. 以下属于记账凭证账务处理程序优点的有（　　）。

 A. 简单明了、易于理解

 B. 总分类账可较详细地记录经济业务发生情况

 C. 便于进行会计科目的试算平衡

 D. 减轻了登记总分类账的工作量

7. 在常见的账务处理程序中，共同的账务处理工作有（　　）。

 A. 均应填制和取得原始凭证   B. 均应编制记账凭证

 C. 均应填制汇总记账凭证   D. 均应设置和登记总账

8. 在不同的会计核算组织程序下，登记总账的依据可以有（　　）。

 A. 记账凭证   B. 汇总记账凭证

 C. 科目汇总表   D. 汇总原始凭证

9. 账务处理程序也叫会计核算程序，它是指（　　）相结合的方式。

 A. 会计凭证   B. 会计账簿

 C. 会计报表   D. 会计科目

10. 各种账务处理程序的相同之处有（　　）。

 A. 根据原始凭证编制汇总原始凭证

 B. 根据原始凭证和记账凭证登记明细账

 C. 根据收款凭证和付款凭证登记现金、银行存款日记账

 D. 根据总账和明细账编制会计报表

11. 关于记账凭证账务处理程序，下列说法正确的有（　　）。

 A. 根据记账凭证逐笔登记总分类账，是最基本的账务处理程序

 B. 简单明了，易于理解，总分类账可以较详细地反映经济业务的发生情况

 C. 登记总分类账的工作量较大

 D. 适用于规模较大、经济业务量较多的单位

12. 以记账凭证为依据，按有关账户的贷方设置，按借方账户归类的有（　　）。

 A. 汇总收款凭证   B. 汇总转账凭证

 C. 汇总付款凭证   D. 科目汇总表

四、判断题

1. 汇总记账凭证账务处理程序既能保持账户的对应关系，又能减轻登记总分类账的工作量。 （　　）

2. 科目汇总表不仅可以起到试算平衡的作用，还可以反映账户之间的对应关系。（　　）

3. 汇总记账凭证账务处理程序的缺点在于保持账户之间的对应关系。 （　　）

4. 记账凭证账务处理程序的特点是直接根据记账凭证逐笔登记总分类账，是最基本的

账务处理程序。 （　）

5. 库存现金日记账和银行存款日记账不论在何种账务处理程序下，都是根据收款凭证和付款凭证逐日逐笔顺序登记的。 （　）

6. 科目汇总表账务处理程序能科学地反映账户的对应关系，且便于账目核对。 （　）

7. 汇总记账凭证账务处理程序和科目汇总表账务处理程序都适用于经济业务较多的单位。 （　）

8. 科目汇总表可以每汇总一次编制一张，也可以按旬汇总一次，每月编制一张。 （　）

9. 在不同的账务处理程序中，登记总账的依据相同。 （　）

10. 科目汇总表账务处理程序不能反映各科目的对应关系，不便于查对账目，但汇总记账凭证账务处理程序可以克服科目汇总表账务处理程序的这个缺点。 （　）

11. 记账凭证账务处理程序的特点是直接根据记账凭证逐笔登记总分类账，是最基本的账务处理程序。 （　）

备 考 指 南

一、主要考点

考点1：账务处理程序的意义和种类

（一）账务处理程序的含义

也称会计核算组织程序或会计核算形式，是指会计凭证、会计账簿、会计报表相结合的方式。

（二）账务处理程序的种类

考点2：记账凭证账务处理程序

特点：直接根据各种记账凭证登记总分类账。

优缺点及适用范围：

优点：简单明了，易于理解，总分类账可以较详细地反映经济业务发生的情况。

缺点：登记总分类账的工作量比较大。

适用范围：适用于规模比较小、业务量少、凭证不多的单位。

考点3：汇总记账凭证账务处理程序

特点：定期根据记账凭证分类编制汇总记账凭证，再根据汇总记账凭证登记总分类账。

优点：减轻了登记总分类账的工作量，便于了解账户之间的对应关系，便于查对账目。

缺点：按每一贷方科目设置，而不是按经济业务的性质归类、汇总，因而不利于会计核算日常分工。

适用范围：适用于规模大、经济业务较多的大型企业。

考点4：科目汇总表账务处理程序

特点：定期编制科目汇总表并据以登记总账。

优点：减轻了登记总分类账的工作量，并可做到试算平衡，简明易懂，方便易学

缺点：科目汇总表不能反映账户之间的对应关系，不便于查对账目。

适用范围：经济业务较多的单位。

二、主要题型

（一）单项选择题

1. 各种账务处理程序之间的主要区别在于（   ）。
   - A. 账务处理程序的种类不同
   - B. 总账的格式不同
   - C. 登记总账的依据和方法不同
   - D. 根据总账编制会计报表的方法不同

【答案】C

【解析】这是各类账务处理程序的根本区别。

2. 科目汇总表账务处理程序和汇总记账凭证账务处理程序的主要相同点是（   ）。
   - A. 登记总账的依据相同
   - B. 汇总凭证的格式相同
   - C. 记账凭证都需汇总并且记账步骤相同
   - D. 记账凭证的汇总方向相同

【答案】D

【解析】两者的相同点就是记账凭证的汇总方向相同。

3. （   ）账务处理程序的特点是记账凭证登记总分类账。
   - A. 科目汇总表
   - B. 汇总记账凭证
   - C. 记账凭证
   - D. 日记账

【答案】C

【解析】记账凭证账务处理的特点是直接根据记账凭证逐笔登记总分类账，总分类账可以比较详细地反映经济业务的发生情况。

（二）多项选择题

1. 记账凭证账务处理程序、汇总记账凭证账务处理程序和科目汇总表账务处理程序应共同遵循的程序有（   ）。
   - A. 根据原始凭证、汇总原始凭证和记账凭证登记各种明细分类账
   - B. 根据记账凭证逐笔登记总分类账
   - C. 期末，现金日记账、银行存款日记账和明细分类账的余额与有关总分类账的余额核对相符
   - D. 根据总分类账和明细分类账的记录，编制会计报表

【答案】ACD

2. 账务处理程序也叫会计核算程序，它是指（   ）相结合的方式。
   - A. 会计凭证
   - B. 会计账簿
   - C. 会计科目
   - D. 会计报表

【答案】ABD

3. 下列项目中，属于科学、合理地选择适用于本单位的账务处理程序的意义是（   ）。
   - A. 有利于会计工作程序的规范化
   - B. 有利于提高会计信息的质量
   - C. 有利于增强会计信息的可靠性
   - D. 有利于保证会计信息的及时性

【答案】ABCD

4. 常用的账务处理程序主要有（   ）。
   - A. 记账凭证账务处理程序
   - B. 汇总记账凭证账务处理程序
   - C. 科目汇总表账务处理程序
   - D. 日记总账账务处理程序

【答案】ABC

5. 适用于生产经营规模较大、业务较多企业的账务处理程序是（　　　）。

    A. 多栏式日记账账务处理程序　　　　　B. 记账凭证账务处理程序

    C. 汇总记账凭证账务处理程序　　　　　D. 科目汇总表账务处理程序

【答案】CD

6. 以下属于记账凭证会计核算程序优点的是（　　　）。

    A. 简单明了、易于理解

    B. 总分类账可较详细地记录经济业务发生情况

    C. 便于进行会计科目的试算平衡

    D. 减轻了登记总分类账的工作量

【答案】AB

7. 下列属于汇总记账凭证会计核算程序特点的是（　　　）。

    A. 根据原始凭证编制汇总原始凭证　　　B. 根据记账凭证定期编制汇总记账凭证

    C. 根据记账凭证定期编制科目汇总表　　D. 根据汇总记账凭证登记总账

【答案】BD

8. 为便于填制汇总转账凭证，平时填制转账凭证时，应尽可能使账户的对应关系保持（　　　）。

    A. 一借一贷　　　　B. 一贷多借　　　　C. 一借多贷　　　　D. 多借多贷

【答案】AB

9. 以下属于汇总记账凭证会计核算程序优点的是（　　　）。

    A. 能保持账户间的对应关系　　　　　　B. 便于会计核算的日常分工

    C. 能减少登记总账的工作量　　　　　　D. 能起到入账前的试算平衡作用

【答案】AC

10. 关于汇总记账凭证的编制，下列表述中正确的是（　　　）。

    A. 汇总收款凭证，应分别按现金、银行存款账户的借方设置，并按其对应的贷方账户归类汇总

    B. 汇总付款凭证，应分别按现金、银行存款账户的贷方设置，并按其对应的借方账户归类汇总

    C. 汇总收款凭证，应分别按现金、银行存款账户的贷方设置，并按其对应的借方账户归类汇总

    D. 汇总付款凭证，应分别按现金、银行存款账户的借方设置，并按其对应的贷方账户归类汇总

【答案】AB

（三）判断题

1. 各种账务处理程序的主要区别在于登记总账的依据不同。　　　　　　　　　（　　　）

【答案】√

2. 汇总记账凭证账务处理程序适合规模小、业务量少的单位。　　　　　　　　（　　　）

【答案】×

3. 科目汇总表账务处理程序能科学地反映账户的对应关系，且便于账目核对。（　　　）

【答案】×

4. 汇总转账凭证按现金、银行存款账户的借方设置，并按其对应的贷方账户归类汇总。 （　　）

【答案】 ×

5. 汇总记账凭证账务处理程序既能保持账户的对应关系，又能减轻登记总分类账的工作量。 （　　）

【答案】 √

6. 汇总记账凭证账务处理程序既能保持账户的对应关系，又能减轻登记总分类账和明细分类账的工作量。 （　　）

【答案】 ×

7. 各个企业的业务性质、组织规模、管理上的要求不同，企业应根据自身的特点，制定出恰当的会计账务处理程序。 （　　）

【答案】 √

8. 不同的凭证、账簿组织以及与之相适应的记账程序和方法相结合，构成不同的账务处理程序。 （　　）

【答案】 √

9. 记账凭证账务处理程序的主要特点就是直接根据各种记账凭证登记总账。 （　　）

【答案】 √

10. 科目汇总表账务处理程序的主要特点是根据记账凭证编制科目汇总表，并根据科目汇总表填制报表。 （　　）

【答案】 ×

（四）简答题

1. 简述账务处理程序的意义。

2. 简述记账凭证账务处理程序的适用范围和优缺点。

答 1：科学、合理地选择适用于本单位的账务处理程序，对于保证会计核算的质量，提高会计核算工作效率，充分发挥会计在管理中的作用，完成会计工作任务，具有十分重要的意义。

（1）有利于会计工作程序的规范化，确定合理的凭证、账簿与报表之间的联系方式，保证会计信息加工过程的严密性，提高会计信息的质量。

（2）有利于保证会计记录的完整性、正确性，通过凭证、账簿及报表之间的牵制作用，增强会计信息的可靠性。

（3）有利于减少不必要的会计核算环节，通过井然有序的账务处理程序，提高会计工作效率，保证会计信息的及时性。

答 2：记账凭证账务处理程序的优点是：

（1）账务处理程序简单明了，易于理解；

（2）总分类账可以较详细地反映经济业务的发生情况，便于查账、对账。

记账凭证账务处理程序的缺点是：由于直接根据记账凭证逐笔登记总账，总分类账的登记工作量太大。记账凭证账务处理程序一般只适用于规模较小、业务量较少的单位。在使用时，应尽量将原始凭证进行汇总，编制成汇总原始凭证，再根据汇总原始凭证编制记账凭证。

【相关知识】

各种会计账务处理程序的区别

区别＼项目	记账凭证账务处理程序	汇总记账凭证账务处理程序	科目汇总表账务处理程序
1. 优点	简单明了，总分类账可以较详细地反映经济业务的发生情况	减轻了登记总分类账的工作量，便于了解账户之间的对应关系	可以简化总分类账的登记工作，并可做到试算平衡
2. 缺点	登记总分类账的工作量较大	不利于日常分工，当转账凭证较多时，编制汇总转账凭证的工作量较大	不能反映账户对应关系，不便于查对账目
3. 适用范围	规模较小、经济业务量较少的单位	规模较大、经济业务较多的单位	经济业务较多的单位
4. 登总账的依据	据记账凭证逐笔登	据汇总记账凭证登	据科目汇总表登

第十章

财产清查

第一节 财产清查的意义、种类和一般程序

一、财产清查的相关概念

(一) 财产清查的概念

财产清查是通过盘点实物，查核应收、应付款项，并与账面核对，借以查明各种财产物资实有数的一种专门方法。即查明货币资金、存货、固定资产、债权、债务、有价证券的账存数与实存数是否相符。在会计核算中应用财产清查的方法，主要是为了使凭证资料能够如实地反映财产物资的结存数，做到账实相符。而且，准确反映财产物资和债权债务的真实情况是会计核算工作的基本原则，也是经济管理对会计核算的客观要求。在日常会计核算中虽然应用凭证、账簿对财产的增减变动进行连续、系统、完整的反映和登记，并定期对账证、账账进行核对，一定程度上保证了账簿记录本身的正确性。但还不能说明账面余额与财产物资的实存数额相符。导致账实不符的原因，主要有以下几方面：

1. 收发财产物资时，由于计量和检验不够准确而发生的品种、数量、质量上的差错；
2. 登记财产的物资时，发生漏记、重记或计算错误等；
3. 财产物资保管过程中的自然损耗或升溢等；
4. 管理不善或工作人员的失误而造成财产物资的损坏、变质或缺少；
5. 发生自然灾害和意外损失；
6. 营私舞弊、贪污盗窃而发生的短缺和损失。

为了查明上述这些自然的或人为的账实不符的现象，确保会计账簿记录的真实、正确，就需要企业在编制会计报表以前，对企业的各项财产物资进行清查，以做到账实相符。

(二) 财产清查的意义

1. 通过财产清查，可以查明各项财产物资的实有数量，确定实有数量与账面数量之间

的差异，查明原因和责任，以便采取有效措施，消除差异，改进工作，从而保证账实相符，提高会计资料的准确性。

2. 通过财产清查，可以查明各项财产物资的保管情况是否良好，有无因管理不善，造成霉烂、变质、损失浪费，或者被非法挪用、贪污盗窃的情况，以便采取有效措施，改善管理，切实保障各项财产物资的安全完整。

3. 通过财产清查，可以查明各项财产物资的库存和使用情况，合理安排生产经营活动，充分利用各项财产物资，加速资金周转，提高资金使用效果。

二、财产清查的一般程序

财产清查的一般程序为：（1）建立财产清查组织；（2）组织清查人员学习有关政策规定，掌握有关法律、法规和相关业务知识，以提高财产清查工作的质量；（3）确定清查对象、范围，明确清查任务；（4）制订清查方案，具体安排清查内容、时间、步骤、方法，以及必要的清查前准备；（5）清查时本着先清查数量、核对有关账簿记录等，后认定质量的原则进行；（6）填制盘存清单；（7）根据盘存清单，填制实物、往来账项清查结果报告表。

第二节　财产清查的方法

一、财产清查前的准备工作

财产清查是一项复杂、细致、具有较强技术性的工作，而且涉及面广，工作量也比较大。因此必须认真组织。各单位要做好清查前的准备工作，并选用适当的程序与方法。主要做好以下两项工作：

1. 组织准备。应在主要负责人领导下，组织财产清查小组，制订财产清查计划，安排清查工作的进度和人员分工等。

2. 业务准备。会计部门应把截止清查日止的所有业务全部登记入账，结出余额，并做到账证、账账相符；准备好有关的清查登记表册；实物保管部门对各种财产物资，应整理清楚，排列整齐，分类设卡，注明品种、规格和结存数量。

二、财产清查的具体方法

1. 现金的清查。现金的清查是通过实地盘点法进行，以确定库存现金的实际数与现金日记账的账面结存数是否相符。清查前，出纳人员应将已收讫、付讫的现金凭证全部登记入账，并结出余额。清查盘点时，出纳员必须在场，由财产清查人员与出纳人员共同对库存现金的实有数进行清点。出纳人员不得以任何借口以借条、收据等非现金物品抵充现金，以防止可能发生的弊端。同时还应注意检查库存现金限额的遵守情况等。清查盘点后应根据盘点结果，编制"库存现金盘点表"，并由盘点人和出纳人员签章。"库存现金盘点报告表"的格式如表 10 – 1 所示。

库存现金盘点报告表具有双重性质：既是盘存单，又是实存账存对比表。

表 10 - 1 　　　　　　　　　　　　　　　（单位名称）　　　　　　　　　　编号：

库存现金盘点报告表
年 月 日　　　　　　　　　　　　　存放地点：

实存金额	账存金额	对比结果		备　注
		盘　盈	盘　亏	

　　　　　　　　　　盘点人：　　　　　　　出纳员签章：

2. 银行存款的清查。银行存款的清查主要是将开户银行转来的对账单与本单位的银行存款日记账逐笔进行核对，以查明账实是否相符。如果在核对中发现记账错误，发生错误的一方应立即更正。即使银行与企业双方账都没有错误，也可能会出现本单位的银行存款日记账余额与银行对账单的余额不一致的情况。这是因为双方之间存在未达账项所致。所谓未达账项，是指单位与银行之间一方已取得有关凭证登记入账，另一方由于未取得有关凭证尚未入账的款项。

企业与银行之间的未达账项，表现为以下四种情况：

第一，企业已收款入账，银行尚未收款入账。如企业将收到的支票送存银行，并已根据有关凭证入账，银行因尚未接到凭证而未入账。

第二，企业已付款入账，银行尚未付款入账。如企业开出支票购货，并已根据有关凭证入账，银行因尚未接到支票而未入账。

第三，银行已收款入账，企业尚未收款入账。如委托银行收取货款，银行收取了款项，并已登记入账，企业因尚未收到银行通知而未入账。

第四，银行已付款入账，企业尚未付款入账。如委托银行付款，银行支付了款项，并已登记入账，企业未收到银行通知尚未入账。

上述任何一种情况发生，都有会使双方的账面存款余额不相一致。为了消除未达账项的影响，应根据核对后发现的未达账项，编制"银行存款余额调节表"，据以调节双方账面余额。对于这项调节工作，一般是在企业与银行双方账面余额的基础上，各自加上对方已收、本单位未收的款项，减去对方已付、本单位未付的款项，然后验证经过调节后的存款是否相符。如果没有记账错误，调节后的双方余额应相符。"银行存款余额调节表"的一般格式如表 10 - 2 所示。

表 10 - 2 　　　　　　　　　　　　　　银行存款余额调节表

项　目	金　额	项　目	金　额
企业银行存款日记账余额		银行对账单余额	
加：银行已收、企业未收款		加：企业已收、银行未收款	
减：银行已付、企业未付款		减：企业已付、银行未付款	
调节后的存款余额		调节后的存款余额	

现举例说明"银行存款余额调节表"的具体编制方法。

【例 10-1】 某企业 2013 年 11 月 30 日，银行存款日记账的余额为 37 000 元，银行对账单的余额为 32 000 元，核对银行对账单所列各项收支活动并与企业银行存款日记账比较，发现有下列事项：

（1）11 月 29 日，企业开出转账支票一张 6 000 元，支付某单位货款。企业已经根据支票存根，发票及收料单等凭证登记银行存款减少，银行尚未接到支付款项的凭证，尚未登记减少。

（2）11 月 30 日，银行代企业支付水电费 28 000 元，银行已经登记减少，企业尚未接到付款结算凭证，未登记减少。

（3）11 月 30 日，企业存入一张银行汇票 25 000 元，已经登记银行存款增加，银行尚未登记增加。

（4）11 月 30 日，银行收到购货单位汇来的货款 42 000 元，银行已经登记增加，企业未接到收款凭证，尚未登记增加。

根据上述未达账项，编制银行存款余额调节表，如表 10-3 所示。

表 10-3   **银行存款余额调节表**

项　　目	金　　额	项　　目	金　　额
企业银行存款日记账余额	37 000	银行对账单余额	32 000
加：银行已收、企业未收	42 000	加：企业已收、银行未收款	25 000
减：银行已付、企业未付款	28 000	减：企业已付、银行未付款	6 000
调节后的存款余额	51 000	调节后的存款余额	51 000

需注意的是，银行存款余额调节表只是为核对账目，并不能作为调整银行存款账面余额的原始凭证。

【思考与讨论】

某企业经对未达账项调节后余额的数据和企业在银行的实有存款的数据是相同的吗？

3. 存货的清查。存货的清查主要是对原材料、委托加工材料、在产品、产成品等的清查。存货的清查一般采用实地盘点法。存货清查的程序和方法如下：

（1）进行实地盘点。实地盘点就是到现场，通过点数、过秤等方法来确定存货的实存数量。对体积大或大堆存放的存货，也可以采用技术推算法来确定其实存数量。在盘点过程中，为了明确经济责任，存货保管员必须在场，并参加盘点工作。

（2）登记盘存单。存货盘点后，应将盘点的结果如实地登记在"盘存单"上，由盘点人员和存货保管员签字或盖章。"盘存单"是记录各项存货实存数量盘点的书面证明，也是财产清查工作的原始凭证之一。盘存单中所列的实物编号、名称、规格、计量单位和单价等必须与账面记录保持一致，以便进行相互核对。"盘存单"的一般格式如表 10-4 所示。

表 10 - 4　　　　　　　　　　**盘 存 单**

单位名称：　　　　　　　　　　　　　　　　　　　　　存放地点：

财产类别：　　　　　　　　　　　　　　　　　　　　　　　编号：

编　号	名　称	计量单位	数　量	单　价	金　额	备　注

盘点人签字或盖章：　　　　　　　　实物保管人签字或盖章：

（3）编制实存账存对比表。为了进一步查明实存数与账存数是否一致，在盘点出各种实物的实存数以后，会计人员应根据盘存单和账簿记录编制"实存账存对比表"，以分析实存数和账面数之间的差异，明确经济责任。此表是调整账簿记录的原始凭证。其一般格式如表 10 - 5 所示：

表 10 - 5　　　　　　　　　　　　　**实存账存对比表**

单位名称：　　　　　　　　　　　年　　月　　日　　　　　　　　类别：

编号	名称及规格	计量单位	单价	实存		账存		对比结果				备注
				数量	金额	数量	金额	盘盈		盘亏		
								数量	金额	数量	金额	

复核人：　　　　　　　　　　编制人：

表内的"实存"栏的数量和金额，应根据盘存单记录填列："账存"栏的数量和金额，应根据各种存货明细账的余额填列。账存数小于实存数，填列中"盘盈"栏内，反之，账存数大于实存数，填列在"盘亏"栏内。其盘盈、盘亏的原因则在"备注"栏内注明。

4. 固定资产的清查。固定资产的清查同存货的清查一样，一般采用实地盘点法。进行固定资产盘点时，其保管人员必须在场。对各项固定资产盘点的结果，应逐一如实地登记在"盘存单"（见表 10 - 4）上，并由参加者盘点的有关人员和保管人员同时签章生效。盘点完毕，将"盘存单"中所记录的实存数和账存数余额进行对比，发现某些固定资产账实不符时，填列"实存账存对比表"（见表 10 - 5），确定财产盘亏盘盈的数额。

5. 债权债务的清查。债权债务的清查也称为应收、应付款的清查主要是采用"询证核对法"进行清查，即采取和对方单位核对账目的方法。应首先自查，确认本单位的账簿记录准确无误后，再编制"往来款项对账单（询证函）"，送往对方单位进行核对。该"询证函"一式两联，其中一联作为回单联，对方单位核对相符后，在回单联上加盖公章退回，表示已核对。如发现数额不符，则在回单上注明不符情况，或另抄对账单退回，以便进一步核对。如有未达账项，需要双方进行调节（调节方法与银行存款余额调节表方法相同）。现举例说明"往来款项对账单"的格式如表10－6所示。

表10－6　　　　　　　　　　　　往来款项对账单（询证函）

_____单位：

　　你单位2012年8月20日到我厂购入甲产品200件，已付货款2 000元，尚有1 000元货款未付，请核对后将回单联寄回。

××单位（盖章）：

2012 年 12 月 23 日

　　沿此虚线裁开，将以下回单联寄回！

- -

_____单位：

　　你单位寄来的"往来款项对账单"已收到，经核对相符，无误。

××单位（盖章）：

2012 年 12 月 30 日

　　应收、应付款项清查后，应将清查的结果编制"往来款项清查表"的一般格式如表10－7所示。

表10－7　　　　　　　　　　　　往来款项清查表

总分类账户		明细分类账户		清查结果		核对不符及原因						备注
名称	金额	名称	金额	核对相符金额	核对不符金额	核对不符单位	未达账项金额	争执款项金额	无法收回金额	其他		

记账人员签章：　　　　　　　　　清查人员签章：

第三节　财产清查结果的处理

一、财产清查结果的处理要求

1. 分析账实不符的原因和性质，提出处理建议；
2. 积极处理多余积压财产，清理往来款项；
3. 总结经验教训，建立健全各项管理制度；
4. 及时调整账簿记录，保证账实相符。

二、账户的设置

　　为了正确反映财产物资的盘盈、盘亏、毁损及处理情况，企业应设置"待处理财产损溢"账户，该账户借方发生额反映待处理的各项财产物资的盘亏及毁损数，及已批准处理的盘盈财产物资的结转数；贷方发生额反映待处理的各项财产物资的盘盈数，及已批准处理的盘亏及毁损财产物资的结转数；其借方余额反映尚待批准处理的各项财产物资的净损失数；其贷方余额反映尚待批准处理的各项财产物资的净溢余数。企业清查的各种财产的损益，应于期末处理后，"待处理财产损溢"账户应无余额。该账户下设"待处理固定资产损溢"和"待处理流动资产损溢"两个明细账户，分别核算固定资产和流动资产的盘盈、盘亏及毁损及其处理情况。

财产盘盈盘亏的账务处理，通常分为审批前的账务处理和审批后的账务处理，下面分类别给予说明。

三、流动资产清查结果的账务处理

1. 现金清查结果的账务处理。现金清查中发现现金短缺或盈余时，应及时根据"现金盘点报告单"进行账务处理，应通过"待处理财产损溢——待处理流动资产损溢"账户核算。

属于现金盘亏时，应按实际盘亏数，借记"待处理财产损溢——待处理流动资产损溢"账户，贷记"库存现金"账户。

【例10-2】甲企业某月份以现金清查中，发现短款100元。

借：待处理财产损溢——待处理流动资产损溢 100
  贷：库存现金 100

属于现金盘盈时，应按实际溢余的金额，借记"库存现金"账户，贷记"待处理财产损溢——待处理流动资产损溢"账户。

【例10-3】A公司某月份在现金清查中，发现长款150元。

借：库存现金 150
  贷：待处理财产损溢——待处理流动资产损溢 150

待查明原因时，属于应由责任人赔偿的部分，借记"其他应收款——应收现金短款（××个人）"或"现金"等账户，贷记"待处理财产损溢——待处理流动资产损溢"账户。

【例10-4】承【例10-3】，假定甲企业的短款是由出纳员李明过失造成的，理应赔偿。

借：其他应收款——应收现金短款 150
  贷：待处理财产损溢——待处理流动资产损溢 150

属于保险公司赔偿的部分，借记"其他应收款——应收保险赔款"账户，贷记"待处理财产损溢——待处理流动资产损溢"账户。

【例10-5】AB公司被不可抗拒力因素造成现金丢失5 000元，由保险公司全额赔款5 000元。

借：其他应收款——应收保险赔款 5 000
  贷：待处理财产损溢——待处理流动资产损溢 5 000

属于无法查明其他原因，根据管理权限，经批准后处理，借记"管理费用——现金短缺"账户，贷记"待处理财产损溢——待处理流动资产损溢"账户。

【例10-6】承【例10-5】，假定甲企业的现金短款与出纳员李明无关，经批准后，转作管理费用处理。

借：管理费用 150
  贷：待处理财产损溢——待处理流动资产损溢 150

属于现金溢余，应支付给有关人员或单位的，应借记"待处理财产损溢——待处理流动资产损溢"账户，贷记"其他应付款——应付现金溢余（××个人或单位）"账户。

【例10-7】承【例10-6】，假定 A 公司的现金长款是出差人员张强多给了150元，理应归还给他。

借：待处理财产损溢——待处理流动资产损溢 150
　　贷：其他应付款——应付现金溢余 150

属于无法查明原因的现金溢余，经批准后，借记"待处理财产损溢——待处理流动资产损溢"账户，贷记"营业外收入——现金溢余"账户。

【例10-8】承【例10-7】，假定 A 公司的现金长款无法查明原因，经批准后，转作营业外收入。

借：待处理财产损溢——待处理流动资产损溢 150
　　贷：营业外收入 150

2. 存货清查结果的处理。存货清查结果是将查明的盘盈、盘亏数记入"待处理财产损溢——待处理流动资产损溢"账户进行会计处理，其账务处理程序如下：

属于盘盈时，应按实际溢余的数，借记原材料、产成品、包装物等存货类账户，贷记"待处理财产损溢——待处理流动资产损溢"账户。

【例10-9】A 企业在财产清查中发现材料盘盈5 000元。

借：原材料 5 000
　　贷：待处理财产损溢——待处理流动资产损溢 5 000

属于盘亏时，应按实际盘亏数，借记"待处理财产损溢——待处理流动资产损溢"账户，贷记原材料、产成品、包装物等存货类账户。

【例10-10】ABC 企业在财产清查中发现材料盘亏4 500元。

借：待处理财产损溢——待处理流动资产损溢 4 500
　　贷：原材料 4 500

待查明原因时，属于应由责任人赔偿的部分，借记"其他应收款——××个人或现金"、"应付工资"等账户，贷记"待处理财产损溢——待处理流动资产损溢"账户。

【例10-11】承【例10-10】，假定 ABC 企业发现有一部分材料盘亏500元是由仓管员过失造成的，从其工资扣除。

借：应付职工薪酬 500
　　贷：待处理财产损溢——待处理流动资产损溢 500

属于保险公司赔偿部分时，借记"其他应收款——应收保险赔偿"等账户，贷记"待处理财产损溢——待处理流动资产损溢"账户。

【例10-12】三明公司由于洪水灾难的发生，造成材料损失540 000元，保险公司依据保险合同，赔偿该公司全部损失。

借：其他应收款——应收保险赔偿 540 000
　　贷：待处理财产损溢——待处理流动资产损溢 540 000

属于非正常损失部分时，借记"营业外支出——非正常损失"账户，贷记"待处理财产损溢——待处理流动资产损溢"账户。

【例10-13】承【例10-12】，假定 ABC 企业材料盘亏有1 200元为非常损失。

借：营业外支出——非常损失 1 200
　　贷：待处理财产损溢——待处理流动资产损溢 1 200

属于其他经营性质损失部分的，借记"管理费用——××盘亏"账户，贷记"待处理财产损溢——待处理流动资产损溢"账户。

【例10-14】承【例10-13】，假定ABC企业材料盘亏剩余数2 800元，属于正常经营损失。

借：管理费用——××盘亏　　　　　　　　　　　　　　　2 800
　　贷：待处理财产损溢——待处理流动资产损溢　　　　　　　　　2 800

属于盘盈时，根据实际溢余的数，经批准后，借记"待处理财产损溢——待处理流动资产损溢"账户，贷记"管理费用"账户。

【例10-15】承【例10-14】，假定A企业盘盈材料5 000元，经批准后，冲减管理费用。

借：待处理财产损溢——待处理流动资产损溢　　　　　　　　5 000
　　贷：管理费用　　　　　　　　　　　　　　　　　　　　　　　5 000

四、固定资产清查结果的处理

在固定资产清查过程中，如果发现盘盈、盘亏现象，应查明原因通过"待处理财产损溢——待处理固定资产损溢"账户来进行会计核算过程：

属于盘盈的固定资产时，应按盘盈固定资产的重置价值，借记"固定资产"账户，按估计已提折旧额贷记"累计折旧"账户，按重置完全价值与累计折旧的差额贷记"待处理财产损溢——待处理固定资产损溢"账户。

【例10-16】某企业在财产清查中发现账外机器一台，重置完全价值为7 000元，估计折旧为3 000元。

借：固定资产　　　　　　　　　　　　　　　　　　　　　7 000
　　贷：待处理财产损溢——待处理固定资产损溢　　　　　　　　4 000
　　　　累计折旧　　　　　　　　　　　　　　　　　　　　　3 000

属于盘亏的固定资产，应按盘亏固定资产的净值，借记"待处理财产损溢——待处理固定资产损溢"账户，按已提取的折旧额，借记"累计折旧"账户，按原值贷记"固定资产"账户。

【例10-17】某企业在财产清查中发现盘亏仪器一台，账面原值为3 000元，已提折旧2 000元。

借：待处理财产损溢——待处理固定资产损溢　　　　　　　1 000
　　累计折旧　　　　　　　　　　　　　　　　　　　　　2 000
　　贷：固定资产　　　　　　　　　　　　　　　　　　　　　3 000

待查明原因时，属于应由责任人赔偿的部分，借记"其他应收款——××个人或现金"、"应付工资"等账户，贷记"待处理财产损溢——待处理固定资产损溢"账户。

【例10-18】承【例10-17】，该企业发现盘亏仪器应由质量员陈小有一定的责任，理应赔偿200元。

借：库存现金　　　　　　　　　　　　　　　　　　　　　200
　　贷：待处理财产损溢——待处理固定资产损溢　　　　　　　　　200

属于保险公司赔偿部分时，借记"其他应收款——应收保险赔偿"等账户，贷记"待处理财产损溢——待处理固定资产损溢"账户。

【例 10－19】M 公司一台机器由于自然灾害原因，损失 50 000 元，根据保险合同，损失部分由保险公司赔偿。

借：其他应收款——应收保险赔偿　　　　　　　　　　　　　　　 50 000
　　贷：待处理财产损溢——待处理固定资产损溢　　　　　　　　　　 50 000

属于其他经营性质损失部分的，借记"营业外支出"账户，贷记"待处理财产损溢——待处理固定资产损溢"账户。

【例 10－20】承【例 10－19】，该企业剩余盘亏仪器是属于正常经营损失。

借：营业外支出　　　　　　　　　　　　　　　　　　　　　　　　 800
　　贷：待处理财产损溢——待处理固定资产损溢　　　　　　　　　　　 800

属于盘盈的固定资产时，根据实际溢余的数，经批准后，借记"待处理财产损溢——待处理固定资产损溢"账户，贷记"营业外收入"账户。

【例 10－21】承【例 10－20】，盘盈固定资产，在报经批准后，转作营业外收入。

借：待处理财产损溢——待处理固定资产损溢　　　　　　　　　　 4 000
　　贷：营业外收入　　　　　　　　　　　　　　　　　　　　　　 4 000

【思考与讨论】

珠江公司的副经理王某，将企业正在使用的一台设备借给其朋友使用，未办理任何手续。清查人员在年底盘点发现盘亏了一台设备，原值为 200 000 元，已提折旧 50 000 元，净值为 150 000 元。经查，属王某所为。于是，派人向借方追索。但借方声称，该设备已被人偷走。当问及王副经理对此处理意见时，王某建议按正常报废处理。

请问：1. 盘亏的设备按正常报废处理是否符合会计制度要求？2. 企业应怎样正确处理盘亏的固定资产？

五、应收、应付款清查结果处理

企业无法收回的应收款和无法支付的应付款，在报经批准后，应按规定的方法进行会计处理，不通过"待处理财产损溢"账户来核算。其账务处理过程如下：

企业无法支付款项时，借记"应付账款——××公司"账户，贷记"资本公积——其他资本公积"账户。

【例 10－22】某企业应付某单位账款 4 000 元，由于对方撤销其机构，已确认无法支付，应转作资本公积处理。

借：应付账款——××单位　　　　　　　　　　　　　　　　　 4 000
　　贷：资本公积——其他资本公积　　　　　　　　　　　　　　　 4 000

企业无法收回款项时，应根据企业的实际情况进行相应的会计处理，其详细内容请详见坏账准备处理业务。

自己动手

广州市永强离合器有限公司 2010 年 7 月 31 日进行财产清查，结果如下：

（1）原材料 A 盘点盈余 1.5 吨，每吨账面价值 1 560 元；

（2）原材料 B 盘点短缺 860 千克，每千克单位成本 5.83 元；

（3）各类配件共短缺 1 655 件，生产成本总计 8 600 元。

经分析，原材料 A 盈余是由于平时出入库计量不准确所造成的；原材料 B 对存货要求比较严格，容易自然受损，其短缺纯属自然损耗；各类配件的短缺是仓库管理人员监守自盗所致。

要求：对上述财产清查情况进行相应的会计处理。

【本章小结】

1. 财产清查是通过盘点实物，查核应收、应付款项，并与账面核对，借以查明各种财产物资实有数的一种专门方法。即查明货币资金、存货、固定资产、债权、债务、有价证券的账存数与实存数是否相符。

2. 企业与银行之间的未达账项，表现为以下四种情况：

第一，企业已收款入账，银行尚未收款入账。如企业将收到的支票送存银行，并已根据有关凭证入账，银行因尚未接到凭证而未入账。

第二，企业已付款入账，银行尚未付款入账。如企业开出支票购货，并已根据有关凭证入账，银行因尚未接到支票而未入账。

第三，银行已收款入账，企业尚未收款入账。如委托银行收取货款，银行收取了款项，并已登记入账，企业因尚未收到银行通知而未入账。

第四，银行已付款入账，企业尚未付款入账。如委托银行付款，银行支付了款项，并已登记入账，企业未收到银行通知尚未入账。

3. 企业清查的各种财产的损溢，应于期末处理后，"待处理财产损溢"账户应无余额。该账户下设"待处理固定资产损溢"和"待处理流动资产损溢"两个明细账户，分别核算固定资产和流动资产的盘盈、盘亏及毁损及其处理情况。

思考与练习

一、复习思考题

1. 什么是财产清查？为什么要进行财产清查？

2. 财产清查一般应按怎样的步骤来进行？

3. 财产清查后发现盘盈、盘亏，应怎样处理？

4. 存货的盘存制度包括哪两种？各自的含义和优缺点是什么？

5. 什么叫未达账项？未达账项产生的原因是什么？

二、单项选择题

1. 在记账无误情况下，造成银行对账单和存款日记账不一致的原因是（　　）。

    A. 应付账款　　　　　B. 应收账款　　　　　C. 外埠存款　　　　　D. 未达账项

2. 实存账存对比表是调整账面记录的（　　）。

    A. 记账凭证　　　　　B. 转账凭证　　　　　C. 累计凭证　　　　　D. 原始凭证

3. 下列内容清查应采用询证核对法的是（　　）。

    A. 材料　　　　　　　B. 应付账款　　　　　C. 实收资本　　　　　D. 短期投资

4. "待处理财产损溢"账户借方余额表示（　　）。

    A. 尚待处理的盘盈数　　　　　　　　B. 已处理的盘盈数

C. 已处理的盘亏和毁损数   D. 尚待处理的盘亏和毁损数

5. 对于盘盈的固定资产净值经批准后应贷记（　　　）。

    A. 营业外支出   B. 营业外收入

    C. 管理费用   D. 待处理财产损溢

6. 企业进行材料清查盘点中盘盈的材料，在报经批准后，应该（　　　）。

    A. 冲减当期管理费用   B. 作其他业务收入处理

    C. 作营业外收入处理   D. 冲减其他业务成本

7. 库存材料发生非常损失，批准转账后，应记入（　　　）账户。

    A. 管理费用   B. 营业外支出   C. 本年利润   D. 其他业务成本

三、多项选择题

1. 按清查时间不同，可将财产清查分为（　　　）。

    A. 全面清查   B. 定期清查   C. 局部清查   D. 不定期清查

2. 采用实地盘点进行清查的是（　　　）。

    A. 固定资产   B. 现金   C. 银行存款   D. 产成品

3. 全面清查的时间一般是（　　　）。

    A. 年度终了   B. 月度终了

    C. 清产核资   D. 更换企业主要负责人时

4. 定期清查的时间一般是（　　　）。

    A. 单位合并   B. 年末   C. 季末   D. 月末

5. 进行财产清查的作用是（　　　）。

    A. 便于宏观管理

    B. 提高会计资料的质量，保证其真实可靠

    C. 保证各项财产物资的安全完整

    D. 有利于改善企业经营管理，挖掘财产物资潜力

6. 全面清查的对象包括（　　　）。

    A. 货币资金   B. 各种实物资产

    C. 往来款项   D. 委托加工、保管物资

7. 编制"银行存款余额调节表"时，计算调节后余额应用企业银行存款日记账余额（　　　）。

    A. 加银行未入账的收入款项   B. 加企业未入账的收入款项

    C. 减企业未入账的支出款项   D. 加企业未入账的支出款项

8. 对于盘亏的财产物资，经批准后进行账务处理，可能涉及的借方账户有（　　　）。

    A. 管理费用   B. 营业外支出   C. 其他应收款   D. 营业外收入

四、业务题

练习一

1. 目的：练习银行存款余额调节表的编制。

2. 资料：群力厂20××年10月最后三天银行存款日记账与银行对账单的记录如下（假定以前的记录是相符的）：

（1）群力厂银行存款日记账的记录：

日　期	摘　要	金　额
10 月 29 日	开出转账支票 2 416 预付下半年报刊订阅费	102.00
10 月 29 日	收到委托银行代收山东泰利厂货款	15 000.00
10 月 30 日	开出转账支票 2 417 支付车间机器修理费	198.00
10 月 31 日	存入因销售产品收到的转账支票一张	7 300.00
10 月 31 日	开出转账支票 2 418 支付钢材货款	14 000.00
月末余额		89 900.00

（2）银行对账单的记录：

日　期	摘　要	金　额
10 月 29 日	代收山东泰利厂货款	15 000.00
10 月 30 日	代付电费	3 700.00
10 月 30 日	代收安徽东皖厂货款	4 500.00
10 月 31 日	支付 2 416 转账支票	120.00
10 月 31 日	支付 2 417 转账支票	89.00
月末余额		85 791.00

（3）经核对查明，群力厂账面记录有两笔错误：

10 月 29 日，开出转账支票 2 416 支付报刊订阅费确系 120 元，错记为 102 元；

10 月 30 日，开出转账支票 2 147 支付车间机器修理费应为 89 元，错记为 98 元；

上述两笔错误均系记账凭证编制错误。

3. 要求：

（1）编制更正会计分录，更正以上两笔错账后，计算银行存款日记账的更正后余额；

（2）查明未达账项后，编制银行存款余额调节表。

练习二

1. 目的：练习财产清查结果的会计处理。

2. 资料：南方厂 20××年 12 月末进行财产清查发现如下经济事项：

（1）清查中发现账外机器一台，估计重置价值为 90 000 元，新旧程度为七成新；

（2）材料清查结果如下：

材料盘点盈亏报告表

20××年 12 月 25 日

材料名称	计量单位	单价（元）	实际盘存		账面结存		盘盈		盘亏		备注
			数量	金额	数量	金额	数量	金额	数量	金额	
甲	千克	0.60	1 000	600.00	1 100	660.00			100	60.00	定额自然损耗
乙	吨	40.00	3	120	2	80	1	40.00			计量不准溢余
丙	只	6.00	245	1 470.00	250	1 500.00			5	30.00	管理不丢失
合计								40.00		90.00	

此外，发现丁材料实存比账存多30千克，每千克10元，经查明系代群厂加工后剩余材料，代群厂未及时提回。

（3）20××年12月30日，上述各项盘盈、盘亏，报请有关领导审核批准后作如下处理：

对账外机器相应作为营业外收入；材料收发计量上的差错（不论盘盈、盘亏）和定额内自然损耗，均在"管理费用"账户内列支或冲减；管理人员失职造成材料短缺的损失，责成过失人王海赔偿。

3. 要求：

（1）根据上述清查结果，编制审批前的会计分录；

（2）根据批准处理的意见，编制审批后的会计分录；

（3）登记"待处理财产损溢"账户。

五、案例分析

备考指南

一、复习要点

考点1：掌握财产清查的分类（★基本判断）；

考点2：银行存款余额调节表；

考点3：其他要点：

（1）在财产盘点报告表中，清查人员、经管人员均需签名盖章，以明确经济责任。

（2）对于财产清查所编制的表格中能作为原始凭证调账的有：××报告表（如库存现金盘点报告表），账存实存对比表，盈亏明细表等；

不能作为原始凭证调账的有：盘存单，银行存款余额调节表。

考点4：理解"待处理财产损溢"科目借贷方核算内容；

考点5：掌握库存现金、固定资产、存货盘亏、盘盈的处理。

（1）库存现金盘盈、盘亏的账务处理

盘盈批准前：

借：库存现金

    贷：待处理财产损溢

查明原因后做处理：

借：待处理财产损溢

    贷：其他应付款

        营业外收入

盘亏批准前：

借：待处理财产损溢

    贷：库存现金

批准后：

借：其他应收款

   管理费用

    贷：库存现金

（2）存货、固定资产清查的处理及原则

项目 \ 处理	批准前	批准后
存货	①盘盈： 借：原材料等科目 　　贷：待处理财产损溢	①盘盈： 借：待处理财产损溢 　　贷：管理费用
	②盘亏： 借：待处理财产损溢 　　贷：原材料等科目	②盘亏： 借：管理费用（管理不善） 　　营业外支出（非常原因） 　　其他应收款（应收责任人、保险公司赔款） 　　贷：待处理财产损溢
固定资产	①盘盈：盘盈的固定资产作为前期差错，通过"以前年度损益调整"科目核算，不用区分批准前批准后，在盘盈时做一笔分录。	①盘盈： 借：固定资产 　　贷：以前年度损益调整
	②盘亏：先将盘亏的固定资产账面价值转入"待处理财产损溢"科目中。 借：待处理财产损溢 　　累计折旧 　　贷：固定资产	②盘亏：（盘亏净损失的处理） 借：营业外支出——固定资产盘亏 　　贷：待处理财产损溢

考点 6：了解应收账款发生坏账的处理

借：坏账准备

　　贷：应收账款

二、主要题型

（一）单项选择题

1. 下列说法正确的是（　　）。

　　A. 库存现金应该每日清点一次

　　B. 银行存款每月至少同银行核对两次

　　C. 贵重物资每天应盘点一次

　　D. 债权债务每年至少核对二三次

2. 某企业盘点中发现盘亏一台设备，原始价值 50 000 元，已计提折旧 10 000 元。根据事先签订的保险合同，保险公司应赔偿 30 000 元，则扣除保险公司赔偿后剩余的净损失 10 000 元应计入（　　）。

　　A. 累计折旧　　　　B. 营业外支出　　　　C. 管理费用　　　　D. 资本公积

3. 编制银行存款余额调节表时，本单位银行存款调节后的余额等于（　　）。

　　A. 本单位银行存款余额 + 本单位已记增加而银行未记增加的账项 − 银行已记增加而本单位未记增加的账项

　　B. 本单位银行存款余额 + 银行已记增加而本单位未记增加的账项 − 银行已记减少而本单位未记减少的账项

C. 本单位银行存款余额 + 本单位已记增加而银行未记增加的账项 – 本单位已记增加而银行未记增加的账项

D. 本单位银行存款余额 + 银行已记减少而本单位未记减少的账项 – 银行已记增加而本单位未记增加的账项

4. 全面清查和局部清查是按照（   ）来划分的。

A. 财产清查的范围　　　　　　　　B. 财产清查的时间

C. 财产清查的方法　　　　　　　　D. 财产清查的性质

5. 对于天然堆放的矿石，一般采用（   ）法进行清查。

A. 技术推算　　　B. 抽查检验　　　　C. 询证核对　　　　D. 实地盘点

6. 下列属于实物资产清查范围的是（   ）。

A. 库存现金　　　B. 存货　　　　　　C. 银行存款　　　　D. 应收账款

7. 关于现金的清查，下列说法不正确的是（   ）。

A. 在清查小组盘点现金时，出纳人员必须在场

B. "现金盘点报告表"需要清查人员和出纳人员共同签字盖章

C. 要根据"现金盘点报告表"进行账务处理

D. 不必根据"现金盘点报告表"进行账务处理

8. 对库存现金的清查应采用的方法是（   ）。

A. 实地盘点法　　B. 检查现金日记账　C. 倒挤法　　　　　D. 抽查现金

9. 盘亏的固定资产应该通过（   ）科目核算。

A. 固定资产清理　　　　　　　　　B. 待处理财产损溢

C. 以前年度损益调整　　　　　　　D. 材料成本差异

10. 对银行存款进行清查，应该采用的方法是（   ）。

A. 定期盘点法　　　　　　　　　　B. 与银行核对账目法

C. 实地盘存法　　　　　　　　　　D. 和往来单位核对账目法

11. 无法查明原因的现金盘盈应该记入（   ）科目。

A. 管理费用　　　B. 营业外收入　　　C. 销售费用　　　　D. 其他业务收入

12. 企业在遭受自然灾害后，对其受损的财产物资进行的清查，属于（   ）。

A. 局部清查和定期清查　　　　　　B. 全面清查和定期清查

C. 全面清查和不定期清查　　　　　D. 局部清查和不定期清查

13. 财产清查是对（   ）进行盘点和核对，确定其实存数，并检查其账存数和实存数是否相符的一种专门方法。

A. 存货　　　　　B. 固定资产　　　　C. 货币资金　　　　D. 各项财产

14. 华为公司 2010 年 6 月 30 日银行存款日记账的余额为 100 万元，经逐笔核对，未达账项如下：银行已收，企业未收的 2 万元；银行已付，企业未付的 1.5 万元。调整后的企业银行存款余额应为（   ）万元。

A. 100　　　　　B. 100.5　　　　　C. 102　　　　　　D. 103.5

15. 年终决算前进行的财产清查属于（   ）。

A. 局部清查和定期清查　　　　　　B. 全面清查和定期清查

C. 全面清查和不定期清查　　　　　D. 局部清查和不定期清查

16. 某企业非正常损失材料 100 公斤，单价为 200 元，购货增值税专用发票上注明的增值税为 3 400 元，在经批准前，以下账务处理正确的是（　　）。

    A. 借：待处理财产损溢——待处理流动资产损溢　　　　23 400

        贷：原材料　　　　　　　　　　　　　　　　　　　　23 400

    B. 借：原材料　　　　　　　　　　　　　　　　　　　20 000

        贷：待处理财产损溢——待处理流动资产损溢　　　　　20 000

    C. 借：待处理财产损溢——待处理流动资产损溢　　　　23 400

        贷：原材料　　　　　　　　　　　　　　　　　　　　20 000

          应交税费——应交增值税（进项税额转出）　　　　 3 400

    D. 借：待处理财产损溢——待处理流动资产损溢　　　　23 400

        贷：原材料　　　　　　　　　　　　　　　　　　　　20 000

          应交税费——应交增值税（销项税额）　　　　　　 3 400

17. 对往来款项进行清查，应该采用的方法是（　　）。

    A. 技术推算法　　　　　　　　　　B. 与银行核对账目法

    C. 实地盘存法　　　　　　　　　　D. 发函询证法

18. 下列反映在待处理财产损溢科目借方的是（　　）。

    A. 财产的盘亏数　　　　　　　　　B. 财产的盘盈数

    C. 财产盘亏的转销数　　　　　　　D. 尚未处理的财产净溢余

（二）多项选择题

1. 某机械制造企业在财产清查中，发现账外原材料一批，估计价值为 80 000 元，并按规定报经批准。会计机构对此应作的会计分录有（　　）。

    A. 借：待处理财产损溢　　　　　　　　　　　　　　80 000

        贷：原材料　　　　　　　　　　　　　　　　　　　　80 000

    B. 借：待处理财产损溢　　　　　　　　　　　　　　80 000

        贷：营业外收入　　　　　　　　　　　　　　　　　　80 000

    C. 借：原材料　　　　　　　　　　　　　　　　　　80 000

        贷：待处理财产损溢　　　　　　　　　　　　　　　　80 000

    D. 借：待处理财产损溢　　　　　　　　　　　　　　80 000

        贷：管理费用　　　　　　　　　　　　　　　　　　　80 000

2. 财产清查中查明的各种财产物资的盘亏，根据不同的原因，报经审批后可能列入的账户有（　　）。

    A. 营业外支出　　　B. 其他应收款　　　C. 管理费用　　　D. 营业外收入

3. 库存现金盘亏的账务处理中可能涉及的科目有（　　）。

    A. 库存现金　　　B. 管理费用　　　C. 其他应收款　　　D. 营业外支出

4. 关于银行存款的清查，下列说法正确的是（　　）。

    A. 不需要根据"银行存款余额调节表"作任何账务处理

    B. 对于未达账项，等以后有关原始凭证到达后再作账务处理

    C. 如果调整之后双方的余额不相等，则说明银行或企业记账有误

    D. 对于未达账项，需要根据"银行存款余额调节表"作账务处理

5. 下列属于财产清查一般程序的有（　　）。

    A. 组织清查人员学习有关政策规定　　　　B. 确定清查对象、范围，明确清查任务

    C. 制订清查方案　　　　　　　　　　　　D. 填制盘存单和清查报告表

6. 下列情况适用于全面清查的有（　　）。

    A. 年终决算前　　　　　　　　　　　　　B. 单位撤销、合并或改变隶属关系前

    C. 全面清产核资、资产评估　　　　　　　D. 单位主要负责人调离工作前

7. 编制"银行存款余额调节表"时，应调整银行对账单余额的业务是（　　）。

    A. 企业已收，银行未收　　　　　　　　　B. 企业已付，银行未付

    C. 银行已收，企业未收　　　　　　　　　D. 银行已付，企业未付

8. 下列情况需要进行不定期清查的是（　　）。

    A. 年终决算前进行财产清查　　　　　　　B. 更换财产物资保管人员

    C. 发生自然灾害或意外损失　　　　　　　D. 临时性清产核资

9. 全面清查是指对企业的全部财产进行盘点和核对，包括属于本单位和存放在本单位的所有财产物资、货币资金和各项债权债务。其中的财产物资包括（　　）。

    A. 在本单位的所有固定资产、库存商品、原材料、包装物、低值易耗品、在产品、未完工程等

    B. 属于本单位但在途中的各种在途物资

    C. 委托其他单位加工、保管的材料物资

    D. 存放在本单位的代销商品、材料物资等

10. 下列项目中属于调增项目的是（　　）。

    A. 企业已收，银行未收　　　　　　　　　B. 企业已付，银行未付

    C. 银行已收，企业未收　　　　　　　　　D. 银行已付，企业未付

11. 下列不适于采用实地盘点法清查的是（　　）。

    A. 原材料　　　　　　　　　　　　　　　B. 固定资产

    C. 露天堆放的沙石　　　　　　　　　　　D. 露天堆放的煤

12. 财产清查的正确分类方法有（　　）。

    A. 全面清查和局部清查　　　　　　　　　B. 定期清查和不定期清查

    C. 全面清查和定期清查　　　　　　　　　D. 定期清查和局部清查

13. 产生未达账项的情况有（　　）。

    A. 企业已收款入账，而银行尚未收款入账

    B. 企业已付款入账，而银行尚未付款入账

    C. 银行已收款入账，而企业尚未收款入账

    D. 银行已付款入账，而企业尚未付款入账

14. 关于库存现金的清查，下列说法正确的有（　　）。

    A. 库存现金应该每日清点一次

    B. 库存现金应该采用实地盘点法

    C. 在清查过程中可以用借条、收据充抵库存现金

    D. 要根据盘点结果编制"现金盘点报告表"

15. 关于往来款项和库存现金的清查，下列说法正确的有（　　）。

A. 往来款项的清查一般采用与对方对账的方法

B. 往来款项的清查要按每一个经济往来单位填制"往来款项对账单"

C. 采用发函询证法，对方单位经过核对相符后，在回联单上加盖公章退回，表示已经核对

D. "现金盘点报告表"不能作为调整账簿记录的原始凭证，不能根据"现金盘点报告表"进行账务处理

16. 造成账实不符的原因主要有（　　　　）。

A. 财产物资的自然损耗 　　　　　B. 财产物资收发计量错误

C. 财产物资的毁损、被盗 　　　　D. 会计账簿漏记、重记、错记

（三）判断题

1. 定期清查和不定期清查对象的范围均既可以是全面清查，也可以是局部清查。（　　）

2. "盘存单"需经盘点人员和实物保管人员共同签章方能有效。（　　）

3. 经过银行存款余额调节表调节后的存款余额，是企业可动用的银行存款实有数。

（　　）

4. 财产清查就是对各项实物资产进行定期盘点和核对。（　　）

5. 财产清查中，对于银行存款、一些贵重物资至少每月与银行或有关单位核对一次。

（　　）

6. "银行存款余额调节表"编制完成后，可以作为调整企业银行存款余额的原始凭证。

（　　）

7. 库存现金的清查包括出纳人员每日的清点核对和清查小组定期和不定期的清查。

（　　）

8. 未达账项包括企业未收到凭证而未入账的款项和企业、银行都未收到凭证而未登记入账的款项。（　　）

9. 在进行库存现金和存货清查时，出纳人员和实物保管人员不得在场。（　　）

10. 非正常原因造成的存货盘亏损失经批准后应该计入营业外支出。（　　）

11. 小企业会计制度也要设置"待处理财产损溢"科目。（　　）

12. 存货发生盘亏时，应根据不同的原因作出不同的处理，若属于一般经营性损失或定额内损失，记入"管理费用"科目。（　　）

（四）分录题

大华公司 2010 年 12 月 31 日报表决算前进行财产清查时发现如下问题：

（1）现金短缺 100 元，经查明是由于出纳收发错误造成的，经批准由出纳赔偿。

（2）原材料甲盘盈 100 千克，单价为 10 元/千克，经查明属于自然升溢。

（3）原材料乙盘亏 100 千克，价款 1 000 元，增值税税率为 17%，进项税额为 170 元，经查明属于计量差错造成。

（4）盘亏设备一台，固定资产原值为 10 000 元，已经计提折旧 5 000 元，未计提减值准备，经查明属于失窃，可以获得保险公司赔偿 1 000 元。

要求：作出上述事项批准前后的账务处理。

（五）账表题

某企业 2013 年 6 月 30 日银行存款日记账余额 152 万元，银行对账单余额 148.7 万元。

经逐笔核对，发现有几笔未达账项：

（1）企业开出一张支票 0.2 万元购买办公用品，企业已登记入账，但银行尚未登记入账；

（2）企业将销售商品收到的转账支票 5 万元存入银行，企业已登记入账，但银行尚未登记入账；

（3）银行受托代企业支付水电费 0.5 万元，银行已经登记入账，但企业尚未收到付款通知单、未登记入账；

（4）银行已收到外地汇入货款 2 万元登记入账，但企业尚未收到收款通知单、未登记入账；

要求：编制银行存款余额调节表。

银行存款余额调节表

2013 年 6 月 30 日

单位：万元

项目	金额	项目	金额
银行存款日记账余额		银行对账单余额	
加：银行已收、企业未收款		加：企业已收、银行未收款	
减：银行已付、企业未付款		减：企业已付、银行未付款	
调节后余额		调节后余额	

参考答案

一、单项选择题

1. **【答案】** A

【解析】 银行存款每月至少同银行核对一次，贵重物资每月应盘点一次，债权债务每年至少核对一两次。

[该题针对"财产清查"知识点进行考核]

2. **【答案】** B

【解析】 本题的考点为财产清查的处理。

[该题针对"财产清查的处理"知识点进行考核]

3. **【答案】** B

【解析】 [注意未达账项]

[该题针对"银行存款余额调节表的计算"知识点进行考核]

4. **【答案】** A

【解析】 按照财产清查的范围不同，可分为全面清查和局部清查。

[该题针对"财产清查的分类"知识点进行考核]

5. **【答案】** A

【解析】 技术推算法是指利用技术方法推算财产物资实存数的方法，适用于大量成堆难以逐一清点的财产物资，如露天堆放的煤、矿石等。

[该题针对"技术推算法"知识点进行考核]

6. 【答案】B

【解析】选项 A 和 C 属于货币资金的清查范围，选项 D 属于往来款项的清查范围。

[该题针对"实物资产的清查范围"知识点进行考核]

7. 【答案】D

【解析】"现金盘点报告表"是调整账簿记录的原始凭证，要根据"现金盘点报告表"进行账务处理。

[该题针对"库存现金的清查"知识点进行考核]

8. 【答案】A

【解析】为了确定现金实际的结存数量，所以对库存现金的清查应采用实地盘点法。

[该题针对"库存现金的清查"知识点进行考核]

9. 【答案】B

【解析】盘亏的固定资产应该通过"待处理财产损溢"核算；处置、报废固定资产应该通过"固定资产清理"核算。

[该题针对"财产清查结果的处理"知识点进行考核]

10. 【答案】B

【解析】对银行存款的清查，主要是与银行核对账目。

[该题针对"银行存款的清查"知识点进行考核]

11. 【答案】B

【解析】无法查明原因的现金盘盈应该记入"营业外收入"。

[该题针对"财产清查结果的处理"知识点进行考核]

12. 【答案】D

【解析】因为企业仅对其受损的财产物资进行清查，所以是局部的，又因为自然灾害是偶然发生的，所以其属于不定期清查。

[该题针对"财产清查"知识点进行考核]

13. 【答案】D

【解析】财产清查的范围包括企业的各项财产，而不是其中的某项资产。

[该题针对"财产清查的概念"知识点进行考核]

14. 【答案】B

【解析】$100 + 2 - 1.5 = 100.5$（万元）。

[该题针对"未达账项调节"知识点进行考核]

15. 【答案】B

【解析】年终决算前，为了确保年终决算资料的真实、正确，需要进行全面的清查，同时这种清查也是定期的。

[该题针对"财产清查"知识点进行考核]

16. 【答案】C

【解析】本题的考点为财产清查的处理。

[该题针对"财产清查的处理"知识点进行考核]

17. 【答案】D

【解析】[核对往来账]

18. 【答案】A

【解析】待处理财产损溢的借方核算财产的盘亏、毁损数额以及盘盈的转销数，借方余额反映尚未处理的财产净损失数。

[该题针对"财产清查"知识点进行考核]

【相关知识】

宏明公司在财产清查中，发现乙材料短缺 3 000 元。

（1）批准前，根据"实存账存对比表"的记录，作如下会计分录：

借：待处理财产损溢——待处理流动资产损溢   3 000
    贷：原材料——乙材料   3 000

（2）经批准，上述盘亏材料的处理结果为：1 800 元属自然损耗，列作管理费用核销；200 元属管理不善造成，责成过失人赔偿；1 000 元属于非常灾害造成，经批准列作营业外支出（如应由保险公司赔偿，则也记入"其他应收款"账户）。作如下会计分录：

借：管理费用   1 800
    其他应收款——××责任人   200
    营业外支出   1 000
    贷：待处理财产损溢——待处理流动资产损溢   3 000

根据增值税会计处理的规定，企业购进的材料、库存商品等发生非正常损失以及因改变用途等原因发生的损溢，其进项税额应相应转入有关科目。批准前，借记"待处理财产损溢"科目，贷记"应交税费——应交增值税（进项税额转出）"科目；报经批准后，属于转作待处理财产损失的部分，应与遭受损失的购进材料、库存商品成本一并处理。如本例中，进项税额为 510 元（3 000×17%），在增值税条件下，在批准前则应作如下会计分录：

（3）借：待处理财产损溢——待处理流动资产损溢   510
       贷：应交税费——应交增值税——进项税额转出   510

批准后，作如下会计分录：

（4）借：管理费用   306
    其他应收款——××责任人   34
    营业外支出   170
    贷：待处理财产损溢——待处理流动资产损溢   510

上述（1）、（2）、（3）、（4）分录也可合并如下：

批准前分录如下：

（5）借：待处理财产损溢——待处理流动资产损溢   3 510
       贷：原材料——乙材料   3 000
          应交税费——应交增值税——进项税额转出   510

批准后分录如下：

（6）借：管理费用   2 106
    其他应收款——××责任人   234
    营业外支出   1 170
    贷：待处理财产损溢——待处理流动资产损溢   3 510

第十一章

财务会计报告

第一节　财务会计报告概述

一、财务会计报告的概念

财务会计报告（有时也称为财务报告）是以日常核算资料为依据，用统一的货币计量单位总括地反映企业和机关、事业等单位在某一特定日期的财务状况和某一会计期间的经营成果、现金流量等会计信息的文件。

财务会计报告包括：会计报表、会计报表附注、财务情况说明书三部分。会计报表是财务会计报告的主要组成部分。会计报表附注是对会计报表的补充说明，也是财务会计报告的重要组成部分。财务情况说明书是对会计报表的分析和补充，是对企业一定会计期间内财务状况、经营业绩进行分析总结的书面文字报告，也是财务会计报告的重要组成部分。至少应包括：企业生产经营的基本情况；利润实现和分配情况；资金增减和周转情况；对企业财务状况、经营成果和现金流量有重大影响的其他事项。

二、财务会计报告的作用

1. 为企业的投资者进行投资决策，提供必要的信息资料。

2. 为企业的债权人提供企业资金运转情况、短期偿债能力和支付能力的信息资料。

3. 为企业的经营管理者和职工对企业进行日常管理活动提供必要的信息资料。

4. 为有关政府部门提供企业经营管理的各类信息，更好地发挥各类政府部门经济监督和调控的作用。

三、财务会计报告的种类

1. 财务会计报告按其所反映的经济内容分类。

（1）反映财务状况的报告，是用来总括反映企业财务状况及其变动情况的会计报告。如资产负债表。

（2）反映财务成果的报告，是用来总括反映企业在一定时期内的经营收入和财务成果的会计报告。

① 总括反映企业在一定时期内的收入、费用以及损益实现情况的会计报告，如损益表和主营业务收支明细表；

② 反映企业一定时期内所实现利润分配情况的会计报告，如利润分配表。

（3）反映现金流量的报告，是反映企业在一定时期内现金及现金等价物的流入和流出情况的财务会计报告，如现金流量表。

（4）反映成本费用的报告，是用来反映企业生产经营过程中各项成本费用支出和成本形成情况的会计报告。

① 反映企业在一定时期内期间费用支出情况的会计报告，如期间费用表；

② 反映企业在一定时期内制造费用支出情况的会计报告，如制造费用表；

③ 反映企业在一定时期内产品成本形成情况的会计报告，如商品产品成本表和主要产品单位成本表。

2. 财务会计报告按其编制时间分类。

（1）月度财务会计报告简称"月报"，是指每月月末编报的财务会计报告，通常称为计算报表，如资产负债表、损益表等。

（2）季度财务会计报告简称季报，是指每季季末编报的财务会计报告，通常称为结算报表，按照《企业会计准则》和相关制度的规定，上市公司需要对外编报季度报表，一些成本费用类的内部报表也可以编为季报。

（3）半年度财务会计报告简称半年报，是指在每个会计年度的前 6 个月结束后对外提供的财务会计报告。

短于一个完整的会计年度的财务会计报告也称为中期财务报告。

（4）年度财务会计报告简称年报，是指每年年末编报的财务会计报告，通常称为决算报告。如现金流量表、利润分配表、分部报表（业务分部）、分部报表（地区分部）、资产减值准备明细表、股东权益增减变动表等。月度、季度财务会计报告通常仅指会计报表，半年度、年度财务会计报告则应当包括会计报表、会计报表附注、财务情况说明书；月度、季度、半年度财务会计报告统称中期财务会计报告。

3. 财务会计报告按其反映的资金状态分类。

（1）资金动态财务会计报告（简称"动态财务会计报告"），是反映企业在一定时期内资金的耗费和收回情况的财务会计报告，如损益表、现金流量表、反映成本方面的报表等。

（2）资金静态财务会计报告（简称"静态财务会计报告"），是反映企业某一日期的资产、负债和所有者权益情况的财务会计报告，如资产负债表等。

4. 财务会计报告按其服务的对象分类。

（1）内部财务会计报告，指为满足企业内部经营管理需要而编制的不对外公开的财务会计报告。如商品产品成本表、期间费用表等。

（2）外部财务会计报告，是指企业向外提供的，供国家政府部门、投资者、债权人等使用的财务会计报告。外部财务会计报告的种类和格式，目前由财政部制定的会计制度作统一规定。如资产负债表、损益表、现金流量表等。

5. 财务会计报告按其是否反映其分支机构或子公司的情况分类。

（1）合并财务会计报告，是将某一企业所属的子公司或分支机构的财务会计报告与母公司财务会计报告合并，借以反映包括子公司在内的整个企业的财务状况、经营成果和现金流量。

（2）反之，则称为非合并财务会计报告。

（3）我国新颁布的《企业会计准则第 33 号》中规定：企业对外投资如超过被投资企业资本总额半数以上或者实质上拥有被投资企业控制权的，应当编制合并财务会计报告，特殊行业的企业不宜合并的，可不予合并，但应当将其财务会计报告一并报送。这与国际上的惯例是一致的。

6. 财务会计报告按其编制的单位进行分类。

（1）基层财务会计报告，是由独立核算的企业、机关、事业等单位根据账簿记录及其他有关资料编制的。

（2）汇总财务会计报告，是由上级部门根据所属单位报来的财务会计报告和汇总单位本身的财务会计报告综合编制的。

7. 财务会计报告按其的相互关系分类。

（1）主要财务会计报告包括资产负债表、损益表、财务状况变动表；

（2）附属财务会计报告包括主营业务收支明细表、利润分配表等。

四、财务会计报告的编制要求

为了保证财务会计报告的质量，充分发挥财务会计报告的作用。编制财务会计报告时，应做到以下几点：

1. 真实可靠。真实可靠是指财务会计报告所揭示的会计信息必须如实反映会计对象，做到情况真实，数据可靠、准确，说明清楚。也就是说会计报表的数字必须真实可靠，必须以核实无误的账簿资料为依据，不允许用计划数、估计数代替实际数，更不允许随意篡改数字，弄虚作假。

2. 内容完整。内容完整是指财务会计报告所揭示的会计信息的内容必须是全面、系统地反映出会计对象的全部情况。即会计报表的内容必须全面完整，应当按照会计制度规定的格式和内容填写，不得漏填、漏报。每一种会计报表都是从某一侧面（即一定的经济指标）反映会计主体的经济活动，各种会计报表组成了一定的会计报表体系。只有每种会计报表都完整地将其应揭示的会计信息反映出来，方能全面、系统地反映会计对象的全部情况。为了保证会计报表信息内容的完整，各会计主体编制的会计报表，特别是应报送、公布的会计报表，应按照财务、会计制度规定的内容，编制、报送（或公布），不能漏报、漏列，更不能任意改变报送的内容。

3. 计算准确。财务会计报告中的各项数据计算应准确无误，凡有钩稽关系的数字，应相互一致，本期报表与上期报表之间的有关数字应相互衔接。

4. 编报及时。财务会计报告的编制与报送必须及时，必须按照规定的期限编制完成，及时报送有关部门，以保证会计信息的时效性。

5. 手续完备。对外报送的财务会计报告，应当依次编定页码，加具封面，装订成册，加盖公章。并由单位领导人、总会计师、会计机构负责人、会计主管人员签名或盖章。

五、注意几点

1. 不同的企业和机关、事业单位，财务会计报告的种类和内容是不一样的。

2. 各单位在不同的会计期间应编哪些报表也是不同的。

3. 各种报表应包括哪些会计指标一方面取决于各单位会计对象的具体内容和经济管理的要求，另一方面取决于国家宏观经济管理工作的需要。

4. 各单位定期编制的财务会计报告的种类和内容，都是由会计制度所规定的。

5. 上述各种财务会计报告均是外部报告，另外还有企业内部报告，如成本费用类报表是企业经营机密，应作为内部报告。

第二节　资产负债表

一、资产负债表的概念

资产负债表是反映企业某一特定日期（如月末、季末、年末）财务状况的会计报表。它是根据"资产=负债+所有者权益"这一会计等式，依照一定的分类标准和顺序，将企业一定日期的全部资产、负债和所有者权益各项目进行适当分类、汇总、排列后编制而成的。

资产负债表可以反映企业资产、负债和所有者权益的全貌。通过编制资产负债表，可以反映企业在某一日期所拥有的经济资源及其分布情况，分析企业资产的构成及其状况；可以反映企业某一日期的负债总额其结构，分析企业目前与未来的需要支付的债务数额；可以反映企业所有者权益的情况，了解企业现有的投资者在企业资产总额中所占的份额。总之，通过资产负债表，可以帮助报表使用者全面了解企业的财务状况，分析企业的债务偿还能力，从而为未来的经济决策提供参考。

二、资产负债表的结构和内容

1. 资产负债表结构。资产负债表由表头、表身、表尾等部分组成。表头部分应标明报表名称、编表单位名称、编制日期和金额计量单位；表身部分反映资产、负债和所有者权益的内容；表尾部分为补充说明。

表身部分是资产负债表的主体和核心。分为左右两方，左方列示资产各项目，右方列示负债和所有者权益各项目，资产各项目的合计等于负债和所有者权益各项目的合计。这种形式的资产负债表也称为账户式资产负债表（见表11-2），我国的资产负债表都以这种形式反映。如表11-3所示：

资产负债表的格式一般有两种：报告式、账户式。

① 报告式资产负债表。报告式资产负债表格式见表11-1。

报告式资产负债表的优点在于便于编制比较资产负债表。其缺点是资产和权益之间的恒等关系不能一目了然。

② 账户式资产负债表。这种格式是按照"T"形账户的形式，根据"资产=权益"的会计等式设计的资产负债表，将资产列在报表左方（借方），负债及所有者权益列在报表右边（贷方），左（借）右（贷）两方总额相等，格式如表11-2所示。

表 11 - 1　　　　　　　　　　　　　不同的报告式资产负债表

"资产 = 权益"式		"资产 - 负债 = 所有者权益"式	
资 产		资 产	
各项目…		各项目…	
资产合计	1 542 600	资产合计	1 542 600
债权人权益		负 债	
负债		各项目…	
各项目…		负债合计	856 000
负债合计	856 000		
所有者权益		所有者权益	
各项目…		各项目…	
所有者权益合计	686 600	所有者权益合计	686 600
权益合计	1 542 600		

表 11 - 2　　　　　　　　　　　　　　　账户式资产负债表

资 产		权 益	
各项目…		负债	
		各项目…	
		负债合计	856 000
		所有者权益	
		各项目…	
		所有者权益合计	686 600
资产合计	1 542 000	权益合计	1 542 600

　　账户式资产负债的优缺点与报告式资产负债表正好相反。

　　2. 资产负债表内容。资产负债表各项按照一定的方式排列，其中左方的资产类项目按照资产的流动性强弱的顺序来排列，先流动资产，其后为长期投资、固定资产、无形资产和其他资产。流动资产各项目还按照变现能力的强弱顺序排列，先是货币资金，然后是短期投资、应收及预付款、存货等。右方的负债类项目按照偿债期的长短顺序排列，偿债期在一年以内的流动负债排在前面，偿债期超过一年的长期负债排列在后面。其中流动负债项目包括短期借款、应付票据、应付账款、预收账款、应付工资、应付福利费、应交税金、应付股利等，长期负债项目包括长期借款，应付债券和长期应付款等，所有者权益项目按其永久性程度高低顺序排列，永久性程度高者列在前，反之列在后，一般按实收资本、资本公积、盈余公积和未分配利润等项目分别列示。

表 11 - 3

资产负债表

编制单位：　　　　　　　　　　　　　年　　月　　日　　　　　　　　　　　　单位：万元

资产	年初数	期末数	负债及所有者权益	年初数	期末数
流动资产			流动负债		
货币资金			短期借款		
交易性金融资产			交易性金融负债		
应收票据			应付票据		
应收账款			应付账款		
预付款项			预收账款		
应收利息			应付职工薪酬		
应收股利			应交税费		
其他应收款			应付利息		
存货			应付股利		
一年内到期的非流动资产			其他应付款		
其他流动资产			一年内到期的非流动负债		
流动资产合计			其他流动负债		
非流动资产			流动负债合计		
可供出售金融资产			非流动负债		
持有至到期投资			长期借款		
长期应收款			应付债券		
长期股权投资			长期应付款		
投资性房地产			专项应付款		
固定资产			预计负债		
在建工程			递延所得税负债		
工程物资			其他非流动负债		
固定资产清理			非流动负债合计		
生产性生物资产			负债合计		
油气资产			所有者权益（股东权益）		
无形资产			实收资本（股本）		
开发支出			资本公积		
商誉			减：库藏股		
长期待摊费用			盈余公积		
递延所得税资产			未分配利润		
其他非流动资产			所有者权益合计		
非流动资产合计					
资产总计			负债及所有者权益总计		

三、资产负债表的编制方法

资产负债的各项目均需要填制"年初数"和"期末数"两栏。其中"年初数"栏内各项数字，应根据上年年末资产负债表的"期末数"栏内所列数字填列。如果本年度资产负债表规定的各个项目的名称和内容同上年不相一致，应对上年年末资产负债表各项的名称和数字按照本年度的规定进行调整，填入报表中的"年初数"栏内。"期末数"则可为月末、季末或年末的数字，其资料来源大部分是根据总分类账的期末余额填列，某些项目则需要根据总分类账和明细分类账的记录分析、计算后填列。归纳起来，有以下几种情况。

1. 根据总分类账余额直接填列。如应收票据、应付票据、其他应付款、应付职工薪酬、应交税费、应付股利、实收资本、资本公积、盈余公积等。

2. 根据总分类账余额计算填列。资产负债表某些项目需要根据若干总账科目的期末余额计算填列，如货币资金项目，根据"库存现金"、"银行存款"、"其他货币资金"账户的期末余额的合计数填列。"在建工程"项目，根据"在建工程"科目的期末余额，减去"在建工程减值准备"科目的期末余额后的金额填列。

3. 根据明细分类账余额计算填列。资产负债表某些项目不能根据总分类账的期末余额，或若干总分类账的期末余额计算填列，需要根据有关账户所属的相关明细账户的期末余额计算填列，如"应收账款"项目，根据"应收账款"、"预收账款"账户的归属相关明细账户的期末借方余额合计，减去"坏账准备"账户中有关应收账款计提的坏账准备余额后的金额填列；"应付账款"项目，根据"应付账款"账户的所属相关明细账户的期末贷方余额计算填列。

4. 根据总分类账和明细分类账余额计算填列。资产负债表上某些项目不能根据有关总分类账的期末余额直接或计算填列，也不能根据有关账户所属相关明细账户的期末余额计算填列，需要根据总分类账和明细分类账余额分析计算填列，如"长期借款"项目，根据"长期借款"总分类账余额扣除"长期借款"账户所属的明细账户中反映的将于一年内到期的长期借款部分分析计算填列。

5. 根据报表各项目数字抵销计算填列，以反映其净额。如"固定资产原值"减去"累计折旧"和"固定资产减值准备"后得到"固定资产"项目。

【思考与讨论】

南海公司于200×年年初创立时收到万达公司投资 300 000 元，同时向光明公司赊购机器一台价值 12 000 元。经营一年后，该公司发生亏损 8 000 元。请你设想五种可能的情况，编制简单的资产负债表。

自己动手

（一）中投公司于 2010 年 1 月 1 日成立。成立时收到国家以厂房、机器设备等投入的资金 1 000 万元，收到华夏公司以原材料投入的资金 600 万元，收到中原公司以货币资金投入的资金 400 万元。同时，从中国建设银行取得两年期贷款 100 万元。经过一年的辛苦经营，到 2010 年 12 月 31 日时，中投公司期末资产总额变为 2 500 万元（假设负债数额不变）。

问题：

1. 计算中投公司成立日的流动资产数额、长期资产数额及资产总额。

2. 计算中投公司成立日的负债总额、所有者权益总额。

3. 计算中投公司期末所有者权益总额。

4. 计算中投公司本期实现的利润（假设未发生资本增减业务）。

（二）新华工厂 2010 年 1 月期初余额见下表。

新华工厂 2010 年 1 月期初余额　　　　　　　　　　　　单位：元

1. 库存现金	2 000	1. 短期借款	100 000
2. 银行存款	65 000	2. 应付职工薪酬	11 000
3. 原材料	300 000	3. 应交税费	96 000
4. 库存商品	580 000	4. 应付利息	10 000
5. 固定资产	900 000	5. 实收资本	900 000
减：累计折旧	300 000	6. 盈余公积	130 000
		7. 未分配利润	300 000
合　计	1 547 000	合　计	1 547 000

原材料——甲材料 3 000 公斤，单价 100 元，共计 300 000 元。

库存商品——A 产品 100 台，单价 1 800 元，共计 180 000 元；库存商品——B 产品 200 台，单价 2 000 元，共计 400 000 元。

该工厂本月发生下列有关业务：

3 日，生产车间领用甲材料 1 240 公斤，其中，生产 A 产品耗用 1 200 公斤，生产 B 产品耗用 30 公斤，车间一般性消耗 10 公斤，每公斤单位成本 100 元。

4 日，生产车间领用甲材料 880 公斤，单位成本 100 元，全部用于 B 产品生产。

6 日，以现金支付车间机器修理费 800 元。

8 日，收到某购货单位罚金 500 元，收到现金。

10 日，开出银行支票一张，支付了办公室购买办公用品 1 000 元。

13 日，收取本月出租包装物租金收入 2 000 元，存入银行。

14 日，销售 A 产品 80 台，单位售价 2 800 元，销售 B 产品 150 台，单位售价 2 850 元，增值税 110 755 元。货款及税金收到，已存入银行。

14 日，用银行存款支付销售产品所发生的运杂费 1 000 元。

16 日，用银行存款支付为销售产品所发生的广告费 3 000 元。

31 日，分配本月工资费用 150 000 元，其中，生产 A 产品工人工资 60 000 元，生产 B 产品工人工资 60 000 元，车间管理人员工资 10 000 元，企业管理部门人员工资 20 000 元。按工资总额 14% 提取职工福利。

31 日，预提应由本月负担的借款利息 4 000 元。

31 日，提取本月固定资产折旧，其中，车间固定资产应提 12 000 元，厂部固定资产应提 8 000 元。

31 日，分配并结转本月制造费用（按生产工人工资比例）。

31 日，本月投入生产的 A 产品 100 台、B 产品 80 台已全部完工，结转其实际制造成本（假设月初"生产成本"账户无期初余额）。

31 日，结转本月销售 80 台 A 产品、150 台 B 产品实际成本（按加权平均法计算至小数点后两位数）。

31 日，将本月收入、费用转入"本年利润"账户，计算本月实际利润总额。

31 日，按 25% 税率计算本月应缴纳的所得税，并加以结转。

31 日，按税后利润 15% 提取盈余公积。

问题：

1. 按上述资料，作出有关的会计分录。

2. 登记总分类账和明细分类账（日记账从略）。

3. 结账和编制发生额及余额表。

4. 编制利润表和资产负债表。

第三节　利　润　表

一、利润表的概念

利润表又称损益表，是反映企业在一定会计期间经营成果的报表。通过利润表可以从总体上了解企业收入、成本和费用及净利润（或亏损）的实现及构成情况；同时，通过利润表提供的不同时期的比较数字（本月数、本年累计数、上年数），可以分析企业的获利能力及利润的未来发展趋势，了解投资者投入资本的保值增值情况。由于利润既是企业经营业绩的综合体现，又是企业进行利润分配的主要依据，因此，利润表是会计报表中的一张主要报表。

二、利润表的作用

1. 有助于解释、评价、预测企业的经营成果和获利能力。

2. 有助于解释、评价、预测企业的偿债能力。

3. 有助于企业管理人员进行经营决策。

4. 有助于考核企业管理人员的业绩。

5. 有助于投资者和债权人评价企业。

三、利润表的结构和内容

1. 利润表的格式。利润表主要有两种格式：单步式和多步式。我国现行会计报表中一般采用多步式格式。现分别介绍如下：

（1）单步式（又称一步式）利润表。单步式利润表，是将本期所有收入总额减去本期所有费用、支出总额，直接计算出该期净利润或所得税后利润。因为只有一个相减的步骤，故称为单步式利润表。其基本格式如表 11 - 4 所示。

单步式利润表格式比较简单，便于理解。所以，它现在成为大的股份有限公司中最普遍使用的一种利润表格式。但是，这种结构不能反映企业的不同业务的盈利情况，利润净额是企业各类业务的盈利纳税后的结果。

（2）多步式利润表。多步式利润表是将利润表的内容作多项分类，产生一些中间性信息。即：将各种收入及相关费用、成本在表中分别对应列示，进行配比，计算出各种净收入，再将各项净收入相加，减去共同性的期间费用等，计算出企业的净利润。由于从销售总额到本期净利润，要经过好几道中间性计算，故称为多步式利润表。格式见表 11 - 5。

表 11－4 　　　　　　　　　　　利润表（单步式）

会企02表

编制单位：××股份有限公司　　　　　　20××年度×月　　　　　　　　　　　单位：元

项　目	本月数	本年累计数
一、收入		
主营业务收入		
其他业务收入		
投资收益		
营业外收入		
二、费用、支出		
主营业务成本		
营业税金及附加		
销售费用		
管理费用		
财务费用		
营业外支出		
所得税费用		
三、净利润		

表 11－5 　　　　　　　　　　　利润表（多步式）

会企02表

编制单位：××股份有限公司　　　　　　20××年度　　　　　　　　　　　　单位：元

项　目	本月数（略）	本年累计数
一、营业收入		
减：营业成本		
营业税金及附加		
销售费用		
管理费用		
财务费用		
资产减值损失		
加：投资收益		
二、营业利润（亏损以"－"号填列）		
加：营业外收入		
减：营业外支出		
三、利润总额（亏损以"－"号填列）		
减：所得税费用		
四、净利润（或称净损益）（亏损以"－"号填列）		
五、每股收益		

　　多步式利润表不仅揭示了企业一定时期的净利润，而且，可以比较明显地看出净利润的形成过程。但是，表中出现了多个利润概念，容易引起理解上的混乱。

　　2. 利润表的结构。利润表由表头、表身和表尾等部分组成。表头部分应列明报表名称、编表单位名称、编制期间和金额计量单位；表身部分反映利润的构成内容；表尾部分为补充说明。

　　表身部分是利润表的主体和核心，一般采用多步式结构。反映的内容有如下几个方面：

　　（1）构成产品销售利润的各项要素。产品销售利润从产品销售收入出发，减去为取得产品销售收入而发生的相关费用（包括有关的流转税）后得出。

（2）构成营业利润的各项要素。营业利润在产品销售利润的基础上，加其他业务利润，减产品销售费用、管理费用和财务费用后得出。

（3）构成利润总额（亏损总额）的各项要素。利润总额（或亏损总额）在营业利润的基础上，加减投资收益（损失）、营业外收支等后得出。

（4）构成净利润（或净亏损）的各项要素。净利润（或亏损）在利润总额（或亏损总额）的基础上，减去本期计入损益的所得税费用后得出。

3. 利润表的编制。我国一般采用多步式利润表，根据上述编制方法，其计算公式有如下几个计算步骤：

（1）计算营业利润：

营业利润 = 营业收入 − 营业成本 − 销售费用 − 管理费用 − 财务费用 − 资产减值损失 + 投资收益

（2）计算利润总额：

利润总额 = 营业利润 + 营业外收入 − 营业外支出

（3）计算净利润：

净利润 = 利润总额 − 所得税费用

利润表的格式如表 11 − 6 所示。

表 11 − 6 　　　　　　　　　　 利　润　表

会企 02 表

编制单位：××股份有限公司 　　　　　　　20××年度 　　　　　　　　　　　　　 单位：元

项　　目	本月数（略）	本年累计数
一、营业收入		
减：营业成本		
营业税金及附加		
销售费用		
管理费用		
财务费用		
资产减值损失		
加：投资收益		
其中：对联营和合营公司		
公允价值变动收益		
二、营业利润（亏损以"−"号填列）		
加：营业外收入		
减：营业外支出		
其中：非流动资产处置损失		
三、利润总额（亏损以"−"号填列）		
减：所得税费用		
四、净利润（或称净损益）（亏损以"−"号填列）		
五、每股收益		
（一）基本每股收益		
（二）稀释每股收益		

陈超原来是某小城市一饭店的服务员，年薪 10 000 元。一年前他辞职后，个人投资 50 000 元，创办了天上人间娱乐中心，主要经营宴席、酒会、随意小吃等饮食服务，同时兼营舞会、宴会等场地出租。该娱乐中心一年来的经营情况汇总如下：

1. 提供饮食服务收入 160 000 元。
2. 出租场地租金收入 26 000 元。
3. 各种饮食品的成本共计 84 000 元。
4. 支付广告费 10 000 元。
5. 支付雇员工资 60 000 元，陈超个人生活费 10 000 元。
6. 耗用清洁用品等共计 4 000 元，水电费 6 000 元，其他杂费 2 000 元。

试确定陈超一年来的经营成果，并评述其辞职搞个体经营是否更有利可图。

四、利润表的附表——利润分配表

利润分配表是反映企业会计年度内利润分配情况和年末未分配利润结余情况的会计报表。它是利润表的附表，按年编制，与年度利润表一并对外报送。

利润分配表分为"本年实际"和"上年实际"两个栏目分别填列，其中"本年实际"栏各项目，根据当年"本年利润"及"利润分配"账户及所属明细账户的记录分析填列；"上年实际"栏各项目根据上年"利润分配表"填列。表中，"利润总额"项目的数字应与年度损益表"利润总额"项目的数字一致；"未分配利润"项目应与 12 月末资产负债表"未分配利润"项目的数字一致。利润分配表的格式如表 11 - 7 所示。

表 11 - 7 利润分配表

会企 02 表附表 1

编制单位：××股份有限公司　　　　　　20××年度　　　　　　　　　　　单位：元

项　　目	行次	本年实际	上年实际（略）
一、净利润	1		
加：年初未分配利润	2		
其他转入	4		
二、可供分配的利润	8		
减：提取的法定盈余公积金	9		
各项提取	10		
利润归还投资	11		
三、可供投资者分配的利润	12		
减：应付优先股股利	13		
提取任意盈余公积	14		
应付普通股股利	15		
转作资本（或股本）的普通股股利	16		
四、未分配利润	17		

利润分配表中各项目反映的内容及其填列方法如下：

①"净利润"项目，反映企业全年实现的净利润。如为亏损，则以"－"号在本项目内填列，本项目的数字应与"利润表"上"净利润"项目的"本年累计数"一致。

②"年初未分配利润"项目，反映企业上年年末未分配的利润，如为未弥补的亏损，以"－"号在本项目内填列。本项目的数字应与上年利润分配表"未分配利润"项目的"本年实际"数一致，如因某种原因需要对上年利润和利润分配进行调整的，调整数应在本表项目内反映。

③"其他转入"项目，反映企业用盈余公积弥补亏损等转入的数额。根据"利润分配——盈余公积补亏"账户填列。

④"提取法定盈余公积"项目，反映企业按照规定提取的法定盈余公积金。根据"利润分配——提取法定盈余公积"账户填列。

⑤"提取职工奖励及福利基金"项目，"提取储备基金"项目和"提取企业发展基金"项目，分别反映外商投资企业按照规定提取的职工奖励及福利基金、储备基金、企业发展基金。分别根据"利润分配——提取职工奖励及福利基金"、"利润分配——提取储备基金"和"利润分配——提取企业发展基金"账户填列。

⑥"利润归还投资"项目，反映中外合作经营企业按照规定在合作期内以利润归还投资者的投资。根据"利润分配——利润归还投资"账户填列。

⑦"应付优先股股利"项目和"提取任意盈余公积"项目，分别反映应分配给优先股股东的现金股利和根据公司章程提取的任意盈余公积金。分别根据"利润分配——应付优先股股利"、"利润分配——提取任意盈余公积"账户填列。

⑧"应付普通股股利"项目，反映应分配给普通股股东的现金股利。根据"利润分配——应付普通股股利"账户填列。企业（非股份制企业）分配给投资者的利润，也在本项目反映。

⑨"转作资本（或股本）的普通股股利"项目，反映企业分配给普通股股东的股票股利。根据"利润分配——转作资本（或股本）的普通股股利"账户填列。企业（非股份制企业）以利润转增的资本，也在本项目反映。

⑩"未分配利润"项目，反映企业年末未分配的利润。若为未弥补的亏损以"－"号在本项目内填列。

【思考与讨论】

收入会计要素的定义中不包括营业外收入，费用要素中不包括营业外支出，但根据"收入－费用＝利润"编制的利润表却将营业外收支列在其中，你如何看？可否修正会计要素中收入、费用、利润概念，或提出利得、损失概念，将会计要素概念框架构造好？

第四节　现金流量表

一、现金流量表

现金流量表是以现金为基础编制的反映企业财务状况变动的报表，它反映企业一定会计期间内有关现金和现金等价物的流入和流出的信息。现金流量表中的现金是广义现金概念，它包括了企业的库存现金、可以随时用于支付的存款和现金等价物。现金等价物是指企业持有的期限短、流动性强、易于转换为已知金额现金、价值变动风险很小的投资（以下在提及"现金"时，除非同时提及现金等价物，均包括现金和现金等价物）。现金流量，指企业现金和现金等价物的流入和流出。

资产负债表、利润表和现金流量表分别从不同的角度反映企业的财务状况，经营成果和现金流量。资产负债表是从某一时点上反映企业的资产、负债和所有者权益的总量和结构，但它没有说明一个企业的资产、负债和所有者权益为什么发生了变化，即从期初的总量和结构到期末的总量和结构，为什么会发生变化。利润表反映了企业一定期间的经营规模和全部成果，有关指标说明了经营活动对财务状况的影响，一定程度上说明了财务状况变动的原因。但由于利润表是按照权责发生制确认、计量收入和费用的，它没有提供经营活动引起的现金流入和现金流出的信息。因此，为了全面反映财务状况的变动，以及财务状况变动的原因，还必须编制现金流量表，以反映经营活动、投资活动以及筹资活动引进的现金流量的变化。

编制现金流量表的目的，是为会计报表使用者提供企业一定会计期间内现金和现金等价物流入和流出的信息，以便于报表使用者了解和评价企业获取现金和现金等价物的能力，并据以预测企业未来现金流量。

二、现金流量的分类

现金流量表中的现金流量一般可分为以下三类：

1. 经营活动产生的现金流量。经营活动，是指企业投资活动和筹资活动以外的所有交易和事项。

2. 投资活动产生的现金流量。投资活动，是指企业长期资产的购建和不包括在现金等价物范围内的投资及其处置活动。

3. 筹资活动产生的现金流量。筹资活动，是指导致企业资本及债务规模和构成发生变化的活动。

三、现金流量表的编制

通过现金流量表能够说明企业一定期间内现金流入和流出的原因，反映企业的偿债能力及支付能力，可以说明为什么企业盈利，但却不能分配利润，甚至会破产，而亏损企业仍有可能发放股利。同时，现金流量表有助于分析企业未来获取现金的能力，分析企业投资和理财活动对经营成果和财务状况的影响。现金流量表的格式如表11-8所示，现金流量表应分别按经营活动、投资活动和筹资活动报告企业的现金流量来进行编制，现金流量一般应分别按现金流入和流出总额反映。由于现金流量表的具体内容及编制方法比较复杂，不是本书用较少的篇幅就可以叙述完的，此内容以后请详见《财务会计》教材。

现金流量表

编制单位：　　　　　　　　　　　　　　年度：　　　　　　　　　　　　　　　　单位：元

项　目	本期金额	上期金额
一、经营活动产生的现金流量：		
销售商品、提供劳务收到的现金		
收到的税费返还		
收到的其他与经营活动有关的现金		
现金流入小计		
购买商品、接受劳务支付的现金		
支付给职工以及为职工支付的现金		
支付的各项税费		
支付的其他与经营活动有关的现金		
现金流出小计		
经营活动产生的现金流量净额		
二、投资活动产生的现金流量：		
收回投资所收到的现金		
取得投资收益所收到的现金		
处置固定资产、无形资产和其他长期资产而收到的现金净额		
收到的其他与投资活动有关的现金		
现金流入小计		
购建固定资产、无形资产和其他长期资产所支付的现金		
投资所支付的现金		
支付的其他与投资活动有关的现金		
现金流出小计		
投资活动产生的现金流量净额		
三、筹资活动产生的现金流量：		
吸收投资所收到的现金		
取得借款所收到的现金		
收到的其他与筹资活动有关的现金		
现金流入小计		
偿还债务所支付的现金		
分配股利、利润和偿付利息所支付的现金		
支付的其他与筹资活动有关的现金		
现金流出小计		
筹资活动产生的现金流量净额		
四、汇率变动对现金的影响		
五、现金及现金等价物净增加额		
补充资料：		
1. 将净利润调节为经营活动现金流量：		
净利润		
加：计提的资产减值准备		
固定资产折旧		
无形资产摊销		
长期待摊费用摊销		

项　目	本期金额	上期金额
待摊费用减少（减：增加）		
预提费用增加（减：减少）		
处置固定资产、无形资产和其他长期资产的损失（减：收益）		
固定资产报废损失		
财务费用		
投资损失（减：收益）		
递延税款贷项（减：借项）		
存货的减少（减：增加）		
经营性应收项目的减少（减：增加）		
经营性应付项目的增加（减：减少）		
其他		
经营活动产生的现金流量净额		
2. 不涉及现金收支的投资和筹资活动：		
债务转为资本		
一年内到期的可转换公司债券		
融资租入固定资产		
3. 现金及现金等价物净增加情况：		
现金的期末余额		
减：现金的期初余额		
加：现金等价物的期末余额		
减：现金等价物的期初余额		
现金及现金等价物净增加额		

【思考与讨论】

1. 我国资产负债表采用账户式结构，而利润表采用多步式结构，你能否利用各种渠道了解为何这样？

2. 如何保证不同企业编制的财务报告具有横向可比性？

自己动手

张三和李四拥有一个面包房，他们做的巧克力面包非常有名。他们都没有接受过会计教育。但他们认为只要在记录时采用复式记账的方法就不会出现错误了，于是自己设计了一个用来记录交易的系统，自认为很有效。下面列示的是本月所发生的一些交易：

（1）收到商品的订单，当货物发出后将收到 1 000 元。

（2）发出一份商品订单，定购价值 600 元的商品。

（3）将货物运给顾客并收到 1 000 元。

（4）收到所定的货物并支付 600 元现金。

（5）用现金支付银行 400 元利息。

（6）赊购 6 000 元的设备。

张三和李四对以上业务进行了记录，如下表所示。

资产 =		负债+所有者权益		+ （收入 – 费用）	
收到商品订单	1 000			销售	1 000
发出定购商品的订单	600			存货支出	– 600
现金	1 000				
将货物发运给顾客	– 1 000				
收到所定的商品	600	应付账款	– 600		
支付现金	400			利息支出	– 400
赊购设备		应付账款	6 000	设备支出	– 6 000

要求：

1. 向他们解释他们对记录交易的错误理解。

2. 改正他们在记录中的错误。

第五节　所有者权益变动表

一、所有者权益变动表的概念

所有者权益变动表是反映公司本期（年度或中期）内至期末所有者权益变动情况的报表。其中，所有者权益变动表应当全面反映一定时期所有者权益变动的情况。

2007 年以前，公司所有者权益变动情况是以资产负债表附表形式予以体现的。新准则颁布后，要求上市公司于 2007 年正式对外呈报所有者权益变动表，所有者权益变动表将成为与资产负债表、利润表和现金流量表并列披露的第四张财务报表。在所有者权益变动表中，企业还应当单独列示反映下列信息：

（1）所有者权益总量的增减变动。

（2）所有者权益增减变动的重要结构性信息。

（3）直接计入所有者权益的利得和损失。

二、所有者权益变动表的编制

所有者权益变动表各项目均需填列"本年金额"和"上年金额"两栏。

所有者权益表变动表"上年金额"栏内各项数字，应根据上年度所有者权益变动表"本年金额"内所列数字填列。上年度所有者权益变动表规定的各个项目的名称和内容同本年度不一致的，应对上年度所有者权益变动表各项目的名称和数字按照本年度的规定进行调整，填入所有者权益变动表的"上年金额"栏内。

所有者权益变动表"本年金额"栏内各项数字一般应根据"实收资本（或股本）"、"资本公积"、"盈余公积"、"利润分配"、"库存股"、"以前年度损益调整"科目的发生额分别填列。

我国企业所有者权益变动表的格式如表 11 – 9 所示。

表 11 – 9

所有者权益变动表

___年度

会企××表

编制单位：

单位：元

项目	本年金额						上年金额					
	实收资本（或股本）	资本公积	减：库存股	盈余公积	未分配利润	所有者权益合计	实收资本（或股本）	资本公积	减：库存股	盈余公积	未分配利润	所有者权益合计
一、上年年末余额												
加：会计政策变更												
前期差错更正												
二、本年年初余额												
三、本年增减变动金额（减少以"－"号填列）												
（一）净利润												
（二）直接计入所有者权益的利得和损失												
1. 可供出售金融资产公允价值变动净额												
2. 权益法下被投资单位其他所有者权益变动的影响												
3. 与计入所有者权益项目相关的所得税影响												
4. 其他												
上述（一）和（二）小计												
（三）所有者投入和减少资本												
1. 所有者投入资本												
2. 股份支付计入所有者权益的金额												
3. 其他												
（四）利润分配												
1. 提取盈余公积												
2. 对所有者（或股东）的分配												
3. 其他												
（五）所有者权益内部结转												
1. 资本公积转增资本（或股本）												
2. 盈余公积转增资本（或股本）												
3. 盈余公积弥补亏损												
4. 其他												
四、本年年末余额												

第六节　会计报表附注

一、会计报表附注的概念

会计报表附注是会计报表的重要组成部分，是对会计报表本身无法或难以充分表达的内容和项目所作的补充说明和详细解释。

二、编制会计报表附注的理由

之所以要编制会计报表附注，首先，是因为它拓展了企业财务信息的内容，打破了三张主要报表内容必须符合会计要素的定义，又必须同时满足相关性和可靠性的限制。其次，它突破了揭示项目必须用货币加以计量的局限性。再次，它充分满足了企业财务报告是为其使用者提供有助于经济决策的信息的要求，增进了会计信息的可理解性。最后，它还能提高会计信息的可比性。例如，通过揭示会计政策的变更原因及事后的影响，可以使不同行业或同一行业不同企业的会计信息的差异更具可比性，从而便于进行对比分析。

它是为了便于会计报表使用者理解会计报表的内容而对会计报表的编制基础、编制依据、编制原则和方法及主要项目等所做的解释。

三、会计报表附注的主要内容

一般来讲，会计报表附注至少应当包括下列内容：

（1）不符合会计假设的说明；

（2）重要会计政策和会计估计及其变更情况、变更原因及其对财务状况和经营成果的影响；

（3）或有事项和资产负债表日后事项的说明；

（4）关联方关系及其交易的说明；

（5）重要资产转让及其出售说明；

（6）企业合并、分立的说明；

（7）重大投资、融资活动；

（8）会计报表中重要项目的明细资料；

（9）会计报表中重要项目的说明有助于理解和分析会计报表需要说明的其他事项。

四、会计报表附注的编制

（一）会计报表附注的编制形式灵活多样，常见的有以下五种：

1. 尾注说明：这是附注的主要编制形式，一般适用于说明内容较多的项目；

2. 括号说明：此种形式常用于为会计报表主体内提供补充信息，因为它把补充信息直接纳入会计报表主体，所以比起其他形式来，显得更直观，不易被人忽视，缺点是它包含内容过短；

3. 备抵账户与附加账户：设立备抵与附加账户，在会计报表中单独列示，能够为会计报表使用者提供更多有意义的信息，这种形式目前主要是指坏账准备等账户的设置；

4. 脚注说明：指在报表下端进行的说明，例如，说明已贴现的商业承兑汇票和已包括在固定资产原价内的融资租入的固定资产原价等；

5. 补充说明：有些无法列入会计报表主体中的详细数据、分析资料，可用单独的补充报表进行说明，例如，可利用补充报表的形式来揭示关联方的关系和交易等内容。

（二）会计报表附注究竟应包括哪些内容，目前尚无统一的说法。一般而言，传统报表附注包括五方面的内容：

1. 企业的一般情况：包括企业概况、经营范围和企业结构等内容，必要时，还可对诸如上市改组时资产的剥离情况进行说明；

2. 企业的会计政策：包括企业执行的会计制度、会计期间、记账原则、计价基础、利润分配办法等内容，对于需要编制合并报表的企业来说，还要说明其合并报表的编制方法；对于会计政策与上年相比发生变化的企业，应说明其变更的情况、原因及对企业财务状况和经营成果的影响；

3. 会计报表主要项目附注：包括对主要报表项目的详细说明，例如，对应收账款的账龄分析，报表项目的异常变化及其产生原因的说明等；

4. 分行业资料：如果企业的经营涉及不同的行业，且行业收入占主营业务收入的10%（含10%）以上的，应提供分行业的有关数据；

5. 重要事项的揭示：主要包括对承诺事项、或有事项、资产负债表日后事项和关联方交易等内容的说明。

随着报表内容的日益复杂化，以文字辅之以数字来表述的会计报表附注的内容也将进一步增加以下信息：

（1）有助于理解财务报表的重要信息；

（2）采用与报表不同基础编制的信息；

（3）对可以反映在报表内，但基于有效交流的原因而披露在其他部分的信息；

（4）用于补充报表信息的统计资料。

【本章小结】

1. 财务报告包括：会计报表、会计报表附注、财务情况说明书。

2. 财务报告按其所反映的经济内容分为反映财务状况的报告、反映财务成果的报告、反映现金流量的报告和反映成本费用的报告。

3. 财务报告按其编制时间分为月度财务会计报告简称月报、季度财务会计报告简称季报、半年度财务会计报告简称半年报和年度财务会计报告简称年报。

4. 资产负债表中的项目可以分为三大类：资产、负债和所有者权益。这三个大项目也称为资产负债表的要素，其中每个要素又可分为若干项目。

5. 账户式资产负债表是按照"T"形账户的形式，根据"资产＝权益"的会计等式设计的资产负债表，将资产列在报表左方（借方），负债及所有者权益列在报表右边（贷方），左（借）右（贷）两方总额相等。

6. 利润表主要有两种格式：单步式和多步式。我国现行会计报表中一般采用多步式格式。

7. 多步式损益表是将损益表的内容作多项分类，产生一些中间性信息。

8. 现金流量表中所指的现金流量包括现金的流入和流出。现金流量将企业现金按其交易的性质分为三类：经营活动的现金流量、投资活动的现金流量及筹资活动的现金流量。

思考与练习

一、复习思考题

1. 什么是会计报表？编制会计报表的有何要求？

2. 资产负债表的作用是什么？如何编制？

3. 利润表和利润分配表的作用是什么？如何编制？

4. 现金流量表的作用是什么？如何分类？

二、单项选择题

1. 按照经济内容分类，资产负债表属于（　　）。

　A. 财务成果表　　　B. 财务状况表　　　C. 费用成本表　　　D. 对外报表

2. 关于会计报表，以下表述中错误的是（　　）。

　A. 可以全面、系统地向投资者提供其所需要的信息资料，满足其投资决策的需要

　B. 其信息的使用者包括上级主管部门、投资者、债权人和内部经营管理者

　C. 会计报表可以不同标准进行分类

　D. 为加快会计报表的编制和报送速度，可先编制会计报表，然后再进行账证、账账、账实核对，以保证会计信息的真实性

3. 资产负债表是反映企业一定（　　）资产、负债和所有者权益状况的会计报表。

　A. 期间　　　　　B. 时期　　　　　C. 日期　　　　　D. 时间

4. 在下列各会计报表中，属于反映企业财务成果的对外报表是（　　）。

　A. 利润表　　　　B. 利润分配表　　　C. 现金流量表　　　D. 资产负债表

5. 在下列各会计报表中，属于反映企业财务状况的对外报表是（　　）。

　A. 利润表　　　　B. 利润分配表　　　C. 现金流量表　　　D. 资产负债表

6. 利润表是反映企业（　　）利润或亏损实际形成情况的会计报表。

　A. 相邻时期内　　　B. 特定日期　　　C. 一定时期内　　　D. 相邻时期

7. 关于几种报表分类方法之间的联系，下列说法中正确的（　　）。

　A. 财务状况报表一定是月报　　　　　B. 费用成本报表都是对内报表

　C. 对外报表都是月报　　　　　　　　D. 财务成果报表都是年报

8. 资产负债表是依据（　　）会计等式的基本原理设置的。

　A. 资产 = 负债 + 所有者权益　　　　　B. 利润 = 收入 − 费用

　C. 资产 − 负债 = 所有者权益　　　　　D. 资金来源总额 = 资金运用总额

9. 累计折旧在资产负债表中应作为（　　）。

　A. 费用　　　　　B. 负债　　　　　C. 所有者权益　　　　D. 资产减项

10. 一般编制现金流量表的时间是（　　）。

　A. 月末　　　　　B. 中期　　　　　C. 年末　　　　　D. 中期和年末

三、多项选择题

1. 编制会计报表的基本要求是（　　）。

　A. 编报及时　　　　　　　　　B. 格式统一和内容完整

　C. 计算正确　　　　　　　　　D. 数字真实

2. 关于会计报表作用，下列说法中正确的有（　　）。

　A. 可以维护企业财产物资的安全完整

　B. 企业各级主管可据以评价企业的经营业绩

　C. 企业的投资者和债权人可据以进行投资决策

　D. 企业管理人员可据以总括了解本单位的财务状况和经营成果，进行经营决策

3. 利润表是通过多步计算出当期损益，一般将其计算过程划分为（　　）等进行。

　A. 主营业务利润　　　B. 营业利润　　　C. 利润总额　　　D. 净利润

4. 资产负债表中，流动资产包括（   ）。

    A. 短期投资   B. 一年内到期的长期债券投资

    C. 货币资金   D. 待摊费用

5. 下列账户中，可能影响资产负债表中"应付账款"项目金额的有（   ）。

    A. 其他应付款   B. 预收账款   C. 应付账款   D. 预付账款

6. 资产负债表中"货币资金"项目应根据（   ）科目的期末借方余额之和填列。

    A. 短期投资   B. 现金   C. 其他货币资金   D. 银行存款

7. 资产负债表的"存货"项目应根据（   ）科目的期末借方余额之和填列。

    A. 原材料   B. 在建工程   C. 生产成本   D. 制造费用

8. 利润表中，"营业成本"项目一般是（   ）。

    A. 反映企业销售产品的制造成本

    B. 反映销售产品的全部成本即工厂成本

    C. 反映销售产品的销售成本，包括全部成本和销售费用

    D. 根据"营业成本"科目的发生额填列

9. 在利润表的编制过程中，（   ）等项目按有关科目期末转入"本年利润"科目借方的发生额填列。

    A. 营业收入   B. 销售费用   C. 管理费用   D. 投资收益

10. 下列资产负债表项目中可根据其总分类账户期末余额计算填列的是（   ）。

    A. 应收账款   B. 未分配利润   C. 应付票据   D. 存货

四、业务题

练习一

1. 目的：练习资产负债表的编制。

2. 资料：东方公司20××年7月各账户期末余额如下：

账户名称	借方余额	账户名称	贷方余额
库存现金	1 400	累计折旧	1 650 000
银行存款	266 000	短期借款	42 400
交易性金融资产	32 000	应付账款	37 262
应收账款	144 000	其他应付款	1 800
其他应收款	1 700	应交税金	4 000
原材料	255 000	应付利润	7 200
生产成本	85 000	应付利息	14 200
库存商品	123 000	长期借款	164 000
发出商品	43 200	实收资本	4 040 000
长期股权投资	89 800	盈余公积	61 149
固定资产	4 960 000	本年利润	185 300
无形资产	45 000		
利润分配	161 211		
合计	6 207 311	合计	6 207 311

附注：应收账款明细账余额为：

应收账款——明光厂借方余额　　　　　204 000 元

应收账款——先捷厂贷方余额　　　　　60 000 元

应付账款明细账余额为：

应付账款——八一公司贷方余额　　　　56 200 元

应付账款——五一工厂借方余额　　　　18 938 元

3. 要求：根据以上资料编制东方公司 200 × 年 7 月的资产负债表。

练习二

1. 目的：练习损益表的编制。

2. 资料：根据南方公司 200 × 年损益类账户记录分析后得到以下各项数据：

（1）营业收入　　　　18 101 200 元

（2）营业成本　　　　9 290 760 元

（3）销售费用　　　　760 000 元

（4）管理费用　　　　1 400 200 元

（5）财务费用　　　　184 060 元

（6）营业外收入　　　142 000 元

（7）营业外支出　　　67 000 元

假定没有其他调整事项，所得税按照利润总额来计算。

3. 要求：根据以上资料编制南方公司 20 × × 年度损益表。

练习三

1. 目的：练习利润分配表的编制。

2. 资料：南方公司 20 × × 年度"利润分配表"账户所属明细账户发生如下事项：

（1）"未分配利润"年初贷方余额为 867 000 元；

（2）提取法定盈余公积；

（3）按照税后利润 45% 向投资者分配利润。

要求：根据练习二及以上资料编制南方公司 20 × × 年度利润分配表。

备 考 指 南

一、复习要点

考点 1：企业财务会计报告的构成（三表一注）；

考点 2：财务会计报告的编制要求（4 个）；

考点 3：资产负债表的意义、格式；

考点 4：简易资产负债表的编制；

考点 5：利润表的意义、格式；

考点 6：利润表的编制。

二、主要题型

（一）单项选择题

1. 最关心企业的盈利能力和利润分配政策的会计报表使用者（　　）。

　　A. 投资者　　　　　B. 货物供应商　　　　C. 企业职工　　　　　D. 债权人

2. 最关心企业的偿债能力和支付利息能力的会计报表使用者是（　　　）。

A. 政府机构　　　　B. 债权人　　　　　C. 投资者　　　　　D. 企业职工

3. 下列会计报表中，反映企业在某一特定日期财务状况的是（　　　）。

A. 现金流量表　　　B. 利润表　　　　　C. 资产负债表　　　D. 利润分配表

4. 月度报表不包括（　　　）。

A. 资产负债表　　　B. 利润分配表　　　C. 利润表　　　　　D. 现金流量表

5. 资产负债表中资产的排列顺序是（　　　）。

A. 资产的收益性　　B. 资产的重要性　　C. 资产的流动性　　D. 资产的时间性

（二）多项选择题

1. 财务会计报告分为（　　　）。

A. 年度财务会计报告　　　　　　　　　B. 季度财务会计报告

C. 半年度财务会计报告　　　　　　　　D. 月度财务会计报告

2. 企业会计报表按其反映的经济内容分为（　　　）。

A. 资产负债表　　　B. 利润表　　　　　C. 现金流量表　　　D. 收入支出总表

3. 下列各项中，属于中期财务会计报告的有（　　　）。

A. 月度财务会计报告　　　　　　　　　B. 季度财务会计报告

C. 半年度财务会计报告　　　　　　　　D. 年度财务会计报告

4. 按照《企业会计制度》的规定，月份终了需编制和报送的会计报表有（　　　）。

A. 资产负债表　　　B. 利润表　　　　　C. 利润分配表　　　D. 现金流量表

5. 下列各项中，属于财务会计报告编制要求的有（　　　）。

A. 真实可靠　　　　B. 相关可比　　　　C. 全面完整　　　　D. 编报及时

（三）判断题

1. 资产负债表是反映企业在一定时期内财务状况的报表。　　　　　　　　　（　　）

2. 会计报表应当根据经过审核的会计账簿记录和有关资料编制。　　　　　　（　　）

3. 会计报表附注是对会计报表的编制基础、编制依据、编制原则和方法及主要项目所做的解释，以便于会计报表使用者理解会计报表的内容。　　　　　　　　　（　　）

4. 编制会计报表的主要目的就是为会计报表使用者决策提供信息。　　　　　（　　）

5. 报告式资产负债表中资产项目是按重要性排列的。　　　　　　　　　　　（　　）

6. 根据利润表，可以分析、评价企业的盈利状况并预测企业未来的损益变化趋势及获利能力。　　　　　　　　　　　　　　　　　　　　　　　　　　　　　　　（　　）

7. 半年度财务会计报告是指在每个会计年度的前六个月结束后对外提供的财务会计报告。　　　　　　　　　　　　　　　　　　　　　　　　　　　　　　　　（　　）

8. 资产负债表中的"流动资产"各项目是按照资产的流动性由弱到强排列的。（　　）

9. 我国《企业会计制度》规定的会计报表主要是对外提供的，因此与企业的职工关系不大。　　　　　　　　　　　　　　　　　　　　　　　　　　　　　　　　（　　）

10. 按照《企业会计制度》的规定，我国企业的利润表采用单步式。　　　　（　　）

（四）简答题

1. 会计报表附注包括的内容有哪些？

2. 财务情况说明书应当包括哪些内容？

（五）依据以下资料编制资产负债表

中海公司 2013 年 4 月的余额试算平衡表如下：

余额试算平衡表

2013 年 4 月 30 日

会计科目	期末余额	
	借方	贷方
库存现金	740	
银行存款	168 300	
应收账款	85 460	
坏账准备		6 500
原材料	66 500	
库存商品	101 200	
存货跌价准备		1 200
固定资产	468 900	
累计折旧		3 350
固定资产清理		5 600
长期待摊费用	14 500	
应付账款		93 000
预收账款		10 000
长期借款		250 000
实收资本		500 000
盈余公积		4 500
利润分配		19 300
本年利润		12 150
合　计	905 600	905 600

补充资料：（1）应收账款有关明细账期末余额情况为：

应收账款——长城公司　借方余额　　　　　　　　　　　　　98 000

应收账款——海天公司　贷方余额　　　　　　　　　　　　　　　12 540

（2）长期待摊费用中含将于一年内摊销的金额 8 000 元。

（3）应付账款有关明细账期末余额情况为：

应付账款——白云公司　借方余额　　　　　　　　　　　　　5 000

应付账款——文创公司　贷方余额　　　　　　　　　　　　　　98 000

（4）预收账款有关明细账期末余额情况为：

预收账款——方元公司　借方余额　　　　　　　　　　　　　2 000

预收账款——华裕公司　贷方余额　　　　　　　　　　　　　　12 000

（5）长期借款期末余额中将于一年内到期归还的长期借款数为 100 000 元。

要求：请代中海公司完成下列资产负债表的编制。

【答案】

资产负债表（简表）

制表单位：中海公司　　　　　　　　　2013 年 4 月 30 日　　　　　　　　　单位：元

资产	期初数	期末数	负债所有者权益	期初数	期末数
流动资产：	（略）		流动负债：	（略）	
货币资金		(1) 169 040	应付账款		(7) 98 000
应收账款		(2) 93 500	预收款项		(8) 24 540
预付款项		(3) 5 000	一年内到期的非流动负债		(9) 100 000
存货		(4) 166 500	流动负债合计		222 540
一年内到期的非流动资产		8 000	非流动负债：		
流动资产合计		442 040	长期借款		150 000
非流动资产：			非流动负债合计		150 000
固定资产		(5) 465 550	负债合计		372 540
固定资产清理		− 5 600	所有者权益		
长期待摊费用		(6) 6 500	实收资本		500 000
非流动资产合计		466 450	盈余公积		4 500
			未分配利润		(10) 31 450
			所有者权益合计		535 950
资产总计		908 490	负债及所有者权益总计		908 490

【相关知识】

虚假年报的识别

　　投资者通过解读年报作出投资决策的前提是假设年报信息都真实可靠，能反映公司的财务状况与经营成果。但遗憾的是无论在国内还是国外，这个前提假设有时很值得怀疑。美国的安然事件、世通丑闻，中国的蓝田股份、银广夏、东方电子等造假事件无不让投资者感到触目惊心。那么如何才能识别虚假年报呢？下面介绍一些方法，希望投资者从年报中找出造假的蛛丝马迹。

　　（1）观测公司的营业利润及经营活动产生的现金流量。在利润表上做假比在现金流量表上做假要容易得多，前者通过虚开发票，虚构交易很容易完成。如果公司上下合谋，从原材料的购进到产品的销售出库各个环节单证手续齐全，即使注册会计师也很难审计出来；但现金流量就不一样了，如果想虚增现金流量，一方面需要有外部资金进账，另一方面还需银行方面提供齐备的交易记录，但这两点通常是很难办到的。因此投资者可结合利润表中的营业利润与现金流量表中经营活动产生的净现金流来判断公司年报是否存在做假嫌疑。在分析时，投资者可构造比率，用营业利润除以经营活动产生的现金流量，然后做趋势分析，如果比率在不断加大，则基本可以判断公司可能存在问题。这个比率也可以同行业比较，如果与行业平均水平相比相差太大，投资者也应引起警觉。

有心的投资者还可参照上面的方法分析净利润及与之对应的现金净流量的关系。计算公式为：

与净利润对应的现金净流量＝经营现金净流量＋取得投资收益所收到的现金净额
＋处置固定资产、无形资产和其他长期资产收到的现金净额

（2）观测是否存在销售收入与营业利润大幅上升，同时存货大幅上升、存货周转率下降的现象。如果存在这种现象则可能存在虚构销售或少结转成本的可能。

（3）观测主营业务税金及附加与销售收入的关系。通常主营业务税金及附加与销售收入存在一个比较固定的比率关系，而且在同行业中这个比率也比较接近，如果这个比率波动太大或偏离行业水平太远，则公司的销售收入可能有问题。

（4）结合公司的投资项目分析对外负债与财务费用的关系。资产负债率高的企业的利息支出通常比较高，但专门为建造固定资产而借入的资金发生的利息支出在满足一定条件下可以资本化，计入固定资产价值。如果公司对外负债很高，但财务费用少，在建工程（在会计报表附注中显示）金额也不多，则可能存在通过滥用利息资本化操控利润的嫌疑。

（5）关注无形资产。我国会计准则对无形资产的确认比较严格，自行开发取得的无形资产，只将取得时发生的费用确认为无形资产的价值，对于开发过程中的材料费、人工费等直接计入当期损益。因此，如果年报显示的自行开发的无形资产增加过多，则可能存在费用资本化的嫌疑。

另外如果公司的业绩与行业水平偏离太大，资产重组和关联交易频繁，会计政策与会计估计经常变动，经常出现会计差错更正，投资收益、营业外收支等波动较大等，投资者对其年报的真实性需提高警惕。上述方法可以用来识别可能造假的年报，但不是所有造假的年报都可以用这些方法来识别，因为会计做假的方法和高明的手段很多，不能穷尽，也无法穷尽。真正要杜绝或减少虚假会计报表只能靠制度建设，社会诚信等大环境的改善。

（资料来源：金德环，沈长征. 上海证券报. 上海财大证券期货学院）

第十二章

会计机构、会计人员与会计档案

第一节 会计机构

一、会计机构的设置

会计机构是直接从事和组织领导会计工作的职能部门。建立和健全会计机构，是加强会计工作、保证会计工作顺利进行的重要条件。

我国《会计法》规定："各单位根据会计业务的需要设置会计机构，或者在有关机构中设置会计人员并指定会计主管人员。不具备条件的，可以委托经批准设立的会计咨询、服务机构进行代理记账。"由于会计工作和财务工作都是综合性的经济管理工作，关系又非常密切。因此，在实际工作中，通常把二者结合在一起，设置一个财务会计机构来统一处理会计业务和办理财务工作。

各单位会计机构的设置，应根据本单位的具体条件，结合会计法的要求而定。各级主管部门一般设置会计（财务）司、局、处、科；基层单位的会计机构，一般称为会计（财务）处、科、股等。在会计机构内部，还可以分设若干职能岗组，分别负责有关业务的核算、监督工作。

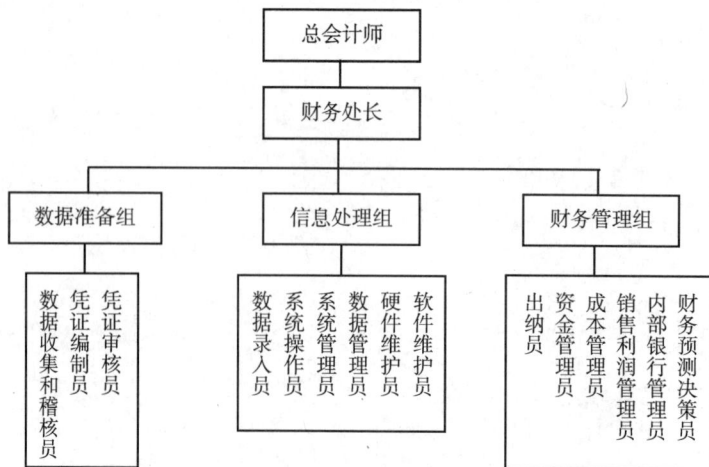

图 12−1 组织机构方案之一

二、总会计师的设置

当前，我国各大、中型企业、事业单位和业务主管部门均可以设置总会计师。总会计师由具有会计师以上专业技术任职资格的人员担任。

1. 总会计师的职责。

（1）总会计师负责组织本单位的下列工作：

① 编制和执行预算、财务收支计划、信贷计划，拟订资金筹措和使用方案，开辟财源，有效地使用资金。

② 进行成本费用预测、计划、控制、核算、分析和考核，督促本单位有关部门降低消耗、节约费用、提高经济效益。

③ 建立、健全经济核算制度，利用财务会计资料进行经济活动分析。

④ 承办单位主要行政领导交办的其他工作。

（2）负责对本单位财会机构的设置和会计人员的配备、会计专业技术职务的设置和聘任提出方案；组织会计人员的业务培训和考核；支持会计人员依法行使职权。

（3）协助单位主要行政领导人对企业的生产经营、行政事业单位的业务发展以及基本建设投资等问题做出决策。参与新产品开发、技术改造、科技研究、商品（劳务）价格和工资奖金等方案的制订；参与重大经济合同和经济协议的研究、审查。

2. 总会计师的权限。

（1）对违反国家财经法律、法规、方针、政策、制度和有可能在经济上造成损失、浪费的行为，有权制止或者纠正；制止或者纠正无效时，提请单位主要行政领导人处理。

（2）有权组织本单位各职能部门、直属基层组织的经济核算、财务会计和成本管理方面的工作。

（3）主管审批财务收支工作。除一般的财务收支可以由总会计师授权的财会机构负责人或者其他指定人员审批外，重大的财务收支须经总会计师审批或者由总会计师报单位主要行政领导人批准。

（4）预算与财务收支计划、成本和费用计划、信贷计划、财务专题报告、会计决算报表须经总会计师签署。涉及财务收支的重大业务计划、经济合同、经济协议等在单位内部须经总会计师会签。

（5）会计人员的任用、晋升、调动、奖惩应当事先征求总会计师的意见。财会机构负责人或者会计主管人员的人选，应当由总会计师进行业务考核，依照有关规定审批。

企业的总会计师由本单位主要行政领导人提名，政府主管部门任命或者聘任；事业单位和业务主管部门的总会计师依照干部管理权限任命或者聘任。免职或者解聘程序与任命或者聘任程序相同。

实践证明，不断完善总会计师制度，有利于协调企业内部的各项管理工作，改善经营管理，提高经济效益。

三、会计机构内部稽核制度和内部牵制制度

1. 会计机构内部稽核制度。内部稽核制度是内部控制制度的重要组成部分。会计稽核是会计机构本身对于会计核算工作进行的一种自我检查或审核工作。其目的在于防止会计核

算工作上的差错和有关人员的舞弊。会计机构内部稽核工作一般包括以下主要内容：

（1）审核财务、成本、费用等计划指标项目是否齐全，编制依据是否可靠，有关计算是否正确，各项计划指标是否互相衔接等。

（2）审核实际发生的经济业务或财务收支是否符合现行法律、法规、规章制度的规定。对审核中发现的问题，及时予以制止或者纠正。

（3）审核会计凭证、会计账簿、财务会计报告和其他会计资料的内容是否真实、完整，计算是否正确，手续是否齐全，是否符合有关法律、法规、规章、制度的规定。

（4）审核各项财产物资的增减变动和结存情况，并与账面记录进行核对，确定账实是否相符。

2. 内部牵制制度。内部牵制制度，也称钱账分管制度，是内部控制制度的重要组成部分。内部牵制制度是指凡是涉及款项和财物收付、结算及登记的任何一项工作，必须由两人或两人以上分工办理，以起到相互制约作用的一种工作制度。如现金和银行存款的支付，应由会计主管人员或其授权的代理人审核、批准，出纳人员付款，记账人员记账，不能由一个人同时办理付款和记账。实行内部牵制制度，主要是为了加强会计人员之间相互制约、相互监督、相互核对，提高会计核算工作质量，防止会计事务处理中发生的失误和差错以及营私舞弊等行为。

四、会计机构负责人的任职资格

1996 年财政部制定发布的《会计基础工作规范》对会计机构负责人（会计主管人员）应当具备的基本条件作了规定。概括起来，会计机构负责人（会计主管人员）的任职资格和条件应当包括以下主要内容。

1. 政治素质。遵纪守法，坚持原则，廉洁奉公，具备良好的职业道德。财务会计工作是经济工作的基础，国家的许多法律、法规尤其是财经方面的法律、法规的贯彻执行，都要通过会计工作来体现，会计人员，特别是会计机构代理人如不能做到遵纪守法，必将会给国家造成经济损失。会计工作直接处理经济业务，经济上的问题必然会在会计处理中反映出来，不能坚持原则，就不可能大胆地去维护国家的财经纪律，不可能大胆地坚持单位的规章制度，就不会去纠正违反财经纪委和财务会计制度的行为。会计工作时时要与"钱"、"物"打交道，没有廉洁奉公的品质和良好的职业道德，就可能经不住"金钱"的诱惑，还可能犯下通同作弊的错误，甚至走上犯罪的道路。

2. 专业技术资格条件。会计工作具有很强的专业技术，要求会计人员必须具备必要的专业知识和专业技能。对会计机构负责人或会计主管人员来讲，要全面组织和负责一个单位的会计工作，对其专业技术方面的要求也就更加必要。至于什么单位的会计机构负责人或者会计主管人员需要具有哪个档次的会计专业技术资格，各单位可针对本单位不同的情况而定。

3. 工作经历。会计工作专业性强、技术性强的特点，要求作为会计机构负责人（会计主管人员），必须具有一定的实践经验，否则既会"误人子弟"，更会对单位的会计工作造成损失。关于会计机构负责人（会计主管人员）工作经历的要求，《会计基础工作规范》与修订后的《会计法》的规定有所不同，前者要求"主管一个单位或者单位内一个重要方面的财务会计工作时间不少于两年"，后者要求"具备从事会计工作三年以上经历"，这可以说是对会计机构负责人或会计主管人员的最低要求。

4. 政策业务水平。即是熟悉国家财经法律、法规、规章制度，掌握财务会计理论及本行业业务的管理知识。市场经济是法制经济，在市场经济中，任何单位的经济业务都要直接或间接地受到有关法律、规章的规定。从事财务会计管理工作，尤其是作为会计机构负责人，必须熟悉和掌握国家有关的法律、法规、规章制度和与会计工作相关的理论和知识，否则，不但不能很好地完成本职工作，还会使单位的经营管理工作走入法律的"误区"，给单位和个人带来危险的后果。

5. 组织能力。作为会计机构的负责人（会计主管人员），不仅要求自己是会计工作的行家里手，更重要的是要领导和组织好本单位的会计工作，因此要求其必须具备一定的领导才能和组织能力，包括协调能力、综合分析能力。

6. 身体条件。会计工作劳动强度大、技术难度高，作为会计机构负责人（会计主管人员）必须有较好的身体状况，以适应和胜任本职工作。

第二节　会计人员

一、会计人员的职责和从业资格管理

1. 会计人员的职责。

会计人员的主要职责，一般有下列四个方面：

（1）认真执行《会计法》和《企业会计准则》等会计规范。

（2）认真进行会计核算，保证一切会计凭证、账簿、报表及其他会计资料的合法、真实、准确和完整。

（3）贯彻执行党和国家的方针、政策和财务制度，遵守各项财政、税收、信贷、结算和计划制度，严格监督生产经营活动和财务收支、维护国家财经纪律。

（4）认真编制、执行和考核、分析财务计划、预算，参与企业预测、决策和参与拟订经济计划、业务计划，参与改善企业经营管理的各项活动，推动增产节约、增收节支，提高企业经济效益。

2. 单位领导和会计人员的法律责任。修正后的《会计法》进一步明确了会计人员的职责和法律责任，尤其突出了单位领导人对会计工作的领导责任和法律责任。主要有以上几个方面：

（1）单位领导人领导会计机构、会计人员和其他人员执行《会计法》，保证会计资料合法、真实、准确、完整，保障会计人员的职权不受侵犯。单位领导人、会计人员违反会计法关于会计核算的规定，情节严重的，给予行政处分。

（2）单位领导人、会计人员和其他人员伪造、变造、故意毁灭会计凭证、会计账簿、会计报表和其他会计资料的，或者利用虚假的会计凭证、会计账簿、会计报表和其他会计资料偷税或损害国家利益、社会公众利益的，由财政、审计、税务机关或者其他有关主管部门依据法律、行政法规规定的职责负责处理并追究责任；构成犯罪的，依法追究刑事责任。

（3）会计人员对不真实、不合法的原始凭证予以受理，或者对违法的收支不向单位领导人提出书面意见，或者对严重违法损害国家和社会公众利益的收支不向主管单位或者财政、审计、税务机关报告，情节严重的，给予行政处分；给公私财产造成重大损失构成犯罪的，依法追究刑事责任。会计机构、会计人员认为是违法的收支，应当制止和纠正；制止和纠正无效的，应当向单位行政领导人提出书面意见，要求处理。单位领导人接到会计人员对违法收支的书面意见，应于 10 日内对违法收支作出书面处理决定。若无正当理由，逾期不作出处理决定，造成严重后果的，给予行政处分；给公私财产造成重大损失构成犯罪的，依法追究刑事责任。会计人员对违反国家统一的财政制度、财务制度的收支，不予办理；单位行政领导人坚持办理的，会计人员可以执行，同时必须向上级主管单位行政领导人提出书面报告，请求处理，并报审计机关。

（4）单位领导人和其他人员对依法履行职责的会计人员进行打击报复的，给予行政处分；构成犯罪的，依法追究刑事责任。

会计人员应具备必要的专业知识。国有企业、事业单位的会计机构负责人、会计主管人员的任免应当经过主管单位同意，不得任意调动和撤换；会计人员忠于职守，坚持原则，受到错误处理的，主管单位应当责成所在单位予以纠正；玩忽职守，丧失原则，不宜担任会计工作的，主管单位应当责成所在单位予以撤职或者免职。

会计人员调动工作或者离职，必须与接管人员办清交接手续。一般会计人员办理交接手续，由会计机构负责人、会计主管人员监交。会计机构负责人、会计主管人员办理交接手续，由单位领导人监交，必要时可以由主管单位派人会同监交。交接双方及监交人均应签字以示负责。

3. 会计人员的从业资格。为了贯彻《会计法》关于实行会计人员从业资格管理制度的规定，规范会计从业资格管理，财政部按照法律授权，结合已经实施的《会计证管理办法》和各地的做法，制定印发了《会计从业资格管理办法》，自 2001 年 7 月 1 日施行。2012 年 2 月 5 日经过修订从 2013 年 7 月 1 日起实行。

（1）取得会计从业资格的范围。科学地界定会计人员和会计岗位，是做好会计从业资格管理工作的重要保证。根据财政部印发的《〈会计从业资格管理办法〉中若干问题解答（一）》的有关规定，会计人员主要是指在会计岗位从事会计工作的人员。会计岗位一般包括：总会计师、会计机构负责人、会计主管、出纳、资金核算、稽核、往来结算、工资核算、成本费用核算、财务成果核算、收入支出、债权债务账目登记和账务处理等岗位，还包括财务会计报告编制、分析岗位、财产物资核算岗位，会计电算化岗位，管理会计岗位，会计制度、内部会计控制制度设计和管理岗位以及会计档案管理岗位、会计事务管理岗位等。

（2）会计从业资格取得条件。《会计从业资格管理办法》对取得会计从业资格的基本条件做出如下规定：

① 遵守会计和其他财经法律、法规；

② 具备良好的道德品质；

③ 具备会计专业基础知识和技能。

上述基本条件是每一位申请会计从业资格的人员必须具备，缺一不可的。缺少一项，都不能申请会计从业资格。

（3）通过考试取得会计从业资格的条件。要取得会计从业资格，必须通过会计从业资格考试，合格后方可取得会计从业资格。会计从业资格考试科目、考试大纲由财政部统一制定。会计从业资格考试科目定为：财经法规；会计基础知识；会计实务；初级会计电算化或者珠算五级。

二、会计人员的继续教育

会计人员作为特殊从业人员，既要有良好的业务素质，也要有较强的政策观念和职业道德水平。各部门、各单位重视和加强会计人员继续教育，督促会计人员提高政治和业务素质就尤其重要。

1. 会计人员继续教育的内容和学习时间。

（1）会计人员继续教育的主要内容。会计人员继续教育的学习内容，是会计人员进行学习的对象或客体，是其丰富新知识、提高业务能力的主要信息来源和实现学习目标的基本保证。会计人员继续教育的学习内容十分丰富、广泛。主要包括以下内容：

① 会计专业知识。会计专业知识是指与会计岗位工作需要相一致的、最常用的知识和技术。会计专业知识通常由会计专业基础理论、必备的会计知识和岗位相关知识三部分组成，其中相关会计专业知识对于会计人员的综合能力，特别是开发创造能力极为重要。

② 现代管理知识。现代管理知识已经成为一个专门的学科。现代管理主要是通过以人为核心的动态系统，实行整体控制，达到管理高效化、管理人员专业化、管理方法科学化、管理技术自动化和管理方式民主化的最佳效益。作为会计人员应重点学习一些现代管理知识，其中包括经济管理基础理论、经济管理基本知识、经济管理的专业知识以及管理方法等。

③ 市场经济知识。我国正在建立和完善社会主义市场经济体制，市场经济越发展，会计工作越重要。因此，作为一名从事经济管理的会计人员，应当学习和掌握一般市场经济知识。学习社会主义市场经济理论。

④ 实用技能知识。实用技能知识是个人提高实际工作水平和效率的重要学习内容。计算机知识是现代人首先要掌握的。随着计算机和网络技术的发展，人们越来越离不开计算机，特别是实行会计电算化后，这个问题在会计工作中显得就尤为重要。另外，外语也是一门实用技能知识，随着我国对外开放和国际学术交流的不断扩大，随着外商企业在我国的不断增加，必将对会计人员提出更高的外语要求。会计人员要掌握一两门外语，就十分重要了。当然，实用技能知识还有很多，如办公自动化等。

⑤ 政策法规知识。市场经济在一定意义上就是法制经济。会计工作本身就是一项政策性、专业性强的工作，特别是财经方面的法律法规，很多都需要通过会计人员来具体贯彻落实。如财务、会计、税务等法律法规都需要通过会计人员具体贯彻实施。因此，会计人员应该学法、知法、守法，逐步养成依法办事的观念和习惯。

（2）会计人员继续教育学习时间。会计人员继续教育的学习时间具有灵活性的特点，针对教育对象不同，将会计人员继续教育分为高级、中级、初级三个级别。不同层次、不同级别的会计人员，参加继续教育的学时也有规定。中、高级会计人员继续教育时间每年不少于 68 小时，其中接受培训时间不少于 20 小时，自学时间每年累计不少于 48 小时。初级会计人员继续教育时间每年不少于 72 小时，自学时间每年累计不少于 48 小时。

2. 会计人员继续教育的培训方法。培训方法是指会计人员继续教育教师在培训过程中完成教学任务所采取的工作方法和指导学员的方法。由于会计人员继续教育培训的起点高、内容新、时间短、容量大、速度快，常见的培训方法主要有以下几种：

（1）讲授法。这是当前会计人员继续教育培训中采用较多的一种方法，也是学员获得知识、巩固知识的一种重要方法。讲授法充分发挥教师的主导作用，将研究的问题深入、系统、全面、连贯地传授给学员，使其在较短时间内获得较多的知识。

（2）案例分析法。这是国外开展继续教育中最为广泛采用一种教学方法。国内近年来也比较重视这种方法。

此外，还有现场教学法、学导式教学法，目前在会计人员继续教育中都还没有很好地开展起来。

【参考资料】

1. 投资者（investor）在企业拥有所有者权益的组织或个人。对公司而言，投资者指的是股东或股份持有人。

2. 债权人（creditor）向会计主体提供贷款的组织或个人，如在收取货款之前向企业发货的供应商及向企业发放贷款的银行。

3. 注册会计师（certified public accountant，CPA）一种职业认证，必须通过一项为期两天、共分四部分的综合考试后才能取得。考试内容包括财务会计理论和实务、所得税会计、管理会计、政府和非营利组织会计、审计及公司法、税法等。

4. 财务总监（controller）一家公司的总会计师职位。财务总监通常既有财务会计职能，又有管理会计职能。财务总监有时又称为主管会计（comptroller）。

5. 簿记（bookkeeping）用来记录财务上的交易并对会计主体的财务活动结果进行归集的过程。

6. 财务会计（financial accounting）侧重于报告某个时点的财务状况和/或某个期间的经营成果的会计。

7. 成本会计（cost accounting）管理会计的一个分支，与产品、工序或服务成本的确定和归集有关。

8. 管理会计（managerial accounting）会计的一种，主要内容是运用经济和财务信息对会计主体的各种活动进行计划和控制，并对管理层的决策过程提供支持。

9. 独立性（independence）会计人员尤其是审计师在形式和实质上保持客观和公正的个人要素。

10. 诚信（integrity）诚实的个性，包括坦率地跟他人进行接触和交流。

11. 客观性（objectivity）公正的个性，没有利益上的冲突。

12. 内部审计（internal auditing）由公司员工在公司内部进行的审计工作。

第三节　会计档案

一、会计档案的概念

会计档案是指会计凭证、会计账簿和会计报表等会计核算专业材料，它是记录和反映经济业务的重要史料和证据，是国家档案的重要组成部分，也是各单位的重要档案之一。各单位必须建立和健全会计档案的立卷、归档、保管、调阅和销毁等管理制度。

二、会计档案的内容

1. 会计凭证类。包括原始凭证、记账凭证、汇总凭证等；

2. 会计账簿类。包括总账、日记账、明细账、辅助账等；

3. 财务会计报告类。包括月度、季度、年度会计报表及相关文字分析材料，主要财务指标快报等；

4. 其他类。包括会计移交清册、会计档案保管清册、会计档案销毁清册等。根据规定，各单位的预算、计划、制度等文件材料属于文书档案，不属于会计档案。

三、会计档案的保管

会计档案的归档。各单位每年形成的会计档案应由财会部门按照归档的要求，负责整理立卷或装订成册。当年的会计档案，可暂由财会部门保管一年，期满之后，编造清册移交档案部门保管。

撤销、合并单位和建设单位完工后的会计档案，应随同单位的全部档案一并移交给指定的单位，并按规定办理交接手续。

档案部门接收保管的会计档案，原则上应当保持原卷册的封装，个别需要拆封重新整理的，应当会同原财务会计部门和经办人共同拆封整理，以分清责任。

对会计档案应当进行科学管理，做到妥善保管，存放有序，查划方便，不得随意堆放，严防毁损、散失和泄密。

四、会计档案的保管期限

会计档案的保管期限，根据其特点，分为永久、定期两类。年度会计报表及某些涉外的会计凭证、会计账簿属于永久保管，其他属于定期保管。保管期分为3年、5年、10年、15年、25年5种。会计档案的保管期限是从会计年度终了后的第一天算起。

五、会计档案的查阅和复制

保存的会计档案应为单位积极提供利用，原则上不得向外单位借出。如有特殊需要，可以提供查阅或复制，须经上级主管单位批准，但不得拆散原卷，并应限期归还。

六、会计档案的销毁

会计档案保管期满，需要销毁时，由档案部门提出意见，会同财会部门共同鉴定，严格审查，编造会计档案销毁清册，上报审批。对于其中未了结的债权债务的原始凭证，应单独抽出另行立卷，保管到结清债权债务为止。销毁会计档案时，应由档案部门和财会部门共同派员监销；各级主管部门销毁会计档案时应由同级财政部门、审计部门派员参加监销；销毁后监销人员在销毁清册上签名盖章，并将情况报本单位领导。

自己动手

某企业原会计科长与新上任的会计主管人员王某办理会计工作交接手续，人事科长进行监交。档案科会同企管办对企业会计档案进行了清理，编造会计档案销毁清册，将保管期已满的会计档案按规定程序全部销毁，其中还包括一些保管期满但尚未结清债权债务的原始凭证。

问题：该企业在办理会计工作交接手续、销毁会计档案中是否有违反会计档案管理规定之处？分别说明理由？

【本章小结】

1. 财务会计机构是各个会计主体内部组织领导和直接从事财务会计工作的职能部门，也是组织、指导、监督和检查会计工作的职能部门。

2. 会计人员是直接处理会计业务，完成会计任务的人员。

3. 企业和机关、事业单位都应当单独设置财务会计机构。财务机构是各单位内部组织领导和直接从事财务工作的职能部门。会计机构是各单位内部组织领导和直接从事会计工作的职能部门。

4. 大中型企业、事业单位和业务主管部门可以设置总会计师。总会计师由具有会计师以上专业技术任职资格的人员担任。会计机构内部应当建立稽核制度。

5. 内部牵制制度是内部控制制度的一种，是指凡涉及财物和货币资金的收付、结算及其登记的任何一项工作，规定由两人或两人以上分工掌管，以起相互制约作用的一种工作制度。

6. 会计档案是指会计凭证、会计账簿和会计报表等会计核算专业材料，它是记录和反映经济业务的重要史料和证据，是国家档案的重要组成部分，也是各单位的重要档案之一。

思考与练习

复习思考题

1. 取得会计从业资格是如何规定的？

2. 会计机构负责人的任职条件是什么？

3. 对会计人员继续教育的学习时间是如何规定的？

备考指南

一、复习要点

考点 1：会计档案包括的内容。（4 个）

考点 2：会计档案的保管期限。

定期档案根据保管期限分为：3 年、5 年、10 年、15 年、25 年 5 种。会计档案的保管期限，从会计年度终了后的第一天算起。出纳人员不得兼管会计档案。

会计档案保管期限为最低保管期限，具体可以分为：（主要了解企业的）

（1）永久：会计档案保管清册、会计档案销毁清册以及年度财务报告；

（2）25 年的：现金和银行存款日记账；

（3）5 年的：固定资产卡片账于固定资产报废清理后保管 5 年、银行存款余额调节表、银行对账单；

（4）3 年的：月度、季度财务报告；

（5）15 年的：其他。含所有会计凭证，总账，明细账，日记账和辅助账簿（不包括现金和银行存款日记账），会计移交清册。

考点 3：会计档案的销毁。

销毁会计档案时，应当由档案机构和会计机构共同派员监销。国家机关销毁会计档案时，应当由同级财政部门、审计部门派员参加监销。财政部门销毁会计档案时，应当由同级审计部门派员参加监销。

对于保管期满但未结清的债权债务原始凭证，以及涉及其他未了事项的原始凭证，不得销毁，应单独抽出，另行立卷，由档案部门保管到未了事项完结时为止。

正在项目建设期间的建设单位，其保管期满的会计档案不得销毁。

二、主要题型

(一) 单项选择题

1. 根据会计法律制度的规定，除会计师事务所之外，从事代理记账业务的机构必须取得代理记账许可证。该代理记账许可证的审批机关是（   ）。（2005 年）

    A. 县级以上工商行政管理部门　　　　B. 县级以上人民政府财政部门

    C. 县级以上国家税务机关　　　　　　D. 县级以上人民政府审计部门

2. 根据《总会计师条例》的规定，总会计师是（   ）。（2000 年）

    A. 专业技术职务　　　　　　　　　　B. 会计机构负责人

    C. 单位行政领导职务　　　　　　　　D. 单位行政非领导职务

3. 根据《会计基础工作规范》的规定，单位负责人的直系亲属不得在本单位担任的会计工作岗位是（   ）。（2001 年）

    A. 会计机构负责人　　　　　　　　　B. 稽核

    C. 会计档案保管　　　　　　　　　　D. 出纳

4. 根据《会计工作规范》的规定，一般会计人员在办理会计工作交接手续时，负责监交的人员应当是（   ）。（2000 年）

    A. 单位职工代表　　　　　　　　　　B. 其他会计人员

    C. 会计机构负责人　　　　　　　　　D. 单位档案管理人员

5. 某国有企业会计科出纳员因工作调动需办理工作交接手续，根据《会计基础工作规范》的规定，负责监交的人员应是（   ）。（2003 年）

    A. 该单位一般会计人员　　　　　　　B. 该单位会计机构负责人

    C. 该单位负责人　　　　　　　　　　D. 当地财政部门派出人员

6. 《会计法》规定，各单位应依据（   ）设置会计机构，或者在有关机构中设置会计人员并指定会计主管人员。

    A. 单位营业收入　　　　　　　　　　B. 会计人员数量

    C. 会计业务的需要　　　　　　　　　D. 单位的规模

7. 根据《会计法》的规定，担任单位会计机构负责人的除取得会计从业资格证书外，还应当具备的法定条件是（   ）。

    A. 具备会计员专业技术职务资格或者从事会计工作两年的经历

    B. 具备助理会计师专业技术资格或者从事会计工作两年的经历

    C. 具备会计师以上专业技术资格或者从事会计工作三年以上的经历

    D. 具备注册会计师资格或者从事会计工作两年的经历

8. 根据《会计法》的规定，单位会计主管人员是指（   ）。（2002 年）

    A. 总会计师

    B. 会计机构负责人

    C. 未设总会计师的单位分管会计工作的行政副职

    D. 未单独设置会计机构而在有关机构中指定行使会计机构负责人职权的会计人员

9. 根据会计法律制度规定，会计人员继续教育的形式包括接受培训和自学两种，初级会计人员继续教育每年接受培训的时间累计最少应为（　　）。（2005 年）

    A. 20 小时   B. 24 小时   C. 48 小时   D. 68 小时

10. 根据《会计从业资格管理办法》的规定，持有会计从业资格证书人员从事会计工作，应当自从事会计工作之日起一定期间内，向单位所在地或所属部门、系统的会计从业资格管理机构办理注册登记。该期限是（　　）。（2007 年）

    A. 30 日   B. 60 日   C. 90 日   D. 120 日

11. 根据会计法律制度的有关规定，在办理会计工作交接手续中，如发现"白条抵库"现象，应采取的做法是（　　）。

    A. 由监交人负责查清处理

    B. 由接管人员在移交后负责查清处理

    C. 由内部审计人员负责查清处理

    D. 由移交人员在规定期限内负责查清处理

12. 根据《会计基础工作规范》的规定，会计机构负责人办理会计工作交接手续时，负责监交的人员应当是（　　）。（2002 年）

    A. 一般会计人员   B. 主管会计工作负责人

    C. 单位负责人   D. 单位负责人指定的人员

（二）多项选择题（多选、少选或错选均不得分）

1. 从事代理记账工作的人员应遵守以下规则（　　）。（2001 年）

    A. 依法履行职责

    B. 保守商业秘密

    C. 对委托人示意要求提供不实会计资料，应当拒绝

    D. 对委托人提出的有关会计处理原则问题负有解释的责任

【答案】ABCD

2. 根据《代理记账管理办法》规定，代理记账机构可以接受委托，代表委托人办理的业务主要有（　　）。

    A. 根据委托人提供的原始凭证和其他资料，进行会计核算

    B. 定期向有关部门和其他会计报表使用者提供会计报表

    C. 定期向税务机关提供税务资料

    D. 出具审计报告

【答案】ABC

3. 根据《会计专业职务试行条例》的规定，下列各项中，属于会计专业职务的有（　　）。

    A. 总会计师   B. 高级会计师

    C. 注册会计师   D. 助理会计师和会计员

【答案】BD

4. 下列各项中，属于会计工作岗位的是（　　）。（2003 年）

    A. 工资核算岗位   B. 出纳岗位

    C. 成本核算岗位   D. 单位内部审计岗位

【答案】ABC

5. 根据《会计法》的规定，下列各项中，单位出纳人员不得兼任的工作有（　　　）。（2003 年）

A. 稽核　　　　　　　　　　　　B. 会计档案保管

C. 银行存款日记账登记工作　　　D. 费用账目登记工作

【答案】ABD

6. 根据《中华人民共和国会计法》的规定，下列各项中，出纳员不得兼任的工作有（　　　）。（2005、2007 年）

A. 登记收入、支出账目　　　　　B. 登记债权、债务账目

C. 保管会计档案　　　　　　　　D. 保管人事档案

【答案】ABC

（三）判断题

1. 在会计工作交接中，接替会计人员在交接时因疏忽没有发现所接收的会计资料在真实性、完整性方面存在问题，如事后在这方面发现了问题，则应由接替会计人员承担相应法律责任。（2004 年）　　　　　　　　　　　　　　　　　　　　　　　　　　　　（　　　）

【答案】×

2. 移交人对自己经办且已经移交的会计资料的真实性、完整性负责。（2007 年）

（　　　）

【答案】√

3. 出纳人员不得兼任任何账目的登记工作。（2002 年）　　　　　　　（　　　）

【答案】×

4. 单位负责人的直系亲属不得担任本单位会计机构负责人。　　　　　（　　　）

【答案】√

5. 代理记账，是指企业委托有会计资格证书的人员的记账行为。（2001 年）（　　　）

【答案】×

（四）简答题

1. 简述会计交接人员的责任。

2. 简述会计机构负责人的任职资格和会计人员的法定资质。

3. 简述会计机构内部牵制制度的要求和会计人员的法定资质。

4. 简述会计机构负责人的任职资格和回避制度。

（五）案例分析

深圳某证券营业部财务部设财务经理、会计及出纳三个岗位，按照内部牵制制度的要求对出纳的工作进行了如下安排：出纳负责保管现金、登记现金及银行存款日记账，每月月初到开户银行取回银行对账单。财务经理将银行对账单与银行存款日记账核对后编制银行存款余额调节表。2002 年 8 月，由于该营业部总经理调离，新总经理对营业部情况不熟悉，很多事务需要财务经理协助，财务经理因工作繁忙便没有核对 8 ~ 11 月份的银行对账单，也未编制银行存款余额调节表。营业部出纳朱某见财务经理 8 月份未核对银行对账单，便从 9 月份开始挪用营业部资金（以客户提取保证金为名，填写现金支票，自己提现使用）。12 月初，财务经理要其将银行对账单拿来核对，以便编制银行存款余额调节表。朱某见事情败

露，便于当晚潜逃。第二天财务经理发现银行对账单与银行存款日记账不符，便向总公司汇报，经查，发现朱某从9月份挪用第一笔资金开始，3个月累计挪用人民币90万元，港币10万元。由于，朱某所挪用的钱已经基本上挥霍一空，后追捕朱某归案，朱某虽然受到了法律的严厉制裁，但造成的损失已经无法挽回。

试从以上案例讨论会计基础工作的重要性，并讨论企业单位应如何做好会计基础工作。

【相关知识】

注册会计师的四大查账技术

作为一个行业，注册会计师是如何得到市场承认的呢，又是通过什么手段来取得社会的信任的呢？事实上，注册会计师的成功，是与其四大查账技术有关。只要这四大技术运用得当，所有造假的公司无不俯首称臣。这些专门对付假账的"擒拿格斗"的技术，是注册会计师们经过长期摸索、实践、再摸索、再实践，逐步总结出来的。

技术之一：账证核对

注册会计师之所以能够通过会计报表、账册以及凭证的核对，查清已发生的经济事项，并对之下结论，是与其审计对象——当前财务会计的特征分不开的。财务会计的主要特征及账证核对的主要方式是：

1. 原始凭证的要素能够说明经济事项发生的时间、地点、金额、数量以及具体负责的人员。因此，在财务会计中，强调原始凭证要素几乎成为所有国家的法律要求。其目的就是通过要素的牵制，达到能证实已发生经济业务的真实性。因此，只要查对证实账册记录的原始凭证是否存在、要素是否完备，往往就能判定过去的经济业务有否发生。

2. 复式记账能够说明经济事项发生时的来源与去向。自从意大利修道士巴其阿勒在1494年总结出复式记账以来，会计在科学的殿堂中多多少少有了那么一席之地。由于复式记账能清楚地将所发生的经济业务，通过双重记录说明企业资源的来源与去向。因此，熟悉了复式记账，就能随心所欲地将账本所记的内容，转化为已发生的经济业务过程录像。复式记账的科学性，就在于此。

3. 权责发生制会计能够很好地确认应尽的义务与应得的权利，并能较好地将这些权利与义务进行适当的配比。美国会计学会在1940年出版的《公司会计准则结论》一书中，对权责发生制会计是这样论述的："在外行人看来，'成本'表示现金支出，'收入'和'收益'意指收到的现金。但配比概念意义更深。会计并不比较现金收支，而是力量与成就、劳务的获得与提供、所取得的（货物或劳务）价格总计与处理（货物或劳务）的价格总计。所有这些均包含在'成本与收入'和'权责发生制'会计之中"。（P16）因此，权责发生制会计能更正确地将没有收到但权利已获得，或尽管没有支付但义务必须承担的业务也统统包括进去，从而使会计能更真实地反映所有发生过的经济业务。

牢牢掌握现代财务会计三大特征，认认真真地进行账证核对，许多虚假会计信息都会被一一揭穿。由此可见，以会计为媒介而产生的审计业务，造就了注册会计师对会计语言的天生敏感性。以账表核对、账账核对、账证核对为主的查账方法，形成了注册会计师第一大技术。

技术之二：函证与盘点

1939年发生的美国麦克逊、罗宾斯药材公司虚假会计报表案，敲响了仅仅停留在账面审计的警钟。麦克逊、罗宾斯药材公司在熟悉了普华会计师事务所账表核对、账账核对以及账证核对的传统查账方法之后，就开始在账表证上做文章，也就是我们常说的虚开发票与账单。普华会计师事务所在赔偿了 50 万美元之后，总结出了在查账过程中，除了传统的账表核对、账账核对以及账证核对之外，还必须对资产负债表中的所有有形资产进行盘点，对所有的具有权利与义务债权与债务进行函证。于是，注册会计师们就开始有了第二大查账技术：盘点与函证。

在 1999 年的一次研究中，Tradeway 委员会的赞助机构委员会发现，错误的资产计价几乎占所有财务报表舞弊案件数量的一半，而存货高估则构成资产计价舞弊的主要部分。存货计价涉及两个要素：数量和价格。确定现有存货的数量常常比较困难。因为货物总是在不断地被购入和销售，不断地在不同存放地点间转移以及投入生产过程之中。存货单位价格的计算同样可能存在问题。采用先进先出法、后进先出法、平均成本法以及其他的计价方法所计算出来的存货价值将不可避免地存在较大的差异。正因为如此，不诚实的企业常常利用以下几种方法的组合来进行存货造假：虚构不存在的存货，存货数量操纵，不记录存货的购入以及虚假的存货资本化。所有这些精心设计的方案有一个共同的目的，即增加存货的价值。

证实存货数量的最有效途径是对其进行整体盘点。注册会计师执行该程序时，只要稍加注意，就能发现存货舞弊问题。如：（1）管理当局的代表往往跟随注册会计师并记录下测试的结果。因而，审计客户可能将虚构的存货加计到未被测试的项目中，这将错误地增加存货的总体价值。只要注册会计师在每页末端不留空白或注意最后一笔存货的号码，则客户的伎俩就容易被揭穿。（2）在执行盘点测试程序时，注册会计师一般会事先通知客户测试的时间和地点。对于那些有多处存货存放地点的公司，这种预警使管理当局有机会将存货短缺隐藏在那些注册会计师没有检查的存放点。因此，注册会计师也可对没有预先告知的地点，进行临时突击盘点，一般也能收到奇效。（3）有时注册会计师还应执行额外的程序，以进一步检查已经封好的包装箱。这样，虚报存货数量的把戏就容易显形。

另外，应收或应付账款的函证也是检查企业权利与义务的一个非常有效的方法。企业为虚增资产，往往虚构应收账款，而为了低计负债，也往往不列或少列其应付账款。如在 1992 年，一个诈骗者——贝斯特公司的贝莱·明克（Barry Minkow）曾说："对于一个舞弊者来讲，应收账款作假是一个很好的方法，这样做很快就会增加利润。但是它们也表明了一个现象：资金都被冻结在应收账款里了。"而此时如果通过向外界发函询证，一般都能洞穿其把戏。为此，早期的美国会计师协会曾规定：如果注册会计师无法对存货进行盘点，或无法对应收应付款进行函证时，一律不准签发无保留意见审计报告。

可见，尽管财务会计为使其反映的经济业务更真实、更客观，也更便于验证，设计了许多方法与手段：如在发票上印有防伪标志，对账册、凭证进行编号，印制一式多联的单据等。但还是无法防止其通过虚开单据、发票进行造假。无奈之下，注册会计师发明了第二大技术，即对存货与应收应付款进行盘点与函证。通过实际观察与外来凭证，发现并揭穿了某些公司报表造假现象，从而也使得注册会计师的结论更为真实与可靠。因此，盘点与函证成为现代注册会计师查账的第二大技术。

技术之三：内控测试

注册会计师的查账对象是会计的账册凭证。在经济业务相对简单且反映的业务内容不是很多的情况下，注册会计师可以通过翻阅账本作出较有把握的结论。然而，到了 20 世纪之后，随着公司规模的扩大以及业务内容的创新，特别是股份制企业在地域上或业务量上的无限扩张，使得注册会计师所需审核的会计信息越来越宽泛。过去那种依靠传统的逐页核对、逐笔检查的手工方法，既旷日费时，也无法作出质量保证。于是，一些聪明的注册会计师开始将眼光转向了产生这些会计信息的过程。如果在收集、整理、汇总以及核算会计报表过程中，有很好的控制保护措施，那么会计报告的质量也应该是可靠的。而观察会计报告的产生过程，比盲目地逐笔核对，要省时省力得多，也科学得多。于是，注册会计师开始走出舍本求末的误区，关注起与报表信息产生过程有关的内部控制。

所谓的企业内部控制，实质上是为了保证业务活动的有效运行，保护资产的安全和完整，防止、发现、纠正错误和舞弊，保证会计资料的真实、合法、完整而制定和实施的政策与程序。而作为注册会计师，在审计客户之前，对其内部控制主要关注如下两点：

1. 财务报告的可靠性。确保财务报告可靠性的内部控制，直接影响到财务报表和相关的各种认定，从而影响审计目标的实现。如果影响财务报告可靠性的内部控制不健全，财务报表就不太可能符合企业会计准则和有关财务会计法规的要求。因此，注册会计师应关注被审计单位保护资产和记录安全完整的内部控制，关注保证经济业务经过授权、符合既定方针政策和国家法律法规的内部控制。

2. 对各类经济交易的控制。注册会计师特别关心的是对各类经济交易的控制，而不是对会计账户余额的控制。原因在于，会计信息系统的输出结果（会计账户余额）的准确性主要依赖于数据输入和数据处理（经济交易）的准确性。

通过对企业内部控制的调整，注册会计师不仅可以减少盲目的账表核对或函证盘点，而且还可以使审计报告的结论更具准确性。因此，通过评价企业内部控制，找出企业在编制财务报表过程中的薄弱环节，并对之重点审核，已成为注册会计师的第三大技术。

技术之四：比率分析

随着企业业务的不断扩大、被审计对象的资料日益增多，注册会计师们被渐渐淹没在浩瀚的会计信息之中。尽管内部控制的测试与评价，能在某种程度上减轻详细审计所带来的压力，但如何进一步摆脱信息膨胀所引起的审计羁绊，不得不引起注册会计师们的深思。经过对审计对象——会计信息资料的研究，人们发现，在反映企业财务状况的三张财务报表之间，存在着相当多的逻辑关系，这种逻辑关系的变化，会在一定程度上反映企业内在财务变化的真实性。为此，美国注册会计师协会通过不断摸索，总结出一套通过分析财务报表数据来确定审计重点的方法。这一方法，就被称为分析性程序。美国注册会计师协会并将这一方法归纳为审计准则，成为注册会计师们查账的第四大技术。

所谓分析性程序，根据美国审计准则公告（SAS）第56号的解释，是指"由各种财务信息评价组成的，这种信息是通过对财务和非财务资料之间的可能关系的研究而取得"。我国《独立审计具体准则第11号——分析性复核》表述更加具体："分析性复核，是指注册会计师分析被审计单位重要的比率或趋势，包括调查这些比率或趋势的异常变动及其与预期数额和相关信息的差异"。上述定义都直接揭示出分析性程序针对的是数据之间存在的"可能关系"（"预期数额"），通过"可能关系"与实际关系的比较（"异常变动"）发现其中可能存在的问题。

大量研究证实，分析性程序是一种应用十分广泛而且颇为有效的审计方法，尤其在发现和检查财务报告舞弊方面作用相当明显。相当比例的财务报告舞弊的曝光最初缘于分析性程序中发现的线索，而且从大量财务报告舞弊案件事后看，只要实施简单的分析性程序就可以察觉舞弊的端倪（张立民，2001）。美国《Accounting Review》1982（8）年发表文章指出，通过对281项错报的分析，发现采用分析性程序可以查出所有错报的45.6%，82项重大错报的54.9%和非常重大错报的69%。在近期揭露的美国Coated Sales Inc案、ZZZZ贝斯特公司舞弊案和中国的蓝田事件、银广夏事件中，分析性程序皆发挥了独到的功能，当之无愧地成为注册会计师的第四大查账技术。

（资料来源：李若山，周勤业. 中国注册会计师）

附录一

会计基础工作规范

(1996 年 6 月 17 日财政部财会字 19 号发布)

第一章 总 则

第一条 为了加强会计基础工作，建立规范的会计工作秩序，提高会计工作水平，根据《中华人民共和国会计法》的有关规定，制定本规范。

第二条 国家机关、社会团体、企业、事业单位、个体工商户和其他组织的会计基础工作，应当符合本规范的规定。

第三条 各单位应当依据有关法律、法规和本规范的规定，加强会计基础工作，严格执行会计法规制度，保证会计工作依法有序地进行。

第四条 单位领导人对本单位的会计基础工作负有领导责任。

第五条 各省、自治区、直辖市财政厅（局）要加强对会计基础工作的管理和指导，通过政策引导、经验交流、监督检查等措施，促进基层单位加强会计基础工作，不断提高会计工作水平。

国务院各业务主管部门根据职责权限管理本部门的会计基础工作。

第二章 会计机构和会计人员

第一节 会计机构设置和会计人员配备

第六条 各单位应当根据会计业务的需要设置会计机构；不具备单独设置会计机构条件的，应当在有关机构中配备人员。

事业行政单位会计机构的设置和会计人员的配备，应当符合国家统一事业行政单位会计制度的规定。

设置会计机构，应当配备会计机构负责人；在有关机构中配备专职会计人员，应当在专职会计人员中指定会计主管人员。

会计机构负责人、会计主管人员的任免，应当符合《中华人民共和国会计法》和有关法律的规定。

第七条 会计机构负责人、会计主管人员应当具备下列基本条件：

（一）坚持原则，廉洁奉公；

（二）具有会计专业技术资格；

（三）主管一个单位或者单位内一个重要方面的财务会计工作时间不少于 2 年；

（四）熟悉国家财经法律、法规、规章和方针、政策，掌握本行业业务管理的有关知识；

（五）有较强的组织能力；

（六）身体状况能够适应本职工作的要求。

第八条 没有设置会计机构和配备会计人员的单位，应当根据《代理记账管理暂行办法》委托会计师事务所或者持有代理记账许可证书的其他代理记账机构进行代理记账。

第九条　大、中型企业、事业单位、业务主管部门应当根据法律和国家有关规定设置总会计师。总会计师由具有会计师以上专业技术资格的人员担任。

总会计师行使《总会计师条例》规定的职责、权限。

总会计师的任命（聘任）、免职（解聘）依照《总会计师条例》和有关法律的规定办理。

第十条　各单位应当根据会计业务需要配备持有会计证的会计人员。未取得会计证的人员，不得从事会计工作。

第十一条　各单位应当根据会计业务需要设置会计工作岗位。

会计工作岗位一般可分为：会计机构负责人或者会计主管人员，出纳，财产物资核算，工资核算，成本费用核算；财务成果核算，资金核算，往来结算，总账报表，稽核，档案管理等。开展会计电算化和管理会计的单位，可以根据需要设置相应工作岗位，也可以与其他工作岗位相结合。

第十二条　会计工作岗位，可以一人一岗、一人多岗或者一岗多人。但出纳人员不得兼管稽核、会计档案保管和收入、费用、债权债务账目的登记工作。

第十三条　会计人员的工作岗位应当有计划地进行轮换。

第十四条　会计人员应当具备必要的专业知识和专业技能，熟悉国家有关法律、法规、规章和国家统一会计制度，遵守职业道德。

会计人员应当按照国家有关规定参加会计业务的培训。各单位应当合理安排会计人员的培训，保证会计人员每年有一定时间用于学习和参加培训。

第十五条　各单位领导人应当支持会计机构、会计人员依法行使职权；对忠于职守，坚持原则，做出显著成绩的会计机构、会计人员，应当给予精神的和物质的奖励。

第十六条　国家机关、国有企业、事业单位任用会计人员应当实行回避制度。

单位领导人的直系亲属不得担任本单位的会计机构负责人、会计主管人员。会计机构负责人，会计主管人员的直系亲属不得在本单位会计机构中担任出纳工作。

需要回避的直系亲属为：夫妻关系、直系血亲关系、三代以内旁系血亲以及配偶亲关系。

第二节　会计人员职业道德

第十七条　会计人员在会计工作中应当遵守职业道德，树立良好的职业品质、严谨的工作作风，严守工作纪律，努力提高工作效率和工作质量。

第十八条　会计人员应当热爱本职工作，努力钻研业务，使自己的知识和技能适应所从事工作的要求。

第十九条　会计人员应当熟悉财经法律、法规、规章和国家统一会计制度，并结合会计工作进行广泛宣传。

第二十条　会计人员应当按照会计法律、法规和国家统一会计制度规定的程序和要求进行会计工作，保证所提供的会计信息合法、真实、准确、及时、完整。

第二十一条　会计人员办理会计事务应当实事求是、客观公正。

第二十二条　会计人员应当熟悉本单位的生产经营和业务管理情况，运用掌握的会计信息和会计方法，为改善单位内部管理、提高经济效益服务。

第二十三条　会计人员应当保守本单位的商业秘密。除法律规定和单位领导人同意外，不能私自向外界提供或者泄露单位的会计信息。

第二十四条　财政部门、业务主管部门和各单位应当定期检查会计人员遵守职业道德的情况，并作为会计人员晋升、晋级、聘任专业职务、表彰奖励的重要考核依据。

会计人员违反职业道德的，由所在单位进行处罚；情节严重的，由会计证发证机关吊销其会计证。

第三节　会计工作交接

第二十五条　会计人员工作调动或者因故离职，必须将本人所经管的会计工作全部移交给接替人员。没有办清交接手续的，不得调动或者离职。

第二十六条　接替人员应当认真接管移交工作，并继续办理移交的未了事项。

第二十七条　会计人员办理移交手续前，必须及时做好以下工作：

（一）已经受理的经济业务尚未填制会计凭证的，应当填制完毕。

（二）尚未登记的账目，应当登记完毕，并在最后一笔余额后加盖经办人员印章。

（三）整理应该移交的各项资料，对未了事项写出书面材料。

（四）编制移交清册，列明应当移交的会计凭证、会计账簿、会计报表、印章、现金、有价证券、支票簿、发票、文件、其他会计资料和物品等内容；实行会计电算化的单位，从事该项工作的移交人员还应当在移交清册中列明会计软件及密码、会计软件数据磁盘（磁带等）及有关资料、实物等内容。

第二十八条　会计人员办理交接手续，必须有监交人负责监交。一般会计人员交接，由单位会计机构负责人、会计主管人员负责监交；会计机构负责人、会计主管人员交接，由单位领导人负责监交，必要时可由上级主管部门派人会同监交。

第二十九条　移交人员在办理移交时，要按移交清册逐项移交；接替人员要逐项核对点收。

（一）现金、有价证券要根据会计账簿有关记录进行点交。库存现金、有价证券必须与会计账簿记录保持一致。不一致时，移交人员必须限期查清。

（二）会计凭证、会计账簿、会计报表和其他会计资料必须完整无缺。如有短缺，必须查清原因，并在移交清册中注明，由移交人员负责。

（三）银行存款账户余额要与银行对账单核对，如不一致，应当编制银行存款余额调节表调节相符，各种财产物资和债权债务的明细账户余额要与总账有关账户余额核对相符；必要时，要抽查个别账户的余额，与实物核对相符，或者与往来单位、个人核对清楚。

（四）移交人员经管的票据、印章和其他实物等，必须交接清楚；移交人员从事会计电算化工作的，要对有关电子数据在实际操作状态下进行交接。

第三十条　会计机构负责人、会计主管人员移交时，还必须将全部财务会计工作、重大财务收支和会计人员的情况等，向接替人员详细介绍。对需要移交的遗留问题，应当写出书面材料。

第三十一条　交接完毕后，交接双方和监交人员要在移交注册上签名或者盖章，并应在移交注册上注明：单位名称，交接日期，交接双方和监交人员的职务、姓名，移交清册页数以及需要说明的问题和意见等。

移交清册一般应当填制一式三份，交接双方各执一份，存档一份。

第三十二条　接替人员应当继续使用移交的会计账簿，不得自行另立新账，以保持会计记录的连续性。

第三十三条　会计人员临时离职或者因病不能工作且需要接替或者代理的，会计机构负责人、会计主管人员或者单位领导人必须指定有关人员接替或者代理，并办理交接手续。

临时离职或者因病不能工作的会计人员恢复工作的，应当与接替或者代理人员办理交接手续。

移交人员因病或者其他特殊原因不能亲自办理移交的，经单位领导人批准，可由移交人员委托他人代办移交，但委托人应当承担本规范第三十五条规定的责任。

第三十四条　单位撤销时，必须留有必要的会计人员，会同有关人员办理清理工作，编制决算。未移交前，不得离职。接收单位和移交日期由主管部门确定。

单位合并、分立的，其会计工作交接手续比照上述有关规定办理。

第三十五条　移交人员对所移交的会计凭证、会计账簿、会计报表和其他有关资料的合法性、真实性承担法律责任。

第三章　会计核算

第一节　会计核算一般要求

第三十六条　各单位应当按照《中华人民共和国会计法》和国家统一会计制度的规定建立会计账册，进行会计核算，及时提供合法、真实、准确、完整的会计信息。

第三十七条　各单位发生的下列事项，应当及时办理会计手续、进行会计核算：

（一）款项和有价证券的收付；

（二）财物的收发、增减和使用；

（三）债权债务的发生和结算；

（四）资本、基金的增减；

（五）收入、支出、费用、成本的计算；

（六）财务成果的计算和处理；

（七）其他需要办理会计手续、进行会计核算的事项。

第三十八条　各单位的会计核算应当以实际发生的经济业务为依据，按照规定的会计处理方法进行，保证会计指标的口径一致、相互可比和会计处理方法的前后各期相一致。

第三十九条　会计年度自公历1月1日起至12月31日止。

第四十条　会计核算以人民币为记账本位币。

收支业务以外国货币为主的单位，也可以选定某种外国货币作为记账本位市，但是编制的会计报表应当折算为人民币反映。

境外单位向国内有关部门编报的会计报表，应当折算为人民币反映。

第四十一条　各单位根据国家统一会计制度的要求，在不影响会计核算要求、会计报表指标汇总和对外统一会计报表的前提下，可以根据实际情况自行设置和使用会计科目。

事业行政单位会计科目的设置和使用，应当符合国家统一事业行政单位会计制度的规定。

第四十二条　会计凭证、会计账簿、会计报表和其他会计资料的内容和要求必须符合国家统一会计制度的规定，不得伪造、变造会计凭证和会计账簿，不得设置账外账，不得报送虚假会计报表。

第四十三条 各单位对外报送的会计报表格式由财政部统一规定。

第四十四条 实行会计电算化的单位，对使用的会计软件及其生成的会计凭证、会计账簿。会计报表和其他会计资料的要求，应当符合财政部关于会计电算化的有关规定。

第四十五条 各单位的会计凭证、会计账簿、会计报表和其他会计资料，应当建立档案，妥善保管。会计档案建档要求、保管期限、销毁办法等依据《会计档案管理办法》的规定进行。

实行会计电算化的单位，有关电子数据、会计软件资料等应当作为会计档案进行管理。

第四十六条 会计记录的文字应当使用中文，少数民族自治地区可以同时使用少数民族文字。中国境内的外商投资企业、外国企业和其他外国经济组织也可以同时使用某种外国文字。

第二节 填制会计凭证

第四十七条 各单位办理本规范第三十七条规定的事项，必须取得或者填制原始凭证，并及时送交会计机构。

第四十八条 原始凭证的基本要求是：

（一）原始凭证的内容必须具备：凭证的名称；填制凭证的日期；填制凭证单位名称或者填制人姓名；经办人员的签名或者盖章；接受凭证单位名称；经济业务内容；数量、单价和金额。

（二）从外单位取得的原始凭证，必须盖有填制单位的公章；从个人取得的原始凭证，必须有填制人员的签名或者盖章。自制原始凭证必须有经办单位领导人或者其指定的人员签名或者盖章。对外开出的原始凭证，必须加盖本单位公章。

（三）凡填有大写和小写金额的原始凭证，大写与小写金额必须相符。购买实物的原始凭证，必须有验收证明。支付款项的原始凭证。必须有收款单位和收款人的收款证明。

（四）一式几联的原始凭证，应当注明各联的用途，只能以一联作为报销凭证。

一式几联的发票和收据，必须用双面复写纸（发票和收据本身具备复写纸功能的除外）套写，并连续编号。作废时应当加盖"作废"戳记，连同存根一起保存，不得撕毁。

（五）发生销货退回的，除填制退货发票外，还必须有退货验收证明；退款时，必须取得对方的收款收据或者汇款银行的凭证，不得以退货发票代替收据。

（六）职工公出借款凭据，必须附在记账凭证之后。收回借款时，应当另开收据或者退还借据副本，不得退还原借款收据。

（七）经上级有关部门批准的经济业务，应当将批准文件作为原始凭证附件：如果批准文件需要单独归档的，应当在凭证上注明批准机关名称、日期和文件字号。

第四十九条 原始凭证不得涂改、挖补。发现原始凭证有错误的，应当由开出单位重开或者更正，更正处应当加盖开出单位的公章。

第五十条 会计机构、会计人员要根据审核无误的原始凭证填制记账凭证。

记账凭证可以分为收款凭证、付款凭证和转账凭证，也可以使用通用记账凭证。

第五十一条 记账凭证的基本要求是：

（一）记账凭证的内容必须具备：填制凭证的日期；凭证编号；经济业务摘要；会计科目；金额；所附原始凭证张数；填制凭证人员、稽核人员、记账人员、会计机构负责人、会计主管人员签名或者盖章。收款和付款记账凭证还应当由出纳人员签名或者盖章。

以自制的原始凭证或者原始凭证汇总表代替记账凭证的，也必须具备记账凭证应有的项目。

（二）填制记账凭证时，应当对记账凭证进行连续编号。一笔经济业务需要填制两张以上记账凭证的，可以采用分数编号法编号。

（三）记账凭证可以根据每一张原始凭证填制，或者根据若干张同类原始凭证汇总填制，也可以根据原始凭证汇总表填制。但不得将不同内容和类别的原始凭证汇总填制在一张记账凭证上。

（四）除结账和更正错误的记账凭证可以不附原始凭证外，其他记账凭证必须附有原始凭证。如果一张原始凭证涉及几张记账凭证，可以把原始凭证附在一张主要的记账凭证后面，并在其他记账凭证上注明附有该原始凭证的记账凭证的编号或者附原始凭证复印件。一张原始凭证所列支出需要几个单位共同负担的，应当将其他单位负担的部分，开给对方原始凭证分割单，进行结算。原始凭证分割单必须具备原始凭证的基本内容：凭证名称、填制凭证日期、填制凭证单位名称或者填制人姓名、经办人的签名或者盖章、接受凭证单位名称、经济业务内容、数量、单价、金额和费用分摊情况等。

（五）如果在填制记账凭证时发生错误，应当重新填制。

已经登记入账的记账凭证，在当年内发现填写错误时，可以用红字填写一张与原内容相同的记账凭证，在摘要栏注明"注销某月某日某号凭证"字样，同时再用蓝字重新填制一张正确的记账凭证，注明"订正某月某日某号凭证"字样。如果会计科目没有错误，只是金额错误，也可以将正确数字与错误数字之间的差额，另编一张调整的记账凭证，调增金额用蓝字，调减金额用红字。发现以前年度记账凭证有错误的，应当用蓝字填制一张更正的记账凭证。

（六）记账凭证填制完经济业务事项后，如有空行，应当自金额栏最后一笔金额数字下的空行处至合计数上的空行处划线注销。

第五十二条 填制会计凭证，字迹必须清晰、工整，并符合下列要求：

（一）阿拉伯数字应当一个一个地写，不得连笔写。阿拉伯金额数字前面应当书写货币币种符号或者货币名称简写和币种符号。币种符号与阿拉伯金额数字之间不得留有空白。凡阿拉伯数字前写有币种符号的，数字后面不再写货币单位。

（二）所有以元为单位（其他货币种类为货币基本单位，下同）的阿拉伯数字，除表示单价等情况外，一律填写到角分；无角分的，角位和分位可写"00"，或者符号"—"；有角无分的，分位应当写"0"，不得用符号"—"代替。

（三）汉字大写数字金额如零、壹、贰、叁、肆、伍、陆、柒、捌、玖、拾、佰、仟、万、亿等，一律用正楷或者行书体书写，不得用〇、一、二、三、四、五、六、七、八、九、十等简化字代替，不得任意自造简化字。大写金额数字到元或者角为止的，在"元"或者"角"字之后应当写"整"字或者"正"字；大写金额数字有分的，分字后面不写"整"或者"正"字。

（四）大写金额数字前未印有货币名称的，应当加填货币名称，货币名称与金额数字之间不得留有空白。

（五）阿拉伯金额数字中间有"0"时，汉字大写金额要写"零"字；阿拉伯数字金额中间连续有几个"0"时，汉字大写金额中可以只写一个"零"字；阿拉伯金额数字元位是

"0"，或者数字中间连续有几个"0"、元位也是"0"但角位不是"0"时，汉字大写金额可以只写一个"零"字，也可以不写"零"字。

第五十三条 实行会计电算化的单位，对于机制记账凭证，要认真审核，做到会计科目使用正确，数字准确无误。打印出的机制记账凭证要加盖制单人员、审核人员、记账人员及会计机构负责人、会计主管人员印章或者签字。

第五十四条 各单位会计凭证的传递程序应当科学、合理，具体办法由各单位根据会计业务需要自行规定。

第五十五条 会计机构、会计人员要妥善保管会计凭证。

（一）会计凭证应当及时传递，不得积压。

（二）会计凭证登记完毕后，应当按照分类和编号顺序保管，不得散乱丢失。

（三）记账凭证应当连同所附的原始凭证或者原始凭证汇总表，按照编号顺序，折叠整齐，按期装订成册，并加具封面，注明单位名称、年度、月份和起讫日期、凭证种类、起讫号码，由装订人在装订线封签外签名或者盖章。

对于数量过多的原始凭证，可以单独装订保管，在封面上注明记账凭证日期、编号、种类，同时在记账凭证上注明"附件另订"和原始凭证名称及编号。

各种经济合同、存出保证金收据以及涉外文件等重要原始凭证，应当另编目录，单独登记保管，并在有关的记账凭证和原始凭证上相互注明日期和编号。

（四）原始凭证不得外借，其他单位如因特殊原因需要使用原始凭证时，经本单位会计机构负责人、会计主管人员批准，可以复制。向外单位提供的原始凭证复制件，应当在专设的登记簿上登记，并由提供人员和收取人员共同签名或者盖章。

（五）从外单位取得的原始凭证如有遗失，应当取得原开出单位盖有公章的证明，并注明原来凭证的号码、金额和内容等，由经办单位会计机构负责人、会计主管人员和单位领导人批准后，才能代作原始凭证。如果确实无法取得证明的，如火车、轮船、飞机票等凭证，由当事人写出详细情况，由经办单位会计机构负责人、会计主管人员和单位领导人批准后，代作原始凭证。

第三节 登记会计账簿

第五十六条 各单位应当按照国家统一会计制度的规定和会计业务的需要设置会计账簿。会计账簿包括总账、明细账、日记账和其他辅助性账簿。

第五十七条 现金日记账和银行存款日记账必须采用订本式账簿。不得用银行对账单或者其他方法代替日记账。

第五十八条 实行会计电算化的单位，用计算机打印的会计账簿必须连续编号，经审核无误后装订成册，并由记账人员和会计机构负责人、会计主管人员签字或者盖章。

第五十九条 启用会计账簿时，应当在账簿封面上写明单位名称和账簿名称。在账簿扉页上应当附启用表，内容包括：启用日期、账簿页数、记账人员和会计机构负责人、会计主管人员姓名，并加盖名章和单位公章。记账人员或者会计机构负责人、会计主管人员调动工作时，应当注明交接日期、接办人员或者监交人员姓名，并由交接双方人员签名或者盖章。

启用订本式账簿，应当从第一页到最后一页顺序编定页数，不得跳页、缺号。使用活页式账页，应当按账户顺序编号，并须定期装订成册。装订后再接实际使用的账页顺序编定页码。另加目录，记明每个账户的名称和页次。

第六十条　会计人员应当根据审核无误的会计凭证登记会计账簿。登记账簿的基本要求是：

（一）登记会计账簿时，应当将会计凭证日期、编号、业务内容摘要、金额和其他有关资料逐项记入账内；做到数字准确、摘要清楚、登记及时、字迹工整。

（二）登记完毕后，要在记账凭证上签名或者盖章，并注明已经登账的符号，表示已经记账。

（三）账簿中书写的文字和数字上面要留有适当空格，不要写满格；一般应占格距的二分之一。

（四）登记账簿要用蓝黑墨水或者碳素墨水书写，不得使用圆珠笔（银行的复写账簿除外）或者铅笔书写。

（五）下列情况，可以用红色墨水记账：

1. 按照红字冲账的记账凭证，冲销错误记录；

2. 在不设借贷等栏的多栏式账页中，登记减少数；

3. 在三栏式账户的余额栏前，如未印明余额方向的，在余额栏内登记负数余额；

4. 根据国家统一会计制度的规定可以用红字登记的其他会计记录。

（六）各种账簿按页次顺序连续登记，不得跳行、隔页。如果发生跳行、隔页，应当将空行、空页划线注销，或者注明"此行空白"、"此页空白"字样，并由记账人员签名或者盖章。

（七）凡需要结出余额的账户，结出余额后。应当在"借或贷"等栏内写明"借"或者"贷"等字样。没有余额的账户，应当在"借或贷"等栏内写"平"字，并在余额栏内用"0"表示。

现金日记账和银行存款日记账必须逐日结出余额。

（八）每一账页登记完毕结转下页时，应当结出本页合计数及余额，写在本页最后一行和下页第一行有关栏内，并在摘要栏内注明"过次页"和"承前页"字样；也可以将本页合计数及金额只写在下页第一行有关栏内，并在摘要栏内注明"承前页"字样。

对需要结计本月发生额的账户，结计"过次页"的本页合计数应当为自本月初起至本页末止的发生额合计数；对需要结计本年累计发生额的账户，结计"过次页"的本页合计数应当为自年初起至本页末止的累计数；对既不需要结计本月发生额也不需要结计本年累计发生额的账户，可以只将每页末的余额结转次页。

第六十一条　实行会计电算化的单位，总账和明细账应当定期打印。

发生收款和付款业务的，在输入收款凭证和付款凭证的当天必须打印出现金日记账和银行存款日记账，并与库存现金核对无误。

第六十二条　账簿记录发生错误，不准涂改、挖补、刮擦或者用药水消除字迹，不准重新抄写，必须按照下列方法进行更正：

（一）登记账簿时发生错误，应当将错误的文字或者数字划红线注销，但必须使原有字迹仍可辨认；然后在划线上方填写正确的文字或者数字，并由记账人员在更正处盖章。对于错误的数字，应当全部划红线更正，不得只更正其中的错误数字。对于文字错误，可只划去错误的部分。

（二）由于记账凭证错误而使账簿记录发生错误，应当按更正的记账凭证登记账簿。

第六十三条 各单位应当定期对会计账簿记录的有关数字与库存实物、货币资金、有价证券、往来单位或者个人等进行相互核对，保证账证相符、账账相符、账实相符。对账工作每年至少进行一次。

（一）账证核对。核对会计账簿记录与原始凭证、记账凭证的时间、凭证字号、内容、金额是否一致，记账方向是否相符。

（二）账账核对。核对不同会计账簿之间的账簿记录是否相符，包括：总账有关账户的余额核对，总账与明细账核对，总账与日记账核对，会计部门的财产物资明细账与财产物资保管和使用部门的有关明细账核对等。

（三）账实核对。核对会计账簿记录与财产等实有数额是否相符。包括：现金日记账账面余额与现金实际库存数相核对；银行存款日记账账面余额定期与银行对账单相核对；各种财物明细账账面余额与财物实存数额相核对；各种应收、应付款明细账账面余额与有关债务、债权单位或者个人核对等。

第六十四条 各单位应当按照规定定期结账。

（一）结账前，必须将本期内所发生的各项经济业务全部登记入账。

（二）结账时，应当结出每个账户的期末余额。需要结出当月发生额的，应当在摘要栏内注明"本月合计"字样，并在下面通栏划单红线。需要结出本年累计发生额的，应当在摘要栏内注明"本年累计"字样，并在下面通栏划单红线；12 月末的"本年累计"就是全年累计发生额。全年累计发生额下面应当通栏划双红线。年度终了结账时，所有总账账户都应当结出全年发生额和年末余额。

（三）年度终了，要把各账户的余额结转到下一会计年度，并在摘要栏注明"结转下年"字样；在下一会计年度新建有关会计账簿的第一行余额栏内填写上年结转的余额，并在摘要栏注明"上年结转"字样。

第四节 编制财务报告

第六十五条 各单位必须按照国家统一会计制度的规定，定期编制财务报告。财务报告包括会计报表及其说明。会计报表包括会计报表主表、会计报表附表、会计报表附注。

第六十六条 各单位对外报送的财务报告应当根据国家统一会计制度规定的格式和要求编制。

单位内部使用的财务报告，其格式和要求由各单位自行规定。

第六十七条 会计报表应当根据登记完整、核对无误的会计账簿记录和其他有关资料编制，做到数字真实、计算准确、内容完整、说明清楚。

任何人不得篡改或者授意、指使、强令他人篡改会计报表的有关数字。

第六十八条 会计报表之间、会计报表各项目之间，凡有对应关系的数字，应当相互一致。本期会计报表与上期会计报表之间有关的数字应当相互衔接。如果不同会计年度会计报表中各项目的内容和核算方法有变更的，应当在年度会计报表中加以说明。

第六十九条 各单位应当按照国家统一会计制度的规定认真编写会计报表附注及其说明，做到项目齐全，内容完整。

第七十条 各单位应当按照国家规定的期限对外报送财务报告。

对外报送的财务报告，应当依次编定页码，加具封面，装订成册，加盖公章。封面上应当注明：单位名称，单位地址，财务报告所属年度、季度、月度，送出日期，并由单位领导人、总会计师、会计机构负责人、会计主管人员签名或者盖章。

单位领导人对财务报告的合法性、真实性负法律责任。

第七十一条 根据法律和国家有关规定应当对财务报告进行审计的，财务报告编制单位应当先行委托注册会计师进行审计，并将注册会计师出具的审计报告随同财务报告按照规定的期限报送有关部门。

第七十二条 如果发现对外报送的财务报告有错误，应当及时办理更正手续。除更正本单位留存的财务报告外，并应同时通知接受财务报告的单位更正。错误较多的，应当重新编报。

第四章 会计监督

第七十三条 各单位的会计机构、会计人员对本单位的经济活动进行会计监督。

第七十四条 会计机构、会计人员进行会计监督的依据是：

（一）财经法律、法规、规章；

（二）会计法律、法规和国家统一会计制度；

（三）各省、自治区、直辖市财政厅（局）和国务院业务主管部门根据《中华人民共和国会计法》和国家统一会计制度制定的具体实施办法或者补充规定；

（四）各单位根据《中华人民共和国会计法》和国家统一会计制度制定的单位内部会计管理制度；

（五）各单位内部的预算、财务计划、经济计划、业务计划。

第七十五条 会计机构、会计人员应当对原始凭证进行审核和监督。

对不真实、不合法的原始凭证，不予受理。对弄虚作假、严重违法的原始凭证，在不予受理的同时，应当予以扣留，并及时向单位领导人报告，请求查明原因，追究当事人的责任。

对记载不明确、不完整的原始凭证，予以退回，要求经办人员更正、补充。

第七十六条 会计机构、会计人员对伪造、变造、故意毁灭会计账簿或者账外设账行为，应当制止和纠正；制止和纠正无效的，应当向上级主管单位报告，请求作出处理。

第七十七条 会计机构、会计人员应当对实物、款项进行监督，督促建立并严格执行财产清查制度。发现账簿记录与实物、款项不符时，应当按照国家有关规定进行处理。超出会计机构、会计人员职权范围的，应当立即向本单位领导报告，请求查明原因，作出处理。

第七十八条 会计机构、会计人员对指使、强令编造、篡改财务报告行为，应当制止和纠正；制止和纠正无效的，应当向上级主管单位报告，请求处理。

第七十九条 会计机构、会计人员应当对财务收支进行监督。

（一）对审批手续不全的财务收支，应当退回，要求补充、更正。

（二）对违反规定不纳入单位统一会计核算的财务收支，应当制止和纠正。

（三）对违反国家统一的财政、财务、会计制度规定的财务收支，不予办理。

（四）对认为是违反国家统一的财政、财务、会计制度规定的财务收支。应当制止和纠正；制止和纠正无效的，应当向单位领导人提出书面意见请求处理。

单位领导人应当在接到书面意见起十日内作出书面决定，并对决定承担责任。

（五）对违反国家统一的财政、财务、会计制度规定的财务收支，不予制止和纠正，又不向单位领导人提出书面意见的；也应当承担责任。

（六）对严重违反国家利益和社会公众利益的财务收支，应当向主管单位或者财政、审计、税务机关报告。

第八十条 会计机构、会计人员对违反单位内部会计管理制度的经济活动，应当制止和纠正；制止和纠正无效的，向单位领导人报告，请求处理。

第八十一条 会计机构、会计人员应当对单位制定的预算、财务计划、经济计划、业务计划的执行情况进行监督。

第八十二条 各单位必须依照法律和国家有关规定接受财政、审计、税务等机关的监督，如实提供会计凭证、会计账簿、会计报表和其他会计资料以及有关情况、不得拒绝、隐匿、谎报。

第八十三条 按照法律规定应当委托注册会计师进行审计的单位，应当委托注册会计师进行审计，并配合注册会计师的工作，如实提供会计凭证、会计账簿、会计报表和其他会计资料以及有关情况，不得拒绝、隐匿、谎报；不得示意注册会计师出具不当的审计报告。

第五章　内部会计管理制度

第八十四条 各单位应当根据《中华人民共和国会计法》和国家统一会计制度的规定，结合单位类型和内容管理的需要，建立健全相应的内部会计管理制度。

第八十五条 各单位制定内部会计管理制度应当遵循下列原则：

（一）应当执行法律、法规和国家统一的财务会计制度。

（二）应当体现本单位的生产经营、业务管理的特点和要求。

（三）应当全面规范本单位的各项会计工作，建立健全会计基础，保证会计工作的有序进行。

（四）应当科学、合理，便于操作和执行。

（五）应当定期检查执行情况。

（六）应当根据管理需要和执行中的问题不断完善。

第八十六条 各单位应当建立内部会计管理体系。主要内容包括：单位领导人、总会计师对会计工作的领导职责；会计部门及其会计机构负责人、会计主管人员的职责、权限；会计部门与其他职能部门的关系；会计核算的组织形式等。

第八十七条 各单位应当建立会计人员岗位责任制度。主要内容包括：会计人员的工作岗位设置；会计工作岗位的职责和标准；各会计工作岗位的人员和具体分工；会计工作岗位轮换办法；对各会计工作岗位的考核办法。

第八十八条 各单位应当建立账务处理程序制度。主要内容包括：会计科目及其明细科目的设置和使用；会计凭证的格式、审核要求和传递程序；会计核算方法；会计账簿的设置；编制会计报表的种类和要求；单位会计指标体系。

第八十九条 各单位应当建立内部牵制制度。主要内容包括：内部牵制制度的原则；组织分工；出纳岗位的职责和限制条件；有关岗位的职责和权限。

第九十条 各单位应当建立稽核制度。主要内容包括：稽核工作的组织形式和具体分工；稽核工作的职责、权限；审核会计凭证和复核会计账簿、会计报表的方法。

第九十一条 各单位应当建立原始记录管理制度。主要内容包括：原始记录的内容和填制方法；原始记录的格式；原始记录的审核；原始记录填制人的责任；原始记录签署；传递、汇集要求。

第九十二条　各单位应当建立定额管理制度。主要内容包括：定额管理的范围；制定和修订定额的依据、程序和方法；定额的执行；定额考核和奖惩办法等。

第九十三条　各单位应当建立计量验收制度。主要内容包括：计量检测手段和方法；计量验收管理的要求；计量验收人员的责任和奖惩办法。

第九十四条　各单位应当建立财产清查制度。主要内容包括：财产清查的范围；财产清查的组织；财产清查的期限和方法；对财产清查中发现问题的处理办法；对财产管理人员的奖惩办法。

第九十五条　各单位应当建立财务收支审批制度。主要内容包括：财务收支审批人员和审批权限；财务收支审批程序；财务收支审批人员的责任。

第九十六条　实行成本核算的单位应当建立成本核算制度。主要内容包括：成本核算的对象；成本核算的方法和程序；成本、分析等。

第九十七条　各单位应当建立财务会计分析制度。主要内容包括：财务会计分析的主要内容；财务会计分析的基本要求和组织程序；财务会计分析的具体方法；财务会计分析报告的编写要求等。

第六章　附　则

第九十八条　本规范所称国家统一会计制度，是指由财政部制定，或者财政部与国务院有关部门联合制定，或者经财政部审核批准的在全国范围内统一执行的会计规章、准则、办法等规范性文件。

本规范所称会计主管人员，是指不设置会计机构、只在其他机构中设置专职会计人员的单位行使会计机构负责人职权的人员。

本规范第三章第二节和第三节关于填制会计凭证、登记会计账簿的规定，除特别指出外，一般适用于手工记账。实行会计电算化的单位，填制会计凭证和登记会计账簿的有关要求，应当符合财政部关于会计电算化的有关规定。

第九十九条　各省、自治区、直辖市财政厅（局）、国务院各业务主管部门可以根据本规范的原则，结合本地区、本部门的具体情况，制定具体实施办法，报财政部备案。

第一百条　本规范由财政部负责解释、修改。

第一百零一条　本规范自公布之日起实施。1984年4月24日财政部发布的《会计人员工作规则》同时废止。

附录二

会计基础应试指南——上机考试多项选择题

1. 传统会计分为（　　）。
   A. 财务会计　　　　　　　　　　B. 成本会计
   C. 管理会计　　　　　　　　　　D. 电算化会计

2. 下列属于会计核算具体方法的是（　　）。
   A. 登记账簿　　　　　　　　　　B. 成本计算
   C. 财产清查　　　　　　　　　　D. 编制报表

3. 会计基本假设包括（　　）。
   A. 会计主体　　　　　　　　　　B. 持续经营
   C. 会计分期　　　　　　　　　　D. 货币计量

4. 可靠性要求做到（　　）。
   A. 内容完整　　　　　　　　　　B. 数字准确
   C. 资料可靠　　　　　　　　　　D. 对应关系清楚

5. 会计计量的属性包括（　　）。
   A. 历史成本　　　　　　　　　　B. 重置成本
   B. 可变现净值　　　　　　　　　D. 现值

6. 下列属于非流动资产的是（　　）。
   A. 固定资产　　　　　　　　　　B. 应收账款
   C. 无形资产　　　　　　　　　　D. 银行存款

7. 对于负债类账户，下列说法正确的是（　　）。
   A. 借方登记增加数，贷方登记减少数　　B. 借方登记减少数，贷方登记增加数
   C. 期末余额一般为借方余额　　　　　　D. 期末余额一般为贷方余额

8. 记账方法按记账方式的不同，可以分为（　　）。
   A. 借贷记账法　　　　　　　　　B. 单式记账法
   C. 复式记账法　　　　　　　　　D. 增减记账法

9. 会计分录的内容包括（　　）。
   A. 经济业务内容摘要　　　　　　B. 账户名称
   C. 经济业务发生额　　　　　　　D. 应借应贷方向

10. 会计凭证按照编制的程序和用途不同，可分为（　　）。
    A. 记账凭证　　　　　　　　　　B. 原始凭证
    C. 汇总凭证　　　　　　　　　　D. 累计凭证

11. 下列不属于原始凭证必须具备的内容的有（　　）。
    A. 记账符号　　　　　　　　　　B. 接受凭证单位的名称
    C. 经办人员的签名或者盖章　　　D. 接受凭证单位的单位编号

12. 下列人员中，应在记账凭证上签章的有（　　）。

302

A. 单位负责人 B. 会计主管

C. 记账人员 D. 制单人员

13. 按账页格式分类,会计账簿可以分为(　　)。

A. 两栏式账簿 B. 三栏式账簿

C. 多栏式账簿 D. 数量金额式账簿

14. 账页的主要内容应当包括(　　)。

A. 账户名称 B. 登记账簿的日期栏

C. 记账凭证的种类和号数栏 D. 摘要栏和金额栏

15. 如果账簿按照账页格式分类,(　　)适合作为现金日记账使用。

A. 三栏式 B. 多栏式

C. 订本账 D. 特种日记账

16. 根据管理要求及明细分类账反映的经济内容,明细分类账的格式主要有(　　)。

A. 三栏式 B. 多栏式

C. 数量金额式 D. 平行式

17. 账簿记录如果发生错误,可以用的方法有(　　)。

A. 重新抄写 B. 划线更正法

C. 红字更正法 D. 补充登记法

18. 下列属于年结的内容的有(　　)。

A. 全年借方发生额合计 B. 全年贷方发生额合计

C. 结出本年发生额及余额 D. 更换新账

19. 下列账簿应每年更换一次的是(　　)。

A. 总账 B. 日记账

C. 多数明细账 D. 备查账簿

20. 单位在设计企业账务处理程序时,应符合(　　)。

A. 要适合本单位特点,满足会计核算的要求

B. 要有利于及时、准确反映本单位经济活动情况

C. 要有利于提高会计工作效率

D. 有利于满足会计信息使用者的需要

21. 包括账实不符的原因主要有(　　)。

A. 会计账簿漏记、重记、错记 B. 财产物资的自然损耗、收发计量错误

C. 财产物资的毁损、被盗 D. 未达账项

22. 全面清查的对象包括(　　)。

A. 货币资金 B. 财产物资

C. 债权债务 D. 无形资产

23. 在银行存款对账中,未达账项包括(　　)。

A. 银行已收款入账企业未收款入账 B. 企业未付款入账银行已付款入账

C. 企业未付款入账银行也未付款入账 D. 银行已收款入账企业也收款入账

24. 现金的使用范围包括(　　)。

A. 职工工资 B. 个人劳动报酬

C. 各种奖金 D. 零星支出

25. 下列 (　　) 属于库存现金支出。
　　A. 购买零星办公用品 B. 向职工支付工资
　　C. 办理差旅费报销 D. 报销支出

26. 银行存款的管理包括 (　　)。
　　A. 严格执行国家有关规定 B. 建立健全银行存款的内部控制制度
　　C. 限额管理 D. 签章程序

27. 下面属于银行结算方式的是 (　　)。
　　A. 银行汇票 B. 银行本票
　　C. 商业汇票 D. 汇兑

28. 银行本票按其金额是否固定可分为 (　　)。
　　A. 定额银行本票 B. 不定额银行本票
　　C. 银行承兑本票 D. 商业承兑本票

29. 下列符合支票管理规定的是 (　　)。
　　A. 现金支票可以提取现金
　　B. 支票金额必须在付款单位的存款余额内
　　C. 不得出租、出借支票
　　D. 特殊情况可开空头支票

30. 汇兑可以分为 (　　)。
　　A. 信汇 B. 电汇
　　C. 票汇 D. 承兑

31. 委托收款可分为 (　　)。
　　A. 信汇 B. 电汇
　　C. 邮寄 D. 电报划回

32. 其他货币资金包括 (　　)。
　　A. 外埠存款 B. 银行本票存款
　　C. 信用卡存款 D. 存出投资款

33. 下列包装物在会计上不作为包装物核算的是 (　　)。
　　A. 桶 B. 纸
　　C. 玻璃器皿 D. 铁丝

34. 常用的存货数量盘存方法是 (　　)。
　　A. 技术推算法 B. 实地盘存制
　　C. 永续盘存制 D. 实地盘点法

35. 下列不能计入存货采购成本的是 (　　)。
　　A. 装卸费 B. 仓储费
　　C. 运输费 D. 非正常消耗的直接材料费

36. 下列关于存货计价的加权平均法,说法正确的是 (　　)。
　　A. 也叫加权平均法或月末加权平均法 B. 月末一次计算存货平均单价
　　C. 平时只登记数量,不登记单价和金额 D. 同移动平均法的原理基本相同

37. 使用计划成本计价的优点有（   ）。

    A. 较准确地反映耗用原材料的实际成本

    B. 可考察供应部门采购业务的成果

    C. 有利于分析车间生产过程中材料耗费的节约或超支

    D. 可简化材料收发的核算工作量

38. 固定资产按使用情况分类，可分为（   ）。

    A. 使用中的固定资产   B. 未使用的固定资产

    C. 报废的固定资产   D. 无须用的固定资产

39. 影响固定资产折旧的因素有（   ）。

    A. 固定资产原价   B. 固定资产净残值

    C. 固定资产减值准备   D. 固定资产使用寿命

40. 在确定固定资产使用寿命时，应当考虑的因素有（   ）。

    A. 预计生产能力或实物产量   B. 预计有形损耗

    C. 预计无形损耗   D. 使用限制

41. 下列固定资产中应计提折旧的有（   ）。

    A. 当月增加的固定资产   B. 当月减少的固定资产

    C. 提前报废的固定资产   D. 大修理停用的固定资产

42. 固定资产报废会计处理中，最终的损益应作为（   ）处理。

    A. 营业外收入   B. 资本公积

    C. 其他业务收入   D. 营业外支出

43. 固定资产的账面价值是根据（   ）得出的。

    A. 固定资产成本   B. 累计折旧

    C. 累计减值准备   D. 公允价值

44. 下列属于职工薪酬范围的有（   ）。

    A. 职工工资   B. 职工福利费

    C. 社会保险费   D. 住房公积金

45. 生产部门人员的职工薪酬，应借记的科目有（   ）。

    A. 生产成本   B. 制造费用

    C. 劳务成本   D. 管理费用

46. 现金折扣条件下，应收账款价值的确定方法有（   ）。

    A. 总价法   B. 现价法

    C. 净价法   D. 全价法

47. 商业汇票按照承兑人的不同，可以分为（   ）。

    A. 银行本票   B. 银行汇票

    C. 商业承兑汇票   D. 银行承兑汇票

48. 备用金的管理方式有（   ）。

    A. 预算管理   B. 定额管理

    C. 专人管理   D. 非定额管理

49. 采购员报销差旅费不涉及的账户有（   ）。

A. 其他应付款
B. 其他应收款
C. 管理费用
D. 累计折旧

50. 长期借款在支付利息的时候，应该（　　）。
   A. 借记"在建工程"账户
   B. 借记"长期借款"账户
   C. 贷记"银行存款"账户
   D. 贷记"长期借款"账户

51. 从利润中形成的所有者权益包括（　　）。
   A. 资本公积
   B. 盈余公积
   C. 未分配利润
   D. 实收资本

52. 资本公积的内容不包括（　　）。
   A. 财产重估增值
   B. 资本折算差额
   C. 银行借款
   D. 资本（股本）溢价

53. 在我国，留存收益包括（　　）。
   A. 投资者投入的资本
   B. 直接计入所有者权益的利得
   C. 未分配利润
   D. 盈余公积

54. 产品成本项目一般包括（　　）。
   A. 直接材料
   B. 直接人工
   C. 管理费用
   D. 制造费用

55. 下列各项费用，应通过"管理费用"科目核算的是（　　）。
   A. 诉讼费
   B. 研究费用
   C. 业务招待费
   D. 日常经营活动聘请中介机构费

56. 下列各选项中不包括在企业利润总额中的是（　　）。
   A. 营业利润
   B. 营业外收入
   C. 所得税费用
   D. 应收账款

57. 财务报告可以提供（　　）信息。
   A. 财务状况
   B. 现金流量
   C. 经营成果
   D. 劳动生产率

58. 下列属于货币资金的有（　　）。
   A. 库存现金
   B. 银行存款
   C. 外埠存款
   D. 应收票据

59. 总会计师（　　）。
   A. 是单位领导成员
   B. 全面负责本单位的财务会计管理和经济核算
   C. 参与本单位的重大经营决策
   D. 是我国所有公司都必须设置的岗位

60. 会计专业技术职称分为（　　）。
   A. 初级会计师
   B. 中级会计师
   C. 注册会计师
   D. 高级会计师

61. 下列会计档案中保管期限为永久的有（　　）。
   A. 会计移交清册
   B. 会计档案销毁清册

C. 现金和银行存款日记账　　　　　　　　D. 年度财务会计报告

62. 下列关于会计的基本职能，说法错误的是（　　）。

    A. 会计核算主要是以数量和货币为主要计量单位

    B. 会计监督包括事前监督和事中监督

    C. 会计核算和会计监督是会计的两大基本职能

    D. 会计核算比会计监督更加重要

63. 甲公司向银行借款 1 000 000 元存入银行，这一业务对会计等式的影响是（　　）。

    A. 资产增加　　　　　　　　　　　　　B. 资产减少

    C. 负债增加　　　　　　　　　　　　　D. 所有者权益不变

64. 下列经济业务引起负债和资产同向变化的是（　　）。

    A. 销售一批产品，现金收讫　　　　　　B. 以银行存款偿还短期借款 100 000 元

    C. 借入短期借款 100 000 元　　　　　　D. 购入一批原材料，款项尚未支付

65. 下列项目在会计核算的范围以内的是（　　）。

    A. 财物的收发、增减和使用　　　　　　B. 债权、债务的发生和结算

    C. 资本的增减　　　　　　　　　　　　D. 收入、支出、费用、成本的计算

66. 下列属于资产的是（　　）。

    A. 企业已购买的设备

    B. 企业将要购买的设备

    C. 企业采用融资租赁方式租入的固定资产

    D. 企业采用经营租赁方式租入的固定资产

67. 关于借贷记账法，下列说法正确的是（　　）。

    A. 有借必有贷　　　　　　　　　　　　B. 借贷必相等

    C. 只可一借一贷　　　　　　　　　　　D. 可一借多贷

68. X 企业向 Y 企业增加货币投资 200 万元，资金已存入银行，则对于 Y 企业（　　）。

    A. 资产增加 200 万元　　　　　　　　　B. 所有者权益增加 200 万元

    C. 实收资本增加 200 万元　　　　　　　D. 银行存款增加 200 万元

69. 下列对原始凭证的处理正确的是（　　）。

    A. 对于审核通过的原始凭证，要及时编制记账凭证

    B. 对于有错误的原始凭证，应退回给经办人员

    C. 退回的原始凭证要负责将有关凭证补充完整、更正错误或重开后，再办理相关
       正式会计手续

    D. 对于不真实、不合法的原始凭证，会计机构和会计人员有权不予接受

70. 规定会计凭证的传递程序时，应考虑的因素有（　　）。

    A. 经营管理上的需要　　　　　　　　　B. 本单位交易或事项的特点

    C. 本单位内部设置和人员分工情况　　　D. 会计人员的业务水平

71. 下列账簿中，通常采用三栏式账页格式的有（　　）。

    A. 现金日记账　　　　　　　　　　　　B. 银行存款日记账

    C. 总分类账　　　　　　　　　　　　　D. 管理费用明细账

72. 下列各项中关于会计账簿的基本内容中，说法正确的有（　　）。

A. 账簿的封面只需注明账簿的名称

B. 账簿的扉页主要用来标明会计账簿的使用信息

C. 账簿的账页是用来记录经济业务事项的载体

D. 账簿的账页格式因反映经济业务内容的不同而不同

73. 以下关于会计账簿的启用的说法中,正确的有(   )。

A. 启用会计账簿时,应当在账簿封面上写明单位名称和账簿名称

B. 启用会计账簿时,无须在账簿扉页上附启用表

C. 启用订本式账簿应当从第一页到最后一页顺序编定页数,不得跳页、缺号

D. 使用活页式账页应当按账户顺序编号,并须定期装订成册;装订后再按实际使用的账页顺序编定页码,另加目录,记明每个账户的名称和页次

74. 下列各项中,关于账证核对的说法正确的是(   )。

A. 账证核对是对会计账簿记录与原始凭证、记账凭证的各项内容进行核对

B. 通常在日常编制凭证和记账过程中进行

C. 是追查会计记录正确与否的最终途径

D. 如果账账不符,可以将账簿记录与有关会计凭证进行核对

75. X 企业以库存现金 990 元购买办公用品,会计人员填制记账凭证时所使用的会计科目及记账方向没有错误,只是将金额 990 元记成了 909 元,并登记入账,则更正的方法是(   )。

A. 使用补充登记法更正

B. 补充的记账凭证借记"管理费用"81 元,贷记"库存现金"81 元

C. 使用红字更正法

D. 使用划线更正法

76. 下列各项中,关于会计账簿的更换与保管说法正确的是(   )。

A. 会计账簿的更换通常在新会计年度建账时进行

B. 总账、明细账和日记账应每年更换一次

C. 备查账簿可以连续使用

D. 会计账簿暂由本单位财务会计部门保管 1 年,期满以后,移交档案部门保管

77. 记账凭证账务处理程序的优点和缺点分别是(   )。

A. 记账凭证账务处理程序简单明了,且总分类账可以较详细地反映经济业务的发生情况

B. 登记总分类账的工作量较大

C. 简化了登记总分类账的工作量

D. 不能反映科目的对应关系

78. 下列各项中,关于科目汇总表账务处理程序的说法正确的是(   )。

A. 主要特点是定期将所有记账凭证汇总编制成科目汇总表,然后根据科目汇总表登记总分类账

B. 所需设置的账簿的种类和格式与记账凭证账务处理程序完全不同

C. 科目汇总表可以起到试算平衡的作用

D. 不反映各科目的对应关系

79. 对库存现金和应收账款进行清查时应采用的方法,下面说法正确的是(   )。

A. 对库存现金的清查应采用倒挤法　　　B. 对库存现金的清查应采用实地盘存法

C. 对应收账款的清查应采用函证法　　　D. 对应收账款的清查应采用技术推算法

80. X 企业的财产清查中发现甲商品溢余 50 件，每件单价 20 元，乙商品盘亏 100 公斤，每公斤 30 元，则应（　　　）。

A. 借记"库存商品——甲商品" 1 000　　B. 贷记"待处理财产损溢" 1 000

C. 借记"待处理财产损溢" 3 000　　　　D. 贷记"库存商品——乙商品" 3 000

81. 下列各项中，关于各类银行存款账户的特点说法正确的是（　　　）。

A. 基本存款账户用于办理日常转账结算和库存现金收付

B. 一般存款账户用于办理借款转存、借款归还和其他结算的资金收付

C. 专用存款账户用于对特定用途资金进行专项管理

D. 临时存款账户用于临时机构及企业临时经营活动发生的资金收付

82. 下列各项中，关于托收承付的说法正确的是（　　　）。

A. 适用于异地

B. 使用托收承付结算方式的收款单位和付款单位，必须是国有企业、供销合作社以及经营管理较好，并经开户银行审查同意的城乡集体所有制工业企业

C. 必须是商品交易以及因商品交易而产生的劳务供应的款项

D. 每笔的金额起点为 10 000 元

83. 下列关于其他货币资金的说法正确的是（　　　）。

A. 核算其他货币资金的收支和结存情况

B. 应设置"其他货币资金"账户

C. 借方登记其他货币资金的增加数

D. 余额在借方，表示其他货币资金的结存数额

84. 下列关于实地盘存制的说法正确的是（　　　）。

A. 期末要对全部存货进行实地盘点

B. 平时存货账户只记借方，不记贷方

C. 用于工业企业，称为"以存计耗"或"盘存计耗"

D. 用于商品流通企业，称为"以存计销"或"盘存计销"

85. 下列关于存货计价与当期收益的关系正确的是（　　　）。

A. 如果期末存货计价过低，当期收益可能因此而减少

B. 如果期末存货计价过高，当期收益可能因此而增加

C. 如果期初存货计价过低，当期收益可能因此而增加

D. 如果期初存货计价过高，当期收益可能因此而减少

86. 下列关于会计档案的销毁的说法正确的是（　　　）。

A. 需要销毁的会计档案应当编制会计档案销毁清册

B. 单位负责人应在会计档案销毁清册上签署意见

C. 销毁时，应由单位档案机构和会计机构共同派员监销

D. 销毁后，监销人要在销毁清册上签名盖章

87. 下列会计处理符合权责发生制的有（　　　）。

A. 企业 2 月份签了一份 7 月份的销售合同，并将这笔销售收入计入 2 月份的收入

B. 对固定资产计提折旧

C. 年末，企业将全年的电费一次性计入 12 月份的费用

D. 长期待摊费用的会计处理

88. 用公式表示试算平衡关系，正确的是（ 　 ）。

A. 全部账户本期借方发生额合计 = 全部账户本期贷方发生额合计

B. 全部账户本期借方余额合计 = 全部账户本期贷方余额合计

C. 负债类账户借方发生额合计 = 负债类账户贷方发生额合计

D. 资产类账户借方发生额合计 = 资产类账户贷方发生额合计

89. 下列关于对账，说法正确的是（ 　 ）。

A. 对账包括账证核对、账账核对和账实核对

B. 总分类账和序时账簿核对属于账账核对

C. 银行存款日记账一般至少一月核对一次

D. 往来款项核对属于账实核对

90. 必须按月结计发生额的账簿是（ 　 ）。

A. 现金总账　　　　　　　　　　　B. 银行存款总账

C. 现金日记账　　　　　　　　　　D. 银行存款日记账

91. X 企业对总务部门实行定额备用金制度，定额为 2 000 元，总务部门第一次领取时，要作相应的会计分录，此分录涉及的科目有（ 　 ）。

A. 其他应收款——备用金——总务　　B. 管理费用

C. 营业外支出　　　　　　　　　　D. 库存现金

92. X 企业采购人员报销用外埠存款支付的材料采购等款项时，根据报销凭证编制会计分录可能涉及的会计科目有（ 　 ）。

A. 材料采购

B. 应交税费——应交增值税（进项税额）

C. 其他货币资金——外埠存款

D. 银行存款

93. 个别计价法适用的企业有（ 　 ）。

A. 房地产企业　　　　　　　　　　B. 重型设备企业

C. 零售企业　　　　　　　　　　　D. 化妆品企业

94. 下列存货盘亏损失，报经批准后，可转做管理费用的有（ 　 ）。

A. 保管中产生的定额内自然损耗　　B. 自然灾害所造成的损毁净损失

C. 管理不善所造成的毁损净损失　　D. 计量不准确所造成的短缺净损失

95. X 企业销售一批产品给 Y 企业，货已发出，货款 10 000 元，增值税额为 1 700 元。按合同约定 3 个月以后付款，Y 企业交给 X 企业一张 3 个月到期的商业承兑汇票，票面金额为 11 700 元，则（ 　 ）。

A. X 企业收到该票据时，应确认主营业务收入 10 000 元

B. 3 个月后，该应收票据到期，X 企业收回款项 11 700 元，应借记银行存款 11 700 元

C. 如果票据到期，Y 企业无力偿还，则 X 企业应将应收票据转入应收账款

D. 无须确认增值税额

96. 企业分配发生的职工薪酬，借记的账户可以是（　　　）。

    A. 生产成本   B. 银行存款

    C. 管理费用   D. 制造费用

97. 应收账款的入账价值包括（　　　）。

    A. 销售货物或提供劳务的价款   B. 增值税

    C. 代垫的运费   D. 垫付的包装费

98. 企业在进行坏账损失核算的时候，可用（　　　）方法来估计坏账损失。

    A. 销货百分比法   B. 直接转销

    C. 账龄分析法   D. 应收账款余额百分比法

99. 应该确认为坏账的条件有（　　　）。

    A. 债务人未能及时偿还欠款

    B. 债务人死亡，以其遗产清偿后仍然无法回收

    C. 债务人破产，以其破产财产清偿后仍然无法回收

    D. 债务人较长时期内未履行其偿债义务，并有足够的证据表明无法收回或收回的可能性极小

100. 为了反映应收账款的增减变动及其结存情况，应设置（　　　）账户。

    A. 应收账款   B. 应付账款

    C. 库存现金   D. 坏账准备

101. 下列各项中，（　　　）无须作为应收票据予以受理。

    A. 商业汇票   B. 支票

    C. 银行本票   D. 银行汇票

102. 根据企业的备用金的管理制度，备用金的核算分为（　　　）。

    A. 定额备用金   B. 随机制

    C. "一支笔制度"   D. 非定额备用金

103. 下列属于其他应付款核算内容的是（　　　）。

    A. 应付租入包装物的租金   B. 出借包装物收取的租金

    C. 出租包装物支付的租金   D. 经营租入固定资产应付的租金

104. 下列各项中，属于企业所有者权益组成部分的有（　　　）。

    A. 股本   B. 资本公积

    C. 盈余公积   D. 应付股利

105. 《企业会计准则——收入》规定，企业的日常经营收入包括（　　　）。

    A. 销售商品的收入   B. 提供劳务的收入

    C. 他人使用本企业资产取得的收入   D. 出售固定资产的收入

106. 下列经济业务中，属于其他业务收入的有（　　　）。

    A. 专利技术使用权转让收入   B. 罚款利得

    C. 包装物出租收入   D. 材料销售收入

107. 下列属于期间费用的是（　　　）。

    A. 制造费用   B. 管理费用

    C. 财务费用   D. 营业税金及附加

108. 会计报表的编制要求包括（　　）。

A. 真实可靠　　　　　　　　　　　　B. 相关可比

C. 编报及时　　　　　　　　　　　　D. 全面完整

109. 财务报告至少应当包括下列组成部分（　　）。

A. 资产负债表、利润表　　　　　　　B. 现金流量表

C. 所有者权益增减变动表　　　　　　D. 财务报表附注

110. 下列报表科目根据总账账户余额直接填列的是（　　）。

A. 交易性金融资产　　　　　　　　　B. 应付职工薪酬

C. 货币资金　　　　　　　　　　　　D. 应收账款

111. 按我国有关法规规定，会计工作岗位可以（　　）。

A. 一人一岗　　　　　　　　　　　　B. 一人多岗

C. 一岗多人　　　　　　　　　　　　D. 多岗多人

112. 下列属于会计档案的内容的是（　　）。

A. 原始凭证　　　　　　　　　　　　B. 总分类账

C. 资产负债表　　　　　　　　　　　D. 会计档案保管清册

113. 下列关于会计档案保管期限正确的说法是（　　）。

A. 会计凭证类要保管 15 年　　　　　B. 会计账簿类要保管 15 年

C. 财务报告类要保管 3 年　　　　　　D. 其他都要永久保管

114. 下列对于会计的本质理解正确的是（　　）。

A. 属于管理的范畴　　　　　　　　　B. 其对象是特定单位的经济活动

C. 其基本职能是核算和监督　　　　　D. 以货币为主要计量单位

115. 关于货币计量假设说法正确的是（　　）。

A. 我国会计核算以人民币为记账本位币

B. 业务收支以外币为主的企业也可以选择某种外币作为记账本位币

C. 在我国，以外币为记账本位币的企业，向外报送财务报告时，仍然可以用外币反映

D. 是指会计主体在核算过程中采用货币作为统一的计量单位

116. 关于会计主体的概念，下列各项说法中不正确的是（　　）。

A. 可以是独立法人，也可以是非法人

B. 可以是一个企业，也可以是企业内部的某一个单位

C. 可以是一个单一的企业，也可以是由几个企业组成的企业集团

D. 会计主体所核算的生产经营活动也包括其他企业或投资者个人的其他生产经营活动

117. 在有不确定因素情况下做出判断时，下列事项符合谨慎性的做法是（　　）。

A. 在报表中确认预计负债

B. 合理估计可能发生的损失和费用

C. 在报表中确认预计收入

D. 企业自行研究时，将研究过程中的费用计入无形资产成本

118. 下列事项中，体现实质重于形式会计核算质量要求的有（　　）。

A. 将低值易耗品作为存货核算

B. 售后回购销售方式下不确认收入（不按公允价值达成）

C. 后租回业务方式下不确认收入（不按公允价值达成）

D. 融资租入固定资产核算

119. 下列关于会计核算的一般要求，说法正确的是（　　）。

  A. 遵守国家统一的会计制度　　　　　　B. 可以私设账簿

  C. 对所有会计资料建立档案　　　　　　D. 年末要编制财务报告

120. 下列关于会计科目和账户，说法错误的是（　　）。

  A. 会计科目是账户的名称

  B. 会计科目分为资产类、负债类与所有者权益类三大类

  C. 所有的账户均有期末余额

  D. 账户分为总分类账户与明细分类账户

121. 关于会计科目的设置，下列说法中正确的是（　　）。

  A. 会计科目的设置应当和企业会计准则的要求相一致

  B. 会计科目的设置需要满足企业内部管理和外部信息的需要

  C. 鉴于不同企业、不同业务特点的不同，对会计科目的设置可能有所区别

  D. 会计科目的设置不需要考虑外部信息的需要

122. 在借贷记账法下，可以在账户借方登记的是（　　）。

  A. 负债的增加　　　　　　　　　　　　B. 资产的减少

  C. 所有者权益的减少　　　　　　　　　D. 收入的减少

123. 下列说法正确的是（　　）。

  A. 所有总账都要设置明细账

  B. 明细分类科目是对会计要素具体内容进行总括分类的内容科目

  C. 账户和会计科目性质相同

  D. 明细分类科目是对总分类科目作进一步分类的科目

124. X 企业召开董事会，决定从盈余公积中拿出 15 万元转增资本金，办理转账手续，则（　　）。

  A. 所有者权益增加 15 万元　　　　　　B. 所有者权益总额没有发生变化

  C. 实收资本增加 15 万元　　　　　　　D. 盈余公积减少 15 万元

125. 下列关于总分类账户和明细分类账户说法正确的是（　　）。

  A. 设置明细账是为了更详细更具体的核算

  B. 总分类账是根据总分类会计科目设置的

  C. 总账统驭明细账

  D. 对明细账核算时可以以实物或时间为计量单位

126. 下列关于会计凭证的意义正确的是（　　）。

  A. 记录经济业务　　　　　　　　　　　B. 提供记账依据

  C. 明确经济责任，强化内部控制　　　　D. 监督经济运动，控制经济运行

127. 下列关于汇总凭证与累计凭证的说法正确的是（　　）。

  A. 通常都是自制原始凭证　　　　　　　B. 累计凭证可以随时计算发生额累计数

C. 汇总凭证可以简化手续　　　　D. 工资汇总表是累计凭证

128. 下列对于各类记账凭证说法正确的是（　　　）。

    A. 收款凭证用于记录库存现金和银行存款收款业务的会计凭证

    B. 收款凭证可以分为库存现金收款凭证和银行存款收款凭证

    C. 从银行提取现金或把库存现金存入银行的经济业务，只编制付款凭证

    D. 转账凭证不涉及库存现金和银行存款

129. 在对会计凭证进行保管时，应该注意的地方有（　　　）。

    A. 会计凭证应定期装订成册，防止散失

    B. 会计主管人员和保管人员应在封面上签章

    C. 会计凭证上应加贴封条，防止抽换凭证

    D. 原始凭证必须附在记账凭证后面

130. 关于银行存款日记账的登记方法，下列说法中正确的是（　　　）。

    A. 由会计负责登记　　　　　　　B. 按时间先后顺序逐日逐笔进行登记

    C. 每日结出存款余额　　　　　　D. 月终计算出全月收入、支出的合计数

131. 关于银行日记账和现金日记账在格式和登记方法上相同的地方有（　　　）。

    A. 都是由出纳人员登记

    B. 都是按时间顺序登记

    C. 逐日结出余额

    D. 对于库存现金存入银行业务，填制其中之一都可

132. 下列各项中，关于账实核对的说法正确的是（　　　）。

    A. 期末库存现金数额应与现金日记账账面余额相符

    B. 期末银行对账单余额与银行日记账账面余额应相符

    C. 期末财产物资的实有数额应与各种财产物资明细账账面余额相符

    D. 期末对方单位的账面记录应与有关债权债务明细账账面余额相符

133. 收回货款 1 500 元存入银行，记账凭证误填为 15 000 元，并已入账，正确的更正方法是（　　　）。

    A. 采用红字更正法　　　　　　　B. 用蓝字借记银行存款，贷记应收账款

    C. 用蓝字借记应收账款，贷记银行存款　D. 用红字借记银行存款，贷记应收账款

134. 下列关于结账说法正确的是（　　　）。

    A. 本期发生的经济业务事项都要登记入账

    B. 为了赶编财务报表，可以提前结账

    C. 本期的应急收益应确认计入本期收入

    D. 损益类科目转入"本年利润"科目

135. 下列各项中，关于结账的方法说法正确的是（　　　）。

    A. 每月最后一笔余额即为月末余额

    B. 库存现金、银行存款日记账需要按日结计

    C. 总账账户平时只需结出月末余额

    D. 年度终了，有余额的账户，要将其余额结转下年

136. 建立科学合理的账务处理程序应符合的基本原则有（　　　）。

A. 能大大减轻登记总账的工作量

B. 要与本单位的经营规模大小、经营业务的繁简程度相适应

C. 必须保证全面、准确、及时地提供会计信息，满足经济管理的需要

D. 有利于会计人员的分工协作，建立岗位责任制，提高工作效率

137. 汇总记账凭证账务处理程序的优点是（   ）。

A. 减轻了登记总账的工作量

B. 可以进行试算平衡

C. 便于了解账户的对应关系

D. 会计分录只需编制"一借多贷"会计分录，非常简单

138. 下面关于局部清查的说法正确的是（   ）。

A. 是根据需要对一部分财产进行的清查

B. 局部清查范围小，涉及人员少，但专业性较强

C. 局部清查的对象主要是流动性较强的财产

D. 每月对债权债务的核对属于局部清查

139. 适合使用技术推算法盘点数量的财产物资有（   ）。

A. 露天存放的煤   B. 矿石

C. 灯具   D. 现金

140. 下列关于库存现金收支的规定说法正确的是（   ）。

A. 库存现金收入应于当日送存银行

B. 企业支付库存现金，可从企业库存现金限额中支付或从开户银行中提取

C. 企业在规定范围内从银行提取库存现金，应当写明用途

D. 各单位购买国家规定的专控商品一律采用转账的方式支付

141. X 企业用库存现金 900 元购买办公用品，以库存现金 30 000 元发放职工工资，则
（   ）。

A. 不能用库存现金支付工资   B. 900 元的支出应计入管理费用

C. 共发生现金支出 30 900 元   D. 应付职工薪酬增加 30 000 元

142. 下列各项中，关于银行结算方式的说法正确的是（   ）。

A. X 企业和 Y 企业商品买卖，想要先收款后发货，可以选择银行本票

B. X 企业和 Y 企业同城，可以选择银行本票

C. X 企业和 Y 企业商品买卖，如果双方约定延期付款，可以选择商业汇票

D. X 企业和 Y 企业同城，可以选择商业汇票

143. 下列关于存货的确认条件与范围，说法正确的是（   ）。

A. 受托方受托代销商品属于存货的核算范围

B. 已确认为商品，但尚未发运给购货方

C. 购货方已经确认为购进而尚未到达入库的在途商品，也纳入存货核算

D. 约定未来购入的商品作为存货核算

144. 下列关于实地盘存制和永续盘存制的比较说法正确的是（   ）

A. 实地盘存制的优点在于简化存货的日常核算工作

B. 实地盘存制减少了期末的工作量

C. 永续盘存制有利于加强对存货的管理

D. 永续盘存制存货明细记录的工作量较大

145. 不同的存货计价方法对企业产生的影响不同，这种不同表现在（　　）。

A. 存货计价对企业损益的计算有直接影响

B. 存货计价对资产负债表有关项目数额计算有直接影响

C. 存货计价方法的选择对计算缴纳所得税的数额有一定影响

D. 存货计价方法的选择会影响企业当期应纳税利润总额的确定

146. X 企业从外地工厂购入材料 1 000 公斤，买价共 20 000 元，增值税专用发票上的增值税额为 3 400 元，供应单位代垫运杂费 800 元，材料已到达并验收入库，但货款尚未支付，则（　　）。

A. 借记"原材料" 20 000 元 　　　　B. 借记"原材料" 20 800 元

C. 贷记"应付账款" 23 400 元 　　　　D. 贷记"应付账款" 24 200 元

147. 下列各项中，关于存货清查的说法正确的是（　　）。

A. 企业应对存货进行定期的清查

B. 存货的账面价值是存货成本扣除累计跌价准备后的金额

C. 存货盘亏造成的损失，应当计入当期损益

D. 存货清查通常采用实地盘点的方法

148. 下列关于存货清查核算的说法中，正确的有（　　）。

A. 盘盈的存货应冲减当期的管理费用

B. 属于自然损耗造成的定额内损耗，应计入管理费用

C. 剩余净损失或未参加保险部分的损失，计入营业外支出

D. 一般经营损失计入管理费用

149. X 企业购进固定资产一台，购买价款为 30 万元，增值税为 5.1 万元，装卸费和安装费加计为 3 万元，提供的服务费 2 万元，则（　　）。

A. 固定资产入账价值为 40.1 万元 　　B. 固定资产入账价值为 35 万元

C. 增值税 5.1 万元不计入成本 　　　　D. 装卸费、安装费和服务费计入成本

150. 为购建固定资产而专门借入的款项，所发生的利息、折价或溢价的摊销和汇兑差额可以计入（　　）。

A. 固定资产的购建成本 　　　　B. 待摊费用

C. 财务费用 　　　　D. 管理费用

151. X 企业购入一台需要安装的设备，取得的增值税专用发票上注明的设备买价为 60 000 元，增值税额为 11 200 元，支付的运输费为 3 000 元。设备由供货商安装，支付安装费 4 500 元，则（　　）。

A. 支付设备、税金和运输费时借记"在建工程" 63 000 元

B. 支付设备、税金和运输费时借记"在建工程" 74 200 元

C. 支付安装费时借记"在建工程" 4 500 元

D. 设备安装完毕交付使用时固定资产价值为 78 700 元

152. 下列需要计提折旧的固定资产是（　　）。

A. 两年前购入的折旧年限为 10 年的生产设备

B. 单位新盖的办公大楼

C. 13 年前购入的折旧年限为 10 年的生产设备

D. 采用融资租赁方式租入的固定资产，尚有 10 年折旧年限

153. X 企业进口设备 1 台，价值为 30 000 元，预计使用年限为 5 年，预计残值收入为 3 000 元，假如以双倍余额递减法计提折旧，则（　　）。

A. 双倍余额递减法年折旧率为 40%　　B. 第 1 年应计提折旧 12 000 元

C. 第 2 年应计提折旧 7 200 元　　D. 双倍余额递减法不考虑净残值

154. 在"固定资产清理"账户贷方登记的是（　　）。

A. 清理固定资产的变价收入

B. 保管过程中发生损耗

C. 发生的清理费用

D. 保险公司或过失人的赔偿款以及结转的清理净损失

155. 固定资产发生的大修理支出，可以计入的账户有（　　）。

A. 管理费用　　　　　　　　　　B. 制造费用

C. 待摊费用　　　　　　　　　　D. 在建工程

156. 确认"辞退福利"而产生的应付职工薪酬，应满足的条件不包括（　　）。

A. 企业已经制定正式的辞退计划或提出自愿裁减建议，并即将实施

B. 企业不能单方面撤回辞退计划或裁减建议

C. 对于自愿接受裁减的建议，接受裁减的职工数量可确定

D. 对于自愿接受裁减的建议，接受裁减的职工数量虽不确定，但可预计

157. 生产部门人员的职工薪酬，借记的账户可以是（　　）。

A. 生产成本　　　　　　　　　　B. 管理费用

C. 制造费用　　　　　　　　　　D. 劳务成本

158. 下列关于应付职工薪酬信息披露的内容说法正确的是（　　）。

A. 企业应当披露支付给职工的工资、奖金、津贴和补贴

B. 企业应当披露应为职工缴纳的医疗保险费

C. 企业应当披露应为职工提供的非货币性福利

D. 企业应当披露应当支付的因解除劳动关系给予的补偿

159. X 企业采用托收承付结算方式向 Y 企业销售产品一批，货款 10 万元，增值税额为 17 000 元，以银行存款代垫运杂费 5 000 元，已办理托收手续，则（　　）。

A. 企业应确认的主营业务收入为 117 000 元

B. 企业应确认的主营业务收入为 100 000 元

C. 企业应确认的应收账款为 122 000 元

D. 企业应确认的进项税销项税额为 17 000 元

160. 下列关于应收票据的含义和内容正确的是（　　）。

A. 支票、银行本票以及银行汇票无须作为应收票据予以处理

B. 商业汇票的付款期限由交易双方商定，最长不得超过 6 个月

C. 企业可以将自己持有的商业汇票背书转让

D. 背书人要对票据的到期付款负连带责任

161. X 企业行政管理部门张某外出预借差旅费 1 000 元，以库存现金付讫，则（   ）。

    A. 借记"其他应收款——备用金（张某）"1 000 元

    B. 借记"应收账款——备用金（张某）"1 000 元

    C. 贷记"银行存款"1 000 元

    D. 贷记"库存现金"1 000 元

162. 下列关于其他应收款坏账损失的核算说法正确的是（   ）。

    A. 企业应当定期或至少于每年年度终了，对其他应收款进行检查，并计提坏账准备

    B. 企业对于不能收回的其他应收款应查明原因

    C. 对确实无法收回的款项，经批准可作为坏账损失

    D. 坏账损失如已确认并转销，则收回后作收入处理

163. 下列关于短期借款的描述正确的是（   ）。

    A. 用以补充企业生产经营的流动资金

    B. 借款到期时，除偿还本金外，需要按期支付利息

    C. 利息作为财务费用计入损益核算

    D. 期限通常在两年以下

164. 长期借款账户的贷方反映（   ）。

    A. 长期借款本金   B. 长期借款的利息

    C. 长期借款的汇兑收益   D. 长期借款的汇兑损失

165. 下列各项中，关于所有者权益的说法正确的是（   ）。

    A. 所有者权益是投资者对企业净资产的所有权

    B. 股份有限公司的所有者权益又称为股东权益

    C. 所有者权益是一种权利

    D. 所有者权益具有长期特性

166. 下列属于收入的是（   ）。

    A. 销售产成品收入   B. 酒店的客房收入

    C. 银行的贷款利息收入   D. 无形资产使用权转让收入

167. 不能计入产品成本职工薪酬的是（   ）。

    A. 车间管理人员的工资   B. 在建工程人员工资

    C. 专设销售机构人员工资   D. 企业管理部门人员工资

168. 关于利润的说法，下列正确的是（   ）。

    A. 是企业在一定会计期间的经营成果 B. 是收入减去费用后的余额

    C. 净利润等于利润总额减去所得税费用 D. 企业的利润总额不包括营业外收入

169. 下列各项中，关于所得税费用的核算说法正确的是（   ）。

    A. 企业所得税费用按照递延法计算

    B. 企业所得税费用按照资产负债表债务法计算

    C. 应纳税所得额在企业会计利润基础上调整确定

    D. 国债利息收入属于纳税调减额

170. 下列属于我国企业用于弥补经营亏损的一般途径的是（   ）。

A. 用法定盈余公积补亏   B. 用资本公积补亏

C. 用以后盈利年度的税后利润补亏   D. 用以后盈利年度的税前利润补亏

171. 下列关于利润表的作用说法正确的是（   ）。

A. 有助于分析企业的经营成果和获利能力

B. 有助于考核企业管理人员的经营业绩

C. 有助于预测企业未来利润和现金流量

D. 有助于企业管理人员的未来决策

172. 根据内部控制制度的要求，出纳人员不能经办的有（   ）。

A. 债权、债务类账目的登记   B. 收入、费用类账目的登记

C. 库存现金收付业务   D. 各类业务的稽核

173. 下面不是成为中级会计师的基本条件的是（   ）。

A. 比较系统地掌握财务会计基础理论和专业知识

B. 能担负一个方面或某个重要岗位

C. 具有一定的财务会计经验

D. 取得博士学位，并担任会计师职务满两年

174. 由于会计分期假设才形成的会计处理方法有（   ）。

A. 应收   B. 应付

C. 待摊   D. 减值准备

175. 收回应收账款 1 000 元，存入银行，这笔业务造成的结果是（   ）。

A. 资产增加 1 000 元   B. 资产不变

C. 借记银行存款   D. 贷记应收账款

176. 下列说法正确的是（   ）。

A. 不需要根据"银行存款余额调节表"作任何账务处理

B. 对于未达账项，有关原始凭证到达后才作处理

C. 银行存款日记账余额与对账单余额如果调整后仍不一致，说明记账有可能出现错误

D. 期末要根据调整后的金额作账务处理

177. X 企业期末对存货进行清查，在进行差异处理以调整账项时，可能涉及的会计科目有（   ）。

A. 管理费用   B. 营业外支出

C. 其他应收款   D. 待处理财产损溢

178. 关于永续盘存制的缺点说法正确的是（   ）。

A. 不利于对存货的管理   B. 存货明细记录的工作量较大

C. 不利于存货品种规格繁多的企业使用   D. 不能随时结转成本

179. 发出存货按先进先出法计价与加权平均法相比，其不同的地方在于（   ）。

A. 发出存货的成本比较接近于重置成本

B. 物价上涨时，避免虚增利润

C. 发出存货的成本与其重置成本差额较大

D. 期末结存数额比较接近实际

180. 在将出售、报废和损毁的固定资产转入清理时进行的核算中涉及的账户有（　　）。
    A. 固定资产清理
    B. 累计折旧
    C. 固定资产
    D. 应交税费

181. X 企业计划给自己员工发放非货币性福利，则 X 企业可选择通过（　　）方式。
    A. 以自由产品发放给职工当做福利
    B. 向高级人员提供汽车
    C. 为职工提供无偿商品
    D. 为职工提供医疗保健服务

182. 下列关于实收资本的描述正确的是（　　）。
    A. 投资人可以用货币资金方式出资，也可以以实物资产出资
    B. 全体股东货币出资额不得低于有限责任公司注册资本的 30%
    C. 作为出资的非货币性资产，应予以估价
    D. 投资过程中不得违反投资合约

183. 在资产负债表编制过程中，需要根据账户余额减去其备抵项目后的净额填列的是(　　)。
    A. 固定资产
    B. 无形资产
    C. 交易性金融资产
    D. 委托加工物资

参 考 文 献

1. 陈国辉等主编. 基础会计. 大连：东北财经大学出版社，2007

2. 李立新主编. 会计基础. 北京：化学工业出版社，2009

3. 李立新主编. 会计学. 北京：机械工业出版社，2010

4. 李立新主编. 会计基础. 北京：机械工业出版社，2011

5.《中华人民共和国会计法》(2000 年 7 月 1 日起实施)

6.《企业财务会计报告条例》

7.《企业会计准则》(基本准则及具体准则，2006)

8.《企业会计制度》(财政部 2000 年发布)

9. Charles T. Horngren，Gary L. Sundem，John A. Elliott. Financial Accounting. Sydney：Printice-Hall Inc.，2002

10. Kermit D. Larson，Morton Nelson，Michael Zin et al. Fundamental Accounting Principles. Toronto：Times Mirror Professional Publishing Ltd.，1996

参 考 网 站

1. ACCA 官方网站：www. accaglobal. com

2. 中国注册会计师协会：http：//www. cicpa. org. cn/

3. 中国会计学会：http：//219. 143. 74. 24：8080/asc/

4. 美国财务会计准则委员会：http：//www. fasb. org/

5. 国际会计准则委员会：http：//www. iasb. org. uk

6. 美国会计准则委员会：http：//www. fasb. org

7. 加拿大注册会计师协会：http：//www. cga-canada. org/

8. 美国注册会计师协会：http：//www. aicpa. org/